KB056416

통제와 저항, 인류역사의 변주

이 책은 동아시아역사연구소 총서 18권입니다.

통제와 저항, 인류역사의 변주

초판 1쇄 발행 2018년 2월 28일

저 자 | 한영화 외
펴낸이 | 윤관백
펴낸곳 | 도서출판 선인

등록 | 제5-77호(1998.11.4)
주소 | 서울시 마포구 마포대로 4다길 4(마포동 324-1) 곶마루빌딩 1층
전화 | 02)718-6252 / 6257
팩스 | 02)718-6253
E-mail | sunin72@chol.com
Homepage | www.suninbook.com

정가 36,000원
ISBN 979-11-6068-158-1 93900

통제와 저항, 인류역사의 변주

한영화 외

서문

2017년은 대한민국 역사의 한 페이지에 기록될 만한 해였다. 2016년부터 알려지기 시작한 이른바 '국정농단'은 민주주의를 체제로 삼은 국가에서 시민들의 투표를 통해 선출된 최고 권력자가 개인적 인연의 특정인과 권력을 나누고 자의적으로 행사했던 사실이 공개된 것이었다. 당연하게도 그를 선출한 시민들은 분노했고, 그 권력을 더 이상 용납할 수 없다는 의사를 '촛불시위'의 형태로 표출하였다. 그리고 시민들에게 권력을 위임받은 또 다른 권력기구인 국회는 최고 권력자를 탄핵하였고, 법적 절차에 따라 대한민국 역사상 초유의 대통령 파면이 실행되었다. 시민과 언론은 이러한 일련의 과정을 '촛불혁명'이라 불렀다.

그런데 21세기의 촛불혁명은 지금 우리가 구축해놓은 사회가 존재하게 된 역사적 변동의 동력과 발전의 근간을 다시금 생각하게 한다. 권력이 출현하고, 그 권력이 인간을 규정하고, 권력의 유지를 위해 다양한 형태의 통제를 시도하고, 그러한 통제로 인해 고통받는 인간들이 저항하고, 통제하려는 인간과 저항하는 인간의 충돌이 새로운 합의와 질서를 만들어내는 과정을 통해 역사가 전개되고 발전해왔다. 그 과정들을 짚어보면서 새삼스레 역사와 현실의 대화를 시도하고, 그 과정을 먼저 겪었던 인간들의 고민을 함께 나누어보고자 몇몇 논문들을 묶어 책을 펴내게 되었다.

〈제1부 통제의 방식, 권력과 이념의 변주〉는 인간 집단이 권력을 만들어내고, 그 권력이 어떻게 공고화되고 이념적으로 뒷받침되어 왔는가에 대한 시사점을 보여줄 수 있는 논문들로 구성되었다.

한영화의 「고대사회의 성별 분업과 여성노동」은 여성의 경제 활동과 관련한 노동의 내용과 변화 과정을 사회경제적 조건 속에서 찾고자 하였다. 여성과 남성의 분업체계는 강함과 약함을 나타내는 신체적 조건의 문제가 아닌 임신과 수유라는 재생산 과정을 겪어야 하는 여성과 남성의 생리적 차이로부터 시작되었음을 재확인하였다. 원시사회에서 계급이 발생한 이래로, 남성과 여성의 일이 어떻게 달라졌는가 그리고 노동력의 확보는 어떤 방식으로 이루어졌는가 등 고대국가의 발전과 궤를 같이하여 그 변화상을 가늠해보고자 한 시도였다.

권순홍의 「고구려 초기 왕실교체와 개도」는 고구려 초기 왕실의 교체와 중심지 교체가 동일한 사건의 다른 표현임을 밝히고자 한 논문이다. 이를 위해서 고구려 초기 중심지인 졸본 흘승골성과 국내 위나암성의 위치를 비정하고, 개도 시점을 태조왕대로 확정하였다. 태조왕대의 왕실교체는 중심세력의 교체였고, 중심세력의 교체는 결국 중심지의 동시 교체를 수반한 것으로 본 것이다. 그럼으로써 왕의 거처를 옮기는 이동의 의미인 '천도'가 아닌 중심세력과 중심지의 교체를 의미하는 '개도'라는 개념으로 설명하였다.

이상동의 「스코틀랜드 로버트 브루스의 무덤 조성과 장례」에서는 스코틀랜드의 영웅 로버트 브루스의 매장 위치와 조성 배경, 그리고 그 장례를 검토하였다. 스코틀랜드 독립전쟁을 이끌었던 로버트 브루스의 현재 무덤이라 알려져 있는 던펌린 수도원의 주제단이 실제로 그의 무덤이 아닐 수 있으며, 오히려 프랑스 왕가의 무덤 양식으로 콰이어 외부에 있을 가능성을 제기하였다. 13세기 말 14세기 초에 프랑스 왕실의 무덤 양식이 유행하였고, 왕실 구성원들이 심장을 사체에서 분리하여 매장하는 관습까지 검토함으로써 스코틀랜드 지배층의 무덤 양식과 관습에 따라 로버트 브루스의 무덤을 재조정한 것이다.

〈제2부 세력의 형성, 개인과 집단의 변주〉는 한국과 중국의 역사 속에서 개인들이 집단을 이루고, 그 집단이 권력을 행사하는 세력이나 저항의 주체 세력을 형성하는 데 주목한 논문들로 구성되었다.

박재우의 「고려 전기 강감찬의 관료진출과 정치활동의 성격」은 거란과의 전쟁에서 큰 활약을 한 강감찬의 계보와 관료로서의 정치적 활동 등을 주목한 글이다. 고려 현종대는 관료제도의 정비를 통한 왕권의 확립이 중시되는 시기로, 정치적 견해가 뚜렷하게 드러내지 않아도 다수의 관료들이 제도 안에서 능력을 발휘하여 정치적으로 성장할 수 있었으며, 강감찬 역시 개인적 능력과 국왕과의 관계를 바탕으로 정치적인 성장을 해왔다는 것을 확인하였다. 즉 문벌의 형성이나 영향력에 의한 정치적 상황이 아닌 왕, 제도 안에서 능력을 발휘할 수 있었던 강감찬의 관료로서의 모습과 정치적 성장에 주목한 것이었다.

조성산의 「18세기 후반 석실서원(石室書院)과 지식 · 지식인의 재생산」은 17세기에서 19세기까지 안동김문의 문중 서원으로서의 석실서원을 중심으로 교육을 통한 지식 · 지식인의 재생산을 분석한 글이다. 조선 중기의 서원은 체계적인 주자학적 지식인의 양성을 목표로 하였으며, 과거 중심의 교육체계를 비판하는 새로운 지식운동의 장이었다. 석실서원은 안동김문을 중심으로 한 서인－노론의 본거지로 강학을 통해 인적 관계망을 형성하였고 영향력을 가질 수 있었다. 한편 서원 밖에서는 동문들의 '교유'를 통해 다양한 학문전수와 지식의 소통이 이루어졌으며, 새로운 지식운동인 북학사상이 배태될 수 있었다. 결국 석실서원을 통해 지식인들의 배출과 이들의 관계망이 새로운 지식을 창출해내는 주요한 역할을 해냈던 것을 밝히고자 하였다.

하원수의 「당대(唐代) 소영사(蕭穎士)와 사인(士人)들의 교유」에서는 고문운동의 초기 핵심 인물이자 진사과 급제자였던 소영사를 중심으로 주변 사인들과의 교유와 특징을 검토하고자 하였다. 소영사와 교유하였던 여러 사인들의 관계를 다방면으로 면밀히 검토하여 이들이 갖는 현실적인 힘을 가늠하였다. 즉 진사과를 매개로 하는 사인들의 집단화와 동시에 문학의 이념적인 가치 제고에 기여한 바를 지적하고 당대에서 송대에 이르는 고문운동과의 연관성을 제기하였다.

박기수의 「태평천국운동 이후 강절환 지역에서의 자작농의 형성」은 태평천국운동이 결속된 이후의 토지소유와 자작농의 문제를 다루었다. 태평천국운동의 혁명성이나 농민전쟁적 성격에 대해 의심을 제기하는 연구들이 이미 제출되었기 때문에 다른 각도에서 태평천국운동의 진보성이나 혁명성을 살펴볼 필요가 있기 때문이다. 단순히 태평천국운동에서 집행된 정책이나 제도의 문제가 아니라 중국사회에 남긴 영향을 통해 검증해보고자 하는 것이다. 태평천국의 주요 통치 지역이었던 강소, 절강, 안휘 지역을 중심으로 자작농의 형성 및 성장을 검토하여 태평천국운동이 남긴 진보적, 혁명적 영향을 다루었다.

〈제3부 갈등의 충돌, 억압과 저항의 변주〉는 근대 제국주의의 통제와 그것에 대한 저항을 둘러싼 다양한 방식들, 그리고 식민지 극복 이후 형성된 새로운 권력의 통제와 그것에 대한 저항을 담은 담론을 살펴본 논문들로 구성되었다.

임경석의 「식민지시대 반일 의열투쟁과 사회주의」는 한국 사회주의자들이 반일 의열투쟁에 대해 어떠한 태도를 취하였는가를 해방 전 시기까지 다룬 글이다. 테러 전술이 한국독립운동 진영에 도입된 것은 평화적인 시위운동이 벽에 부딪친 직후인 1919년 하반기였다. 초창기 사회주의자들은 대체로 의열투쟁 전술에 대해 관대했다. 그러나 중립당을 거쳐 화요파에 이르는, 조선공산당내 주류세력은 의열투쟁 정책에 줄곧 긍정적이었다면, 당내 비주류인 북풍파와 당외 공산주의 그룹인 서울파는 이를 반대해왔다. 사회주의 대열 내에서 의열투쟁 정책에 대한 이견이 해소된 것은 1930년경 이후였으며, 해방에 이르기까지 반 테러 정책이 식민지 한국의 사회주의자들에게 확고하게 수용되었다. 이와 같이 된 계기는 코민테른의 직접 지도하에 조선공산당 재건운동이 전개되었기 때문이었음을 지적하였다.

최보민의 「1920년대 중반 반기독교운동」은 1920년대 중반 기독교운동과 천도교와의 관계 그리고 민족통일전선과 어떤 관계에 있었는지 살펴보고 있다. 천도교 청년세력은 1924년부터 기독교에 대한 비판을 『개벽』을 통해 전개했다. 그러나 천도교 청년세력의 기독교 비판은 종교에 대한 근본적인 비판이 아니라 교회세력들에 대한 비판으로 한정지었다. 조선공산당의 반기독교운동은 그들이 가졌던 급진적인 프롤레타리아 혁명론과 함께 민족통일전선 정책이 발현된 결과였다. 그러나 1925년 말 내부적인 주체 변화와 국제정세변화로 인해 반기독교운동은 소강국면으로 접어들게 되었다. 결국 반기독교운동은 단순히 종교를 반대한 운동이 아니라 민족통일전선이라는 정책을 실현하기 위한 운동이었음을 확인하였다.

김진흠의 「1950년대 이승만 대통령의 '불교 정화' 유시와 불교계의 정치개입」은 대처승과 비구승의 갈등 국면에서 이승만 대통령의 유시 발표, 이로 인한 불교계의 갈등 그리고 불교계의 정치 개입까지 이어지는 양상을 검토한 글이다. 이승만의 7차에 거친 '불교 정화' 유시는 종교적 이해나 불교 내부의 갈등을 고려하는 형태가 아니었고, '일본식 승려'로 규정된 대처승의 배척은 당시 고조된 이승만 정권의 반일주의와 관련이 있었음을 분석하였다. 유시로 인한 불교계의 갈등은 타협이 아닌 권력에 의지하는 모습을 보였고, 결국 대처승과 비구승은 정권에 충성 경쟁을 할 수밖에 없었음을 지적하였다.

김택현의 「(포스트)식민주의와 문화 혼종」은 근대 식민주의의 역사, 오랜 디아스포라의 역사를 다루고 있다. 서구 국가들의 제국주의 문화 지배의 전략은 '문화적 차이의 시간적 차이화'로 서구와 다른 역사성을 지닌 사회에서 형성된 식민지 문화의 낯선 타자성을 삭제하고 자본의 문화 권력 관계 안에 통합시키려는 것, 즉 자본 권력의 보편적 실현을 성취하려는 것임을 지적하였다. 이에 대한 대항적 담론으로서 문화 혼종이라는 개념에 주목하여 문화를 통해 자본 권력이 생산하는 지배의 질서와 배치도를 바꾸고, 자본 권력의 문화적 작동의 가능성을 불가능성으로 바꿀 수 있음을 지적하였다.

논문의 선정과 편성의 기본적인 원칙은 시간과 공간의 횡단을 통해, 권력의 통제와 이에 대한 저항을 풀어내는 것이었다. 고대에서 현대까지 그리고 전지구적 관점에서 역사 전체를 정합적으로 설명할 수 있는 방법을 찾는 것이 이 책의 목적이었던 것이다. 결국 한국사에서 한 걸음 더 나아가 동아시아, 그리고 서구권을 아우르는 전지구사적 교감을 통해 인식을 확장하고, 과거에서부터 현대까지의 사회의 변화, 그리고 미래를 지향하는 역사연구의 장을 마련하는 데에 작은 보탬이 되고자 하는 바람을 가질 뿐이다.

2018년 2월
한 영 화

차 례

· 서문 / 5

• 제1부 통제의 방식, 권력과 이념의 변주 •

▌고대사회의 성별 분업과 여성노동 ǀ 한영화 ······························ 17

1. 머리말 / 17
2. 성별 노동의 분화 / 20
3. 여성노동의 성격 / 28
4. 맺음말 / 42

▌고구려 초기 왕실교체와 개도(改都) ǀ 권순홍 ······························ 45

1. 머리말 / 45
2. 도성의 위치 비정 / 50
3. 환인에서 집안으로의 개도 시기 / 66
4. 맺음말 / 82

▍스코틀랜드 로버트 브루스의 무덤 조성과 장례 | 이상동 ··············· 85

1. 머리말 / 85
2. 로버트 브루스의 장례식 / 88
3. 로버트 브루스의 무덤 / 96
4. 맺음말 / 109

• 제2부 세력의 형성, 개인과 집단의 변주 •

▍고려 전기 강감찬의 관료진출과 정치활동의 성격 | 박재우 ·········· 115

1. 머리말 / 115
2. 강감찬 선대의 금주(衿州) 정착과 활동 / 118
3. 호족의 관료 진출과 강감찬의 급제 / 126
4. 현종대 정치형태와 강감찬의 정치활동 / 140
5. 맺음말 / 153

▍18세기 후반 석실서원(石室書院)과 지식 · 지식인의 재생산 | 조성산 ··· 157

1. 머리말 / 157
2. 서원이라는 '지식' · '지식인' 생성의 장(場) / 160
3. 석실서원의 강학과 교육 / 164
4. 과거 시험에 대한 부정과 새로운 지식의 가능성 / 172
5. 맺음말 / 191

▌당대(唐代) 소영사(蕭穎士)와 사인(士人)들의 교유 | 하원수 ………… 195
1. 머리말 / 195
2. 소영사의 삶 / 197
3. 소영사와 교유한 사인들 / 209
4. 소영사와 사인들의 관계 / 223
5. 맺음말 / 239

▌태평천국운동 이후 강절환(江浙皖) 지역에서의 자작농의 형성 | 박기수 ………… 243
1. 머리말 / 243
2. 강소(江蘇)에서의 개간정책과 자작농의 형성 / 247
3. 절강(浙江)에서의 개간정책과 자작농의 형성 / 255
4. 안휘(安徽)에서의 개간정책과 자작농의 형성 / 261
5. 맺음말 / 267

• 제3부 갈등의 충돌, 억압과 저항의 변주 •

▌식민지시대 반일 의열투쟁과 사회주의 | 임경석 ………… 275
1. 머리말 / 275
2. 3·1운동기 의열투쟁 전술의 출현 / 276
3. 의열투쟁과 두 고려공산당 / 282
4. 의열투쟁과 조선공산당 / 289
5. 맺음말 / 297

▌1920년대 중반 반(反)기독교운동 | 최보민 ········· 301
1. 머리말 / 301
2. 천도교 청년세력의 반기독교 운동 / 304
3. 조선공산당의 반기독교운동 / 315
4. 맺음말 / 331

▌1950년대 이승만 대통령의 '불교 정화' 유시와 불교계의 정치 개입 | 김진흠 ········· 333
1. 머리말 / 333
2. 1954~1955년 이승만 대통령의 '불교 정화' 유시 / 337
3. '불교 정화'의 양상과 불교계의 정치 개입 / 355
4. 맺음말 / 367

▌(포스트)식민주의와 문화 혼종 | 김택현 ········· 369
1. 제국주의의 문화 지배 전략 / 369
2. 대항 전략/담론으로서의 문화 혼종 / 373
3. 문화 혼종의 정치적 실천 / 379
4. 문화 혼종: 과거의 반복 혹은 현재를 바꾸기 / 384

· 찾아보기 / 391

제1부

통제의 방식, 권력과 이념의 변주

고대사회의 성별 분업과 여성노동

◆

한영화

1. 머리말

여성은 남성과 더불어 역사 속에서 행위자이고 주체였다. 하지만 역사가들은 남성이었고, 그들이 기록한 것은 남성이 경험하고 중요하게 여겼던 것들이었다. 그래서 역사 속에서의 행위자나 주체는 언제나 남성들이었고 여성들은 남성들의 보조적 역할에 불과했다. 여성이 한 일과 경험한 일들은 남성의 시각으로 거의 기록되지 않거나, 해석에서 무시되었다. 그러나 보이지 않는다고 해서 존재하지 않는 것은 아니다. 많은 연구자들이 역사 속에서 숨겨진 여성들을 불러내고 있으며, 또한 기존의 남성중심적 역사를 재해석하고 있다.

일찍이 전근대사회에서의 여성과 관련된 주제로는 혼인이나 친족제도 등이 주로 다루어졌다. 솔서혼, 남녀 균분 상속제, 조선의 처 · 첩 구분문제 등 제도에서 드러나는 여성의 지위를 밝히는 작업들이었다. 뿐만 아니라 사회학이나 인류학, 법학 등의 이론을 바탕으로 호적이나 상속제, 가족법, 혼인 등을 연구하고자 하는 다양한 시도들이 이어졌으며, 여성 억압의 매카니즘을 밝혀내기 위해 정절 이데올로기나 내외법, 정표(旌表) 정책 등 가부장제 이데올로기 문제가 집중적으로 연구되기도 하였다.[1)]

그간 고대사에서의 여성과 관련된 연구들은 이전까지 주목받지 못한 여성들의 지위나 역할을 드러내는 것에 주력해왔다. 신라의 여왕들, 노구(老嫗)의 존재 그리고 신화나 설화 속에 보이는 신모, 여사제의 존재 등으로 정치적·종교적 분야에서 활약하고 있는 여성들을 끌어냄으로써 여성들의 지위가 결코 낮지 않았음을 밝혀왔다. 또한 고대의 여성들의 모습을 전체적으로 훑어보는 과정을 통해 농사일과 길쌈 그리고 부역까지 담당하고 있는 여성들의 생산활동에 대해서도 언급되었다. 이러한 일련의 작업들은 체계적인 정리를 통해 이후 이 분야에 관련된 연구 작업이 구체화될 수 있는 계기를 마련해 주었다는 데에 큰 의미가 있다. 다만 여성들의 지위나 활동을 드러내는 것에만 그쳐버려 여성들이 그 사회와 어떠한 연관을 맺고 있는지, 여성들의 지위와 활동이 무엇을 의미하는지에 대한 심도있는 연구가 이루어지지 않았다는 점은 그 한계로 지적될 수 있을 것이다.

근대 이후 가족과 사회는 각각 안식처와 싸움터로 이분화되면서 사회를 공적 영역, 가정을 사적 영역으로 구분하였고, 그에 따라 전근대사회에서도 이 구분법을 그대로 따르는 경향이 없지 않았다. '전근대사회에서 공적 영역이란 국가나 왕실과 관련된 영역'으로 정의하여 여왕과 같이 정치적으로 활동하거나 일부 특수 기능직 여성들을 공적 영역에서의 활동으로 규정한 것은 대표적이라 할 수 있다.[2)] 그러나 가내노동을 사적인 것으로만 한

---

1) 崔淑卿, 「한국 여성사 연구의 성립과 과제」, 『한국사시민강좌』 15, 일조각, 1994; 한국여성연구소 여성사연구실, 『우리 여성의 역사』, 청년사, 1999 참고.

정하는 것에서 벗어나, 공적인 성격을 가진 것으로 보는 견해, 즉 가족의 소비를 위해 수행된 가내 노동은 사적인 영역이라 하더라도 조세 납부나 가계부양을 목적으로 하기 때문에 공적인 영역에서의 노동으로 간주할 수 있다는 견해는[3] 사적/공적의 기준이 무엇이며, 여성의 역할과 지위 더 나아가서는 여성의 노동을 어떻게 규정할 것인가와 맞물려있어 중요한 문제라 생각된다. 무엇보다 노동 영역의 구분과 관련된 이러한 연구성과는 지금까지 드러나 여성들의 지위와 역할을 확인하는 것에서 한 걸음 더 나아가 불모지와 같은 고대사에서의 여성노동 연구에서 여성들의 노동을 어떻게 볼 것인가라는 문제를 던져주었다.

이러한 일련의 연구들을 토대로 본고는 고대사회의 여성들의 노동을 재조명해보고자 한다. 무엇보다도 고대사회에서 여성들의 노동의 내용과 변화를 고정되고 정체되어 있는 것이 아닌 사회경제적 변화 속에서 함께 변화해가는 것으로 바라보는 시선이 매우 중요하다고 생각된다. 그렇기 때문에 고대사회에서 여성노동의 내용이 무엇이며, 국가와의 관계 속에서 무엇이 어떻게 변화되어 나타나는가를 살펴보고자 한다.

여기에서 고대국가는 가부장제의 형태로 조직되었고 따라서 그 태동기부터 국가는 가부장적 가족의 유지에 본질적인 이해관계를 갖고 있기 때문에[4] 고대의 여성노동을 규명하는 일은 한국에서의 가부장제적 전통과 성별 노동분업을 재조명하는 실마리를 제공할 것이라 생각된다. 결국 권력을 독점한 남성들이 여성들을 그 권력으로부터 어떻게 배제시키고, 여성의 노동을 어떻게 가내화(家內化)시키고 있었는지를 살펴보고자 한다.

---

2) 이배용, 「한국사 속에서 여성의 공적영역과 사적영역: 전근대사회로부터 개화기까지」, 『여성학논집』 14 · 15, 이화여자대학교 한국여성연구원, 1998.

3) 김성희, 「전통사회 여성의 사적(私的) 영역과 공적(公的) 영역에서의 노동: 삼국시대부터 조선시대까지」, 『한국가정관리학회지』 20-6, 2002.

4) 거나 러너 지음 · 강세영 옮김, 『가부장제의 창조』, 당대, 2004, 23쪽.

2. 성별 노동의 분화

원시사회에서 남성은 사냥, 여성은 채집이라는 생산활동에서의 성별 분업이 있었다는 것은 공공연히 공식화되었다. 이 시기의 성별 분업은 사회적인 차별이 아닌 상호보완적인 형태였다.

민족지적 조사에 의해 노동과 남성의 노동분업 형태를 가늠할 수 있는데, 전 세계에 흩어져 있는 224개 부족에서 남녀 간의 경제 활동을 조사한 결과 표본사회 75% 이상의 사회에서 여자에 할당된 작업은 곡물갈기, 물긷기, 요리, 연료채집과 식물채집, 의복의 제조와 수선, 육류와 어류의 저장, 도자기 만들기, 방적, 매트와 바구니 제조 등이었으며, 남성에게 할당된 작업들은 목축, 어로, 벌채, 덫놓기, 채광과 채석, 수렵, 바다 포유동물 포획 등으로 조사되었다.[5] 이러한 조사를 토대로 정리하면 다음과 같다.

* 남성우위노동: 금속공예, 무기의 제작, 바다수렵, 수렵, 악기의 제작, 배의 제작, 채광 · 채석, 돌의 가공, 작은 동물의 포획, 골(骨) · 각(角) · 패(貝)의 가공, 벌채, 어로, 제사용구의 제작, 목축, 가옥의 건설, 경지의 개간, 망(網)의 제작, 교역
* 여성우위노동: 곡물제분, 수운, 조리, 야초(野草) · 근채(根菜) · 종자(種子)의 채집, 의류의 제작과 수선, 고기의 보존관리, 토기의 제작, 연료수집, 과실채집, 부물(敷物)제작, 바구니제작, 실이나 줄 제작[6]

---

5) George P. Murdock, "Comparative Data on the Division of Labor by Sex", *Social Force* vol.15, No.4, Oxford University Press, 1937.
이와 같은 조사의 분석은 시간적, 공간적 다름으로 인한 일반화의 어려움이 있다. 각 조사대상의 생산기반이나 출자규정 혹은 재산소유 등의 상이, 계급 성립의 정도의 차이 등이 있기 때문에 절대적인 것으로 받아들이기는 어렵지만, 충분히 시사하는 바가 크다고 할 수 있다.

6) 都出比呂志, 「原始土器と女性: 彌生時代の性別分業と婚姻居住規定」, 『日本女性史』 1, 東京大學出版會, 1982, 12~14쪽.

남성우위노동의 경우, 수렵 · 어로에 필요한 석기, 골각기, 금속기 그리고 망이나 배의 제작이 대응되고 있으며, 경지개간이나 산림벌채, 가옥건설은 목공용의 석기나 금속기 가공과 공통되고 있다. 그리고 돌이나 금속의 가공과 목기 제작은 전쟁과 긴밀한 관계를 갖는다. 전쟁은 남성우위노동인 교역과도 밀접한 관련이 있다. 남성우위노동은 체력이 필요하고, 원격지로 나갈 필요가 있는 노동, 이에 부수되는 가공업과 도구류의 제작이라는 체계성이 인정된다.[7] 여성우위노동의 경우 조리와 의류제작을 기축으로 하는 노동종류와 과실이나 채소의 채집 등 수렵, 어로, 개간에 비해서 강한 체력을 요구하지 않으며 원격지로의 원정의 횟수도 적은 노동이 이에 속한다. 이는 여성이 장기간에 걸쳐 거주지와 떨어질 수 없게 하는 임신과 출산, 그리고 수유 기간내의 육아 문제가 가장 큰 요인임은 틀림없으며, 이러한 여성과 남성의 생리적 조건의 다름으로부터 이상의 성적 분업이 이루어졌던 것이라 생각된다.

기본적으로 여성과 남성의 분업체계는 신체적 조건 등으로 설명하는 경우가 많다.[8] 그러나 많은 페미니스트들이 지적했듯이, 양성간의 생물학적 차이를 증명하는 제한된 수의 증거들이 문화적 해석에 의해 광범위하게 과장되었으며 성차에 부여된 가치는 그 자체가 문화적 산물로 볼 수 있기 때문에, 성적 속성은 생물학적으로 주어진 것이지만, 성별은 역사적 과정의

머독의 작업을 토대로 쯔데 히로시(都出比呂志)는 (1) 남성만의 작업 (2) 남성이 우위이고 여성은 보조적 역할 (3) 남녀가 함께하는 작업 (4) 여성이 우위이고 남성이 보조적인 역할 (5) 여성만의 작업으로 분류하였고, 특히 (1)(2)는 남성우위노동으로, (3)은 남녀공유의 노동으로, (4)(5) 여성우위노동으로 나누어 제시하였다.

7) 都出比呂志, 위의 글, 1982.

8) 쯔데 히로시(都出比呂志)는 신체적 조건과 수유기간내의 육아의 문제, 이 두 가지를 성적 분업체계의 기초로 보고 있다. 그러나 성적 분업체계의 기초는 여성과 남성의 신체적 강건함과 지구력의 차이가 아니라 전적으로 재생산능력의 차이 때문으로 보여진다.(거다 러너 지음 · 강세영 옮김, 앞의 책, 2004, 41~42쪽)

산물이다. 즉 여성이 임신한다는 사실은 여성의 성(sex) 때문이며, 여성이 아이를 기른다는 것은 성별(gender), 즉 문화적 구성물 때문이다.[9] 그런 의미에서 성적 분업체계의 기초는 분명히 남성과 여성의 생리적 조건은 틀림없으나, 신체적 강약의 차이에서 오는 것은 아니다.[10]

이러한 여성의 임신과 수유를 해야 하는 생리적 조건은 군사원정에 참여하거나 전쟁터에서 전투를 하는 일을 더욱 어렵게 했으며, 장기 휴경괭이농업을 시작하게 되면서 이전단계인 수렵채집인들보다 더욱 정착지에 얽매이게 되는 과정을 겪게 되었다. 결국 안정적인 식량을 여성들이 확보하는 동안 남성들은 전사와 수렵자로서의 역할을 굳히고 있었던 것이다.

일반적으로 우리나라 신석기 단계의 식료 획득방법으로는 수렵, 어로, 채집 등이 거론된다. 미사리 신석기 유적의 경우 전체 석기 213점 중에서 석촉은 6점으로 2.82%에 불과하며 어망추는 70점으로 32.86%, 갈봉은 15점으로 7.04%, 갈판은 12점으로 5.63%를 차지한다. 암사동의 경우도 석촉의 수적 비중은 어망추에 비해 극히 미미한데, 석촉은 그 성격상 재사용이 곤란한 일회성 도구라는 점이 고려되어야 하겠지만 낮은 비율은 당시의 식료 획득에서 수렵의 비중이 의외로 낮았을 가능성을 보여준다.[11] 즉 암사동과 미사리 취락의 주민들은 식물성 식료에 주로 의존하였으며, 그 다음이 어로이며 수렵의 비중이 현저히 낮았음을 보여주는 것이다. 신석기 단계는 아직까지 식물채집이나 간단한 경작을 통해서 안정적으로 식량을 확

---

9) 거다 러너 지음, 강세영 옮김, 위의 책, 2004, 41~42쪽.

10) 셀라 레웬학은 "석기시대 여성들이 일차적인 경제적 책임을 가질 수 있었던 것은 성별간의 신체적 차이가 현대 산업화된 사회에서만큼 두드러지지 않았기 때문이었다. 남성과 여성의 신체적 유사성은 석기시대인의 세계적인 특성이다."라고 지적하고 있다.(셀라 레웬학 지음 · 김주숙 옮김, 『여성노동의 역사』, 이화여자대학교출판부, 1995, 75쪽)

11) 權五榮, 『三韓의 '國'에 대한 硏究』, 서울대학교국사학과 박사학위논문, 1996, 19쪽.

보하는 단계로 보여진다.[12] 이러한 식물채집은 주로 여성이 담당했을 것이며, 수렵은 남성들이 담당한 일이었을 것이다.

일본의 경우 청동기를 사용했던 야요이[彌生]시대의 성적 분업을 보여주는 자료로서 동탁(銅鐸) 회화의 인물상이 유명하다. 인물의 머리 형태가 ○와 △로 다르게 묘사되고 있는데, 대체로 ○은 남자, △는 여자라는 의견이 유력하다. 동탁에 묘사된 ○형은 활이나 사슴이나 돼지와 함께 수렵 작업을 묘사하며, △형은 절구나 절구공이를 가지고 탈곡하는 모습을 표현하기 때문에 이는 남자는 수렵, 여자는 탈곡이라는 그 당시의 남녀분업의 모습을 담고 있는 것이다.[13]

일본의 경우처럼 청동기를 사용하던 시기에도 여전히 수렵과 농사라는 남녀 분업이 유효성을 가지고 있었던 것으로 보인다. 그러나 남성과 여성의 관계는 이전과는 다른 양상을 보이기 시작한다. 신석기를 사용하던 시기에 주로 여성신상이 출토되었던 것에 비해, 생산에서 남성의 역할이 증대되고 무력의 가치가 부각되던 신석기 후기부터는 남성을 형상화한 인형이나 그림이 출토되고 있으며 청동기를 사용하던 시기에는 남성의 형상이 좀 더 많은 비중을 차지하고 있다는 사실이다.[14]

이러한 비중을 보여주는 것으로 중심연대가 청동기로 비정되는 울산 대

---

12) 신석기부터 집중적으로 이루어지는 도토리 등의 견과류의 식용은 동시기부터 집중되는 수산자원의 이용과 함께 정주성이 높은 생활을 보장해주며 이에 움집과 취락이 등장하는 배경이 되었다고 한다. 도토리 외의 나무열매로 신석기의 합천 봉계리 주거지에서 호도, 살구와 보리수과 열매가 검출되었고, 신석기 후기에서 초기 철기 사이에 형성된 한강 하류 일산지역의 토탄층에서도 가래, 감, 개살구, 사과속 등의 식용나무가 발견되었다고 한다.(安承模,『東아시아 先史時代의 農耕과 生業』, 학연문화사, 1998, 399~400쪽)

13) 都出比呂志, 앞의 글, 東京大學出版會, 1982, 16~22쪽.

14) 김선주,「고고 자료를 통해 본 원시 · 고대 여성」, 한국여성연구소 여성사연구실,『우리 여성의 역사』, 청년사, 1999, 40~42쪽.

곡리 반구대 암각화를[15] 들 수 있다. 반구대 암각화의 내용은 어로(漁撈)와 수렵이다.

〈그림 1〉 울주 반구대 암각화

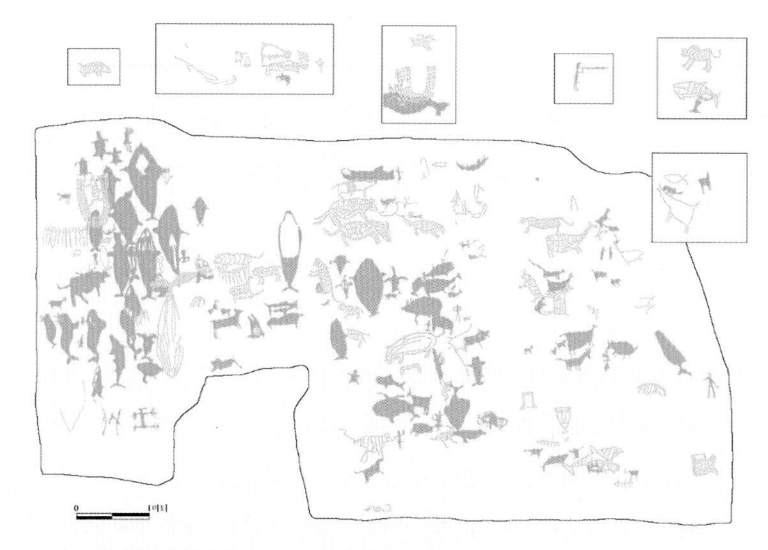

반구대 암각화 상세도(붉은색은 면각 그림, 파란색은 선각 그림)

* 출처: 임세권, 『한국의 암각화』, 대원사, 1999, 48~49쪽.

반구대 암각화의 구성은 왼쪽에 주로 고래를 비롯한 바다동물들이 집중적으로 분포하고 있고, 오른쪽으로 육지동물들의 숫자가 점점 늘어나 끝부분은 거의 육지동물들로 구성되어 있다. 바다동물로는 고래, 물개 또는 바다사자 등이며 육지동물들로 사슴, 돼지, 호랑이, 표범 등이 보인다. 수중생활과 육지생활이 가능한 거북이도 보인다. 인물들은 여기저기 흩어져 나

---

15) 반구대 암각화의 제작시기는 신석기 후기부터 청동기 전반, 혹은 청동기 전시기, 청동기부터 초기 철기에 걸친 시기로 보는 견해까지 다양하다.

타나는 데 크게 세 가지 유형으로 나누어서 볼 수 있다. 첫 번째 유형은 춤추는 자세를 취한 인물로 성기가 과장되게 묘사되고 있는 유형이다. 두 번째 유형은 가면으로 표현되거나 두 팔, 다리를 거의 일직선으로 펴고 손가락, 발가락도 과장되어 표현되고 있는 제사장, 혹은 샤만으로 보이는 인물들이다. 그리고 세 번째 유형은 배에 탄 인물들이다.

그림 전체는 수렵, 어로에서의 성공을 기원하는 듯하며, 몇몇 동물들은 배를 불룩하게 묘사하여 생산의 풍요를 기원하는 의미로 해석된다. 이러한 동물들 속에 섞여서 표현되고 있는 인물들 중 특기할 만한 것은 바로 성기가 과장된 남성들의 모습이다. 이들의 모습은 자못 남성들의 일이 수렵, 어로와 밀접한 관련이 있다는 것을 암시하기도 한다. 뿐만 아니라 생식과정에서의 남성의 역할, 기능에 대한 좀 더 확고한 인식들이 자리잡기 시작한 것을 반영한 것이라 생각된다. 바로 그들에 의해서 반구대 바위에는 제사의식이 그려지고, 또한 그들에 의해서 그 앞에서 의식이 치러졌을 것이다.

이러한 모습은 건국신화 속의 인물들을 통해서도 드러난다. 대표적인 인물로는 고구려의 주몽과 유화를 들 수 있다. 주몽은 그 이름이 '활을 잘 쏘는 자'라는 뜻을 가지고 있으며 송양왕과의 활쏘기 겨루기에서도 출중한 능력을 보여주었다. 고구려 벽화에서도 말을 타고 활을 쏘아 짐승들을 사냥하는 남성들의 모습을 확인할 수 있다. 유화는 주몽이 부여를 떠나 남하할 때 신의 전령인 비둘기를 통해서 주몽에게 보리 종자를 보내주기도 하였다. 주몽과 유화 모두 고구려인들에게는 신앙의 대상으로 동맹제를 통해 제사의 대상이었다.[16] 신라의 신화에서 알영은 박혁거세와 함께 6부를 돌면서 농사와 누에고치를 권장하였고,[17] 가락국 신화에서 허황옥은 육지에 도착하

---

16) 井上秀雄, 「高句麗の祭祀儀禮」, 『古代東アジア史論集』, 吉川弘文館, 1978; 韓鈴和, 「高句麗 地母神信仰과 母處制」, 『韓國古代史의 諸照明』, 신서원, 2001.

17) 『삼국사기』 권1 「신라본기」 1 혁거세 17년.

여 입었던 바지[綾袴]를 벗어 그것을 폐백삼아 산신에게 바쳤고, 이후에 수로왕과 혼인하여 왕후가 되었다.[18] 이들은 종자나 누에고치, 바지 등 생산의 풍요를 상징하는 그 무엇과 연관되어 등장했을 뿐만 아니라, 실질적으로 농사와 양잠, 길쌈 등의 일들을 담당했을 가능성이 높다고 할 수 있다.

다만 각각의 건국신화 속에서의 남성과 여성의 관계는 조금씩 차이가 났다. 고조선과 고구려의 경우, 단군과 웅녀 그리고 주몽과 유화는 모자(母子) 관계였고, 혁거세와 알영, 수로왕과 허황옥은 부부의 관계로 나타났다. 웅녀나 유화의 경우는 그야말로 '지모신(地母神)'으로서 부여된 역할을 담당했던 것으로 파악할 수 있을 것이다.[19] 부부관계로 나타났던 신라와 가락국의 신화는 고구려의 신화보다는 그 시기가 떨어진 것으로도 파악이 가능할 것인데, 대체로 유화와 관련된 보리종자의 단계와, 알영 · 허황혹과 관련된 누에치기, 길쌈의 문제는 그 강조의 방점이 이러한 시기적 차이와 관련성이 있을 것으로 보인다. 식량 작물의 경작은 여성들에 의해서 이룩된 것이었다. 여성들에 의해 식용풀들이 매년 특정한 계절에 대지로부터 새롭게 싹튼다는 사실이 발견되었고 땅에 구멍을 파서 씨앗을 뿌리내리게 하였다. 즉 채취에서 식량작물 경작으로의 전환이 이루어졌던 것이다.[20] 오늘날에도 수단에서는 남자가 막대기로 땅에 구멍을 파며 앞서서 걷고, 여자는 뒤따르면서 씨를 뿌리는 관습이 그대로 남아있다.[21] 유화의 보리

---

18) 『삼국유사』 권3 「기이」 가락국기.

19) 지모신에 대한 신앙은 인류에게 '어머니'란 한 생명을 낳고 길러주는 존재이며, 생명이 죽으면 '어머니'로 관념화된 대지로 돌아간다는 관념에서 출발한다.(미르치아 엘리아데 지음 · 이재실 옮김, 『종교사개론』, 까치, 1993) 그러나 모든 것을 포괄하는 다산성의 상징인 어머니-여신은 '재배곡물의 여신'이라는 것으로 더욱 가내화된 다산성으로 변형되는 과정을 겪는다고 한다. 이는 남성의 동반자와 연관된 어머니-여신에서 발견되는 것인데 이는 생식에서의 남성 역할에 대한 인식이 확고하게 자리잡으면서부터였다고 한다.(거나 러너 지음 · 강세영 옮김, 앞의 책, 2004, 266쪽)

20) 셀라 레웬학 지음 · 김주숙 옮김, 앞의 책, 1995, 65쪽.

종자도 씨앗을 장악하고 있던 모습을 그대로 보여준 것이다.

하지만 무엇보다도 중요한 것은 이러한 건국신화의 주인공은 남성인 건국 시조였다는 사실이다. 주몽이나 혁거세, 수로왕은 모두 알에서 태어났다. 알의 상징은 농사와 관련해서는 종자이며 이 종자를 통한 농사의 풍요로움을 표현함과 동시에 알에서 태어나는 아이, 즉 새 생명의 탄생을 통한 다산을 의미한다. 이들이 알에서 태어났다는 것은 이젠 남성인 이들이 생산의 풍요로움을 상징할 수 있으며, 하늘을 상징하는 남성과 땅을 상징하는 여성의 결합에 의해 태어난 것이므로 더욱 신성성을 가질 수 있었던 것이다.

유화나 알영, 허황옥은 여성으로서의 신성성을 가지고 있었지만 점차 남성인 건국시조를 매개로 한 어머니로, 부인으로 비중이 약화되는 과정을 겪을 수밖에 없었다.[22] 신라의 경우 남해차차웅대에는 친누이동생 아로가 제사를 담당하기도 했으며[23] 왕의 조언자로서 노구나 노모가 등장하지만,[24] 시조묘 제사나 천지에 대한 제사와 같은 국가의 중대 제사는 왕이 친히 지냄으로써 국가제사를 남성들이 장악해 나가고 있었음을 지적할 수 있겠다. 남성인 왕에 의한 권력의 독점과정에서 제천의식이나 시조묘 제사 등에 대한

---

21) 이를 유럽인들은 남성의 우월성과 여성의 열등성을 보여주는 것으로 보았으나, 고대의 종교와 사회를 연구한 사람들은 이것을 여성이 식량 공급자로서 우월했던 시기로부터의 유습으로 인식하였다.(셀라 레웬학 지음 · 김주숙 옮김, 위의 책, 1995, 65쪽)

22) 거다 러너는 수메르와 아카디아 신화를 분석하면서, 동물의 사육 및 목축의 발달과 함께 생식과정에서의 남성의 기능이 좀 더 명백해지고 잘 이해되었을 것임을 지적했다. 앞서도 언급하였지만 생명을 창조하고 죽음을 관장하는 것은 여전히 대여신이었지만 이제 생식에서의 남성의 역할에 대해 좀 더 확고한 인식이 자리잡게 되었다고 한다.(거다 러너 지음 · 강세영 옮김, 앞의 책, 2004, 266쪽)

23) 『삼국사기』 권32 「잡지」 1 제사.

24) 『삼국사기』를 보면 노구에 관한 기사는 신라 소지왕 22년(500) 고구려 미천왕 원년(300), 백제 동성왕 23년(501) 이후는 보이지 않으며, 그 후에는 진평왕 7년(611)에는 노인에 대한 기사가 보이고 있다.(최광식, 「三國史記所載 老嫗의 性格」, 『史叢』 25, 고려대학교 사학회, 1981, 13~15쪽)

장악과정은 고대국가의 발생과도 맞물려 있음을 상기할 필요도 있다.

신화는 많은 시간을 거치면서 여러 현상들이 중첩되면서 변화되었고 만들어졌다. 고구려의 신화에서는 유화의 보리 종자를 통해 석기 단계의 안정적인 식량의 확보로서의 채집과 괭이농업 단계에서 지모신의 모습을 유추할 수 있다. 풍요의 기원으로서 신화에 남겨진 여성들의 모습은 여전히 유효성을 지니고 있었지만, 전쟁을 통한 남성의 권력강화 그리고 쟁기농업과 맞물린 정착 생활이 진행되면서 신화속에 여성들의 입지는 점점 좁아지게 되었고 주변화되어 갔다. 그 중심에는 이제 서서히 남성이 자리하게 된 것이다.

3. 여성노동의 성격

1) 노동력의 확보

고대국가는 정치적으로 미약한 계급관계가 발생했더라도 아직 공동체의 유제가 남아있던 소국 공동체에서 계기한 역사발전의 한 단계였다.[25] 그리고 무엇보다도 인간노동력의 역사적 의미가 본격적으로 드러나기 시작했다. 삼국 또한 전쟁과 교역을 통해 기존의 소국을 복속시킴으로써 영역성과 계급성을 갖춘 고대국가로 이행하였다. 전쟁은 사회의 계층화를 유도하는 국가형성의 주요 요인의 하나이며 국가 형성 이후의 발전과정에서는 군사지도자의 권위를 강화할 수 있는 유용한 수단이었다.[26]

삼국은 각기 국가형성기의 소국 병합에서부터 국가발전기의 영역확장, 국가완성기의 세력각축까지 주변국과의 전쟁을 통해서 성장해나갔으며,

---

25) 金瑛河, 『韓國古代社會의 軍事와 政治』, 高麗大學校民族文化硏究院, 2002, 1쪽.

26) 金瑛河, 위의 책, 2002, 3쪽.

이 과정에서 각국은 영역을 확장함과 동시에 전쟁을 통해 생산력 확충을 위한 노동력을 확보할 수 있었다. 획득된 노동력, 즉 전쟁포로는 각국의 귀족세력의 경제적 기반을 제공했다.[27)]

고구려, 백제, 신라는 주변국과 많은 전쟁, 전투를 치렀다. 『삼국사기』에는 본기를 중심으로 전쟁, 전투 기사가 등장하면서 노획물에 대해서도 자주 언급되었다. 전투의 과정 혹은 결과로서 "노획(虜獲)", "생획(生獲)", "노(虜)" 등으로 표현되었던 기사인데, 이를 정리하면 대략 〈표 1〉과 같다. 각각 공방을 통해 2백에서 5만까지 "노획" 혹은 "노"되기도 하였는데, 그 단위로는 몇몇을 제외하고는 대부분 "구(口)", "인(人)"이었다.

〈표 1〉『삼국사기』에 나타나는 삼국의 노획 기사

	연도 및 왕대			결과		전투상황	비고
고구려	미천왕	3년 9월	302	虜獲	8천 人	고구려－현도군	
	미천왕	14년 10월	313	노획	남녀 2천여 口	고구려－낙랑군	
	고국원왕	12년	342	虜	남녀 5만여 口	전연－고구려	
	고국양왕	2년 6월	385	노	남녀 1만 口	고구려－후연	
	고국양왕	7년 9월	390	노	2백 人	백제－고구려	☆
	광개토왕	즉위년 9월	390	노	남녀 5백 口	고구려－거란	
	광개토왕	4년 8월	394	노획	8천여 級	고구려－백제	
	장수왕	63년 9월	475	노	남녀 8천	고구려－백제	
	문자명왕	21년 9월	512	노획	남녀 1천여 口	고구려－백제	
	영양왕	8년 5월	597	노	남녀 3천	고구려－백제	
	영양왕	18년 5월	607	노	남녀 3천	고구려－백제	○
	영양왕	19년 2월	608	노획	8천 人	고구려－신라	
	보장왕	4년 5월	645	沒	남녀 8천 人	당－고구려(비사성)	
	보장왕	4년 5월	645	死	1만여 人	당－고구려(요동성)	
				見捉	勝兵 1만여 人 · 남녀 4만 口		
	보장왕	4년 5월	645	得	남녀 만여 口	당－고구려(백암성)	

27) 삼국은 전시기에 걸쳐 전쟁을 통해서 포로를 획득하였다. 또한 국가를 완성해나가는 과정에서 전쟁동원의 규모가 커졌고, 전쟁의 성격 또한 이미 삼국간의 세력각축전으로 치닫게 되면서 대량살륙도 수반되었다.(金瑛河, 위의 책, 2002, 102~103쪽)

백제	온조왕	22년 9월	9	노획	生口	말갈－백제	
	초고왕	2년 7월	167	노획	남녀 1천	백제－신라	△
	근초고왕	24년 9월	369	획	5천여 級	고구려－백제	
	진사왕	6년 9월	390	虜得	2백 人	백제－고구려	☆
	동성왕	4년 9월	482	獲	3천여 戶	말갈－백제	
	무왕	8년 5월	607	노	남녀 3천	고구려－백제	○
	무왕	28년 7월	627	노	남녀 3백여 口	백제－신라	◇
	의자왕	2년 8월	647	생획	남녀 1천여 人	백제－신라	
신라	파사니사금	17년 9월	96	노획	甚多	가야－신라	
	일성니사금	6년 8월	139	虜掠	民口	말갈－신라	
	아달라니사금	14년 7월	167	노획	민구 1천	백제－신라	△
	나해니사금	14년 7월	209	노	6천 人	포상8국－신라	
	유례니사금	4년 4월	287	노	1천 인	왜－신라	
	자비니사금	5년 5월	462	노	1천 인	왜－신라	
	진흥왕	23년 9월	562	노	2백 口	가야－신라	
	진평왕	30년 2월	608	노획	8천 인	고구려－신라	
	진평왕	49년 7월	627	노	남녀 3백여 구	백제－신라	◇
	문무왕	8년 11월	668	노	고구려인 7천	신라－고구려	

* ☆, ○, △는 같은 기사를 표시한 것임.

〈표 1〉에서 볼 수 있듯이 노획되는 대상으로는 그 단위가 주로 '구(口)'이고 규모는 3백에서 5만까지 다양하다. 그런데 여기서 △로 표시된 초고왕 2년 기사와 아달라니사금 14년 기사를 눈여겨 볼 필요가 있다. 이 기사는 동일 사건에 대해 각각 "노획남녀일천(虜獲男女一千)" "노획민구일천(虜獲民口一千)"으로 달리 표현되었다. 같은 사건에 대한 서술에서 나온 것이기 때문에 두 표현은 다른 상황을 나타낸 것이 아니라 같은 내용의 다른 표현이라 생각된다. 그러므로 여기서 '민구(民口)'는 남녀를 포함한다고 볼 수 있다. 그렇다면 표에서 '노획', '노'로 표현된 기사들은 꼭 '남녀'를 표시하지 않았다하더라도 대체로 이를 포함했던 것으로 보여진다. 이는 전쟁을 통해서, 혹은 전투를 통해 상대를 함락시키고 그에 속해있던 공동체를 예속시키는 형태였기 때문이라 생각된다.

이 방식은 그 지역과 공납관계를 형성하기도 하며, 사로잡아온 생구(生

口)들을 전리품으로 분사(分賜)하거나, 일정 지역에 분거(分居)시키는 방식을 취하기도 한다. 온조왕 22년(4)에는 말갈과의 전투에서 생구(生口)를 "노획(虜獲)"하고 장사(將士)에게 분사(分賜)했었고[28] 근초고왕 24년(369)에는 고구려와의 치양성 전투 때 그 "노획"된 자들을 장사(將士)에게 분사했으며[29] 의자왕 2년(647) 대야성 전투에서는 남녀 천여 인을 잡아 나라 서쪽 주현(州縣)에 분거(分居)시켰다.[30]

또한 진흥왕 23년(562) 가야와의 전투에서 그 전공을 인정받은 사다함의 경우, 왕이 양전(良田)과 사로잡은[所虜] 200구(口)를 하사하자 이를 사양하다가 받아, 그 생구(生口)는 놓아주어 양인(良人)으로 삼고 양전은 전사(戰士)들에게 나누어 주어 국인들이 이를 아름답게 여겼다는 기사로[31] 사로잡혀온 생구들의 처지가 노예적 존재였음을 짐작할 수 있다. 여기에서도 분명 "생구(生口)", "민구(民口)"는 남녀를 포함한 개념이다.

그러나 이와는 다르게 전투에 참여했던 군사[卒]들은 패배하면서 죽음을 맞이하는 경우가 허다했다. 사료로는 "살획(殺獲)" "참획(斬獲)" 등으로 표현되는 것들은 대부분 전투의 패배로 인하여 죽음을 맞이하는 규모를 나타내며, 그 단위로는 주로 "급(級)"이 주로 사용되었다.[32] 이들은 직접적으로 전투에 참여했던 남성들이었을 것이다.

『삼국사기』에는 '노획'과 '살획'이 각각 기사를 달리해서 나오고 있지만 어느

---

28) 『삼국사기』 권23 「백제본기」 1 온조 22년 9월.

29) 『삼국사기』 권24 「백제본기」 2 근초고왕 24년 9월.

30) 『삼국사기』 권28 「백제본기」 6 의자왕 2년 8월

31) 『삼국사기』 권4 「신라본기」 4 진흥왕 23년 9월.

32) '살획'은 두 가지 해석이 가능하다. '죽여서 얻는다.'이거나 '죽이거나 얻는다.'이다. 태조왕 69년, 동천왕 20년, 보장왕 14년 기사에는 '殺獲○○人'으로 되어 있는 것을 제외하면 '살획'의 단위는 '급'으로 하고 있기 때문에 '죽여서 얻었다.'라고 해석하는 편이 좋을 듯하다.

전투에서는 '노획'만을 하고 어느 전투에서는 '살획'만을 했다기보다는[33] 전투의 상황에 따라 동시에 일어났을 가능성도 배제할 수 없다.[34] 그러나 어찌되었든 '살획'은 전투를 하는 과정에서 적의 군사를 죽여 올린 전공이라고 한다면, 이 전투의 결과로 얻은 전리품으로서는 '노획'으로 표현한 것이 아닌가 한다.

한편, 645년 백암성 항복문제와 관련해서 당 태종과 이세적의 대화가 의미심장하다. 백암성의 항복을 받아들이려는 당 태종에게 이세적은 사졸들이 전투에 매진할 수 있었던 것이 노획물을 탐하기 때문이니 항복을 받아들일 수 없다는 의견을 개진했다. 이에 당 태종은 옳다하지만, 군사를 놓아 사람을 죽이고 그 처자(妻子)를 사로잡는 것은 차마 할 수 없으므로 자신의 창고의 물건으로 상을 줄 것을 이야기한다.[35] 이 대화에서 중요한 것은 그 노획물인데 맥락상 그 노획물은 대략 처자에 해당한다고 볼 수 있다. 또한 이는 『삼국사기』 김유신 열전에서도 언급되듯이 고구려와 백제가 신

---

33) "殺虜"라는 표현은 죽이고 사로잡은 사람들로 보인다.
『삼국사기』 권3 「신라본기」 3 자비니사금 19년 6월, "倭人侵東邊 王命將軍德智擊敗之 殺虜二百餘人"
『삼국사기』 권5 「신라본기」 5 선덕왕 7년 11월, "閼川與高句麗兵 戰於七重城外 克之 殺虜甚衆"
『삼국사기』 권23 「백제본기」 1 온조왕 8년 2월, "靺鞨賊三千 來圍慰禮城 王閉城門不出 經旬 賊糧盡而歸 王簡銳卒 追及大斧峴 一戰克之 殺虜五百餘人"
『삼국사기』 권26 「백제본기」 4 무왕 6년 7월, "靺鞨來侵 破高木城 殺虜六百餘人"

34) 『삼국사기』 권24 「백제본기」 2 근초고왕 24년 9월, "高句麗王斯由帥步騎二萬 來屯雉壤 分兵侵奪民戶 王遣太子以兵徑至雉壤 急擊破之 獲五千餘級 其虜獲分賜將士"
『삼국사기』 권41 「열전」 1 김유신(상) "至玉門谷 百濟輕之 大率衆來 伏發擊其前後 大敗之 獲百濟將軍八人 斬獲一千級"
『삼국사기』 권42 「열전」 2 김유신(중) "生獲將軍達率正仲 · 士卒一百人 斬佐平殷相 · 達率自堅等十人及卒八千九百八十人"
『삼국사기』 권44 「열전」 4 김양, "四年正月十九日 軍至大丘 王以兵迎拒 逆擊之 王軍敗北 生擒斬獲 莫之能計"

35) 『삼국사기』 권21 「고구려본기」 9 보장왕 4년 5월, "李世勣見帝將受其降 … 請曰 士卒所以爭冒矢石 不顧其死者 貪虜獲耳 … 帝下馬謝曰 將軍言是也 然縱兵殺人而虜其妻孥 朕所不忍…"

라를 침략하여 "정장(丁壯)은 사로잡아 죽이고 유소(幼少)는 노(奴)로 부린지 오래되었"음을 설명하는 대목에서도[36] '노(奴)'로서 획득되는 대상이 어린 아이도 포함되었음을 짐작할 수 있다.

초기 전쟁에서 전사집단이나 그가 속한 공동체를 중심으로 전쟁을 수행했다면 이를 통한 노획물로서의 남녀의 비율은 현격하게 차이가 나지 않았을 수도 있다. 그러나 삼국 간의 세력 각축이 총력전으로 치열해져가면서 전쟁에 일반 남성들을 참여시킴으로써 전쟁에서의 노획물은 점점 여성과 어린 아이들의 비중이 높아질 수밖에 없었을 것이다. 즉 남성들에 의해 주도되는 전쟁을 통해 남성들은 피정복 집단의 남성과 여성에 대한 권리를 획득하였고, 점차 여성과 어린 아이에 대한 권리를 획득한 것이었다. 그러므로 노획물의 대상은 공동체 전체가 아닐 경우에는 여성과 어린 아이가 되었을 가능성이 높다.

이렇게 획득된 노동력은 직접 생산에 투입되거나 가노(家奴)로 귀족들의 경제적 기반으로 제공되었다.[37] 이러한 노동의 양상은 다음에서 구체적으로 살펴보고자 한다.

2) 여성노동의 양상

여성들의 삶을 보여줄 수 있는 사료는 그렇게 많지 않다. 더구나 기록은

---

36) 『삼국사기』 권42 「열전」 2 김유신(중) "十二月十日 … 庾信與諸將士日 麗濟二國 侵凌我疆 賊害我人民 或虜丁壯 以斬戮之 或幼少 以奴使之者久矣 其可不痛乎…"

37) 신라의 급찬 조미갑은 백제에 포로로 잡혀가 좌평 任子의 "家奴"가 되었고(『삼국사기』 권42 「열전」 2 김유신 중) 합절은 비녕자의 '家奴'로 등장한다.(『삼국사기』 권41 「열전」 1 김유신 상) 실제로 한국 고대사회의 '奴'의 관념은 반드시 개별 인신적 예속관계에 처한 존재로 국한시킬 수는 없다. 오히려 기층의 인신적 지배-예속관계가 고대인의 의식세계에 투영되어 형성된 主-奴 관념이 고대사회의 중층적인 공동체 구조와 맞물려 하나의 관념체계를 이룬 것이었다.(李昌勳, 「7세기 民의 재편과정」, 『韓國古代史研究』 16, 1999, 21~42쪽) 이러한 관념은 지배-예속 관계뿐만 아니라 바로 획득된 노동력에 대한 소유인 주와 노획물로서의 노의 실질적 관계가 투영된 것이라 하겠다.

모두 남성에 의해서 쓰여졌고 남겨졌기 때문에 여성들이 실제로 어떠했는가를 추적하기는 쉽지 않다. 그래도 여성들의 움직임을 그나마 포착할 수 있는 자료는 고구려의 고분벽화이다. 고구려의 고분벽화는 장의미술의 한 분야로 기본적으로 주술성을 담은 회화이고 제작 당시의 현재성과 초월성이 중첩된 작품이다.[38] 살았을 당시의 세계와 죽음 이후의 세계를 이어주는 공간으로서 생생하고 사실적으로 그려질 수도 있고 철저하게 상징화되고 기호화되어 그려질 수도 있다. 이 공간에 그려지는 것들은 당대인들의 현실인식이나 내세관에 따라서 변화한다. 구체적으로 고구려인들의 생활을 가늠해 볼 수 있는 벽화는 주로 생활풍속을 다루고 있는 벽화들이다.[39] 무덤 주인을 중심으로 많은 사람들이 등장하여 살아있을 당시의 모습들을 생생하게 표현하고 있기 때문이다.

〈표 2〉 집안지역과 평양지역 고분 벽화에 나타난 지배층 남성과 여성의 일

남성			여성		
등장모습	고분명		등장모습	고분명	
	집안	평양		집안	평양
남자 무덤 주인	각저총 삼실총 장천1호분	덕흥리 안악3호분 수산리 쌍영총 약수리	부인 혹은 부인들	각저총 삼실총 장천1호분	덕흥리 안악3호분 수산리 쌍영총 약수리 안악2호분

38) 전호태, 『고구려 고분벽화 연구』, 사계절, 2000, 12쪽.

39) 전호태에 따르면 집안지역 무덤들의 편년은 대략 각저총 5세기 초, 삼실총 5세기 중엽, 무용총 5세기 중엽, 마선구1호분 5세기 중엽, 통구12호분 5세기 중엽, 장천1호분 5세기 중엽, 오회분4호묘 6세기전반, 통구사신총 6세기 전반으로 볼 수 있다. 또한 평양지역 무덤들의 편년은 대략 안악3호분 357년, 덕흥리 408년, 약수리 5세기 초, 팔청리 5세기 전반, 대안1호분 5세기 중엽, 안악2호분 5세기 후반, 수산리 5세기 후반, 쌍영총 5세기 후반으로 볼 수 있다.(전호태, 앞의 책, 2000)

관리	장천1호분	덕흥리	
무사	각저총 마선구1호분 삼실총 통구12호분	대안리1호분	
행렬도 무사들	각저총	안악3호분 약수리	
사냥, 수박희나 씨름, 마사희	마선구1호분 무용총 삼실총 무용총 각저총 장천1호분	덕흥리 약수리 안악3호분	

먼저 〈표 2〉에서 등장 모습을 보면 지배층 남성들은 무덤의 주인을 비롯해서 관리들, 개마무사들, 형렬도의 무사들, 사냥 · 수박희나 씨름 · 마사희를 즐기는 사람들이 주를 이뤘다. 이들은 주로 전쟁과 수렵, 사냥의 모습을 통해서 표현되었다. 이에 비해 여성은 무덤 주인의 부인들을 제외하고는 지배층으로 보이는 인물을 찾기가 어렵다.[40] 혹 있다하더라도 남성 등장 인물들과는 달리 그들이 어떤 역할, 어떤 일들을 하고 있는지 가늠하기가 어렵다. 지배층에서는 남성의 모습이 뚜렷하게 각각의 일들이 표현되었던 것과는 달리 여성의 모습은 구체적인 일의 형태를 알 수 없거나 보조적인 모습으로만 등장하고 있다는 점을 지적할 수 있겠다.[41]

---

40) 안악3호분의 경우 무덤 주인 주변의 시녀들이라든지 부엌일을 하고 있는 여성들은 복식이나 머리 모양을 볼 때 쉽게 낮은 신분으로 판단할 수는 없다는 의견도 있다. 그렇다면 상층의 여성들 또한 직접 부엌일이나 방앗간 일 등의 가사일을 했다는 것이 될 것이다. 그러나 이들이 과연 직접 가사일을 했을지에 대해서는 의문의 여지가 있다.

41) 강영경은 벽화에서의 공간을 통해 여성의 공간을 찾아내고 이를 통해 경제적 의미를 설명한 바 있다. 주로 동쪽의 공간을 여성의 공간으로 보았는데, 여기에는 부경과 같은 창고가 존재함으로써 곡식과 家財 보관을 여성들이 담당했던 것으로 파악했다.(강영경, 「고분벽화를 통하여 본 고구려 여성의 역할과 지위」, 『고구려연구』 17, 2004)

다음의 표는 피지배층의 남성과 여성의 일을 도표화한 것이다.

〈표 3〉 집안지역과 평양지역 고분 벽화에 나타난 피지배층 남성과 여성의 일

남성			여성		
등장모습	고분명		등장모습	고분명	
	집안	평양		집안	평양
시중드는 일	각저총 삼실총 무용총	쌍영총 수산리 약수리	시중드는 일	각저총 삼실총 장천1호분	덕흥리 안악3호분 수산리 쌍영총 약수리
수레끄는 일	무용총		음식을 나르는 일	무용총	
말모는 일	각저총	덕흥리	부엌, 방앗간, 우물 관련 일		안악3호분 약수리
창고 관련 일		팔청리	마굿간, 외양간 관련 일		덕흥리 약수리
농사 관련 일		덕흥리(견우)	베짜는 일		대안리1호분 덕흥리(직녀)
가무	무용총 장천1호분		가무	무용총 장천1호분	
재인	장천1호분	수산리	재인	장천1호분	

〈표 3〉에 의하면 피지배층은 지배층을 시중드는 일에서부터 집안의 관리, 농사, 직조, 혹은 가무나 재인처럼 특수직에 종사하는 인물들로 표현되었다. 여기에서도 남성과 여성의 일은 많이 달랐던 것으로 보인다. 남성은 말몰이나 농사와 관련된 일이라면 여성의 일은 가사일과 관련되어 있다. 또한 한 가지 더 지적할 것은 벽화에는 나타나지 않았지만, 피지배층의 남성들이 노동자로서 일차적인 착취를 당했다면, 여성들은 노동자이면서 성적 서비스 제공자로서, 그리고 재생산자로서 착취되었을 것이라는 점이다.[42]

42) 거다 러너 지음 · 강세영 옮김, 앞의 책, 당대, 2004, 376~377쪽.

이 지점에서 앞서 언급한 '노획'된 남녀에 대해 되새길 필요가 있다. 전쟁을 통해 '노획된 남녀'는 하나의 공동체일 수도 있지만, 파편화된 처자일 수도 있다. 또한 고구려의 경우 반역자 집안이나, 공사채(公私債)를 갚지 못하거나,[43] 소나 말을 죽일 경우[44] 모두 적몰(籍沒)하고, 백제의 경우 부인(婦人)이 범간(犯姦)하면 남편 집에 비(婢)로 삼았다는[45] 형벌로 보아 끊임없이 노예적 존재로 떨어질 수 있는 상황이 항시 존재했던 것이다. 노획되어온 여성들은 벽화에서 보이듯이 지배층의 시중과 가사일에 종사하게 될 것이고, 이를 통해 가사일이라고 하는 것은 노예적 존재에 있는 여성들의 일로서, 노예노동으로 그 가치가 더욱 떨어지게 되는 상황으로 설명할 수 있을 것이다.[46] 또한 이들은 노예의 재생산이라는 다른 몫까지도 해내야만 했다.

'가노'로서의 여성과 남성들의 모습이 이러했다면, 공동체 내부에 있었던 여성과 남성들의 노동은 어떠했을까. '농사짓는 남성과 베틀짜는 여성'은 지금까지도 우리 뇌리에 남아있는 남성과 여성의 노동의 분업형태이다. 덕흥리 고분벽화에서도 소를 끄는 견우의 모습과 직녀의 모습을 통해서도 전형화되어 가는 여성과 남성의 분업형태를 확인할 수 있다. 전근대에서의 이러한 남성과 여성의 분업형태는 근대 이후에 이르러서도 여전히 밖에서의 활동은 남성, 집 안에서의 활동은 여성이라는 이분법적 사고로 남아 있기도 하다.

농경이 시작되고 정착생활이 이루어지면서 안정적인 식량의 공급원으로서 곡식의 비중은 점차 커지고 있었다.[47] 4~5세기대의 철제 농기구 사용의

43) 『주서』 권49 「열전」 41 이역(상) 고려.

44) 『구당서』 권199상 「열전」 149상 동이 고려.

45) 『주서』 권49 「열전」 41 이역(상) 백제.

46) 셀라 레웬학 지음 · 김주숙 옮김, 앞의 책, 1995, 95쪽.

일반화,[48] 관개시설의 축조, 우경의 시작[49] 등으로 농업생산력은 증대되었다.[50] 여전히 여성은 농사와 관련된 일들을 지속해왔다. 특히 곡식 종자의 보관과 수확물의 저장을 도맡아 왔으며, 농사와 관련된 많은 일들을 남성과 함께해야 했다. 그러나 남성들은 견우에서 보이듯이 쟁기를 장악함으로써 농업에서의 주도권을 장악하였다.

직조 또한 이미 오래전부터 여성들이 담당해왔던 일들 중의 하나였다. 실제로 여성이 직조와 관련하고 있는 상황은 여기저기서 발견된다. 신라 유리니사금대에 왕이 6부를 정하고 두 무리로 나누어 왕녀로 하여금 각 부(部)의 여자들을 거느리고 길쌈하여[績麻][51] 그 공(功)의 다소에 따라 승패를 가르고 이에 따라 가무백희(歌舞百戱)를 즐겼다는 가배(嘉俳)를 통해서도,[52] 그리고 아달라왕대 해조(海藻)를 따던 중 바위를 타고 일본으로 가

---

47) 중부 이남에서는 송국리 문화로 대표되는 무문토기 중기 단계가 되면 논농사의 비중이 점차 높아지고 기술도 발달했다고 한다. 충남 부여군 송국리 주거지 유적 내부 여러 곳에서 탄화미와 볍씨 흔적이 찍힌 토기가 출토되었고, 충남 보령, 논산 등지에서는 이 시기의 논 유구가 발견되기도 하였다. 이전 시기만 하더라도 벼농사의 생산력 수준과 곡물 전체에서 벼가 차지하는 비중은 후대만큼 높지 않았고, 잡곡과 함께 다양한 방식으로 벼를 재배했다.(이현혜, 「한국 古代의 농업」, 한국고대사회연구소, 『강좌 한국고대사』 6, 2002, 12~21쪽)

48) 철제 농기구의 보급으로 인공 용수로의 개설과 관리가 용이해짐에 따라 논 입지 조건의 제약이 조금씩 극복되어 생산성이 상대적으로 높은 반건전의 개발이 촉진되었으며, 결국 전체 논 면적의 증대가 이루어졌다.(이현혜, 위의 글, 2002, 32쪽)

49) 고구려 수도지역에서는 이미 3세기 이전부터 이미 쟁기를 사용하였고, 5세기 경에는 고구려의 환경에 맞는 쟁기와 보습날을 다양하게 제작하여 우경이 널리 보급되었다고 한다.(이현혜, 위의 글, 2004, 38~39쪽)

50) 전덕재, 「4~6세기 농업생산력의 발달과 사회변동」, 『역사와 현실』 4, 1990.

51) 여기에서 쓰였던 마는 이른바 6부 공동 경작이며 마포를 만드는 작업 또한 공동으로 이루어진 것으로 보인다. 박남수는 이와 관련하여 문무왕대 아달성 태수에 의해 성의 士女들이 모두 마를 심는 작업을 명했던 것은 일종의 요역형태로 "가배" 행사에서 보여줬던 공동작업의 연장선상으로 파악한다.(朴南手, 『新羅手工業史』, 신서원, 1996, 35쪽)

52) 『삼국사기』 권1 「신라본기」 1 유리니사금 9년.

게 된 연오랑을 좇아 그의 부인인 세오녀도 일본으로 가게 된 이후 신라에는 햇빛과 달빛이 사라져 세오녀가 짠 고운 명주[細綃]를 제사함으로써 해와 달이 그 전과 같아졌다는 것을[53] 통해서도 알 수 있다. 또한 앞서 언급한 고구려의 벽화에서 나타나고 있는 직녀(織女)를 통해서도 여성과 직조와의 관련성을 가늠할 수 있다.

이러한 여성들과 남성들의 일은 국가가 부과하고 있는 세(稅)와도 관련이 있다. 고구려는 사람마다 포(布) 5필, 곡식 5석을 세로 부과했으며,[54] 백제는 포목, 비단, 실과 삼[麻], 쌀 등으로 부세(賦稅)로 냈다고 한다.[55] 국가가 공식적으로 거둬들이는 명목은 포를 비롯한 직조물과 쌀 등의 곡식이다. 남성과 여성의 공식적인 부문에서의 활동은 바로 남성의 곡식과 여성의 직조물과 관련이 되어 있다. 이러한 구분은 실제 생활에서의 모습을 반영한 것이기도 하지만, 한편으로 국가에서 요구하고 있는 물품에 대한 남성과 여성의 역할 분담의 모습으로 재규정하고 있는 것이기도 하다.[56] 여성에 대한 공적인 징발은 진흥왕대의 〈적성비〉를 통해서도 확인 가능하다. 비에는 '여자(女子)', '소자(小子)'와 '소녀(小女)'라는 단어들이 나타나 여자와 일정 연령이 되지 않은 남녀 어린 아이들에 대해 세제나 역역동원 등과 관련해서 국가가 나름의 기준을 가지고 있었음을 보여준다.

국가에 부담해야하는 세(稅)와 더불어 역역(力役) 징발의 문제에서도 여성과 남성의 일이 정해졌다. 고구려의 경우 봉상왕대 궁실을 수리하기 위

53) 『삼국유사』 권2 「기이」 연오랑 세오녀.

54) 『수서』 권81 「열전」 46 동이 고구려.

55) 『주서』 권49 「열전」 41 이역(상) 백제.

56) 김기흥은 초기 어느 시기까지는 인두세로 노동력이 있는 성년남녀에게 남자는 곡식, 여자에게는 포가 일정량 부과되었으나 점차 호(戶)의 사회적 기능이 강화되면서 丁女의 부담이 호주인 丁男의 부담액 안에 포함되어갔다고 설명한다.(김기흥, 『삼국 및 통일신라 세제의 연구』, 역사비평사, 1991, 70쪽).

해서 '국내 남녀 15세 이상'을 그 징발 대상으로 하였으며[57] 신라의 경우 선덕왕대 승 양지(良志)에 의해서 영묘사의 장육상이 만들어질 때, 온 성의 남성과 여성이[傾城士女] 진흙을 다투어 운반했다.[58] 문무왕대(675년) 아달성의 태수인 한선(漢宣)은 백성들에게 모일(某日) 일제히 나가 마를 심으라고 했고, 모일에 이르러서는 백성들이 모두 성을 나가 전(田)에 있으니 이 때를 틈탄 말갈의 공격으로 성에 있던 늙은 사람들과 어린 아이들이[老幼] 어찌할 바 몰랐다.[59]

기본적으로 전쟁과 관련된 징발은 정남(丁男)이 그 대상이 되었을 것이다. 주로 15세 이상의 자(者),[60] 혹은 정부(丁夫),[61] 역부(役夫)[62] 등으로 표현되고 있는데, 이들은 성의 축조나 개축에 징발되었다. 이러한 사료들을 통해서 전쟁과 더불어 성의 축조나 개축 또한 15세 이상의 남성들을 대상으로 징발이 이루어지고 있음을 알 수 있다.

그렇다면 여성에 대한 징발은 무엇을 말하는가. 봉상왕대의 징발은 궁실 수리를 위해 국내성에 있는 15세 이상의 남녀를 대상으로 한 것이며, 영묘사의 장육상 제작에는 성의 사녀(士女)가 동원되었고, 아달성의 상황은 태수에 의해 마를 심는 일종의 요역의 형태로 성민(城民)이 동원된 형

---

57) 『삼국사기』 권17 「고구려본기」 5 봉상왕 9년 8월.

58) 『삼국유사』 권4 「의해」 양지사석.

59) 『삼국사기』 권47 「열전」 7 소나.

60) 백제의 경우 온조왕 41년 위례성 수리(『삼국사기』 권23 「백제본기」 1), 진사왕 2년 관문설치(『삼국사기』 권25 「백제본기」 3), 전지왕 13년 사구성 축조(『삼국사기』 권25 「백제본기」 3), 동성왕 12년 사현성 · 이산성 축조(『삼국사기』 권26 「백제본기」 4), 무령왕 23년 쌍현성 축조((『삼국사기』 권26 「백제본기」 4), 신라의 경우 자비마립간 11년 니하성 축조(『삼국사기』 권3 「신라본기」 3) 등으로 나타나고 있다.

61) 백제 책계왕 원년 위례성 보수((『삼국사기』 권24 「백제본기」 2), 신라 소지마립간 8년 삼년산성 · 굴산성 개축(『삼국사기』 권3 「신라본기」 3)

62) 신라 지증마립간 5년 12성 축조(『삼국사기』 권4 「신라본기」 4).

태였다. 이를 통해 볼 때, 남성은 군역이나 성의 축조 · 수리 등과 같은 역에 징발되었으며, 여성은 궁실 수리나 사찰과 관련된 시설의 제작 등에 동원되었던 것으로 양자는 차이가 있었던 것으로 보인다. 즉 사안의 경중이나 기간에 따라서 여성이 징발될 수 있는 것으로 보인다. 국가는 징세와 역역을 통해서 남성뿐만 아니라 여성의 노동력에 대해서도 통제하고 있었던 것은 두말할 나위도 없다.

이러한 과정을 통해서 문무왕대 여성과 남성의 일은 전형화된 형태로 나타난다. 문무왕 11년 설인귀가 임윤법사(琳潤法師)를 통해 문무왕에게 보낸 글 중 "선왕(무열왕)은 백제와 고구려의 노략질과 전쟁으로 인해 누에치는 아낙네는 제때에 뽕잎을 따지 못하고 농사짓는 농부는 밭갈 시기를 잃었지만 마음을 중국 땅에 쏟았다"라고 하였다. 그리고 이어 문무왕의 잘못을 지적하면서 "나라에서 집집마다 군사를 징발하여 해마다 무기를 들어, 과부들이 군량의 수레를 끌고 어린 아이가 둔전(屯田)을 경작하기에 이르렀는데, 이는 순리와 역리가 뒤바뀌었다."라고 질책하였다. 이는 상투적 문구이긴 하지만, 길쌈과 관련된 여성의 일과 농사와 관련된 남성의 일에 대해서 언급하고 있으며, 집집마다 군사의 징발로 인하여 (남편을 잃은) 과부들과 어린 아이마저 전쟁과 관련하여 군량을 나르고 둔전을 경작하고 있었다라고 지적하였다. 평화시에는 군량의 수송과 둔전의 경작은 모두 남성에 의해 진행되는 것이었으며, 여성들은 전쟁에 참여하지 않고 "남역여경(男役女耕)"하는 상황을 보여주는 내용이다.

이렇듯 고대사회의 남성들과 여성들은 국가에 공납해야하는 물품을 생산해야 했고, 역역에 동원되어야 했다. 특히 전쟁이라든지 성의 축조 등에는 15세 이상의 남성들이 징발의 대상이 되었고, 이 때 여성들은 농사일과 집안일을 책임져야했다. 물론 남성과 여성 모두 부역에 기본적으로 징발당하는 존재이기도 했다.

그러나 한편으로 자신들의 생계를 꾸려나갈 식량과 물품을 생산하는 데에도 주력해야 했다. 여성들은 여전히 농사에서도 파종에서 수확하기까지 여러 가지 일과 거둬들인 곡식의 껍질을 벗기거나 빻는 일 등을 해야했고, 직조와 관련된 일들과 함께 집안에 관련된 허드렛일들을 담당해야했다.

여성들은 이와 같이 세와 더불어 역역 징발 등 경제적인 수탈을 받고 있었지만 실제로 정치적 질서로부터는 지속적으로 배제되는 과정을 겪어 왔다. 이러한 양자의 불균형은 이데올로기를 통해서 무마될 수밖에 없었을 것이다. 그래서 국가권력은 여성의 생산을 장려하고 과징하기 위해 여성의 근면한 노동을 기대하고 아울러 출산과 양육을 강제하는 유교의 예적 질서를 적극 활용하게 된다.[63] 설인귀의 언급도 이와 밀접하게 관련이 있다고 생각된다. 이는 7세기 이후 적극적인 유교 수용과도 그 맥락을 같이하고 있기 때문이다.

4. 맺음말

여성과 남성의 분업체계는 분명히 남성과 여성의 생리적 조건으로부터 출발했음은 의심의 여지가 없다. 다만 이것은 강함과 약함을 나타내는 신체적 조건의 문제가 아니라, 임신과 수유라는 재생산의 과정을 겪어야하는 여성들의 생리적 조건을 의미한다. 원시사회에서는 여성이 담당한 식량채집 등의 작업이 남성의 수렵활동에 비해 보다 안정적인 식량획득원이 되었고, 농경이 시작되면서 여성은 모든 생명의 원천이자 다산의 상징으로서 신성성이 부여되었다. 그러나 계급이 발생한 이래로 여성들은 무대 주변으

---

63) 金秉駿, 「秦漢時代 女性과 國家權力: 課徵方式의 變遷과 禮敎秩序로의 編入」, 『진단학보』 75, 128쪽.

로 밀려나기 시작했고, 무기의 발달과 전쟁의 확대로 헤게모니를 장악한 남성들이 무대의 중앙으로 들어서기 시작했다. 남성들은 주변국들과의 전쟁을 통해서 인간의 노동력을 확보했고, 그 안에서 지배-종속관계를 맺어왔다. 여성은 노획의 대상이 되어 노예적 존재로서 공동체 내에 존재하거나, 개별적으로 지배층의 집안일과 허드렛일들을 담당하게 되었다. 한편 공동체 내부에 존재하고 있는 여성들과 남성들은 국가에 부담해야할 곡식과 직조물 생산과 생계를 유지하기 위한 노동을 지속적으로 수행해야만 했다. 또한 남성들은 전쟁과 성곽축조 등 크고 작은 역역에 징발대상이 되었고, 여성들도 상황에 따라 역에 징발되기도 하였다. 이와 같이 국가에 의해 요구되는 끊임없는 세(稅)와 역역의 부담은 여성과 남성의 일을 제도화시켜나가는 중요한 고리가 되었다. 또한 이와 함께 유교적 이데올로기 틀 안에서 남성과 여성은 규정된 노동분업의 틀 안으로 고정된다. 이는 유교적 이데올로기와의 관계성 속에서 설명되어야 할 문제이기도 하다. 본고에서는 이 부분을 다루지 못했지만, 이후의 작업에서 그 관계를 밝히고자 한다.

고구려 초기 왕실교체와 개도(改都)

◆

권순홍

1. 머리말

동서고금을 막론하고 도성은 정치 · 경제 · 사회 · 문화의 중심지로서 기능해 왔다. 도시의 출현은 국가의 성립을 의미할 뿐 아니라,[1] 그 발전은 곧 국가의 발달 혹은 정치체제의 발전과 궤를 같이 한다. 고구려 도성의 변천사가 고구려사를 이해하는 데에 관건일 수 있는 이유는 여기에 있다.

그럼에도 불구하고 고구려 도성의 경우, 풀리지 않은 과제가 한 가지 있다. 바로 고구려 초기의 중심지였던 환인(桓仁)에서 집안(集安)으로의 천도시기에 관한 문제가 그것이다. 중국의 환인과 집안이 고구려 초기의 중심지였음은 재론의 여지가 없으나, 환인에서 집안으로의 천도시기에 관해서는 논란의 소지가 있었다. 『삼국사기』 고구려본기의 '왕천도어국내(王遷都於國內) 축위나암성(築尉那巖城)'이라는[2] 기록의 해석 방향에 따라 천도

---

1) 崔夢龍, 「都市 · 文明 · 國家: 美國 考古學研究의 一動向」, 『歷史學報』 92, 1981.

시기에 관한 견해는 크게 네 가지로 구분된다.

첫째, 일본학계에서는 『삼국사기』 초기기록의 신빙성을 문제 삼고 유리왕대 천도를 부정함과 동시에, 『삼국지』 고구려전의 '갱작신국(更作新國)'이라는[3] 기록에 주목하면서 산상왕대 천도설을 제기하였다.[4] 그러나 이들의 연구는 한국사의 발전정도를 상대적으로 낮게 평가한 식민사학의 선입견이 암묵적으로 작용한 결과라는 비판을 면하기 어려웠다.[5]

둘째, 해방 이후 한국학계에서는 일본학계의 산상왕대설에 대한 반박으로서 유리왕대 천도기사를 긍정하고, 이때의 국내(國內)를 오늘날의 집안으로 비정함에 따라 유리왕대 천도설을 주장하였다.[6] 이는 북한학계에서도 대체로 인정하고 있으며,[7] 1980년대 이후 중국학계에서는 이에 대한 고고학적 입증을 시도하기도 하였다.[8] 그러나 유리왕대 천도설에는 두 가지

---

2) 『三國史記』 卷13, 高句麗本紀1, 琉璃明王, "二十二年 冬十月 王遷都於國內 築尉那巖城"

3) 『三國志』 卷30, 高句麗, "建安中 公孫康出軍擊之 破其國 焚燒邑落 拔奇怨爲兄而不得立 與涓奴加各將下戶三萬餘口詣康降 還住沸流水 降胡亦叛伊夷模 伊夷模更作新國 今日所在是也"

4) 白鳥庫吉, 「丸都城及國內城考」, 『史學雜誌』 25-4 · 5, 1914; 鳥居龍藏, 「丸都城及び國內城の位置に就きて」, 『史學雜誌』 25-7, 1914; 池內宏, 「曹魏の東方經略」, 『滿鮮史研究 上世 第1册』, 吉川弘文館, 1951(a), 258~267쪽; 三品彰英, 「高句麗王都考」, 『朝鮮學報』 1, 1951; 武田幸男, 「丸都 · 國內城の史的位置」, 『高句麗史と東アジア』, 岩波書店, 1989.

5) 李基白, 「植民主義的 韓國史觀 批判」, 『民族과 歷史』, 一潮閣, 1971; 旗田巍, 「日本에 있어서의 韓國史 研究의 傳統」, 『한국사시민강좌』 1, 1987.

6) 李丙燾, 「高句麗國號考」, 『韓國古代史研究』, 博英社, 1976; 金哲埈, 「高句麗 · 新羅의 官階組織의 成立過程」, 『韓國古代社會研究』, 知識産業社, 1975(a); 徐永大, 「高句麗 平壤遷都의 動機」, 『韓國文化』 2, 1981.

7) 이지린 · 강인숙, 『고구려 역사』, 사회과학출판사, 1988; 사회과학원역사연구소, 『고구려편』, 과학백과사전종합출판사, 1991; 박진욱, 『조선고고학전서』, 과학백과사전종합출판사, 1991.

8) 吉林省文物志編纂委員會, 『集安縣文物志』, 同委員會, 1984; 魏存成, 「高句麗初, 中期的都城」, 『北方文物』 1985-2, 1985.

측면에서 재고의 여지가 있다. 하나는 문헌적 관점으로서, 사료 상에서 국내 위나암을 지형적으로 묘사한 '암석지지(巖石之地)'와 같은 바위산을[9] 집안에서는 찾을 수 없다는 점이다.[10] 다른 하나는 고고학적 접근으로서, 집안의 평지성에[11] 대한 발굴 조사 결과, 한대(漢代) 토성에서 기원했다는 기왕의 해석과는[12] 달리 토성의 흔적이 발견되지 않았을 뿐만 아니라 초축 연대도 3세기 이전으로 소급하기 어렵다는 점이다.[13] 이와 같은 문헌적 · 고고학적 문제로 말미암아 유리왕대 천도설 또한 받아들이기 쉽지 않다.

셋째, 종래 유리왕대설과 산상왕대설의 두 설이 유리왕대의 천도기사를 부정[산상왕대설] 혹은 긍정[유리왕대설]한 반면에, 그 기사가 일정한 역사상을 반영한다고 보면서도 기년만은 믿기 어렵다는 수정적 입장에서 태조왕대 천도설이 제기되기도 하였다.[14] 이 견해는 고구려 초기의 왕실교체와 천도와의 상관성을 언급하면서[15] 왕실이 교체되면 정치중심지 또한 교

---

9) 『三國史記』 卷14, 高句麗本紀2, 大武神王, "十一年 … 入尉那巖城 固守數旬 漢兵圍不解 … 豆智曰 漢人謂我巖石之地 無水泉 是以長圍 以待吾人之困 宜取池中鯉魚 包以水草 兼旨酒若干 致犒漢軍"

10) 鳥居龍藏, 앞의 글, 1914, 54~58쪽; 노태돈, 「고구려 초기의 천도에 관한 약간의 논의」, 『한국고대사연구』 68, 2012, 13~14쪽.

11) 이 성은 오늘날 集安 시내에 위치한 평지성으로, 현재 '國內城'으로 알려져 있지만, 과거에는 洞溝城 · 通溝城 · 集安縣城 등의 이름이 혼용되었다. 본고에서는 이해를 돕기 위한 용어 통일의 필요와 사료 상의 '國內'와 구분해야 할 필요에 따라, '집안의 평지성'으로 칭하고자 한다.

12) 吉林省文物志編纂委員會, 『集安縣文物志』, 同委員會, 1984, 64쪽.

13) 吉林省文物考古研究所 · 集安市博物館, 『國內城: 2000~2003年 集安國內城與民主遺址試掘報告』, 文物出版社, 2004, 22쪽; 양시은, 『고구려 성 연구』, 진인진, 2016, 49쪽.

14) 김종은, 「고구려 초기 천도기사로 살펴본 왕실교체」, 『숙명한국사론』 3, 2003; 余昊奎, 「高句麗 國內 遷都의 시기와 배경」, 『한국고대사연구』 38, 2005.

15) 다만 여호규는 천도시기에 있어서는 태조왕대설을 지지하였지만, 왕실교체시기는 동명왕대로 보았다.(여호규, 『고구려 초기 정치사 연구』, 신서원, 2014, 31쪽)

체된다고 해석한 점에서 주목된다. 그러나 태조왕대의 일부 기사만을 유리왕대로 소급·부회된 것으로 파악하는 등, 사료를 자의적으로 해석하는 무리가 없지 않았다. 더구나 왕실교체와 천도가 공히 태조왕대 이루어졌다고만 밝혔을 뿐, 시간의 선후관계를 분명히 하지 않는 애매함이 있었다.

한편, 유리왕대 천도를 인정하면서 국내 위나암의 위치를 지금의 집안이 아닌 환인 내로 비정함에 따라, 환인에서 집안으로의 천도시기는 산상왕대라고 해석하는 견해도 있었다.[16] 산상왕대 천도설이 다시 한 번 제기된 셈인데, 『삼국사기』 초기기록을 부정하지 않았다는 점에서 일본학계의 산상왕대 천도설과는 달랐다. 그러나 사료를 통해 신대왕대 이미 고구려의 도성이 졸본(卒本)이 아님을 확인 할 수 있을 뿐만 아니라,[17] 산상왕릉과 고국천왕릉은 가까운 거리에 위치한 것으로 추정할 수 있으므로,[18] 고국천왕릉은 환인에 있고 산상왕릉은 집안에 있다는 설정은 무리가 있다.

이에 따라 마지막 넷째, 늦어도 신대왕대에는 고구려의 도성이 집안이었을 것으로 추정하기도 한다.[19] 그리고 신대왕대로 특정할 수 있는 근거를

---

16) 노태돈, 「고구려의 기원과 국내성 천도」, 『한반도와 중국 동북 3성의 역사 문화』, 서울대학교출판부, 1999; 김희선, 「高句麗 國內城 硏究」, 『白山學報』 87, 2010.

17) 『三國史記』 卷16, 高句麗本紀4, 新大王, "三年 秋七月 王如卒本 祀始祖廟 冬十月 王至自卒本"
이 기사에 따르면 신대왕은 즉위 3년에 시조묘 제사를 위해 졸본으로 이동했다가 한 달 후에야 돌아왔으므로, 당시 고구려의 도성은 졸본일 수 없다.(기경량, 「高句麗 國內城 시기의 왕릉과 守墓制」, 『韓國史論』 56, 2010, 15~16쪽)

18) 『三國史記』 卷17, 高句麗本紀5, 東川王, "八年 魏遣使和親 秋八月 太后于氏薨 太后臨終遺言曰 妾失行將何面目見國壤於地下 若羣臣不忍擠於溝壑 則請葬我於山上王陵之側 遂葬之如其言 巫者曰 國壤降於予曰 昨見于氏歸于山上 不勝憤恚 遂與之戰 退而思之 顔厚不忍見國人 爾告於朝 遮我以物 是用植松七重於陵前"
이 기사에서는 두 가지가 주목된다. 하나는 태후 于氏와 巫者가 고국천왕을 國壤이라고 부른 점이고, 다른 하나는 고국천왕의 영혼이 부끄러워 차마 國人들을 볼 수 없었다는 점이다. 이는 고국천왕의 장지인 國壤이 동천왕 당시의 도성 주변이었음을 의미할 수 있다.

19) 임기환, 「고구려 國內都城의 형성과 공간 구성」, 『韓國史學報』 59, 2015, 25~26쪽.

『삼국사기』와 『삼국지』 및 『후한서』에서 각각 달리 전하고 있는 태조왕과 차대왕, 신대왕의 관계를 갈등관계로 파악하면서 각기 다른 정치 집단이었을 가능성에서 찾았다.[20] 단, 가능성만 제기되었을 뿐, 구체적 논증이 없다는 아쉬움이 남는다. 비록 태조왕과 차대왕, 신대왕의 관계가 형제관계인지 부자관계인지는 불분명하더라고 공히 혈연관계로 전해지고 있으므로, 세력 기반을 달리하는 정치집단으로 보기는 쉽지 않다.

이상에서 고구려 초기의 천도시기에 관한 제견해를 살펴보았다. 산상왕대설과 유리왕대설, 태조왕대설과 신대왕대설이 제기되었으나 각각의 한계가 분명하였다. 이 문제를 풀기 위해 먼저 부족하게나마 문헌에서 확인할 수 있는 초기 도성에 관한 정보들을 통해 졸본과 흘승골성, 국내 위나암성의 위치를 비정하여 이를 천도시기 설정의 전제로서 활용하고자 한다. 이어서 사료상 고구려의 두 번째 천도인 산상왕대의 환도성 이도(移都)와 관련하여 『삼국지』와 『삼국사기』 등에 나타나는 산상왕 즉위설화를 분석함으로써, 산상왕 이전의 개도(改都) 가능성을 제기하겠다. 여기서 개도란 천도와는 다른 개념으로, 천도가 왕의 거처를 옮기는 '이동'의 개념인 반면, 개도는 왕실교체, 즉 중심지의 '교체'를 의미한다.[21]

기왕의 연구에서는 고구려 초기의 왕실교체와 천도를 별개의 주제로 다루었지만, 본고는 양자를 분리시킬 수 없다는 입장이다. 중심세력의 교체는 중심지의 교체를 수반할 수도 있기 때문이다. 고구려 초기의 왕실교체

---

20) 奇庚良, 「高句麗 王都 硏究」, 서울대학교 박사학위논문, 2017, 89쪽.

21) 金瑛河, 「古代 遷都의 역사적 의미」, 『한국고대사연구』 36, 2004, 9~10쪽. 가야의 중심이 김해에서 고령으로 교체된 경우 등이 '改都'로서 파악될 수 있다. 한편, '改都'는 '移都'와 같은 의미로 사용되기도 하는데(『魏書』 卷1, 帝紀1, 序紀), 이 글에서는 한 왕이 A에서 B로 거처를 옮기는 것이 아니라 A의 세력이 쇠약해짐에 따라 B의 세력이 새로이 왕실이 되는 역사적 현상을 설명하는 개념으로 '改都'라는 용어를 새로이 활용하고자 한다. 이 경우 '都'의 조건인 廟祠 또한 새로운 왕실의 廟祠가 새로운 宗廟로서 기능하게 된다.

와 개도는 시간의 선후를 따질 수 없는, 동일한 사건의 다른 표현일 뿐이라는 관점이 이 글의 바탕이 될 것이다.

2. 도성의 위치 비정

1) 졸본과 흘승골성의 위치

고구려 최초의 도성은 『통전(通典)』에서는 흘승골성(紇升骨城), 『고기(古記)』에서는 졸본으로 각기 달리 언급된다. 김부식은 양자를 같은 곳으로 해석하였으나,[22] 이는 단순한 추론에 지나지 않았다. 지명의 위치 비정은 문헌적 검토뿐만 아니라, 고고학적 조사도 함께 이루어졌을 때 설득력을 얻을 수 있다. 그러나 사실 전근대사회에서는 고고학적 현상 파악이나 현장 답사가 불가능했으므로, 졸본과 흘승골성에 대한 위치 비정 또한 받아들이기 어려운 부분이 많았다.

고구려 초기 도성에 관한 본격적인 위치 비정은 19세기 말 이래, 일본인 연구자들이 중국 동북지방을 실지 조사함으로써 시작되었다. 이에 따라 대체로 오늘날 환인 지역은 졸본으로,[23] 환인의 오녀산성(五女山城)은 흘승골성으로 각각 비정되었다.[24] 이러한 이해는 종래 졸본과 흘승골성을 동일시했던 단순한 추정과는 달리, 구체적인 사료 분석을 통해 양자의 위치를 구분하여 비정하기 시작한 것이었다.

---

22) 『三國史記』 卷37, 雜志6, 地理4, 高句麗, "按通典云 朱蒙以漢建昭二年 自北扶餘東南行 渡普述水 至紇升骨城居焉 號曰句麗 以高爲氏 古記云 朱蒙自扶餘逃難 至卒本 則紇升骨城卒本 似一處也"

23) 那珂通世, 「朝鮮古史考」, 『史學雜誌』 5-9, 1894, 42쪽.

24) 白鳥庫吉, 앞의 글, 1914, 28쪽.

이후 졸본에 관한 논의는 더 이상의 진전 없이 답습상태에 머물게 되었다. 다만, 고구려의 도성제가 거주성으로서의 평지성과 방어성으로서의 산성이라는 하나의 조합으로 이루어진다는 이해 아래, 환인 지역 내 평지성의 위치에 관심이 모아졌다. 흘승골성이 오녀산성으로 비정되는 가운데 졸본은 광의로서 환인 일대를 아우르는 범칭인 동시에, 협의로서 산성인 흘승골성과 조합을 이루는 평지성을 의미하는 것이었다. 이에 따라 협의의 졸본의 위치에는 하고성자고성(下古城子古城),[25] 나합성(喇哈城),[26] 고려묘자촌(高麗墓子村)[27] 등이 후보에 올랐다.(지도 1 참고)

그러나 여기에는 재고의 여지가 있다. 고구려 건국 당시부터 고구려 도성제에서 평지성+산성이 성립했다고 보는 것은 무리가 있기 때문이다.[28] 즉, 졸본과 흘승골성을 하나의 조합으로 파악하는 것은 어렵다. 오히려 졸본과 흘승골성의 관계 설정과 위치 비정을 위해서는 사료 상의 모습들을 재확인할 필요가 있다. 따라서 아래에서는 그것을 시도하고자 한다. 우선 졸본에 관한 문헌적 검토이다.

---

25) 魏存成, 앞의 글, 1985; 朴淳發, 「高句麗의 都城과 墓域」, 『韓國古代史探究』 12, 2012.

26) 田中俊明, 「高句麗の興起と玄菟郡」, 『朝鮮文化研究』 1, 1994; 余昊奎, 『高句麗 城 1(鴨綠江 中上流篇)』, 國防軍史硏究所, 1998; Mark E. Byington, 「고구려의 국가형성: 세 연구에 기초한 예비적 모델」, 『동아세아의 국가형성(제10회 백제 연구 국제학술회의)』, 충남대 백제연구소, 2000; 노태돈, 앞의 글, 2012.

27) 조법종, 「고구려 초기 도읍과 비류국 연구」, 『초기 고구려역사 연구』, 동북아역사재단, 2008; 梁志龍, 「關于高句麗建國初期王都的探討: 以卒本和紇升骨城爲中心」, 『졸본시기의 고구려역사 연구(2008년 한・중 고구려역사 연구 학술회의)』, 동북아역사재단, 2008.

28) 윤용구, 「현도군의 군현 지배와 고구려」, 『요동군과 현도군 연구』, 동북아역사재단, 2008, 139쪽; 양시은, 앞의 책, 2016, 217쪽; 권순홍, 「고구려 '도성제'론의 궤적과 함의」, 『역사와 현실』 102, 2016; 奇庚良, 앞의 글, 2017, 62~63쪽.

A 1) 동명성왕(東明聖王) 즉위년(B.C. 37), … (왕이) 졸본천(卒本川)에 이르러, 그 토양이 기름지고 좋으며 산하(山河)가 험하고 견고한 것을 보고 마침내 도읍하고자 하였다. 그런데 궁실(宮室)을 지을 겨를이 없어 다만 비류수(沸流水) 가에 초막을 짓고 살았다. 국호를 고구려라 하였다.(『三國史記』 卷13, 高句麗本紀1)

A 2) 옛적 시조(始祖) 추모왕(鄒牟王)이 … 비류곡(沸流谷) 홀본(忽本) 서쪽 산 위에 성을 쌓고 도읍을 세웠다. … 왕이 홀본 동쪽 언덕에서 용의 머리를 밟고 하늘로 올라갔다.(〈廣開土王碑〉)[29]

A 3) 온조왕(溫祚王) 즉위년(B.C. 18), … 주몽(朱蒙)이 북부여(北扶餘)로부터 난을 피해 졸본부여(卒本扶餘)에 이르렀다. 부여왕에게 아들은 없고 단지 딸만 셋이 있었는데, 주몽을 보고는 비상인(非常人)임을 알고 둘째 딸을 그에게 시집보냈다. 얼마 안 되어 부여왕이 죽자 주몽이 왕위를 이었다.(『三國史記』 卷23, 百濟本紀1)

A 4) 고구려가 곧 졸본부여(卒本扶餘)다.(『三國遺事』 卷1, 紀異2, 高句麗)

위의 기사들은 고구려의 발상지로서 등장하는 졸본에 관한 기사들이다. 이를 통해서는 크게 세 가지를 확인할 수 있다. 첫째, 주몽이 자리 잡은 곳이 졸본천과 비류수에 가까운 위치라는 점이다. 대체로 수(水)는 천(川)보다 큰 강이나 하천을 가리킨다. 예컨대 『삼국사기』에서 강(江)과 하(河)·수(水) 등은 압록강(鴨綠江)·요수(遼水)·요하(遼河)·패수(浿水)·한수(漢水) 등과 같이 비교적 큰 강을 지칭할 때 쓰인 반면, 천(川)은 고구려왕들의 장지명에서 유추할 수 있듯이[30] 비교적 작은 하천을 가리킨다.[31] 즉 A 1)에 나타나는 졸본천은 비류수보다 작은 규모의 강이나 하천

---

29) 韓國古代社會硏究所 編, 『譯註 韓國古代金石文』 제1권, 가락국사적개발연구원, 1992, 8쪽.

30) 고구려의 왕호 중 故國川·東川·中川·西川·美川 등은 集安 지역 내 흐르는 작은 하천(川) 혹은 들(壤)을 뜻한다.(정호섭, 『고구려 고분의 조영과 제의』, 서경문화사, 2011, 87~88쪽)

31) 『水經注』에 따르면, 水에는 大小가 있는데, 地溝에서 나와 大水나 海로 들어가는 것을 川水라고 한다. 또 「孔穎達疏」에 따르면, 川 중 큰 것을 江·河·淮·濟라고 이른다.(檀國大學校 東洋學硏究所, 『漢韓大辭典』, 단국대학교출판부, 2001)

을 가리킬 수 있다. 가까운 지역 안에서 두 개의 크고 작은 물줄기가 평행해서 흐르기는 어려우므로, 여기서의 졸본천은 비류수의 지류로 보아도 무리가 없다.[32] 이때 주몽이 정착한 곳이 졸본천과 비류수, 양자에 가깝다는 것은 이 지역이 두 물줄기가 합류하는 지점임을 뜻한다고 추정할 수 있다.

둘째, 주몽이 정착한 곳이 졸본이라는 지명으로 인식되었다는 점이다. A 1)에 따르면 주몽은 졸본천에 이르러 이곳에 도읍할 뜻을 정하고 비류수 상에 정착하여 건국했다고 한다. 결과적으로, 졸본천 상이 아닌 비류수 상에 정착했음에도 불구하고 졸본천에 이르러 멈췄다고 표현한 것은 이 일대를 다른 지역과 구분 짓기 위한 가장 분명한 지리적 특징이 졸본천이었음을 뜻하는 것이다.

고구려 발상지로서의 졸본의 모습은 A 2)에서도 두드러지게 나타난다. A 2)는 414년에 세워진 〈광개토왕비(廣開土王碑)〉의 세계와 약력 부분이다. 이에 따르면 시조 추모는 홀본[졸본]의 서쪽 산 위에 성을 쌓아 도읍을 세우고 홀본[졸본]의 동쪽 언덕에 묻혔다고 한다. 이는 홀본[졸본]을 중심으로 동서 대칭구도로 나누어 설명한 것으로, 입비(立碑) 당시의 고구려인들에게 홀본[졸본]이 시조 추모 및 초기 도성과 관련하여 중요하게 기억되고 있음을 보여주는 것이다.

셋째, 주몽이 건국 직후 얼마동안 궁실을 짓지 않고 지냈다는 점이다. A 1)에 따르면, 주몽은 졸본에 정착한 이후에도 한동안 성곽·궁실을 짓지 않고 지내다가 3년이 지나서야 성곽·궁실을 지었다고 한다. 이것은 즉 졸

---

32) 梁志龍, 앞의 글, 2008, 34쪽. 한편, 川을 江의 특정구간에 대한 호칭으로 보기도 한다.(李道學, 「高句麗 王號와 葬地에 관한 檢證」, 『慶州史學』 34, 2011, 14쪽) 이는 漢江을 西江과 龍山江으로 구분하거나,(『新增東國輿地勝覽』 卷3, 漢城府, 山川) 부여를 지나는 錦江의 일부 구간을 白馬江이라고 일컬었던 사실(『輿地圖書』, 忠淸道, 公州牧, 山川)을 근거로 하지만, 이들은 공히 江으로 구분되었다는 점에서 비류수와 졸본천과의 관계와는 다를 수 있다.

본이 특정성을 지칭하는 것이 아니라, 그 부근 · 지역을 가리키는 지명이었음을 의미한다. 이때 주목되는 것이 바로 A 3)의 기사이다. 이에 따르면 주몽은 졸본부여 내로 편입된 후 그를 바탕으로 하여 고구려를 세운 것으로 해석할 수 있다. 주몽이 3년간이나 성곽 · 궁실을 짓지 않고 지냈던 것은 기왕에 졸본부여가 사용하던 시설을 그대로 활용했음을 의미한다. 여기서 주몽이 세운 고구려와 졸본부여와의 연속성을 확인할 수 있다. 바꾸어 말하면, 주몽은 졸본부여의 중심지를 그대로 이어 사용했던 것이다. 따라서 A 4)에서 일연은 고구려를 졸본부여로 인식하기도 하였다. 다만, 3년 후에는 스스로 성곽 · 궁실을 조영할 정도로 대내적 정비가 이루어졌고, 이러한 내부적 힘은 태백산의 행인국(荇人國)과 그 너머의 북옥저(北沃沮)에 대한 대외적 정복활동을 통해 표출되기도 하였다.[33]

이상에서 졸본에 대한 문헌적 검토를 시도하였다. 결국 주몽이 자리 잡았던 졸본은 광의로서 환인 일대를 가리키는 범칭이 아니었을 뿐만 아니라, 특정성만을 가리키는 성명(城名)도 아니었다. 단지, 비류수와 졸본천의 합류지점의 지명으로 기왕의 선주세력인 졸본부여가 근거했던 지역이었다. 주몽은 졸본부여를 기반으로 했기 때문에 성곽과 궁실이 당장은 필요하지 않았고, 3년이라는 대내적 정비 기간을 거친 후에야 성곽 · 궁실 조영에 착수했던 것이다.

다음은 이를 바탕으로 한 졸본의 구체적인 위치 비정인데, 그에 앞서 또 다른 도성으로서 언급되는 흘승골성에 대한 검토가 선행되어야 한다.

> B 1) 주몽(朱蒙)이 흘승골성(紇升骨城)에 이르러 마침내 거(居)하고, 고구려라고 불렀다.(『魏書』 卷100, 列傳88, 高句麗)

---

33) 『三國史記』 卷13, 高句麗本紀1, 東明聖王, “六年 … 冬十月 王命烏伊扶芬奴 伐太白山東南荇人國 取其地爲城邑 … 十年 … 冬十一月 王命扶尉猒 伐北沃沮滅之 以其地爲城邑”

B 2) 고기(古記)에서 말하길, 전한(前漢) 선제(宣帝) 신작(神爵) 3년(B.C. 59) 임술 4월 8일, 천제(天帝)의 아들이 오룡거(五龍車)를 타고 흘승골성((訖升骨城)에 내려와, 도읍을 세우고 칭왕(稱王)하면서 국호를 북부여(北扶餘)라 했다. 스스로 이름하길 해모수(解慕漱)라 했으며, 아들을 낳아 부루(扶婁)라 이름 짓고 해(解)를 씨(氏)로 삼았다. 왕이 훗날 상제(上帝)의 명으로 인하여 도읍을 동부여(東扶餘)로 옮겼다. 동명제(東明帝)가 북부여를 이어 일으키고, 도읍을 졸본주(卒本州)에 세우고 졸본부여가 되었으니, 곧 고구려의 시조이다.(『三國遺事』 卷1, 紀異, 北扶餘)

B 1)은 흘승골성에 관한 가장 이른 시기의 중국측 사료로서, 주몽은 졸본이 아닌 흘승골성에서 건도(建都)하였다고 한다. 한편 B2에서 흘승골성은 북부여의 시조 해모수가 건도한 곳이고, 고구려는 북부여를 계승하여 졸본에서 건국되었다고 한다. 이처럼 흘승골성은 고구려의 건도지(建都地)로도 등장하지만, 북부여의 건도지로도 거론되었다. 이런 착란 중에 오히려 주목되는 것은 B 2)에 나타나는 흘승골성의 특징이다. 천제의 아들이 오룡거(五龍車)를 타고 흘승골성에 내려와 입도(立都)했다는 내용에 따르면, 흘승골성이 천상계와 인간세계를 잇는 중심이자 통로임을 알 수 있다. 곧, 흘승골성이 한국 고대의 보편적 종교현상인 샤머니즘적 세계관[34] 속에서 세계의 축으로[35] 기능하고 있음을 뜻한다. 이로부터 흘승골성이 사실상의 건도지가 아니라 명목상의 신성지일 개연성을 제기할 수 있다.

이를 확인하기 위해서 흘승골성의 '골(骨)'자에 주목할 필요가 있다. 종

---

34) 서영대, 「한국 고대의 샤머니즘적 세계관」, 『강좌 한국고대사』 8, 가락국사적개발연구원, 2002, 14~23쪽.

35) 샤머니즘적 우주론에 의하면 세계축(axis mundi)은 천상 · 중간 · 지하의 세계를 이어주는 통로 구실을 한다. 세계축은 나무나 산으로 표상되는데, 전자를 우주목(cosmic tree), 후자를 우주산(cosmic mountain)이라 부른다.(Mircea Eliade 저 · 이윤기역, 『샤마니즘: 고대적 접신술』, 까치, 1992, 248~253쪽) 이에 따르면, 흘승골성은 우주산 위에 세워진 성인 셈이다.

래에는 흘승골을 승흘골의 오기로 보아 '솔골', '수릿골'의 음역으로 파악하기도 하였으나,[36] 오히려 이때 골(骨)은 『삼국지』 고구려전에서 고구려말로 성(城)을 의미하는 '구루(溝漊)'와 연결시켜 이해하는 것이 적절할 수 있다.[37] 고구려 건국신화에 등장하는 골령(鶻嶺)의 존재도 이를 뒷받침한다.

> C 1) 좋은 형세에 왕도(王都)를 여니, 산천(山川)이 울창하며 높고 크다. … 7월에 검은 구름이 골령(鶻嶺)에 일어 사람들이 그 산을 보지 못하는데, 오직 수천 사람의 소리가 토공(土功)처럼 들렸다. 왕이 말하길, "하늘이 나를 위해 성을 쌓는다."고 하였다. 7일이 지나 운무(雲霧)가 스스로 걷히자 성곽(城郭) · 궁대(宮臺)가 스스로 이루어졌다. 왕이 황천(皇天)에게 절하고 나아가 거(居)하였다.(『東國李相國集』 卷3, 東明王篇)
>
> C 2) 동명성왕 3년(B.C. 35) 춘 3월, 황룡(黃龍)이 골령(鶻嶺)에 나타났다. 추 7월, 경사스런 구름이 골령(鶻嶺) 남쪽에 나타났는데, 그 색이 푸르고 붉었다.(『三國史記』 卷13, 高句麗本紀1)

다분히 설화적 내용이지만 C 1)과 C 2)에 따르면 고구려 최초의 도성과 관련하여 골령(鶻嶺)이라는 지명이 자주 등장함을 알 수 있다. 여기서 골령은 하늘과 주몽 사이의 소통과 감응의 매개였는데, 이를 통해서 골령도 흘승골성과 마찬가지로, 天을 숭상하는 샤머니즘적 세계관 속에서 세계산 · 우주산으로서의 역할을 담당한 것으로 해석할 수 있다. 여기서의 골(鶻)도 성(城)을 뜻하는 구루(溝漊)와 통한다면, 골령은 흘승골과 함께 건국시조의 신성성을 높여주는 우주산일 뿐만 아니라, 이름마저도 공히 '성(城)같은 산'을 의미한다고 볼 수 있다.

이미 많은 연구자들이 이때의 흘승골성을 환인의 오녀산성으로 비정하

---

36) 李丙燾, 『韓國史(古代篇)』, 震檀學會, 1959, 228~229쪽.

37) 白鳥庫吉, 앞의 글, 1914, 24~25쪽; 田中俊明 저 · 박천수 역, 「전기와 중기의 왕도」, 『고구려의 역사와 유적』, 동북아역사재단, 2008, 118쪽.

였는데, 특기할 만한 것은 지형학적으로 오녀산이 butte지형이라는 점이다.[38] 이 지형의 특징은 산의 정상부가 깎아지른 듯한 암석이고, 그 위에 평평한 대지가 펼쳐진다는 점인데, 오녀산은 그 전형을 보여주고 있다. 공교롭게도 오녀산의 깎아지른 듯한 암석은 마치 성벽처럼 보이며, 5세기 당시 고구려인들은 그 산을 '성같은 산'으로 인식했을 가능성이 제기될 수 있다. 결국 이 오녀산이 문헌에서는 흘승골 혹은 골령으로 나타났으며, 그 위에 세워진 성은 '성같은 산 위의 성'을 뜻하는 흘승골성으로서 등장했던 셈이다.

이제 남은 문제는 졸본과 흘승골성과의 관계이다. 이에 대한 실마리는 A 2)와 B 2) · C 1)~2)에서 드러난 '홀본서성(忽本西城)' · 흘승골성(紇升骨城) · 골령(鶻嶺)의 기능과 역할에 있다. 앞에서 언급했듯이 A 2)에서 홀본의 서쪽 산성은 동쪽 언덕과 함께 시조 추모의 신성성을 제고하는 기능을 담당하고 있다. A 2)에서 산 위에 도읍을 세웠다고 표현한 것은 5세기 당시 시조 추모를 신격화하는 과정에서[39] 신령스런 산을 추모와 연관시키려는 의도가 내포된 것으로 볼 수 있다. 이는 B 2)에서 흘승골성이 천제의 아들이 내려온 신성한 곳으로 표현된 점에서도 확인할 수 있을 뿐만 아니라, C 1)~2)에서 나타나는 골령의 신성성에서도 다시 한 번 부각된다. 결국 이때의 '홀본서산(忽本西山)' · 흘승골(紇升骨) · 골령(鶻嶺), 즉 오녀산은 고구려사회에서 샤머니즘적 우주산으로서의 역할을 담당했고, 마찬가지로 흘승골성 또한 최초 도성이라는 역사성보다는 우주산으로서의 신성성에 따라 후대에 건도지로 설정되었을 개연성이 있다.

---

38) 풍화와 침식으로 계곡과 하천이 생기면서 대지가 점점 좁아져 단단한 암석만 남게 될 경우, 이를 mesa라고 한다. 여기에서 풍화와 침식이 더 진행되면, 마치 시루떡을 엎어 놓은 것 같은 좁은 모양의 butte가 만들어진다.(김현숙 외, 『환인 · 집안 지역 고구려 유적 지질조사 보고서』, 고구려연구재단, 2005, 40쪽)

39) 趙仁成, 「4, 5세기 高句麗 王室의 世系認識 變化」, 『한국고대사연구』 4, 1991, 70~71쪽.

따라서 고구려의 사실상 첫 도읍은 졸본이며, 흘승골성은 첫 도성으로서 실재했던 것이 아니라 명목상의 설정에 지나지 않았다. 고고학적으로도 오녀산성에서는 정확한 축성 연대를 알 수 있는 유물이 나타나지 않아[40] 최초의 도성임을 입증할 수는 없었다.

그렇다면, 최초의 도읍인 졸본의 위치는 어디였는가. 이것은 A 2)에서 추모가 도읍을 세운 산이 오녀산으로 비정됨에 따라 추적할 수 있다. A 2)에 따르면, 오녀산은 홀본[졸본]의 서쪽에 위치하므로, 즉 졸본은 오녀산의 동쪽에 위치했던 것이다. 동시에 앞서 확인했듯이 졸본은 비류수[혼강]와 그 지류인 졸본천[부이강(富爾江) 혹은 신개하(新開河)]의 합류지점이었다. 이러한 지리적 특징에 따라 주목되는 곳은 환인현 북전자향(北甸子鄉) 일대의 충적평야뿐이다.[41]

2) 국내 위나암성의 비정

고구려의 두 번째 도성으로 알려진 국내 위나암성과 관련해서, 우선적으로 검토해야 할 것은 국내와 국내성의 관계이다. 그동안 양자는 같은 곳으로 인식되었지만, 세 가지 측면에서 양자는 같은 이름의 다른 곳일 가능성이 있다. 첫째, 국내와 국내성은 표기방식에서 구별된다. 『삼국사기』에 모

---

40) 遼寧省文物考古研究所, 『五女山城: 1996~1999, 2003年 桓仁五女山城調查發掘報告』, 文物出版社, 2004, 12쪽; 梁時恩, 앞의 글, 2013, 138쪽.
다만, 1호 대형건물지(編号 J1)에서 전한대의 오수전과 왕망대의 대천오십전 등이 출토되어 이 건물지가 기원을 전후한 시기에 조영되었을 가능성을 시사하지만, 역시 이것만으로는 고구려 최초의 도성임을 입증할 수는 없다.

41) 2003년에 喇哈城에서 고구려보다 앞선 시기로 편년되는 灰陶柱狀耳가 발견되었고, (王從安 · 紀飛, 「卒本城何在」, 『東北史地』 2004-2, 2004, 46쪽) 2004년과 2006년에는 이 일대에서 古道渡口와 古道遺, 古墓葬, 채석장 등이 조사된 바 있다.(조법종, 앞의 글, 2008, 327쪽)

두 5회 등장하는 전자는 후자와 달리 '성(城)'자가 배제된 채 표기되고 있다.[42] 둘째, 국내와 국내성은 시기적으로 구분된다. 『삼국사기』에서 '국내(國內)'가 등장하는 하한은 유리왕 22년(3)인데 비해서, '국내성(國內城)'의 상한은 고국원왕 12년(342)이다. 이 기간은 충분히 지명이 바뀔 수 있는 오랜 시간이다. 셋째, 국내라는 지명은 고유명사가 아니라 보통명사라는 점이다. 후술하겠지만, 신성(新城: 새로운 성)이나[43] 평양(平壤: 평평한 땅)과[44] 마찬가지로 국내 또한 통시적으로 특정 지역만을 가리키는 지명은 아닐 수 있다. 이에 따라 1세기의 '국내'와 4세기의 '국내성'이 이처(異處)일 가능성을 상정할 수 있다.

그럼에도 불구하고 김부식이 국내와 국내성을 동일시한 이래,[45] 전근대 역사서에서는 양자를 구분하지 않았다. 조선 후기 지식인들이 고구려 초기 도성에 관심을 가졌지만 여전히 국내와 국내성을 동일시하였고, 이 문제는 오히려 국내성과 환도성의 소재에 따라 동처설과 이처설로 구분되어 논의가 진행되었다.[46] 이후 일본학계에서도 이러한 경향은 이어졌으나,[47] 대

---

42) 『三國史記』 卷13, 高句麗本紀1, 琉璃明王, "二十一年 春三月 郊豕逸 王命掌牲薛支逐之 至國內尉那巖得之 拘於國內人家養之 返見王曰 臣逐豕至國內尉那巖…九月 王如國內觀地勢"
『三國史記』 卷13, 高句麗本紀1, 琉璃明王, "二十二年 冬十月 王遷都於國內 築尉那巖城"
『三國史記』 卷18, 高句麗本紀6, 故國原王, "十二年 春二月 修葺丸都城 又築國內城"
『三國史記』 卷22, 高句麗本紀10, 寶藏王, "二十五年 … 蓋蘇文死 長子男生代爲莫離支 … 男建自爲莫離支 發兵討之 男生走據國內城"

43) 봉상왕 2년 이전의 新城은 東北大鎭으로서 책성으로 비정되는데 비해, 봉상왕 5년 이후의 新城은 서북의 撫順으로 비정된다.(金瑛河, 『韓國古代社會의 軍事와 政治』, 高麗大學校 民族文化硏究院, 2002, 148~151쪽)

44) 지금의 서울을 平壤(『三國史記』 卷35, 雜志4, 地理2) 혹은 南平壤(『高麗史』 卷56, 志10, 地理1)이라고 부르기도 했다.

45) 『三國史記』 卷37, 雜志6, 地理4, 高句麗, "孺留王 二十二年 移都國內城 或云尉那巖城 或云不而城"

체로『삼국사기』초기 기록의 신빙성을 부정하는 논거로 사용되어 받아들이기는 어려웠다.[48] 반면 한국학계와 북한학계, 중국학계에서는 일본학계에 대한 반박으로써,『삼국사기』초기 기록을 긍정적으로 평가하면서 국내성을 집안의 평지성으로, 환도성을 산성자산성으로 비정하였다.[49] 그러나 여전히 국내와 국내성의 구분 없이 위치 비정을 시도하여 재고의 여지가

---

46) 한백겸은 국내성을 潾州로, 위나암성과 同城異稱인 환도성은 국내성과 같은 지역 내의 다른 성이라고 보았다.(『東國地理志』, 國內城 · 丸都城) 정약용 또한 국내성과 환도성을 楚山의 對岸으로 비정하였다.(『與猶堂全書』卷6集, 地理集第3卷, 疆域考3, 國內考) 반면에, 국내성과 환도성, 양성의 소재지를 다른 곳으로 파악하기도 하였다. 안정복은 위나암성(국내성)을 환인의 오녀산성으로, 환도성은 江界 혹은 理山 북쪽 압록강의 대안으로 비정하였다.(『東史綱目』附卷下, 國內尉那巖城考) 또 한진서는 국내성을 만포진의 대안, 환도성을 楚山의 對岸으로 각각 비정하였다.(『海東繹史』續集第6卷, 地理考6) 이긍익 또한 국내성을 압록강 북쪽 멀지않은 곳으로, 환도성은 요동의 蓋州衛 지역으로 보아(『燃藜室記述』別集第19卷, 論東國地方), 국내성과 환도성의 이처설을 지지하였다.

47) 일본학계도 국내성과 환도성의 소재에 따라 이처설과 동처설로 구분된다. 우선 이처설은 鳥居龍藏이 환도성을 山城子山城으로 보고, 국내성과 위나암성을 同城二稱으로 보면서, 五女山城에 비정해 주목되었다.(鳥居龍藏, 앞의 글, 1914) 이와 달리, 유수림자를 환도성으로, 집안의 평지성을 국내성으로 추정한 關野貞도 이처설을 주장한 셈이었다.(關野貞,「國內城及丸都城の位置」,『史學雜誌』25-11, 1914) 그러나 오히려 더 큰 주목을 받은 것은 동처설을 주장한 白鳥庫吉의 해석이었다. 그는 환도성과 국내성을 집안의 평지성과 산성자산성을 포괄한, 동일도성에 대한 二稱으로 풀이하였다.(白鳥庫吉, 앞의 글, 1914) 이후 白鳥庫吉의 동처설은 후속 연구자들에 의해 지속적으로 재생산되었다.(池內宏, 앞의 글, 1951(a), 258~267쪽; 三品彰英, 앞의 글, 1951; 武田幸男, 앞의 글, 1989)

48) 노태돈,『고구려사연구』, 사계절, 1999, 12~13쪽.

49) 李丙燾, 앞의 글, 1976; 金哲埈, 앞의 글, 1975(a); 徐永大, 앞의 글, 1981; 吉林省文物志編纂委員會, 앞의 책, 1984; 魏存成, 앞의 글, 1985; 이지린 · 강인숙, 앞의 책, 1988, 59~64쪽; 사회과학원역사연구소, 앞의 책, 1991, 41~45쪽; 박진욱, 앞의 책, 1991, 32~44쪽; 車勇杰, 1993「高句麗 前期의 都城」,『國史館論叢』48, 1993; 姜仙,「高句麗國都 移動에 關한 一考察」,『韓國學硏究』4, 1995; 임기환,「고구려 都城制의 변천」,『한국의 도성: 도성 조영의 전통』, 서울학연구소, 2003; 琴京淑,「高句麗 國內城 遷都의 歷史的 意味」,『高句麗硏究』15, 2003; 심광주,「高句麗 國家 形成期의 城郭硏究」,『고구려의 국가 형성』, 고구려연구재단, 2005.

있다.

결국 기왕의 연구들은 1세기의 국내를 고유한 지명으로 보아, 4세기의 국내성과 동일시하면서 이를 집안으로 비정하였던 것이다. 따라서 환인에서 집안으로의 천도시기는 유리왕대가 될 수밖에 없었다.[50] 다만 국내를 고유명사가 아닌 보통명사로서 국나(國那)와 같은 말로 파악한 견해가 있어 주목된다.[51] 이에 따르면, 내(內)는 나(那)·노(奴) 등과 음이 통하고, 천(川)·양(壤)·원(原) 등과는 뜻이 통하므로, 국내는 '국(國: 나라, 수도)이 소재하는 '나(那)'라는 뜻으로 풀이될 수 있다. 이에 더하여 1세기의 국내는 수도와 인근지역을 포함하는 범칭인 반면, 4세기의 국내성은 수도 내의 특정 성(城)만을 가리킨다고 파악한 견해도 있다.[52] 결국 1세기의 국내와 4세기의 국내성은 의미상으로도 분명하게 구분될 수 있다.

이런 구분이 가능하다면, 1세기 국내를 집안으로 비정하는 견해 또한 재검토할 필요가 있다. 환인과 집안은 직선거리만 약 75km에 달하고 교통로상으로는 150km 이상 되는 먼 거리이므로, 도망간 교시(郊豕)를 쫓아 다다른 곳으로[53] 보기에는 물리적으로도 무리가 있다. 오히려 1세기의 국내는 환인 지역이었을 가능성이 보다 높아 보인다. 이는 다음 두 가지 사실에 근거한다.

첫째, 사료상에 나타나는 위나암의 지형적 특징이다. 『삼국사기』 고구려본기에 따르면, 대무신왕 11년에 한(漢) 요동태수(遼東太守)가 침략해 오자

---

50) 태조왕대 혹은 산상왕대 천도를 주장하는 연구자들 또한 유리왕대 기사를 부정하거나, 소급된 것으로 파악하였을 뿐, 국내와 국내성을 구별 없이 인식하면서 1세기의 국내를 집안으로 비정했던 점에서는 유리왕대 천도설과 다르지 않았다.

51) 노태돈, 앞의 글, 1999, 358쪽.

52) Mark E. Byington, 「고구려 1차 천도에 관한 문제들」, 『고구려의 역사와 문화유산』, 한국고대사학회, 2004, 557~558쪽.

53) 『三國史記』 卷13, 高句麗本紀1, 琉璃明王, "二十一年 春三月 郊豕逸 王命掌牲薛支逐之 至國內尉那巖得之"

대무신왕이 위나암성에 들어가 수십 일 간 굳게 지켰다고 한다.[54] 이때 사료상에는 아래와 같은 위나암에 대한 지형 묘사가 나타난다.

> 대무신왕(大武神王) 11년(28), 위나암성(尉那巖城)에 들어가 수십 일간 굳게 지켰으나, 한(漢)의 병(兵)이 포위하여 풀어주지 않았다. 왕이 힘은 다하고 병사들은 피로하였으므로 두지(豆智)에게 말하길, "세(勢)를 지킬 수 없으니 어찌하면 좋겠소?"라고 하였다. 두지가 말하길, "한인(漢人)은 이곳이 암석(巖石)의 땅으로 수천(水泉)이 없다고 여겨, 이처럼 오래 포위하여 우리가 곤핍해지기를 기다리는 것입니다. 마땅히 지(池)의 잉어를 잡아 수초에 싸서, 좋은 술 약간과 함께 한(漢)의 군사에게 보내 먹이도록 하십시오."라고 하였다. 왕이 그를 따랐다. … 한(漢)의 장수가 성(城) 내에 물이 있으므로, 단번에 함락시킬 수 없다고 여기고 … 마침내 이끌고 물러갔다.(『三國史記』 卷14, 高句麗本紀2)

위의 기사에서 주목할 것은 두 가지이다. 하나는 을두지(乙豆智)도 밝히고 있듯이, 위나암성이 글자 그대로 바위산이었다는 점이고, 다른 하나는 산 밑에서 봤을 때는 물이 없는 것처럼 보이지만 실제로 성안에는 지(池)가 있는 구조라는 점이다. 한(漢)의 군사는 수십 일 간을 포위하면서 충분히 주변 지형을 조사했을 것이고, 만약 위나암에 흐르는 물줄기가 있었다면 그때 발견되지 않았을 리 없다. 결국 위나암의 지형적 특징이 천(川)은 없이 지(池)만 있는 바위산이라는 점은 의심의 여지가 없다.

그러나 집안 일대의 고구려 산성 유적 가운데에는 이 같은 지형적 특징을 보이는 곳이 없고, 특히 위나암성으로 비정해 온 산성자산성은 포곡식 산성으로서, 성안에서 밖으로 물줄기가 흐르고 있어 위 사료에 묘사된 위나암의 지리적 조건과는 다르다. 그러나 환인의 오녀산성은 위와 같은 위나암의 지형적 특징을 잘 갖추고 있다. 앞서 서술했듯이 오녀산성은 정상

---

54) 『三國史記』 卷14, 高句麗本紀2, 大武神王, "十一年 秋七月 漢遼東太守將兵來伐 … 入尉那巖城 固守數旬"

부가 깎아지른 듯한 암석인 butte지형의 전형일 뿐 아니라, '천지(天池)'라 불리는 지(池)만을 유일한 수원(水源)으로 갖고 있는 점에서[55] 위나암으로서의 지형적 조건을 모두 갖춘 셈이다.

둘째, 유리왕 33년의 정복기사이다. 유리왕은 다음 사료와 같이, 국내 위나암으로 천도한 지 11년 뒤에 오이(烏伊)와 마리(摩離)로 하여금 서쪽으로 양맥(梁貊)을 공격하여 멸하고, 나아가 한(漢) 현토군의 치소(治所)인 고구려현을 공격하게 하였다.

> 유리명왕(琉璃明王) 33년(14) … 추 8월, 왕이 오이(烏伊)·마리(摩離)에게 명하여, 병(兵) 2만을 이끌고 서쪽으로 양맥(梁貊)을 쳐서 그 국(國)을 멸하고, 진병(進兵)하여 한(漢)의 고구려현(高句麗縣)을 공격하여 차지하였다.(『三國史記』 卷13, 高句麗本紀1)

위의 기사에서 주목할 것은 양맥과 한 고구려현의 위치이다. 양자에 관해서는 여러 이견이 있어 왔지만 대체로 전자를 태자하(太子河) 상류로,[56] 후자를 신빈(新賓)의 영릉진고성(永陵鎮古城)으로[57] 각각 비정하고 있다.

이때 당시의 도성이 집안이었다면, 태자하 상류의 양맥에 대해서는 '서벌(西伐)'이 아니라 오히려 '북벌(北伐)'로 표현되어야 옳았을 것이다. 방위상 태자하 상류는 집안의 서북쪽인데, 양자를 연결하는 고대 교통로는 집안을 기준으로 신개하를 따라 북상해[58] 환인을 지나야 했다. 고대인들은 출발지와 목적지간의 전체 방위를 따지는 것이 아니라, 출발지점 혹은 분

---

55) 遼寧省文物考古研究所, 앞의 책, 2004, 45~48쪽.

56) 金光洙, 「高句麗 古代 集權國家의 成立에 관한 硏究」, 延世大學校 博士學位論文, 1983, 25쪽; 余昊奎, 「高句麗 初期의 梁貊과 小水貊」, 『한국고대사연구』 25, 2002, 94쪽.

57) 金輝, 「撫順漢城與玄菟郡西遷」, 『東北史地』 2008-4, 2008, 40쪽.

58) 李道學, 「古代國家의 成長과 交通路」, 『國史館論叢』 74, 1997, 156쪽.

기점의 특징과 방향에 따라 방위를 관칭했던 것으로 보인다.[59] 다시 말해서, 집안에서 태자하 상류의 양맥을 공격한 것이라면, '북벌(北伐)'이라고 표현했을 가능성이 높다.

'서벌양맥(西伐梁貊)'으로 표현된 유리왕 33년조에 대해서는 당시 도성을 환인에 있었던 것으로 이해할 때 합리적 해석이 가능해진다. 오이와 마리가 태자하 상류유역의 동쪽인 환인으로부터, 서쪽으로 육도하(六道河)를 거슬러 올라 목우자(木盂子)·횡도하자(橫道河子)·평정산진(平頂山鎭) 등의 고대 교통로를[60] 통해 태자하 상류에 위치한 양맥을 공격하고, 이후 분로자(岔路子)·유수진(榆樹鎭) 등을 거쳐 신빈 영릉진 방면의 한 고구려현으로 공격해 갔다고 해석하는 편이 이해하기 쉽다.

이상에서 국내 위나암이 환인 지역 내에 위치하며 위나암성이 오녀산성에 비정될 수 있음을 논증하였다. 한편, 1세기경 국내의 구체적인 위치와 관련해서는 대무신왕대의 전렵지인 골구천(骨句川)이 주목된다.[61] 여기서 골구천은 비류수와 함께 대무신왕의 부여정벌의 설화소(說話素)로서 등장하고 있다. 왕의 전렵지이기 때문에 도성과 가까울 것이고,[62] 설화 상에서 비류수의 대정(大鼎)과 함께 골구천의 신마(神馬)를 얻은 곳으로서 서로 대칭을 이루고 있으므로, 비류수와 골구천은 공히 도성에서 멀지 않은 곳이었을 가능성이 높다. 앞서 서술했듯이 천(川)은 수(水)의 지류이므로, 골구천 또한 졸본천과 마찬가지로 비류수의 지류로 볼 수 있다. 여기서 골구천이 골령과 무관하지 않다면, 골령인 오녀산 옆을 흐르는 합달하(哈達河)

---

59) 여호규, 「3세기 후반~4세기 전반 고구려의 교통로와 지방통치조직」, 『한국사연구』 91, 1995, 12쪽.

60) 余昊奎, 앞의 글, 2002, 95~96쪽.

61) 『三國史記』 卷14, 高句麗本紀2, 大武神王, "三年 … 秋七月 王田骨句川 得神馬 名駏驤"

62) 金瑛河, 앞의 책, 2002, 15쪽.

가 주목된다.

합달하와 혼강의 합류지점은 오늘날의 환인현 중심지로서, 가까이에 고구려 전기에 축조되었을 것으로 추정되는 하고성자고성(下古城子古城)이 있을 뿐만 아니라, 고구려의 초기 묘제인 무기단 석곽적석총이 밀집한 고려묘자(高麗墓子) 고분군과 상고성자(上古城子) 고분군, 망강루(望江樓) 고분군 등이 분포하고 있어서 더욱 주목된다.[63]

결국 고구려 최초의 건도지는 졸본이었는데, 그 위치는 환인 내 부이강과 혼강의 합류지점이었다. 이곳에는 고구려 건국 이전부터 졸본부여라는 정치적 사회가 존재했는데, 고구려는 졸본부여와의 연속성을 갖고 있었다. 이후 유리왕 22년에 국내로 천도를 하게 되는데, 그곳은 4세기의 국내성과 다른 지명으로서 지금의 환인현 중심지 부근이었다. 그리고 위나암성은 그 지형 · 지리적 특징에 따라 오녀산성에 비정될 수 있었다. 한편 최초의 도성으로도 일컬어졌던 흘승골성은 졸본과는 분명히 구분되는 곳으로, 샤머니즘적 신성성을 강조하기 위해 후대에 설정된 것이었다. 이와 같이 흘승골성이 최초의 도성으로 상정된 시점은 고구려의 건국신화가 정리된 4~5세기 사이일 가능성이 높았다. 그리고 그곳은 환인 지역 내에서 단연 신성성이 돋보이는 오녀산성일 수밖에 없었다. 결국 오녀산성은 고구려가 1세기에 국내로 천도함에 따라 위나암성이라는 방어산성으로 처음 등장하지만, 이후 4~5세기경 정리된 건국신화 속에 신화소로 설정됨에 따라 건도지로서 흘승골성으로 나타나기도 했던 것이다.

이처럼 고구려 초기 도성에 대한 문헌적 검토를 통해 그 위치를 비정해

---

63) 기왕의 논문에서는 1세기 국내의 구체적인 위치로서 하고성자성을 특정했지만,(권순홍, 「고구려 초기의 都城과 改都」, 『한국고대사연구』 78, 2015, 206쪽) 1세기 당시 고구려가 평지에 성을 조성하지 않았을 가능성이 높으므로,(奇庚良, 앞의 글, 2017, 62~63쪽) 평지거점으로서 하고성자성과 고려묘자 고분군, 상고성자 고분군, 망강루 고분군을 포함하는 지역을 국내로 비정하는 것으로 견해를 수정한다.

보았다. 다음으로 제기되는 문제가 바로 환인에서 집안으로의 천도시기에 관한 것이다. 국내 위나암의 위치가 환인 지역 내라면, 자연스레 집안으로의 천도시기가 언제인가라는 문제가 제기될 수밖에 없기 때문이다.

〈그림 1〉 환인과 집안의 고구려 초기 도성 관련 유적

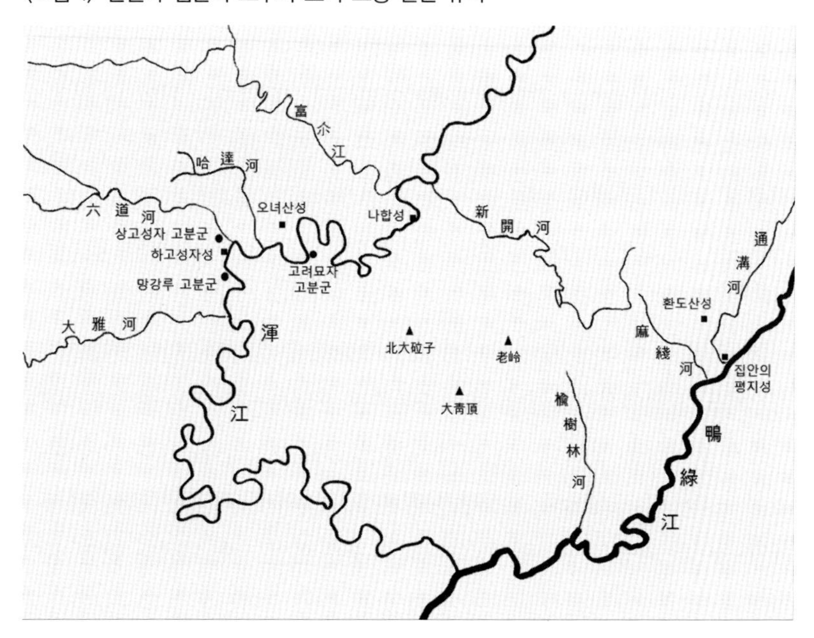

3. 환인에서 집안으로의 개도 시기

1) 산상왕대 천도기사의 검토

『삼국사기』에는 대무신왕 11년 위나암성에서의 한군(漢軍) 방어기사 이

후 한동안 도성과 관련된 기사가 나타나지 않는다. 이로부터 170년이 지난 뒤인 산상왕대가 되어서야 다시 환도성의 축성과 이도에 관한 내용이 다음과 같이 나타난다.

D 1) 산상왕(山上王) 2년(198) 춘 2월, 환도성(丸都城)을 쌓았다.(『三國史記』卷16, 高句麗本紀4)
D 2) 산상왕 13년(209) 동 10월, 왕이 환도(丸都)로 이도(移都)하였다.(『三國史記』卷16, 高句麗本紀4)

종래에는 환도성이 집안의 산성자산성임이 분명하므로,[64] 국내 위나암의 위치가 집안이라는 전제 하에, D 2)의 천도기사는 집안 지역 내에서의 천이(遷移)로 파악해 왔다. 그러나 앞서 국내 위나암이 환인으로 비정될 수 있음을 밝혔다. 한편, 국내 위나암을 환인으로 비정하고 D 2)의 천도기사가 환인에서 집안으로의 천도를 의미한다고 해석하는 견해도 있다.[65] 『삼국사기』에는 유리왕 22년과 산상왕 13년 사이에 천도기사가 나타나지 않기 때문에, 국내 위나암이 환인이라면 그렇게 볼 수밖에 없기도 했다. 이에 더하여 『삼국지』 고구려전의 '갱작신국(更作新國)' 기사를 다시 주목하여 이것을 천도의 또 다른 표현으로 파악했던 것이다. 그러나 『삼국지』의 해당기사는 『삼국사기』의 기록에 부합하지 않는 몇 가지 모순점들이 있었다.

아래에서는 산상왕대 천도설의 주요 사료로서 제시되는 『삼국지』의 '갱작신국(更作新國)' 기사를 『삼국사기』 기사와 함께 비교 분석함으로써, 산상왕 13년에 있었던 환도성 이도의 의미를 재검토하고자 한다. 산상왕의 즉위와 관련된 사건을 전하는 전승은 두 계통으로 파악되는데, 하나는 『삼

---

64) 白鳥庫吉, 앞의 글, 1914, 20쪽.

65) 노태돈, 앞의 글, 1999; 김희선, 앞의 글, 2010; 노태돈, 앞의 글, 2012.

국지』 계통이고, 다른 하나는 『삼국사기』 산상왕조 계통이다.[66]

E 1) 백고(伯固)가 죽었다. 아들이 둘 있었는데, 장자(長子)는 발기(拔奇)요, 소자(小子)는 이이모(伊夷模)였다. 발기(拔奇)는 불초(不肖)하여 국인(國人)들이 곧 이이모를 공립(共立)하여 왕으로 삼았다. 백고 시절부터 자주 요동을 침범하였고, 또 망호(亡胡) 500여 가(家)를 받아들였다. 건안(建安) 연간에(216~219년) 공손강(公孫康)이 군사를 내어 쳐서, 그 도성을 함락시키고 읍락을 불살랐다. 발기가 형이 되어 왕위에 오르지 못함을 원망하여, 연노가(涓奴加)와 함께 각기 하호(下戶) 3만여 구를 이끌고 [공손]강에게 가서 투항하고 비류수에 돌아와 살았다. 항호(降胡) 또한 이이모에게 반(叛)하니, 이이모가 신국(新國)을 다시 이루었다.[갱작신국(更作新國)] 지금 소재(所在)한 곳이 여기이다. 발기는 마침내 요동으로 가고 아들만 구려국(句麗國)에 남겨 두니, 오늘날 고추가(古雛加) 박위거(駮位居)가 그 사람이다.(『三國志』 卷30, 高句麗)

E 2) 산상왕 즉위년(197) … 고국천왕(故國川王)이 아들이 없는 고로, 연우(延優)가 왕위를 이었다. … 발기(發歧)가 그를 듣고 대노(大怒)하여 군사들로 하여금 왕궁(王宮)을 포위하게 하고 꾸짖어 말하길, "형(兄)이 죽으면 제(弟)가 잇는 것이 예(禮)이다. 너는 차례를 넘어 찬탈하였으니 큰 죄이다. 마땅히 빨리 나와라. 그렇지 않으면 주멸함이 처자식에게 미칠 것이다."라고 하였다. 연우가 3일간 문을 닫았고, 국인(國人) 또한 발기를 따르는 자가 없었다. 발기가 어려움을 알고 처자(妻子)를 데리고 요동으로 달아나, 태수(太守) 공손도(公孫度)를 보고 고하여 말하길, "저는 고구려왕 남무(男武)의 모제(母弟)입니다. 남무가 죽고 아들이 없으니, 제 동생 연우와 형수 우씨(于氏)가 즉위를 공모하여, 천륜(天倫)의 의(義)를 그르쳤습니다. 이로 분하여 상국(上國)에 투항해 왔습니다. 엎드려 바라건대 병(兵) 3만을 빌려주시어 그들을 쳐서 난을 평정할 수 있게 해주십시오."라고 하였다. 공손도가 그를 따랐다. 연우가 동생 계수(罽須)를 보내 군사를 거느리고 그를 막으니, 한(漢)

66) 임기환, 「고구려본기 전거 자료의 계통과 성격」, 『한국고대사연구』 42, 2006, 27~29쪽. 이밖에도 『三國史記』의 고국천왕조 계통이 있으나, 이것은 『三國志』의 기록을 轉載한 데 지나지 않았다.

의 병(兵)이 대패(大敗)하였다. … [발기가] 부끄러움과 후회를 이기지 못하고 스스로 목을 베어 죽었다. 계수가 슬피 울며 그 시신을 거두어 초장(草葬)을 마치고 돌아왔다. … 추 9월 유사(有司)에게 명하여 발기의 시체를 받들어 맞아 배령(裴嶺)에서 왕례(王禮)로 장사지냈다.(『三國史記』 卷16, 高句麗本紀4)

이상에서 보듯이 두 계통이 공유하는 내용은 산상왕의 즉위과정에서 형인 발기와 분쟁이 발생하고, 이에 패한 발기가 요동의 공손씨에게 망명하였으며, 공손씨가 고구려를 침공했다는 사실이다. 반면 두 계통의 차이점은 발기(拔奇)와 발기(發歧) 등 인명표기의 차이를 제외하더라도 크게 네 가지이다.

첫째, 왕위계승관계의 모순이다. E 1)에서는 산상왕의 선왕이 백고[신대왕]인데 반해, E 2)에서는 고국천왕이다. 이로 말미암아 고국천왕의 실재가 부정되기도 하였지만,[67] 고국천왕의 실재성은 이미 확인된 바 있다.[68] 다만 공손도(189~204)나 공손강(204~221)의 집정시기를 염두에 둘 때,[69] 이 사건이 산상왕의 즉위과정을 배경으로 했다는 점은 분명하다.

둘째, 발기의 요동 망명과 공손씨의 고구려 침입이라는 두 사건이 선후를 달리하여 기록되었다는 점이다. 즉 E 1)에서는 공손씨의 고구려 침입기

67) 池內宏, 「高句麗王家の上世の世系について」, 앞의 책, 1951(b), 231~233쪽.

68) 伊夷模는 『삼국사기』에서 고국천왕을 가리키는 반면, 『삼국지』에서는 산상왕을 가리켜, 일본학계에서는 고국천왕의 실재 여부를 의심하기도 하였지만, 『後漢書』 喬玄傳과 蔡邕의 『蔡中郎集』에 등장하는 신대왕의 기록을 근거로 『삼국지』의 신빙성을 의심하면서 고국천왕의 실재성을 이미 확인한 바 있다.(노태돈, 앞의 책, 1999, 70~75쪽, 174쪽).

69) 공손도가 요동에서 공손씨 정권을 창립한 시기에 대한 기록은 없지만, 동탁의 중랑장이던 요동군 출신의 徐榮이 공손도를 동탁에게 추천하여 요동태수에 임명되었으므로,(西嶋定生, 「親魏倭王冊封に至る東アジアの情勢」, 『中國古代國家の東アジア世界』, 東京大學出版會, 1983, 470~471쪽) 그 연대는 동탁이 헌제를 옹립하고 정권을 재장악한 中平 6년(189) 이후일 수밖에 없다.

사에 이어 발기의 망명을 전하고, E 2)에서는 발기의 망명 이후 공손씨가 침입하였다고 전하고 있다. 한편 고구려 침공의 주체가 전자에서는 공손강, 후자에서는 공손도로 달리 나타난다는 점도 또한 주목된다. 204년에 요동태수가 공손강으로 교체되었으므로,[70] 침공시점이 204년 이전이었다면 공손도이고 이후였다면 공손강이었을 것이다. 이런 차이는 두 계통이 전래되는 과정에서 사건의 선후 · 인과관계가 불분명하게 전해졌기 때문일 텐데, 이에 따라 사건의 시간적 선후관계를 분명히 할 필요가 생겼다.

셋째, 공손씨의 고구려 침공 결과의 차이이다. E 1)에서는 공손씨가 고구려의 도성을 깨트리고 읍락을 불사른 것으로 전한다. 따라서 이어지는 산상왕에 의한 '갱작신국(更作新國)'은 국가 재정비의 일환으로 도성을 새로 지었다는 의미일 수 있다.[71] 반면 E 2)에서는 공손씨가 침입해오자 산상왕이 동생 계수를 보내 공손씨의 군대를 대패시켰다고 한다. 양자가 정반대의 결과를 전하고 있는데, 후자의 경우 산상왕의 즉위년조에 해당하기 때문에 관련 사실을 은폐 · 미화했을 개연성이 있으므로, 전자의 결과가 사실이었을 가능성이 높아 보인다.

넷째, 발기의 행방이 E 1)에서는 요동으로의 이주로 나타나는 반면, E 2)에서는 죽음으로 드러난다는 점이다. 이 또한 E 2)가 산상왕의 즉위년조에 해당한다는 점이 그 원인일 수 있지만, 분명한 것은 발기가 고구려에서 세력을 잃고 역사전개로부터 배제되었다는 점이다.

이상에서 산상왕 즉위과정에서 발생한 왕위계승 분쟁을 전하는 E 1)과

---

70) 『三國志』 卷8, 二公孫陶四張傳8, "度死 子康嗣位 以永寧鄕侯封弟恭 是歲建安九年也"

71) '新國'이라는 표현은 公孫氏가 파괴한 '國', 즉 '故'國에 대비되는 새로운 도성이라는 의미였다.(余昊奎, 앞의 글, 2005, 50~51쪽) '國'은 '나라'로 번역할 수도 있지만, 뒤이어 기술된 '邑落'과 대구를 이룬다고 봤을 때, '國邑' 혹은 '都城'으로 해석하는 것이 적절할 것으로 보인다. 그렇다면 뒤의 '更作新國' 또한, '다시 새로운 도성을 지었다'로 해석될 수 있다.

E 2)간의 차이를 검토하였다. 전자는 산상왕의 선왕을 신대왕으로 잘못 기록한 반면, 후자는 공손씨의 침공에 대한 방어에 실패했음에도 성공한 것으로 서술하였다. 한편, 고구려 침공 주체와 발기의 행방에 관해서는 두 계통이 달리 전하고 있을 뿐만 아니라, 사건의 선후관계도 달랐다. 결국 이 사건을 적확하게 이해하기 위해서는 두 계통을 정합적으로 분석해야 한다.

이로부터 추출되는 사건의 개요를 나열하면, 산상왕의 즉위 · 발기의 요동 망명 · 공손씨의 고구려 침입 · 환도성의 축성 · 환도성으로의 천도 · 발기의 실세(失勢) 등과[72] 같은 여섯 가지이다. 이를 정리하기에 앞서 전제로서 확인할 것은 E 2)에서처럼 이 사건들이 4개월 사이에 모두 발생한 것이 아니라는 점이다. E 1)에는 204년에 요동태수가 된 공손강이 등장할 뿐만 아니라, E 1)의 '갱작신국(更作新國)'은 209년 환도성으로의 천도와 같은 사건으로 볼 수 있기 때문이다. 197~209년이라는 시간 동안에 발생한 사건들 간의 인과관계와 시간적 선후관계는 다음과 같이 정리될 수 있다.

사건의 시발점은 197년 산상왕의 즉위였다. 이에 반감을 품은 발기가 연노부(涓奴部)의 가(加)와 함께 요동의 공손씨에게 망명하였다. 197년 당시 요동태수는 공손도였으므로, E 2)에서는 공손도가 등장할 수 있었다. 요동으로 망명한 발기가 연노부의 가와 함께 비류수가에 돌아와 자리를 잡았으므로, 산상왕에게는 그들의 존재가 큰 위협이 아닐 수 없었다. 위기의식을 느낀 산상왕은 이듬해인 198년에 비상시 방어산성으로서 환도성을 쌓았

72) 여기서 '발기의 요동 망명'과 '발기의 실세'는 명확히 구분될 필요가 있다. 전자는 197년 산상왕의 즉위에 반감을 품은 발기가 연노부의 가와 연합한 후 요동으로 망명한 것으로서, 이 시점까지 발기는 여전히 고구려 내에서 상당한 세력을 유지하고 있었던 셈이다. 반면, 후자는 공손씨의 고구려 침공 이후 발기의 완전한 실세를 의미한다.

다. 204년 공손도가 죽고 공손강이 요동태수의 자리를 이었고, 그 이후 어느 시점엔가 공손강이 고구려를 침공하였다. E 1)에서 공손강이 등장했던 이유는 그가 실제로 고구려를 침공한 인물이었기 때문이다. 다시 말해서, 발기가 망명하던 시점의 요동태수는 공손도였으나, 이후 고구려를 침공한 시점의 요동태수는 공손강이었다. 비류수에 있던 발기와 연노부의 도움을 받은 공손강의 공격을 고구려가 막는 것은 쉽지 않았을 것이다. 결국 도성이 파훼(破毁)되고 읍락이 불살라졌기 때문에, 산상왕은 209년에 환도성으로 자리를 옮길 수밖에 없었다. 그러나 결과적으로 고구려 내에서는 산상왕의 즉위가 인정되었고, 발기가 실세함에 따라 사건은 일단 종결된다.

이러한 사건의 와중에 천도와 관련해서 주목되는 것은 신국(新國)에 대비되는 국(國)으로서 이른바 '고(故)'국(國)의 존재이다. 공손강에 의해 종래의 도성[고국(故國)]이 함락되고 불살라지자, 산상왕이 신국(新國)인 환도성으로 천도하였다는 데서 그 존재를 유추할 수 있다.[73] 이와 관련해서는 두 가지가 주목된다. 하나는 환도성의 본래 기능이 평지의 거주도성이 아니라는 점이다. 이미 언급했듯이, 환도성이 산상왕 2년(198)에 축성되었음에도 불구하고, 그로부터 11년이나 지난 시점에 천도가 이루어졌다는 것은 본래의 축성 목적이 천도를 위한 것이 아니었음을 확인시켜준다. 다시 말해 환도성은 발기의 망명에 따른 위기의식의 발로로 축조된 방어산성으로서 산성자산성이었다. 이러한 신국(新國)에 대비되는 '고(故)'국(國)은 평지 거주처일 수밖에 없다.

다른 하나는 '고(故)'국(國)의 위치가 비류수 근처가 아니라는 점이다. 산상왕에게 밀려난 발기는 연노부의 가(加)와 함께 요동의 공손도에게 망명한 후, 다시 비류수로 돌아와 정착하였다. 이 지역이 발기와 결탁한 연노부

---

73) 余昊奎, 앞의 글, 2005, 51쪽.

의 본거지라는 점을 감안하면,[74] '고(故)'국(國)이 비류수가일 가능성은 낮다. 본래 '고(故)'국(國)에 있던 발기가 왕위계승에서 패배하여 '고(故)'국(國)으로부터 멀리 떨어진 비류수에 정착한 것으로 해석하는 편이 보다 적절하다.[75] 그렇다면 비류수는 산상왕의 '고(故)'국(國)과 공손씨의 요동 사이에 위치했을 것이다.

이상의 두 가지, '고(故)'국(國)은 환도성과 대비되는 평지 거주처라는 점과 그 위치가 비류수가 아니라는 점을 통해, '고(故)'국(國)이 집안 평야에 위치한 평지 거점이었음을 추정할 수 있다.[76] '고(故)'국(國)에 거주하던 산상왕은 204년 이후 어느 시점엔가 공손강의 침공을 막지 못해 평지 도성이

---

74) 曺泳光, 「高句麗 初期의 國家 形成」, 慶北大學校 博士學位論文, 2011, 109~119쪽. 한편, 계루부 중심지에 대해서는 두만강 유역(李龍範, 「高句麗의 成長과 鐵」, 『白山學報』 1, 1966, 46쪽) 혹은 북부여 지역(노태돈, 앞의 책, 1999, 56쪽)으로부터 집안지역으로 이동했다고 보는 이동설과 고구려 초기의 중심묘제인 적석총이 압록강 중상류역에 집중적으로 분포함에(池炳穆, 「高句麗 成立過程考」, 『白山學報』 34, 1987, 47~53쪽) 따라 환인(姜賢淑, 「石槨積石塚을 통해 본 高句麗 五部」, 『역사문화연구』 12, 2000(b), 15~18쪽; 曺泳光, 앞의 글, 2011, 96~109쪽) 혹은 집안을(김종은, 앞의 글, 2003, 30쪽) 중심으로 형성되었다고 보는 발생설이 있다.

75) 余昊奎, 앞의 글, 2005, 50쪽.

76) 이 평지거점의 위치는 대체로 '집안의 평지성(국내성)'으로 파악하지만, 오히려 집안의 麻線河 일대로 추정하는 견해가(余昊奎, 앞의 글, 2005, 63쪽) 주목된다. 특히 후대 사료에서 나타나듯, 고구려인들이 "오직 佛寺·神廟·王宮·官府에만 기와를 사용했다.(『舊唐書』 卷199上, 東夷 高麗)"는 점을 상기하면, 최근 마선구의 建疆村에서 발견된 기와편 등의 유물들이 1~2세기 경의 것으로 추정(王志剛 외, 「集安高句麗早期遺存研究新進展」, 『東北史地』 2012-4, 2012, 10쪽)되는 것에 주목하지 않을 수 없다. 더욱이 建疆村과 '집안의 평지성' 사이에는 통구하와 마선하가 가로지르므로 공간적으로도 구분될 수 있다. 이에 대해 건강촌에서는 성 유적이 발견되지 않았으므로, 평지성으로 보기 어렵다는 비판이 제기되었지만,(김희선, 앞의 글, 2010, 149쪽; 노태돈, 앞의 글, 2012, 21쪽; 임기환, 앞의 글, 2015, 25쪽) 2세기 당시 고구려는 평지에 성을 조성하지 않았을 가능성이 높을 뿐만 아니라,(奇庚良, 앞의 글, 2017, 62~63쪽) 출토된 기와와 토기, 주거유적 등을 통해 건강촌은 충분히 2세기 고구려의 중심지로 비정될 수 있다.(강현숙, 「고구려 초기 도성에 대한 몇 가지 고고학적 추론」, 『역사문화연구』 56, 2015, 28~30쪽)

훼손되자 결국 209년에 임시 방어성인 환도성으로 천도할 수밖에 없었다. 결국 산상왕 13년의 천도기사는 환인에서 집안으로의 천도가 아니라, 집안 지역 내의 평지거점에서 산성으로의 천이에 지나지 않았던 셈이다.[77)]

이상에서 산상왕대 천도설의 주요 사료인 『삼국지』의 '갱작신국(更作新國)' 기사와 『삼국사기』의 산상왕 즉위와 관련된 기사들을 검토하였다. 이에 따라 환인에서 집안으로의 천도는 산상왕 2년 이전에 이미 이루어졌음을 확인하였다. 다음으로는 유리왕 22년~산상왕 2년 중 어느 시점에 집안으로 천도가 이루어졌으며, 왜 『삼국사기』에 천도기사가 나타나지 않는가의 문제를 해결할 차례이다.

2) 태조왕대 왕실교체와 개도

『삼국사기』에 따르면, 고구려의 초기 천도는 유리왕 22년과 산상왕 13년에 이루어진다. 그러나 앞서 논증하였듯이, 전자는 환인 지역 내에서의 천도였고, 후자는 집안 지역 내에서의 천이였다. 바꾸어 말해, 환인에서 집안으로의 천도기사 부재라는 문제가 생긴 셈이다. 이와 관련해서는 고구려 초기의 왕실교체 문제가 주목된다. 『삼국지』 고구려전에 전하는 연노부(涓奴部)에서 계루부(桂婁部)로의 왕실교체 기록과[78)] 『삼국사기』 고구려본기와 『삼국유사』 왕력편에 보이는 왕계상의 의문점들에 의해, 고구려 초기의 왕실교체를 둘러싼 논의는 적지 않았다. 우선 왕실교체 자체를 인정하지 않는 견해가 있었으나,[79)] 이는 『삼국사기』의 초기기록 자체를 부정하는 해

---

77) 고구려의 도성이 집안의 산성[환도성]에서 다시 평지로 내려오는 것은 동천왕 21년(247)에 "새로 平壤城을 쌓아 民과 廟祠를 옮긴다."는(『三國史記』 卷17, 高句麗本紀5) 기사를 통해 확인할 수 있다.

78) 『三國志』 卷30, 高句麗, "本涓奴部爲王 稍微弱 今桂婁部代之"

79) 白鳥庫吉, 앞의 글, 1914; 三品彰英, 「高句麗の五族について」, 『朝鮮學報』 6, 1954.

석이었기 때문에 비판을 면할 수 없었다.[80] 한편 왕실교체를 인정하더라도 그 시기에 대해서는 크게 세 견해, 동명왕대설,[81] 유리왕대설,[82] 태조왕대설[83]로 나뉘었다. 그러나 동명왕대설과 유리왕대설은 몇 가지 측면에서 재론의 여지가 있다.

우선 동명왕대설에는 두 가지 문제가 제기될 수 있다. 첫째, 송양국과 소노부의 위상 차이이다. 『삼국사기』에 따른다면, 송양과 주몽의 대결은 고구려 건국 이전의 사건이다. 지리적으로 송양국과 소노부를 같은 지역에 근거한 것으로 볼 수 있다 하더라도, 건국 이전과 이후라는 시기상의 차이가 있다. 더구나 성격상으로도 고구려 외부의 독립 소국과 내부의 단위정치체라고 하는 위상의 차이가 있다.

둘째, 역사지리적 문제이다. 주몽은 송양과의 대결에서 승리한 후, 송양국을 해체·흡수한 것이 아니라, 다물도라 칭하고 송양을 다물후로 봉하여 그들의 자치성을 인정해 주었다.[84] 이는 송양국이 주몽의 고구려와는 공간적으로 독립되어 있음을 암시한다. 그렇다면 환인 내에 각각의 독립된 정치세력으로서 송양국과 고구려가 공간적으로 달리 존재했던 것이다.[85]

---

80) 노태돈, 앞의 책, 1999, 12~13쪽.

81) 李丙燾, 앞의 글, 1976; 李道學, 「高句麗 初期 王系의 復元을 위한 檢討」, 『韓國學論集』 20, 1991; 田美姬, 「高句麗初期의 王室交替와 五部」, 『朴永錫敎授華甲紀念史學論叢 上』, 탐구당, 1992; 盧泰敦, 「朱蒙의 出自傳承과 桂婁部의 起源」, 『韓國古代史論叢』 5, 1993; 金賢淑, 「高句麗의 解氏王과 高氏王」, 『大丘史學』 47, 1994; 강경구, 「高句麗 桂婁部의 王室交替에 대하여」, 『韓國上古史學報』 30, 1999; 장병진, 「초기 고구려의 주도세력과 현도군」, 『韓國古代史研究』 77, 2015.

82) 金基興, 「高句麗의 國家形成」, 『한국 고대국가의 형성』, 민음사, 1990; 이준성, 「고구려 초기 연노부(涓奴部)의 쇠퇴와 왕권교체」, 『역사와 현실』 80, 2011.

83) 金哲埈, 앞의 글, 1975(a); 金龍善, 「高句麗琉璃王考」, 『歷史學報』 87, 1980; 李鍾泰, 「高句麗 太祖王系의 登場과 朱蒙國祖意識의 成立」, 『北岳史論』 2, 1992; 김종은, 앞의 글, 2003.

84) 『三國史記』 卷13, 高句麗本紀1, 東明聖王, "二年 夏六月 松讓以國來降 以其地爲多勿都 封松讓爲主"

이러한 설정이 과연 현실적으로 가능할지 의문이다.

환인 지역 내에 고구려의 초기 묘제인 무기단(無基壇) 석곽적석총(石槨積石塚)이 중심을 이룬 지역은 고려묘자 고분군과 상고성자 고분군, 대청구(大靑溝) 고분군이다.[86] 만약 고구려 왕실이 동명왕대 교체된 것이라면, 소노부와 계루부는 이 고분군들을 중심으로 공존했을 수밖에 없다. 그러나 이 고분군들은 반경 10km 이내에 밀집해 있으므로, 독립된 공간을 점유하는 두 세력이 공존했다고 보기에는 무리가 따른다.

이런 역사지리적 문제는 유리왕대 교체설에서도 예외일 수 없다. 유리왕의 국내 위나암 천도를 소노부에서 계루부로의 왕실교체로 파악하기도 하지만,[87] 앞서서 국내 위나암이 환인 지역 내에 위치했음을 논증하였으므로 유리왕대 교체설 또한 위의 역사지리적 문제가 제기되기는 매한가지이다.

그렇다면 결국 주목되는 것은 태조왕대 교체설이다. 우선 그 근거로서 제시될 수 있는 첫 번째는 세계상에 나타나는 단층이다.

> 태조대왕(太祖大王) 즉위년(53) … 이름이 궁(宮)이고 소명(小名)은 어수(於漱)이다. 유리왕(琉璃王)의 아들 고추가(古鄒加) 재사(再思)의 아들이다. 어머니 태후(太后)는 부여인(扶餘人)이다. 모본왕(慕本王)이 죽고 태자(太子)가 불초(不肖)하여 사직(社稷)을 주관하기에 부족하였으므로, 국인(國人)들이 궁(宮)을 맞아 계립(繼立)하였다. 왕은 태어나자마자 눈을 뜨고 볼 수 있었다. 어려

---

85) 송양국의 위치는 대체로 新賓縣 紅廟子鄕의 黑溝山城으로 비정하지만,(孫進己 · 王綿厚, 『東北歷史地理 1』, 黑龍江人民出版社, 1988, 262쪽) 覇王朝山城이나(方起東, 「吉林輯安覇王朝山城」, 『考古』 1962-11, 1962) 喇哈城으로(조법종, 앞의 글, 2008) 비정하기도 한다. 어느 곳이 되더라도 소노부의 중심지로 설정되는 환인 지역을 크게 벗어나지 않는다. 한편 通化의 赤柏松古城을 송양국으로 비정하기도 한다.(高於茂, 「沸流國探秘」, 『東北史地』 2004-3, 2004)

86) 姜賢淑, 앞의 글, 2000(a), 55~59쪽.

87) 金光洙, 앞의 글, 1983, 45쪽.

서도 남보다 뛰어났다. 나이가 7살이므로 태후가 수렴청정(垂簾聽政)하였다.
(『三國史記』 卷15, 高句麗本紀3)

위의 기사에서는 두 가지를 확인할 수 있다. 그 하나는 태조왕이 유리왕의 아들인 고추가 재사의 아들이라는 점이다. 이것은 앞선 세 왕, 대무신왕－민중왕－모본왕과의 단절을 의미한다. 모본왕은 폭정을 펼치다가 모본인 두로에게 시해를 당하였다.[88] 그리고 모본왕의 태자가 불초하다는 이유로 7세의 어린 태조왕이 왕위에 올랐다는 것은 모본왕과 태조왕이 세계상으로 단절됨을 의미하며, 그 즉위과정이 순탄치 않았음을 암시한다.

다른 하나는 태조왕 즉위기록의 인위성이다. 바꾸어 말하면, 왕계를 억지로 이어붙인 듯한 인상을 준다는 것이다. 태조왕의 비정상적인 생몰연대(46~165)도 의심스러울 뿐만 아니라, 수렴청정이라는 후대적 용어도 어색하기 때문이다.[89] 따라서 모본왕의 뒤를 이은 태조왕의 즉위 자체가 후대에 만들어졌을 가능성 또한 없지 않다. 이에 따라 모본왕과 태조왕의 사이에는 몇 명인가의 왕이 더 존재했을 가능성과[90] 새로운 왕계인 태조왕을 그 전 계보에 인위적으로 이어 붙였을 가능성이 제기되기도 하였다.[91]

게다가 『삼국유사』 왕력편에 따르면 주몽을 제외한 유리왕~모본왕, 이

---

88) 『三國史記』 卷14, 高句麗本紀2, 慕本王, “六年 冬十一月 杜魯弑其君 杜魯慕本人 侍王左右 慮其見殺 乃哭 或曰 大丈夫何哭爲 古人曰 撫我則后 虐我則讎 今王行虐以殺人 百姓之讎也 爾其圖之 杜魯藏刀以進王前 王引而坐 於是 拔刀害之 遂葬於慕本原 號爲慕本王”

89) 일찍이 漢에서 태후가 臨朝稱制한 경우는 있으나, 수렴이 실시된 것은 측천무후 때가 처음이었고, 수렴청정이 제도 혹은 정치운영 형태의 용어로서 정착한 것은 宋代에 이르러서였다.(林惠蓮, 「한국사에서 攝政 · 垂簾聽政權의 변화 양상」, 『韓國思想과 文化』 62, 2012, 178쪽)

90) 那珂通世, 「朝鮮古史考」, 『史學雜誌』 6-4, 1895, 28~29쪽.

91) 金哲埈, 「百濟社會와 그 文化」, 앞의 책, 1975(b), 93쪽.

네 명의 왕이 모두 해씨(解氏)로 나타나므로,[92] 유리왕부터 모본왕까지를 해씨의 소노부로, 태조왕부터를 고씨의 계루부로 해석하기도 하였다.[93] 성씨의 변화를 반드시 왕실교체로 파악할 수는 없다는 비판이 있기도 했지만,[94] 세계상의 단층까지 부정하기는 어렵다.[95]

다음으로 태조왕대 교체설의 두 번째 근거는 태조왕의 왕호가 갖는 시조(始祖)로서의 성격이다. 이에 대해서는 당시 동아시아에서 '태조'를 시조의 왕호로 사용한 예가 없음을 근거로, 이는 시조를 의미하는 것이 아니라 '큰 할아버지'의 뜻일 뿐이라는 문제제기가 있었다.[96]

그러나 이는 두 가지 점에서 반박이 가능하다. 첫째, 『사기(史記)』에 개국군주로서 '태조'의 용례가[97] 보인다는 점이다.[98] 『사기』는 기원전에 편찬된 사서이므로, 태조왕 이전에 이미 태조의 용례가 있었던 셈이다. 둘째, '태조'라는 왕호 자체에 집착할 필요는 없다는 점이다. 『삼국사기』 본기에서는 태조대왕으로 기록되었지만, 분주에는 국조왕(國祖王)으로 나타나고, 『삼국유사』 왕력편에는 국조왕(國祖王)과 이칭으로서 대조왕(大祖王)이 나타난다. 이처럼 태조왕의 왕호 계통은 '태조대왕'과 '국조왕', '대조왕', 이렇게 세 가지가 존재하는데, 분주의 '국조왕'이 가장 이른 시기의 왕호 계통임

---

92) 『三國遺事』 卷1, 王曆1.

93) 金龍善, 앞의 글, 1980, 52~56쪽.

94) 金賢淑, 앞의 글, 1994, 2쪽.

95) 이와 같은 단층을 계루부 내에서 방계로의 교체라고 인식하기도 하였는데,(盧泰敦, 앞의 글, 1993) 이조차도 결국은 태조왕대 세계상의 단층을 인정한다는 점에서는 다르지 않았다.

96) 李道學, 앞의 글, 1991, 194쪽; 김기흥, 「고구려 국가형성기의 왕계」, 『고구려의 국가형성』, 고구려연구재단, 2005, 226쪽; 여호규, 앞의 책, 2014, 256쪽.

97) 『史記』 卷8, 高祖本紀, 12年 4月 己巳條, "群臣皆日 高祖起微細 撥亂世反之正定天下 爲漢太祖 功最高 上尊號爲高皇帝 太子襲號爲皇帝 孝惠帝也 令郡國諸侯各立高祖廟 以歲時祠"

98) 노태돈, 앞의 책, 1999, 76쪽.

을 감안하면,[99] 오히려 주목해야 하는 것은 '태조(太祖)'의 용례가 아니라 '조(祖)'자이다. '조'자에는 개국군주의 뜻이 내포되어 있을 뿐만 아니라,[100] 한 고조(高祖)에서부터 '조'가 개국군주의 의미로 사용되고 있었다. 따라서 국조왕은 충분히 시조적 성격을 갖는 왕호일 수 있다. 다만 이후 건국시조로서 주몽이 강조됨에 따라[101] 국조(國祖)는 태조(太祖)로 바뀔 수도 있었을 것이다. 결국 태조왕의 '조'는 '할아버지'의 뜻보다는 시조 · 개국군주의 의미였을 가능성이 높다.

이와 같은 태조왕대의 세계상 단층과 그 왕호가 갖는 시조적 성격을 간과할 수 없다면, 고구려 초기 왕실교체는 태조왕대에 이루어진 것으로 보아도 무리가 없을 것이다. 이때 주목되어야 하는 것이 왕실교체에 따른 중심지의 교체이다. 각 부가 독립된 공간을 점유하고 있었음은 주지의 사실이다. 따라서 고구려의 왕실이 소노부에서 계루부로 교체되었다면, 이는 달리 말해 고구려의 중심지가 소노부의 중심지에서 계루부의 중심지로 교체된 것이기도 했다.[102]

결국 태조왕의 즉위로서 고구려 왕실이 소노부에서 계루부로 교체됨에 따라 필연적으로 도성의 역할 또한 소노부의 중심지인 환인이 아니라, 계루부의 중심지인 집안이 수행하게 된 것이다. 다만, 태조왕이 환인에서 즉위한 후 집안으로 옮긴 것이 아니라 집안에서 즉위한 것이었기 때문에 기록상에 천도가 명기될 수는 없었다. 이처럼 도성의 이동이 아닌 교체를 천도와는 구분되는 개념으로서 개도라고 표현하고자 한다.

태조왕대의 개도를 통해 당시 고구려의 도성이 집안임을 방증할 수 있

---

99) 임기환, 「고구려 王號의 변천과 성격」, 『한국고대사연구』 28, 2002, 16쪽.

100) 『春秋穀梁傳』 卷8, 僖公 15年, "始封必爲祖"

101) 李鍾泰, 앞의 글, 1992, 90~99쪽.

102) 김종은, 앞의 글, 2003, 25쪽.

는 근거는 두 가지이다. 우선 그 하나는 태조왕대에 '환도(丸都)'의 등장이다.

태조대왕 90년(142) 추 9월, 환도(丸都)에 지진이 났다. 왕이 밤에, 표범 한 마리가 호랑이의 꼬리를 물어 끊는 꿈을 꾸었다. 깨어나서 그 길흉을 물으니 혹자가 말하길, "호랑이는 백수(百獸)의 으뜸이고, 표범은 동류(同類)이지만 작은 것입니다. 그 뜻은 왕족 중에 대왕(大王)의 후손을 끊으려고 음모하는 자가 있다는 것입니다."라고 하였다. 왕이 기쁘지 않아 우보(右輔) 고복장(高福章)에게 말하길, "내가 어젯밤 꿈에 본바가 있는데, 점(占)치는 자의 말이 이와 같으니, 어찌해야 하는가?" 하니, 답하여 말하길, "착하지 않은 일을 하면 길(吉)이 변하여 흉(凶)이 되고, 착한 일을 하면 재(災)가 바뀌어 복(福)이 됩니다. 지금 대왕이 나라를 걱정하길 집처럼 하고, 백성을 사랑하길 아들처럼 하시니, 비록 작은 이변이 있어도 어찌 해가 있겠습니까."라고 하였다.(『三國史記』 卷15, 高句麗本紀3)

위 기사는 태조왕 말년에 수성(遂成: 차대왕)의 반란을 암시하는 일화와 함께 환도의 지진을 전하고 있다. 주목되는 것은 환도의 지진이 단순한 천재지변이 아니라, 뒤이은 꿈에 대한 일화와 함께 수성의 반란을 암시하는 역할을 한다는 것이다. 따라서 환도의 지진은 왕과 수성이 거주하던 당시 도성과 관련이 있게 마련일 것이다. 환도가 집안의 산성자산성 일대를 가리키던 지명이라는 것은 주지의 사실이다. 결국 태조왕 90년 당시 도성은 산상왕대에 천도했다는 견해와는 달리 이미 집안이었을 가능성이 있다. 다른 하나는 전렵지인 질산(質山)의 표기방식이다. 질산이라는 지명은 『삼국사기』에 총 6회 등장하는데, 그 중 다음과 같이 전렵지로서 등장하는 경우가 주목된다.

F 1) 유리명왕 22년(3) 동 12월, 왕이 질산음(質山陰)에서 전렵하였는데, 5일이 되도록 돌아오지 않자….(『三國史記』 卷13, 高句麗本紀1)

F 2) ① 태조대왕 55년(107) 추 9월, 왕이 질산양(質山陽)에서 사냥하였다. 자장(紫獐)을 잡았다.(『三國史記』 卷15, 高句麗本紀3)
② 태조대왕 86년(138) 춘 3월, 수성(遂成)이 질양(質陽)에서 사냥하고, 7일간 돌아오지 않았는데, 놀고 즐기는데 헤아림이 없었다.(『三國史記』 卷15, 高句麗本紀3)
③ 고국천왕 16년(194) 동 10월, 왕이 질양(質陽)에서 사냥하였다.(『三國史記』 卷16, 高句麗本紀4)
④ 산상왕 3년(199) 추 9월, 왕이 질양(質陽)에서 사냥하였다.(『三國史記』 卷16, 高句麗本紀4)

고구려왕의 전렵은 주로 추·동계에 5~7일간에 걸쳐 수도 부근의 기산(箕山)과 질산(質山)을 비롯한 여러 곳의 왕실어렵지에서 실시되었다.[103] 특히 질산은 고구려왕의 전렵지로서 가장 많은 5회 등장한다.

특기할 만한 것은 질산의 표기 방식이 F 1)과 F 2)에서 달리 나타난다는 점이다. 도성이 국내 위나암이었던 유리왕 22년 겨울에는 질산음, 즉 질산 북쪽에서 전렵(田獵)했던 반면에, 태조왕 55년 이후의 왕들은 F 2)의 ①~④에서 보이는 바와 같이 질산양, 즉 질산 남쪽에서 전렵을 실시하였다. 전렵지로서의 질산이 단독으로 쓰이지 않고 항상 음(陰) 혹은 양(陽)을 붙여 기록된 것은 질산 북쪽과 질산 남쪽, 두 지역이 명확히 구분됨을 의미한다. 게다가 시기적으로 태조왕 이전에는 질산 북쪽에서, 이후에는 질산 남쪽에서 전렵했다는 것은 F 1)의 도성 위치와 F 2) ①~④의 도성 위치가 각각 달랐음을 뜻한다. 다른 곳에서 출발했기 때문에, 즉 도성의 위치가 달랐기 때문에 도착한 전렵지가 남북으로 구분되었을 개연성이 높기 때문이다.

F 1)의 경우 국내 위나암, 즉 환인에서 출발하여 질산의 북쪽에 도착한 것이라면, 질산은 환인의 남쪽에 위치할 수밖에 없다. 또한 F 2) ①~④의 경우에는 출발지인 당시 도성이 질산의 남쪽이라는 것이 확인된다. 결국

103) 金瑛河, 앞의 책, 2002, 14쪽.

환인의 남쪽에 질산이 있고, 그 질산의 남쪽에 태조왕대에 개도한 도성인 집안이 위치한 셈이다.[104]

이상에서 살핀 태조왕 90년 환도 지진기사와 태조왕대 변화한 질산의 표기 방식에 따라 태조왕대 환인에서 집안으로의 개도가 뒷받침된다.

4. 맺음말

고구려의 초기 도성은 고구려의 국가형성과 관련하여 중요한 주제임에도 불구하고, 그 위치 비정 문제와 환인에서 집안으로의 천도시기 문제에 있어 합의점을 찾지 못하고 있다. 본장에서는 이에 대한 실마리로서 태조왕대 왕실교체와 개도에 주목하였다. 양자는 시간의 선후를 따질 수 없는, 동일한 사건의 다른 표현일 뿐이었다. 이를 밝히기 위해 공간적으로 도성의 위치 비정과 시간적으로 개도의 시기 설정이라는 두 가지 관점에서 논의를 진행하였다.

---

104) 질산의 위치에 관해서 『삼국사기』에서는 미상지명으로 처리하였지만,(『三國史記』 卷37, 地理4) 안재홍은 質山과 箕山, 蟹原을 각각 지뫼와 기뫼, 게벌로 음독하여 모두 도성에서 멀지 않은 왕실어렵지로 파악하였다.(安在鴻, 『朝鮮上古史鑑』, 民友社, 1947, 12~13쪽) 이런 언어학적 방법론은 따르기 어렵다고 하더라도, 도성에서 멀지 않은 왕실어렵지로 파악한 점은 대체로 수긍할 수 있었다.(金瑛河, 「高句麗의 巡狩制」, 『歷史學報』 106, 1985, 8쪽; 김종은, 앞의 글, 2003, 39쪽) 여기서 나아가 新大王代 明臨答夫가 漢軍을 방어한 공로로 하사 받은 식읍으로서의 질산에 주목하여 압록강 하류의 朔州 대안에 잇달아 있는 長甸, 永甸, 寬甸 등으로 그 위치를 추측하기도 하였다.(金瑛河, 앞의 글, 1985, 8쪽) 그러나 寬甸 등은 집안에서 상당히 먼 곳일 뿐만 아니라, 압록강 중류역에는 이 말고도 甸자를 갖는 지명이 많다는 점을 간과할 수 없다. 오히려 질산의 위치로는 환인과 집안의 중간에 위치함으로써 유리왕대에 質山陰, 태조왕대 이후에는 質山陽으로 나타날 수 있고, 동시에 주변으로 二棚甸子와 五里甸子, 花甸이라는 전렵 관련 지명을 갖고 있는 大靑頂과 北大砬子, 老岭이 주목된다.

우선 사료 상에 나타나는 도성들의 특징들을 바탕으로 졸본과 흘승골성, 국내 위나암에 대한 구체적인 위치 비정을 시도하였다. 종래에는 졸본과 흘승골성을 같은 곳의 다른 이름으로 풀이하거나 평지성과 산성의 조합이라는 고구려 고유의 도성제로 설명하였다. 그러나 고구려 도성제가 건국 당시부터 성립되어 있었다고 보기는 어려울 뿐만 아니라 사료 상에서 졸본[홀본]과 흘승골성은 구분된 공간이었다.

이에 따라 졸본과 흘승골성에 대한 재해석을 시도하였다. 우선 신화 속에서의 흘승골성은 실질적인 건도지가 아니라 명목상의 신성지, 즉 샤머니즘적 우주산으로서 기능하였다. 게다가 외형상으로는 '성 같은 산'이었으므로 문헌사료에서 흘승골(紇升骨)·골령(鶻嶺) 등으로 등장하기도 했다. 한편 〈광개토왕비〉에 따르면 졸본은 오녀산성의 동쪽에 위치하므로, 오늘날 혼강과 부이강의 합류지점으로 비정될 수 있었다.

고구려의 두 번째 도성인 국내 위나암성은 대체로 오늘날의 집안으로 비정해 왔다. 그러나 이는 1세기에 등장하는 국내와 4세기 이후에 등장하는 국내성을 구분하지 않은 데서 오는 오해였다. 사료 상에 나타나는 위나암성의 지형적 특징과 유리왕 33년의 정복기사에 나타난 '서벌(西伐)'이라는 표현을 통해 국내 위나암성은 오녀산성, 이때의 국내는 오늘날의 환인현 중심지 일대로 추정하였다.

이와 같이 졸본과 국내 위나암이 공히 환인 지역 내에 위치했다면, 사료 상에서 집안으로의 천도기사로 볼 수 있는 것은 산상왕 13년의 환도 천도뿐이었다. 한편 이 기사는 앞선 산상왕의 즉위과정에서 발생한 왕위계승 분쟁과 관련되었다는 점에서 주목하지 않을 수 없다. 산상왕의 형인 발기는 산상왕의 즉위에 반대하며 환인의 연노부와 함께 요동의 공손씨에게 투항하였다. 이후 발기와 결탁한 공손씨의 침공으로 고구려는 도성이 파훼되는 등 심각한 피해를 입게 되었고, 산상왕은 새로운 도성으로의 천도[갱작신국(更作新國)]를 고려하지 않을 수 없었다. 이에 따라 산상왕 13년, 고구려의 도성은 파훼된 평지거점[고국(故國)]에서 방어산성인 환도성[신국(新國)]으로 옮겨갔고 이는 집안 지역 내에서의 천이에 다름 아니었다.

따라서 산상왕 13년의 천도기사는 환인에서 집안으로의 천도를 의미하지 않았다. 바꾸어 말하면, 산상왕 13년 이전에 이미 고구려의 도성은 집안에 있었던 셈이다. 사료 상에 등장하지 않은 천도에 대한 해석의 실마리를 본고에서는 고구려 초기의 왕실교체에서 찾았다. 『삼국지』에 따르면, 고구려 왕실은 연노부에서 계루부로 교체되었는데, 그 시기에 대해서는 동명왕대설 · 유리왕대설 · 태조왕대설이 대립하고 있다. 그러나 동명왕대설과 유리왕대설은 환인 지역 내에 연노부와 계루부가 공존하게 되는 역사지리적 난점을 극복하기 어렵다. 반면, 태조왕대설은 태조왕을 기점으로 한 고구려 왕실세계의 단층과 왕호가 갖는 시조적 성격 등으로 봤을 때, 상당한 설득력을 갖고 있다.

결국 고구려 초기의 왕실교체는 태조왕대 이루어졌고, 이때 중심세력의 교체는 중심지의 교체를 수반할 수밖에 없었을 것이다. 고구려 초기의 왕실교체가 개도의 조건을 제공했던 셈이다. 이는 두 가지 사실로 다시 한 번 뒷받침될 수 있다. 하나는 태조왕대에 '환도'라는 지명이 등장한다는 사실이다. 특히, 이는 차기 왕위계승과 관련된 설화적 성격을 가진 기사이므로, 당시 도성과의 깊은 관련을 설정할 수 있었다. 다른 하나는 왕의 전렵지인 '질산'에 대한 표기방식 차이이다. 태조왕 이전과 이후에 각각 질산'음(陰)'과 질산'양(陽)'으로 구분된다는 사실에서 태조왕을 기점으로 출발지인 도성이 바뀌었음을 추정할 수 있었다.

스코틀랜드 로버트 브루스의 무덤 조성과 장례

이상동

1. 머리말

1818년 던펌린 수도원(Dunfermline Abbey)의 교회 일부 공간에서 발굴 작업이 한창이었다. 그러던 중 콰이어(choir: 수도원의 교회 및 성당에서 성직자들이 의례와 의식을 집전하는 공간)의 주제단(high altar) 앞에서 스코틀랜드 왕 로버트 브루스로 추정되는 유골이 발견되었다.[1] 브루스는 이른바 '제1차 스코틀랜드 독립전쟁'(1296~1328)[2]이라는, 잉글랜드의 스코틀

1) H. Jardine, "Extracts from the report made by Henry Jardine, Esquire, His Majesty's Remembrancer in Exchequer, relative to the tomb of King Robert Bruce, and the church of Dunfermline, communicated to the Society on 10 December 1821," *Archaeologia Scotia*, vol.2, 1822, pp.435-455.

2) '제1차 스코틀랜드 독립전쟁'의 시발점은 알렉산더 3세(Alexander III)가 1286년 죽음을 맞이하고 1290년 그의 후계자로 지목되었던 노르웨이 공주인 알렉산더의 외손녀 마가렛(Margaret, Maid of Norway, 1283~1290)이 노르웨이에서 스코틀랜드로 오던 중 사망한 것이다. 1290년 9월 마가렛이 사망하자 섭정관들은 에드워드 1세에게

랜드 침략전쟁에 맞서 스코틀랜드의 승리를 이끌어낸 스코틀랜드인들의 영웅이다. 브루스의 유골 발견으로 스코틀랜드 학계뿐만 아니라 일반 대중의 관심은 던펌린 수도원으로 모아졌다.[3)]

학계와 대중의 지대한 관심과는 별개로, 발굴된 유골이 브루스임을 입증하는 것은 간단한 일이 아니었다. 그 이유는 발굴 당시의 던펌린 수도원 교회가 중세 교회의 모습을 찾아보기 어려울 정도로 심각하게 훼손되었던 상황과 관련이 깊다. 던펌린 수도원은 1070년 스코틀랜드 여왕 마가렛(Margaret, 재위: 1070~1093년)이 설립했으며, 설립자인 마가렛과 그녀의 남편 말콤 3세(Malcolm Ⅲ, 1093년 사망)를 비롯하여 에드거(Edgar, 1107년 사망), 알렉산더 1세(Alexander I, 1124년 사망), 데이비드 1세(David I, 1153년 사망), 말콤 4세(Malcolm IV, 1165년 사망) 등 다수의 스코틀랜드 왕들이 안장된 곳으로 대표적인 왕실 매장지였다. 특히 1249년 그녀가 교

왕위 계승 문제를 해결해달라고 요청했다. 그의 주재 하에 '왕위 계승 논쟁(Great Cause)'을 거쳐 1292년 11월 17일에 존 발리올(John Balliol)이 스코틀랜드 왕으로 옹립되었다. 같은 해 12월 26일 존은 에드워드 1세에게 충성 맹세를 했다. 1294년 프랑스 원정을 준비하던 에드워드는 스코틀랜드 군대를 파견할 것과 자금 지원을 요구했으나 존은 이에 답하는 대신 비밀리에 프랑스와 동맹을 맺어 반-잉글랜드 연합을 결성했다. 이를 인지한 에드워드는 1296년 군대를 이끌고 스코틀랜드 국경을 넘었고, '던바 전투(Battle of Dunbar)'에서 스코틀랜드 군대를 격파했다. 존은 생포되어 런던으로 소환되었고, 그곳에서 폐위되었다. 에드워드의 군대는 계속 북진하여 스코틀랜드의 거의 전역을 정복했으나, 1297년 초부터 스코틀랜드 여러 지역의 저항에 직면했다.(A.A.M. Duncan, *The Kingship of the Scots 842-1292: Succession and Independence*, Edinburgh, 2002, ch. 11; Fiona J. Watson, *Under the Hammer: Edward I and Scotland, 1286-1306,* East Linton, 1998, chs. 1-2; Michael Brown, *The Wars of Scotland, 1214-1371,* Edinburgh, 2004, ch. 8. 스코틀랜드의 '왕위 계승 논쟁'과 에드워드 1세의 스코틀랜드 정책에 대해서는 다음과 같은 국내 연구자의 선행연구가 있다. 홍성표, 「대소송(Great Cause)과 에드워드 1세의 스코틀랜드 지배 음모」, 『서양중세사연구』 24, 2009, pp.51-86; 홍성표, 「에드워드 1세(1272~1307)의 대 스코틀랜드 정책의 의미」, 『서양중세사연구』 19, 2007, pp.97-130; 홍성표, 『스코틀랜드 분리 독립 운동의 역사적 기원』, 충북대학교 출판부, 2010.

3) H. Jardine, "Extracts from the report," pp.438-439.

황으로부터 공식적으로 시성(canonization)을 받은 후에는 성 마가렛 숭배의 중심지이자 왕실 매장지로 각광을 받던 던펌린의 위상은 커져갔다.[4] 하지만 종교개혁으로 던펌린 수도원은 크게 훼손되었고 이후 방치되어 1818년 발굴 당시 중세 교회의 모습은 잔해 속에 묻혀 본래 형체를 알아 볼 수 없는 지경이었다.[5] 1818년 발견된 유골을 브루스라고 단정지을 수는 없는 이유가 여기에 있었다.

그런데 유골을 검사한 조사관들은 유골의 앞가슴뼈 부위에 있는 위에서 아래로 톱질된 자국에 주목했다. 이는 심장을 육신에서 분리하기 위해 앞가슴뼈를 가른 흔적으로 추정되었고 브루스의 심장이 시신에서 분리되어 다른 공간에 매장되었다는 기록과 일치했다.[6] 또한 유골이 안장되어 있던 위치가 "왕[브루스]이 … 콰이어의 중앙에 매장되었다."[7]는 15세기 스코틀랜드의 수도사이자 연대기 작가인 월터 바우어(Walter Bower, 1449년 사망)의 진술과 일치했다. 조사관들은 위의 두 가지를 근거로 하여 1818년 발견된 유골을 브루스의 것으로 결론지었다. 그리고 유골을 원래 있던 자리에 다시 매장했다. 이 유골에 대한 믿음은 오늘날까지도 공고해서 19세기에 새롭게 축조된 던펌린 교회의 주제단 앞 바닥면에 브루스의 모습을 새겨놓고 그곳에 브루스가 안장되었다고 강조하고 있다. 그리하여 오늘날에도 던펌린 교회를 방문한 이들은 주제단 앞 브루스가 매장되었다고 주장하는 곳에서 발길을 멈추고 있다.

그러나 위의 두 근거는 1818년 발견된 유골을 브루스라고 단정하기에

---

4) 이상동, 「스코틀랜드 왕가의 '신성한' 혈통 만들기: 알렉산더 2세와 성 마가렛 숭배」, 『영국연구』 32, 2014, 1~32쪽.

5) Richard Fawcett, "Dunfermline Abbey Church," Richard Fawcett ed., *Royal Dunfermline*, Edinburgh, 2005, pp.59-60.

6) H. Jardine, "Extracts from the report," p.442.

7) Walter Bower, *Scotichronicon*, eds. D.E.R. Wat et al., 9 vols., Aberdeen, 1987-1999 [이하 *Chron. Bower*], vii. p.45.

충분치 않다. 본 논문은 1818년 발견된 유골이 브루스라고 확정하는 기존의 견해를 비판적으로 검토하여 두 근거의 오류를 밝힘으로써 그 유골이 브루스가 아닐 수 있다는 가능성을 제시하고자 한다. 나아가 만약 1818년 발굴된 유골이 브루스가 아니라면 그의 무덤은 던펌린 수도원 교회 내부 어디에 위치했던 것인가를 논하고자 한다. 위의 내용을 살펴보기 위해 먼저 스코틀랜드의 영웅인 브루스의 무덤이 던펌린에 조성되는 배경과 그의 장례에 대해 검토하겠다.

2. 로버트 브루스의 장례식

브루스는 1329년 6월 7일 스코틀랜드 서부에 위치한 아가일(Argyll)의 카드로스(Cardross)에서 생을 마감했다.[8] 당시 중세 유럽의 상류층에서는 시신의 부패를 방지하기 위해 사체를 방부 처리하는 관습과 방부 처리를 마친 후 사체의 일부, 즉 심장 혹은 내장기관을 따로 떼어내어 사체의 나머지 부위를 매장한 곳과는 다른 공간에 묻는 관습이 있었다.[9] 이

8) Ibid. p.45.

9) 중세 유럽의 상류층 사회에 사체의 방부 처리가 도입된 이유는 시신을 온전한 상태로 원거리까지 운반할 필요가 있었기 때문이었다. 시간이 흘러 12세기가 되면서는 사체의 방부 처리는 영적 구원을 받는 수단으로도 여겨졌는데, 성인의 사체가 세월이 지나도 부패하지 않는다는 것을 이유로 들어 자신들의 사체도 썩어 없어지지 않게 함으로써 성인의 신성함을 모방하고자 했기 때문이다.
중세 유럽의 '사체처리법'과 '심장 분리 매장' 대해서는 다음을 참고하라. Estella Weiss-Krejci, "Heart burial in medieval and early post-medieval Central Europe," Katharina Rebay-Salisbury, Marie Louise Stig Sorensen and Jessica Hughes eds. *Body Parts and Bodies Whole: Changing relations and meanings,* Oxford and Oakville, 2010, pp.119-134; Estella Weiss-Krejci, "Unusual Life, Unusual Death and the Fate of the Corpse: A Case Study from Dynastic Europe," E. M. Murphy ed., *Deviant Burial in the Archaeological Record,* Oxford, 2008, pp.169-190.

런 관습을 고려할 때 브루스의 사체 역시 사후에 바로 카드로스에서 방부 처리 과정을 거쳤을 것으로 보인다. 브루스의 최측근이었던 제임스 더글라스(James Douglas)가 브루스의 심장을 가지고 십자군 원정을 떠났다는[10] 기록을 통해 브루스 사후 그의 내장이 분리되었음을 알 수 있다. 내장기관의 제거는 사체를 방부 처리하는 데 필수적인 절차였으므로 심장을 분리하면서 내장기관을 제거한 브루스의 사체 또한 방부 처리되었을 것이다.

십자군 원정 이후 브루스의 심장은 스코틀랜드 남부에 위치한 멜로우즈 수도원(Melrose Abbey)에 매장되었다.[11] 브루스의 심장이 사체와는 별도로 다른 곳에 매장되었다는 것은 영적 구원이라는 측면에서 보면 실리적인 선택이기도 했다. 모든 성직자들은 자신들이 봉직중인 수도원/성당에 매장된 이들을 기리는, '죽은 자를 위한 기도'의 시간을 정기적으로 가졌다. 심장과 사체가 각각 다른 수도원/성당에 매장되는 것은 무덤이 두 곳의 수도원/성당에 조성된 것을 의미한다. 두 곳의 수도원/성당에 무덤을 갖게 된 이는 영혼의 구원을 바라는 기도를 두 곳에서 받을 수 있었던 것이다.

왕 혹은 왕비의 육신을 분할하여 묻음으로써 매장지 개수를 늘리는 것은 또 왕실 유물의 수를 늘리는 것이었다. 이는 왕실을 위해 기도하는 공간이 더 확보되는 것이기도 해서 '왕실 숭배' 활동을 촉진시키는 데 기여할

10) John Barbour, *The Bruce*, ed. and trans. A.A.M. Duncan, Edinburgh, 1997, pp.750-753; *Chron. Bower*, vii. p.65.
로버트 브루스의 심장 분리 매장에 대해서는 다음을 참조하라. Grant G. Simpson, "The Heart of King Robert I: Pious Crusade and Marketing Gambit?," B.E Crawford ed., *Church, Chronicle and Learning in Medieval and Early Renaissance Scotland*, Edinburgh, 1999, pp.173-186.

11) *Chron. Bower*, vii. p.45.

수 있었다.[12] 브루스의 왕비 엘리자베스(Elizabeth, c. 1289~1327)의 경우가 이에 해당된다. 1327년 컬른(Cullen)에서 그녀가 생을 마감하자 그 사체를 방부 처리한 후 내장 기관은 그곳에 매장하고 나머지 육신은 던펌린에 안장되었다.[13] 엘리자베스의 무덤이 두 개의 교회에 있게 된 것이다. 이는 또 브루스의 심장 분리 매장과 더불어 왕실 숭배 활동을 활성화시킬 수 있는 기회를 제공했음을 뜻한다.

카드로스에서 방부 처리되어 심장이 분리된 브루스의 사체는 던펌린으로 옮겨져 매장되었다. 현존하는 기록으로 브루스의 장례식 날짜가 진술된 것은 프랑스 연대기작가 쟝 프루아사르(Jean Froissart, c. 1337~c. 1405)가 남긴 것이 유일하다. 그에 따르면 브루스의 장례식은 1327년 11월 7일에 거행되었다. 그런데 브루스가 사망한 것은 1329년 6월 7일 이기에 1327년에 브루스의 장례식이 진행되었다는 프루아사르의 진술에 오류가 있음이 명백하다.[14]

그러나 프루아사르의 진술과 관련하여 한 가지 가능성을 생각해 볼 수 있다. 그가 1327년 10월 26일 사망한 브루스의 왕비 엘리자베스의 장례일과[15] 브루스의 장례일을 혼동하여 1329년을 1327년으로 잘못 기록했을 수도 있다는 것이다. 이 추정에 있어 또 하나 간과하지 말아야 할 점은 프루아사르가 1329년을 1327년으로 혼동하기는 했지만 엘리자베스의 장례가

---

12) Michael Penman, "'Sacred Food for the Soul': In Search of the Devotions to Saints of Robert Bruce, King of Scotland, 1306-1329," *Speculum* vol.88, no.4, 2013, pp.1035-1062.

13) *The Exchequer Rolls of Scotland*, eds. J. Stuart et al. 23 vols., Edinburgh, 1878-1908[이하 *ER*], i. pp.cxxiv-cxxv. 브루스는 엘리자베스의 영혼의 구원을 빌어달라며 컬른의 성직자에게 몇 차례에 걸쳐 총 4파운드의 금액을 지불했다.(Ibid. pp.61, 91, 170, 310)

14) A. H. Dunbar, *Scottish Kings: a revised chronology of Scottish history, 1005-1625*, Edinburgh, 1906, p.140; Barbour, *The Bruce*, p.756, n. 301.

15) *Chron. Bower*, vii. pp.35, 45; John of Fordun, *Johannis de Fordun, Chronica Gentis Scotorum*, ed. W.F. Skene, Edinburgh, 1871, i. p.353.

치러졌던 '10월 26일'을 브루스의 장례일로 기록하지 않고 '11월 7일'로 명시했다는 점이다. 이런 맥락에서 프루아사르는 브루스의 장례식이 행해졌던 '연도'를 1327년으로 착각했지만 '월과 일(11월 7일)'은 혼동하지 않고 정확하게 진술한 것으로 볼 수도 있다.

위의 추정에 근거한다면 브루스의 장례식은 1329년 11월 7일에 치러졌을 것이고, 이는 그가 사망한 일로부터 다섯 달이 지난 시점이다. 오늘날처럼 시신 보관 설비가 없는 상황에서 5개월 동안 사체의 부패를 막는 방법으로는 사체의 방부 처리만이 유일했다. 특히 장례 절차에서 왕과 왕비 그리고 교황 및 고위성직자를 포함하는 최상류층의 사체는 '얼굴' 부위를 드러낸 채 일반에 공개되어야 했다.[16] 사체가 완벽하게 보존된 상태로 장례식이 치러져야 했다. 따라서 브루스의 시신은 그가 사망한 카드로스에서 방부 처리가 되었을 것이다.

왕의 장례식이 지연되는 경우는 특히 정치적 혼란기에 발생했다. 장례식이 3개월 지연된 잉글랜드 왕 에드워드 2세(Edward Ⅱ, 재위: 1307~1327)와 사망한 지 4개월 후에 매장된 스코틀랜드 왕 로버트 2세(Robert Ⅱ, 재위: 1371~1390년)의 경우가 이에 해당된다.[17] 브루스의 장례식이 지연된 이유도 이런 맥락에서 이해할 수 있다. 브루스가 살아생전 비록 강력한 왕권을 행사했으나 1329년 사망할 당시 그의 후계자인 데이비드 2세(David Ⅱ)는 불과 다섯 살의 어린아이였다. 데이비드가 미성년이었기 때문에 토마스 랜돌프(Thomas Randolph)가 섭정관으로서 왕국을 통치했다.[18] 랜돌프가 브

---

16) *Die Chirurgie des Heinrich von Mondeville (Hermondaville) nach Berliner, Erfurter und Pariser Codices*, ed., J. Pagel, Berlin, 1892, pp.390-393.

17) 에드워드 2세는 1327년 9월 21일 버클리(Berkeley)에서 사망했고 3개월이 지난 12월 20일 글로스터 수도원(Gloucester Abbey)에 매장되었다.(J. S. Hamilton, *The Plantagenet: History of a dynasty,* London, 2010, p.133) 로버트 2세는 1390년 4월 19일 던도널드(Dundonald)에서 사망했으나 4개월 동안 장례식이 지연되어 8월 13일에서야 스콘 수도원(Scone Abbey)에 묻혔다.(*Chron. Bower*, vii. pp.446-7; viii. pp.3-5)

루스의 최측근이기는 했으나 왕위 계승자가 미성년이라는 상황은 정치적으로 혼란의 불씨를 타오르게 했다.[19] 왕국 내부의 분쟁과 취약한 왕권이 브루스의 장례식을 지연시켰을 것으로 보인다.

브루스는 잉글랜드와의 전쟁을 승리로 이끈 스코틀랜드의 영웅이었다. 또한 전쟁 이후 던펌린 수도원의 건물을 복구 및 확장하고 신축하는 데 적극적으로 지원했다.[20] 이런 점들로 보아 비록 사망한 지 다섯 달이 지나서 진행되었지만 던펌린에서 치러진 그의 장례식은 성대하게 치러졌을 것이 분명하다. 하지만 그의 장례식이 어느 정도의 규모로 거행되었는가를 직접적으로 진술하는 기록은 전해지지 않는다. 다만 그의 장례식과 관련된 파편적인 자료들을 통해 가늠해볼 수 있을 뿐이다. 장례식 날 브루스의 사체를 옮기게 될 영구차(hearse)를 발트 해 산 목재로 제작하는 데 든 비용이 5파운드 5실링 10펜스였다.[21] 1,100개의 금박 판이 영구차와 횃불대 그리고 다른 도구들

---

18) 랜돌프가 섭정관으로 선출된 것은 1318년 합의 결정된 법령에 따른 것이다. 이 법령에 따르면 브루스가 후사를 두지 못하고 죽으면 왕위는 그의 외손자(후에 로버트 2세가 되는)인 로버트 스튜어트(Robert Stewart, 1316~1390)에게 돌아갈 것이라고 했다. 후사를 보게 되어 그의 아들이 왕위를 물려받든 혹은 그렇지 못하여 로버트 스튜어트가 왕좌에 오르든, 왕위를 계승한 자가 미성년이라면 랜돌프가 섭정하기로 결정되었다. 랜돌프가 1332년 7월 20일 사망하자 그 뒤를 이어 도널드(Donald)가 1332년 8월 2일 섭정관으로 선출되었으나 열흘 뒤 '더플린 무어 전투(Battle of Dupplin Moor)'에서 전사했다. 이어 앤드류 머레이가 섭정관이 되었다.(Dunbar, *Scottish Kings*, pp.147-149)

19) 데이비드의 왕위 계승과 스코틀랜드의 내부 분열은 다음을 참조하라. Michael Penman, *David II, 1329-71,* Edinburgh, 2004, ch. 2.

20) 브루스의 지원과 후원 하에 던펌린의 '수도사들의 취사와 공동식사를 위한 공간(refectory)'이 재건/확장되었으며 '수도원을 방문한 손님들의 숙소 공간(guest house)'이 신축되었다.(Nick Bridgland, "Dunfermline Abbey: Cloister and Precinct," *Royal Dunfermline*, pp.94-97)

21) *ER,* i. pp.150, 215. 중세 잉글랜드에서 시신이 든 관을 싣고 있는 영구차는 장례의식이 진행되는 동안 교회의 주제단 앞에 위치했던 것으로 보인다. 관을 덮는 천과 동일한 재질의 천이 영구차에 걸쳐져 있었고, 그 위에 여러 개의 초에 불을 밝혔다.(Christopher Daniell, *Death and Burial in Medieval England 1066-1550,* London, 1998, p.43)

을 장식하는 데 사용되었다. 또 1,500개의 금박 판은 브루스의 무덤을 장식하는데 쓰였다.[22] 장례식에 쓰일 양초와 횃불을 만드는 데 쓰였던 밀납의 총량은 무려 562스톤(562stones: 3568.86kg) 5파운드(5pounds: 2.26kg)였다.[23] 이를 통해 브루스의 장례식이 성대하게 치러졌음을 짐작할 수 있다.

하지만 위의 자료들을 통해서도 브루스의 장례식에 든 총비용이 얼마였는지는 여전히 알 수 없다. 총비용에 대해서는 다른 사례들을 통해 가늠해 볼 수 있는데 그 내용을 보면 다음과 같다. 1334/5년 잉글랜드에 구금되어 있던 섭정관 앤드류 머레이(Andrew Murray, 섭정기간: 1332년, 1335~1338년)의[24] 몸값으로 지불된 1,000파운드는 본래 브루스의 무덤을 조성하기 위해 할애된 금액이었다. 이에 근거하여 볼 때 브루스의 무덤을 조성하는 데 든 비용을 비롯하여 브루스의 장례비용은 적어도 1,000파운드 이상이었을 것으로 여겨진다. 또한 1350년대 흑사병이 창궐한 뒤 화폐가치가 하락한 이후, 로버트 2세의 무덤을 스콘 수도원에 조성하는 데 든 비용이 682파운드가 소요되었다는 기록이 있다.[25] 이에 견주더라도 브루스의 장례비용은 비교 불가할 정도로 상당했음을 알 수 있다.

그런데 브루스의 시신은 왜 던펌린에 매장된 것일까? 사실 브루스는 1314년 11월 16일 성 마가렛의 축일에 이미 던펌린을 본인의 매장지로 삼겠다고 밝힌 적이 있다.[26] 그가 일찌감치 자신의 매장지로 던펌린을 선택한 이유는 정치적인 이해관계와 관련이 있다. 1296년 선대왕인 존 발리올(John Balliol)이 폐위되어 스코틀랜드 왕좌가 공석이 되었을 때,[27] 브루스

---

22) *ER*, i. pp.150, 221.

23) Ibid. pp.cxxiv, 151, 232.

24) 주 19) 참조.

25) *ER*, i. pp.450-451; Penman, *David II*, pp.60. 412.

26) A.A.M. Duncan ed., *Regesta Regum Scottorum*, vol.5, Edinburgh, 1988[이하 *RRS*] no.44.

는 왕위를 놓고 자신과 경쟁하던 존 코민(John Comyn)을 1306년 덤프리스(Dumfries)에 위치한 그레이프라이어(Greyfriars) 수도원에서, 그것도 신성한 주제단(high altar) 앞에서 살해하고 왕위를 차지했다.[28] 그는 신성을 모독하고 경쟁자를 살해한 대가로 왕좌에 오르게 되었으니 정통성면에서 취약할 수밖에 없었다.

따라서 브루스는 자신의 정통성을 확보하기 위해 잉글랜드 왕 에드워드가 스코틀랜드의 왕위 계승 문제에 개입하기 이전의 왕조, 즉 캔모어(Canmore) 왕조와의[29] 연관성을 강조함으로써 자신이 캔모어 왕조를 이어받아 왕좌에 오르게 된 것임을 강조할 필요가 있었다. 이를 위해 캔모어 왕조의 왕들이 매장되어 있고 왕실 성인인 성 마가렛을 숭배하는 등 왕실 숭배의 중심지인 던펌린과의 연관성을 피력해야 했다.[30] 사실 1329년 브루스가 던펌린에 매장된 것은, 앞에서 밝혔듯이 1314년 브루스가 자신은 던펌린에 매장될 것이라고 천명했던 의지의 표현이 현실화된 것이었다.

캔모어 왕조와의 관계를 부각시키고자 했던 브루스의 노력은 알렉산더 2세와 3세의 사망일에 그리고 브루스 본인의 생일에 던펌린에서 혹은 그 근방에서 법령을 제정했던[31] 것에서도 드러난다. 선대왕의 사망일 및 본

27) 주 2) 참조.

28) *Chron. Bower*, vi. pp.311-3; G.W.S. Barrow, *Robert Bruce and the Community of the Realm of Scotland*, 4th ed., Edinburgh, 2005, pp.182-183.

29) 캔모어 왕조의 시작은 말콤 3세(Malcolm III, 재위: 1058~1093)의 치세로부터 시작된다. 말콤 3세라는 칭호는 사실 영어식 표현으로, 게일어로 그의 이름은 'Máel Coluim mac Donnchada'이며, 캔모어 왕조라는 명칭은 그의 별명 '캔모어(Canmore: 큰 머리)'에서 유래했다. 캔모어 왕조는 1286년 알렉산더 3세가 사망할 때까지 이어졌다.

30) M. Ash, "The Church in the reign of Alexander III," N.H. Reid ed., *Scotland in Reign of Alexander III, 1249-86,* Edinburgh, 1988, pp.31-53.

31) Michael Penman, "Robert I (1306-1329)," Michael Brown and Roland Tanner eds., *Scottish Kingship 1306-1542,* Edinburgh, 2008, pp.36-37; *RRS*, v. nos. 6(발행일: 1309년 3월 20일), 8(1321년 7월 8일), 190(1321년 7월 10일).

인의 생일과 같은 기념일에 던펌린 혹은 그 인근 지역을 방문하여 그 곳에서 법령을 제정한 것은 선대 왕조와 던펌린에 대한 그의 관심을 표명하기에 적절한 조치였기 때문이다. 또한 던펌린 수도원에 토지를 하사하고[32] 던펌린 지역을 관장하는 '세관 관인(官印, cocket)'을[33] 수도원에 수여하는

32) 1321년 7월 8일, 1323년 7월 25일에 토지를 하사했고, 날짜가 명확히 기록되어 있지 않은 시기에 두 차례 더 토지를 선사했다.(*Registrum de Dunfermelyn liber cartarum Abbatie Benedictine S.S. Trinitatis et B.Margarete Regine de Dunfermelyn,* ed. Bannatyne Club, Edinburgh, 1842, [이하 *Registrum de Dunfermelyn*], nos. 346, 356, 365, 368; *RRS,* v. nos. 188, 234, 407, 411)

33) 스코틀랜드 왕실에서 던펌린을 포함하여 수도원/교회기관에 후원할 때, 가장 많이 이루어진 것은 토지나 산림, 규모가 작은 교회 (그리고 그 교회가 보유한 재산과 특권) 등의 부동산을 하사하거나 어느 특정 지역에서 산출되는 수입/세금 혹은 그 일부를 후원의 형태로 선사하는 것이었다. 브루스 역시 던펌린에 토지를 선물하기는 했으나, 던펌린에 대한 그의 후원이 이전 왕들과 비교하여 두드러지게 다른 면이 있었다. 던펌린 지역을 관장하는 '세관 관인(官印, cocket)'을 부여했다는 점이다. 스코틀랜드에서 외국으로 물품을 수출하기 위해서는 반드시 관세를 지불해야 했고 그 확인증에 세관 관인을 찍어야했다. 모든 '칙허(勅許) 자치 도시(royal burgh)'는 각각의 고유 세관 관인이 있었고 이 업무를 전담하는 왕의 대리인들이 있었다.(*ER,* i. p. c.) 특히 린리스고(inlithgow), 인버키딩(Inverkeithing), 스털링(Stirling), 쿠퍼(Cupar), 타버트(Tarbert), 로크메이븐(Lochmaben), 던펌린(Dunfermline), 버윅(Berwick), 에든버러(Edinburgh), 애버딘(Aberdeen), 퍼스(Perth), 아브로스(Arbroath)에서 사용된 그 도시의 세관 관인이 1327년에서 1330년 사이에 작성된 『스코틀랜드 왕실 재정 기록부(*Exchequer Rolls*)』에 언급되었다.(Ibid. pp.ci, 79, 99, 101, 175, 177, 275, 328) 1321년 7월 10일 브루스는 오늘날 벨기에 서북부에 위치하고 중세 유럽의 교역 중심지인 브뤼주(Bruges)에 서신을 보내 던펌린 수도원의 세관 관인을 왕실의 것으로 인정해달라고 통보했고(*Registrum de Dunfermelyn,* no.362), 1326년 7월 22일에는 던펌린 수도원의 세관 관인을 인정하기 위해 궁내부장관(chamberlian)에게 특허장을 보내기도 했다.(Ibid. no.369) 이처럼 세관 관인에 대한 권한을 수도원에 하사할 수 있었던 것은 브루스의 통치시기에 스코틀랜드의 수출업이 번성했기 때문이다. 다시 말해 잉글랜드와의 오랜 전쟁으로 농토는 황폐해졌고 곡물의 생산성은 현저하게 떨어진 것에 반해, 목축업은 가축을 적의 무리로부터 피신시킬 수 있었기 때문에 상대적으로 피해가 덜했다. 이런 이유에서 양을 키우고, 거기서 생산되는 양모와 양가죽을 외국으로 수출하는 산업이 강조되었던 것이다. 그리고 국고를 채우기 위해 수출 물품에 대해 관세를 부과하게 된 것이다.(Ronald Nicholson, *Scotland: The Later Middle Ages,* Edinburgh, 1974. pp.106-107)

등의 후원을 통해 던펌린에 대한 관심과 애정을 표현했다. 브루스가 던펌린 수도원에 제공한 후원 중 정치적 의도가 가장 잘 드러나는 것은 던펌린 수도원의 건물 재건과 증축이다.[34] 던펌린 수도원에 대한 여러 방식의 후원과 더불어 에드워드 1세와의 전쟁 중에 파손된 던펌린 수도원을 재건함으로써 브루스는 캔모어 왕조와의 연관성을 피력하고 자신의 정통성을 강화하고자 했다.

3. 로버트 브루스의 무덤

브루스는 말년에 2년여의 시간동안 심각한 질병으로 고통스러워했다.[35] 투병 생활 중 그는 던펌린에 본인의 무덤 자리를 마련함으로써 죽음을 맞이할 준비를 했다. 이는 로버트 바버(Robert Barber)가 브루스가 사망하고 두 달여 지난 1329년 8월 13파운드 6실링 8펜스를 지급받았다는 사실을 통해 알 수 있다.[36] 바버가 브루스의 무덤과 관련하여 1년 전에 작업했던 것에 대한 보수로 그 금액을 받았기 때문이다. 그가 무슨 작업을 했는지 알려진 바는 없으나 적어도 브루스가 죽기 한 해 전인 1328년에 이미 무덤이 준비되고 있었음을 보여주는 대목임에는 분명하다.

바버에게 지급된 보수 외에도 1329년의『스코틀랜드 왕실 재정 출납부(*Exchequer Rolls*)』에는 브루스의 무덤과 관련된 지출이 기록으로 남아있다. 브루스의 무덤에 쓰일 대리석을 프랑스에서 던펌린으로 옮기는 사업의 총책임자였던 토마스(Thomas of Charteris)에게 1329년 66파운드 13실링 4

---

34) 주 18) 참조.

35) Barrow, *Robert Bruce*, p.418.

36) *ER*, i. p.214.

펜스가 지급되었다.[37] 파리에서 플랜더스 서부(West Flanders) 해안가에 위치한 브뤼주(Bruges)를 거쳐 던펌린으로 대리석을 운반하는 데 12파운드 10실링의 비용이 들었다. 대리석 작업을 했던 석공은 38파운드 2실링을 임금으로 받았다.[38] 또 대장장이 존(John of Lessydwyn)은 브루스의 무덤에서 철공작업을 한 대가로 1330년 22파운드 8실링 2펜스를 지급받았다.[39]

현존하는 자료 중 브루스의 무덤 위치가 언급된 기록 중 가장 오래된 것은 14세기 후반기에 활약했던 스코틀랜드의 시인 존 바버(John Barbour, 1395년 사망)가 남긴 것이다. 그에 따르면 브루스는 "[던펌린] 수도원의 콰이어에" 매장되었다.[40] 15세기 전반기에 활동했던 바우어는 바버의 진술을 보다 구체화하여, 브루스의 무덤이 "콰이어의 가운데" 위치했다고 전한다.[41] 그런데 과연 바버나 바우어가 진술했듯이 브루스의 무덤이 콰이어에 존재하긴 했던 것일까?

이에 대한 논의는 브루스 이전에 콰이어에 조성되었던 무덤들을 살펴보는 것으로 시작할 수 있다. 콰이어에는 1153년 데이비드 1세(David I)가 주제단 앞에 매장되었고[42] 1165년 말콤 4세(Malcolm IV)의 육신이 데이비드의 무덤 오른쪽에 매장되었다.[43] 또한 1180년 성 마가렛의 유골이 '신도석

---

37) Ibid. p.213.

38) Ibid. p.214.
브뤼주와 스코틀랜드의 관계는 다음을 참조하라. Alexander Stevenson, "Medieval Scottish associations with Bruges." Terry Brotherstone and David Ditchburn eds., *Freedom and Authority: Scotland c. 1050-1650,* East Linton, 2003, pp.93-107.

39) *ER*, i. p.288.

40) Barbour, *The Bruce*, p.756.

41) *Chron. Bower*, vii. p.45.

42) Ibid. iv. p.250; John of Fordun, *John of Fordun's Chronicle of the Scottish nation*, ed. W. F. Skene, Edinburgh, 1872, p.225.

43) Ibid. p.254; *Chron. Bower*, iv. p.280.

(nave)'에서 콰이어로 옮겨졌다. 성 마가렛의 무덤은 1250년 그녀의 유골이 교회 동쪽 끝 공간에 신축된 '성유물함 안치소(feretory chapel)'로 이장(translation)될 때까지 이 자리에 있었다. 성 마가렛 무덤의 이장 이후에도 이곳은 다른 이의 무덤으로 사용되지 않고 빈 공간으로 남아 있었을 것으로 추정된다. 빈 무덤에 다른 이의 시신을 매장하는 사례도 있었으나,[44] 성 토마스 베켓의 무덤 자리처럼 유골이 이장된 이후에도 순례자들의 발길이 이어지기도 했다.[45] 마찬가지로 던펌린을 찾은 순례자들은 성 마가렛의 유골 이장 이후에도 콰이어에 있는 그녀의 (비어 있는) 무덤 자리로 와서 기도했을 것이다.

성 마가렛의 1180년 무덤 자리가 1250년 그녀의 유골이 이장된 이후에도 비워둠으로써 성인에 대한 숭배 의식이 거행되는 공간으로 유지되었으리라고 보는 데에는 또 다른 이유가 있다. 이는 브루스가 던펌린 교회에 매장되기 이전에 던펌린의 콰이어에는 성 마가렛과 데이비드 1세, 그리고 말콤 4세만이 안장되었던 사실과 관련 있다. 데이비드 1세와 말콤 4세 이후로 던펌린에 매장된 왕으로 알렉산더 3세(Alexander Ⅲ, 1286년 사망)가

---

[44] 예를 들어, 윈체스터 대성당(Winchester Cathedral)에 매장되어 있던 성 스위던(St Swithun)의 유골이 새로운 성소로 옮겨진 이후 그의 이전 무덤은 다른 이의 매장지로 이용되었다.(John Crook, "Aspects of Relics Cults," *The Architectural Setting of the Cult of Saints in the Early Christian West c. 300-1200,* Oxford, 2000, p.16) 웨스트민스터 사원의 경우, 1272년 헨리 3세는 참회왕 에드워드(Edward the Confessor)의 이전 성소를 자신의 육신이 안식할 장소로 정했으며, 헨리 본인의 새로운 무덤으로 옮겨질 때가지 그의 유골은 그곳에 매장되었다.(John Steane, *The Archaeology of the Medieval English Monarchy,* London, 1998, p.48; Paul Binski, *Westminster Abbey and the Plantagenets: Kingship and the Representation of Power, 1200-1400,* New Haven; London, 1995, p.94)

[45] Stephen Lamia, "The Cross and the Crown, the Tomb and the Shrine: Decoration and Accommodation for England's Premier Saints," Stephen Limia and Elizabeth Valdez del Álamo eds., *Decorations for the Holy Dead: Visual Embellishments on Tombs and Shrines of Saints,* Turnhout, 2003, p.42.

있기는 했으나, 그는 콰이어 내부가 아니라 그 외부의 남쪽 공간에 매장되었다.[46] 즉 콰이어가 아닌 다른 공간에 안장되었다. 게다가 콰이어의 주제단 앞은 교회 건물 내에서 가장 신성시 여기던 공간으로 교회에 가장 크게 영향을 미친 사람이 매장되기에 적합했다. 그리고 던펌린은 일반 속인이 아니라 왕실 구성원들의 매장지였다. 이런 점들을 고려할 때 던펌린의 콰이어에는 왕들과 성 마가렛의 유골만이 매장되었다는 주장이 가능해진다. 그런데 알렉산더 3세 이전에 콰이어에 매장된 왕은 데이비드 1세와 말콤 4세뿐이었기 때문에 콰이어에 위치했던 성 마가렛의 무덤은 다른 이의 무덤으로 대체된 것이 아니라 빈 공간인 채로 남아 있었을 것이다.

그렇다면 알렉산더 3세는 던펌린에 매장된 그의 선대왕들이 그랬던 것처럼 콰이어의 주제단 앞에 매장될 수도 있었을 텐데 그렇지 않고 왜 콰이어 밖의 공간에 매장되었던 것일까? 이에 대한 해답은 브루스의 무덤이 콰이어에 존재했었느냐의 문제와 맞닿아 있다. 알렉산더 3세가 콰이어에 매장되지 못한 이유는 콰이어는 그의 유골이 매장되기에는 협소했기 때문이다. 공간적인 제약이 있는 상황에서 브루스의 무덤이 과연 콰이어의 주제단 앞에 위치할 수 있었을까 라는 의문이 드는 이유다. 브루스보다 먼저 사망한 알렉산더 3세도 콰이어 앞에 무덤을 쓸 공간이 없었기 때문에 콰이어 밖에 유골이 매장되었는데 1329년 브루스가 매장될 당시 콰이어 주제단 앞에 그의 무덤을 조성할 만한 공간이 있었겠느냐는 것이다. 바로 이러한 점들이 브루스가 콰이어의 주제단 앞에 매장되었다는 바우어의 진술의 신빙성을 의심케 한다.

브루스의 무덤 위치에 대한 의문은 무엇보다 1329년 브루스의 장례 당시에 작성된 기록이 현존하지 않는다는 데서 야기된다. 현재로선 브루스의

---

46) *Early Sources of Scottish History: 500-1286*, ed. A.O. Anderson, 2 vols., Edinburgh, 1922, ii. p.692.

장례 이후 반세기 혹은 한 세기 지나서 작성된 문서에 의존해서 브루스의 무덤 위치를 유추해야 하기에 그 진술들의 정확성이 떨어지는 것일 수도 있다. 또한 19세기 당시 정확한 발굴 조사가 불가능할 정도로 중세 던펌린 교회 건물의 상당부분이 훼손된 상태이기도 했다. 1560년 종교개혁 이래로 던펌린 교회 건물은 무관심 속에 방치되었으며 또 파손되었다. 붕괴된 부분 중 콰이어와 그 주위가 붕괴된 상황을 살펴보면 다음과 같다. 1672년에 교회의 동쪽 끝 부분이 내려앉았고 1716년 교차부(crossing)에 위치한 탑(tower) 일부가 그리고 1726년에 동쪽 부분의 지붕이 붕괴되었다.[47] 1753년에는 교차부에 위치한 탑이 완전히 내려앉았다.[48] 지붕이 붕괴된 콰이어는 18세기 말에 3~4피트(91.440cm~121.92cm)에 이르는 건물의 잔해와 잡초로 뒤덮여 있어서 그 바닥의 형태조차 알아 볼 수 없을 지경이었다.[49] 게다가 18세기 말 이전, 중세 교회 건물의 콰이어가 있던 자리는 속인들의 매장 공간으로 활용되었다.[50] 그로 인해 '교구 교회'를 신축하기[51] 위해 1807년에서 1818년 사이에 사전 작업을 진행할 당시 콰이어가 있던 자리에서 수많은 유골이 발견되었다.[52] 이는 콰이어에 매장된 중세 스코틀랜드 왕들의 무덤 및 성 마가렛의 무덤 형태를 복원한다거나 그 흔적을 찾는 것

---

47) Henderson Ebenezer, *The Annals Of Dunfermline And Vicinity: From The Earliest Authentic Period To The Present Time, A.D. 1069-1878,* Glasgow, 1879, pp.342-344, 415.

48) J. M. Webster, *Dunfermline Abbey,* Dunfermline, 1948, note. 57.

49) J. G. Dalyell, *A tract chiefly relative to monastic antiquitis; with some account of a recent search for the remains of the Scottish kings interred in the abbey of Dunfermline,* Edinburgh, 1809, p.8.

50) J. Sinclair ed., *The Statistical Account of Scotland,* Edinburgh, 1791~1799, xiii. p.455.

51) 19세기 중반 중세 교회 건물의 콰이어(choir)와 트랜셉트(transept)가 위치했던 자리에 던펌린 '교구 교회'가 새롭게 건축되었다.(Richard Fawcett, "Dunfermline Abbey Church," p.60)

52) A. Mercer, *Dunfermline Abbey; A Poem,* Dunfermline, 1819, pp.157-158.

자체가 불가능해졌음을 의미한다.

〈그림 1〉 14세기 던펌린 수도원(교회)의 평면도

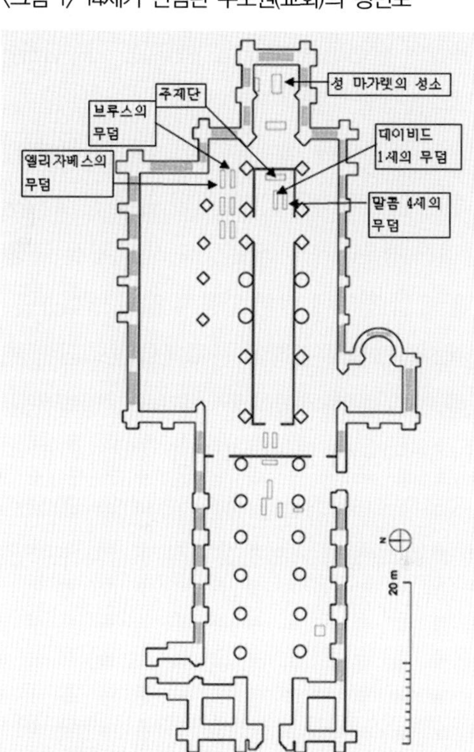

그런데 1818년 던펌린 교회의 콰이어에서 발굴 작업이 진행되던 중 동서 방향으로 위치한 규모가 크고 평평한 두 개의 석판이 콰이어 바닥면 아래에서 발견되었다. 폐허가 되었기 때문에 위치를 정확히 알 수는 없지만 건물 구조의 비율상 주제단 앞이었을 것으로 추정되는 곳에서였다. 석판들을 들어내자 그 밑에 납으로 된 한 개의 관이 있었고 그 안에 유골이 안장되어 있었다. 유골을 조사한 결과 본래 신장이 '5피트 11인치(180.3cm)'에

서 '6피트(182.9cm)' 정도 되는 사람으로 추정되었다.[53] 무엇보다 조사관들은 유골의 가슴 부위에 난 톱질 자국이 심장을 분리 매장하기 위한 과정에서 생긴 것으로 보았다. 더불어 브루스가 콰이어 중앙에 매장되었다는 바우어의 진술과 유골이 발견된 위치가 일치한다는 이유를 들어 1818년 발견된 무덤을 브루스의 것으로 결론지었다.

그러나 유골의 가슴 부위에 절개 흔적이 있다는 것만으로 그것이 브루스라고 단정할 수는 없다.[54] 비록 브루스의 심장 분리 매장이 스코틀랜드에서 가장 잘 알려진 경우라 할지라도 중세 시대 왕실 구성원의 심장을 분리 매장하는 것은 유럽 전역에 걸쳐 드물지 않게 행해졌던 관습이었다. 스코틀랜드 왕 알렉산더 3세의 심장이 사체에서 분리되어 퍼스(Perth)에 매장된 것도 그러한 경우 중 하나였다.[55] 이외에도 발리올의 왕비 드보걸라(Dervorguilla of Galloway)가 남편의 심장을 박제화하여 자신의 곁에 두었고, 또 그녀의 육신은 그의 심장을 품은 채 매장되었다는 일화가 전해진다.[56] 모든 심장 분리 매장이 기록으로 남아 전해지지 않았을 것을 감안하면 비록 기록으로 남아 있지는 않지만 스코틀랜드의 다른 왕실 구성원들

---

53) Jardine, "Extracts from the report," 436-442; Michael Penman, "Robert Bruce's Bones: Reputations, Politics and Identities in the Nineteenth Century Scotland," *IRSS*, vol.34, 2009, pp.14-5, 18-20. 오늘날에는 브루스의 신장이 '5피트 6½인치(168.9cm)'에서 '5피트 9½인치(176.5cm)' 사이었을 것으로 추정한다.(D.R. Brothwell, *Digging up bones*, Oxford, 1981, pp.100-102, 138-140)

54) Iain Fraser, "The Tomb of the Hero King: The Death and Burial of Robert I, and the Discoveries of 1818-19," *Royal Dunfermline*, p.172.

55) G.G. Simpson, "The Heart of King Robert I," pp.173-179; Elizabeth M. Hallam, "Royal burial and the cult of kingship in France and England, 1060-1330," *Journal of Medieval History*, vol.8, 1982, pp.363-366; Weiss-Krejci, "Heart burial in medieval and early post-medieval Central Europe," pp.119-134; *Chron. Bower*, v. pp.420-421.

56) Wentworth Huyshe, *Devorguilla, Lady of Galloway, and her Abbey of the SweetHeart. A book for visitors*, Edinburgh, 1913.

역시 심장을 사체에서 분리하여 매장한 사례가 있었을 것이다.

만약 1818년 콰이어의 주제단 앞에서 발견된 무덤에 매장된 이가 브루스라고 한다면, 왕실 성인 숭배 및 왕실 숭배 의식의 중심지였던 던펌린과의 관계를 통해 캔모어 왕조와의 연관성을 강조하고자 했던 브루스의 의지가 관철된 것으로 보인다. 사실 주제단 앞의 공간은 교회 건물에서 가장 영적인 곳으로 교회를 설립한 자나 교회의 가장 영향력 있는 후원자가 매장되기에 적합했다. 던펌린의 경우 데이비드 1세가 1560년 종교개혁이 일어나기 전까지 던펌린의 수도사들에게 성인으로 숭배된 것에서 보이듯이,[57] 성 마가렛과 그녀의 남편 말콤 3세의[58] 뒤를 이어 세 번째로 영향력 있는 후원자였다. 데이비드는 던펌린 교회를 로마네스크풍의 교회로 발전시켰다. 그리고서 1153년 새롭게 조성된 콰이어의 주제단 앞에 매장되었다. 본인의 후원 하에 신축된 교회 건물에서 가장 영예로운 자리인 주제단 앞을 육신의 안식처로 삼는 것은 당연한 일이기도 했다.[59] 그런데 브루스가 주제단 앞을 자신의 매장지로 삼았다면, 이는 던펌린 교회에서 가장 영예로운 공간을 차지하는 것으로 데이비드 1세의 위상을 넘어서려는 시도였음을 뜻한다. 만약 실제로 브루스의 무덤이 주제단 앞에 위치했다면, 이는 캔모어 왕조와의 연관성을 강조하고 싶었던 브루스의 의지가 그만큼 강했음을 대변하는 것이기도 하다.

하지만 브루스의 무덤 위치와 관련한 위의 추정에는 회의적인 면이 있

57) *Chron. Bower*, iv. pp.3, 251, 285. 5월 24일은 데이비드가 사망한 날로, 매년 데이비드의 축일로 기념되었다.(*Butler's Lives of the Saints*, eds. Herbert Thurston and Donald Attwater, Texas, 1956, pp.383-384)

58) 말콤 역시 던펌린의 수도사들이 성인으로 숭배했다.(*Chron. Bower*, iii. p.71)

59) 성 마가렛의 유골은 1180년 신도석에서 콰이어로 이장되었다. 신도석에 있던 말콤 3세의 무덤 역시 정확한 시기는 알 수 없으나 1180년 이후 어느 시점에 성 마가렛의 1180년 무덤 옆으로 이장되었다. 그 위치는 콰이어에서 북쪽 방면으로 약간 벗어난 곳으로 추정된다.

다. 바우어는 "1327년 10월 26일 브루스의 왕비 엘리자베스가 사망했고, 그녀의 무덤은 던펌린의 콰이어에 위치하는데 브루스의 무덤 바로 옆에 조성되었다."고 기술했다.[60] 이 진술에서 엘리자베스와 브루스의 유골이 서로의 '옆에' 매장되었다는, 다시 말해 브루스와 그의 왕비 엘리자베스가 나란히 매장되었다는 부분에 주목할 때 1818년 주제단 앞에서 발견된 '한 개의' 무덤이 브루스의 것이라는 주장은 성립되기 어렵게 된다. 쌍을 이루어 매장되어 있는 브루스와 엘리자베스의 무덤인, 즉 두 개의 무덤이 발견되었어야 했기 때문이다.

또한 엘리자베스가 "콰이어에 매장되었다."는 바우어의 진술 역시 설득력이 있어 보이지 않는다. 브루스보다 일찍 생을 마감한 엘리자베스가 교회 공간에서 가장 영예로운 곳으로 교회에 가장 의미가 있는 후원자가 매장되기에 적합한 주제단 앞에 홀로 매장되는 것은 불가능해 보이기 때문이다. 그녀가 콰이어에 매장되었든 그렇지 않든, 그녀 이전에 콰이어에 매장된 사람은 데이비드 1세와 말콤 4세밖에 없었고, 또 다른 무덤으로 1180년 성 마가렛의 유골이 '신도석'에서 콰이어로 이장되어온 것이 전부이다. 다시 말해 성 마가렛을 제외하고 콰이어에 매장된 이들은 오직 왕들이었다. 이와 더불어 1286년 알렉산더 3세조차 공간이 협소한 이유로 콰이어에 매장되지 못하고 콰이어 외부에 매장되었다는 것을 감안하면 엘리자베스가 콰이어에 매장되었다는 진술은 성립할 수 없게 된다. 또한 이런 맥락에서, 브루스와 엘리자베스의 유골이 '나란히' 안장되었다는 진술이 사실이라면 엘리자베스가 콰이어에 매장되지는 않았을 것이다. 다시 말해 엘리자베스는 콰이어가 아닌 다른 공간에 매장되었을 것이고 그녀 '옆에' 브루스가 매장되었을 것이므로 그 둘의 무덤이 '콰이어'에 조성되었다는 것 역시 회의

---

[60] Ibid. vii. p.35.

적이게 된다.

다른 관점에서 브루스의 무덤이 주제단 앞에 조성될 수 있었는가를 검토해 볼 수 있다. 누가 매장되었든 콰이어의 주제단 앞에는 박스형 무덤 혹은 조상(彫像, effigy)이 설치된 무덤은 만들어질 수가 없었다. 주제단 앞의 공간은 성직자들이 의식을 거행하는 곳으로 그들이 의식을 진행하고 이동하는 데 방해되는 것이 있어서는 안 되었기 때문이다. 주제단 앞에 무덤을 만들기 위해서는 건물의 바닥 아래에 무덤을 조성하고 바닥을 평평한 상태로 유지해야했다. 설령 무덤이 바닥면 위로 드러난 형태였다 하더라도 그것은, 애초에 주제단 앞에 위치했던 던컬드 주교 윌리엄 싱클레어(William Sinclair, 재임기간: 1309~1337)의 무덤이 콰이어 밖 북서쪽 공간으로 옮겨진 것처럼[61] 성직자들이 의식을 거행하는데 방해가 되지 않는 다른 공간으로 옮겨져야 했다.

비록 구체적으로 브루스의 무덤 양식을 묘사한 기록은 전해지지 않지만, 아마도 박스형이었을 것으로 추정된다. 이는 브루스의 무덤에 쓰일 대리석을 프랑스에서 들여왔다는 사실에 근거한다. 브루스는 자신의 무덤을 만들기 위해 프랑스에서 대리석을 구입함으로써 13세기 말 14세기 초 유행하던 프랑스 군주들의 무덤 양식을 모방하고자 했던 것으로 보인다. 사실 1317년 이후로 사용된 브루스의 '인장'이 프랑스 군주 필립 4세(Philp IV, 재위: 1285~1314)와 루이 10세(Louis X, 재위: 1314~1316)의 인장 디자인 양식을 따른 것에서 알 수 있듯이, 브루스는 프랑스 도상학의 높은 수준을 인지했고 그 영향을 받았다.[62] 이는 브루스가 여러 면에서 프랑스 왕가의 스타일

---

61) Richard Oram, "Bishops' Tombs in Medieval Scotland," Michael Penman ed., *Monuments and Monumentality across Medieval and Early Modern Europe,* Donington, 2013, p.185.

62) Fraser, "The Tomb of the Hero King," p.169; *RRS*, v. pp.178-185.

을 모방하고자 했음을 시사하는 지점이기도 하다. 이는 또 브루스가 자신의 무덤으로 사용될 대리석을 프랑스에서 들여옴으로써 프랑스 군주의 무덤 양식을 따르고자 했을 것이라는 추정을 가능케 한다.

13세기 말 14세기 초에 유행하던 프랑스 군주들의 무덤 양식은 1260년대 루이 9세(Louis IX, 재위: 1226~1270)와 1306~1307년 필립 4세의 계획에 따라 재배치되고 재정리된 카롤링거와 카페 왕조의 18기에 이르는 무덤들의 양식이었다.[63] 이는 박스형 무덤위에 검은색 대리석 판이 깔려있고 그 위에 흰색 대리석으로 된 조상이 누워있는 양식이었다.[64] 프랑스 왕들의 무덤 양식을 따라 브루스의 무덤도 이런 형태를 취했을 것으로 보인다.[65] 만약 그렇다면, 위에서 언급했듯이 수도사들이 의식/의례 행위를 하는 데 방해가 되는 걸림돌이 콰이어에 존재하면 안 되었기 때문에 브루스의 무덤은 콰이어의 주제단 앞에 자리할 수 없었고 콰이어 밖의 공간에 위치해야만 했다.

---

63) Elizabeth A. R. Brown, "Burying and Unburying the Kings of France," Richard C. Trexler ed., *Persons in Groups: Social Behavior as Identity Formation in Medieval and Renaissance Europe,* Binghampton, 1985, pp.246-249; Alain Erlande-Brandenburg, *Le Roi Est Mort: etude sur les funérailles les sépultures et les tombeaux des rois de France jusqu'à la fin du XIIIe siè,* Genève, 1975, pp.26-27; Hallam, "Royal burial and the cult of kingship," p.374. 생드니 수도원(St-Denis Abbey)에서 진행되었던 선대왕들의 무덤 재배치는 성 디오니시우스 숭배 의식을 강조함으로써 왕권을 강화하기 위한 정책의 일환이었고, 이는 궁극적으로 프랑스 민족감정이 형성되는데 기여했다.(홍용진, 「14세기 성 디오니시우스 숭배와 프랑스 민족감정의 형성(Culte de saint Denis et formation du sentiment national français au XIVe siècle)」, 『서양중세사연구』 33, 2014, pp.151-178)

64) Fraser, "The Tomb of the Hero King," pp.169-174.

65) 브루스의 무덤은 그의 정치적 경쟁자인 잉글랜드 왕 에드워드 1세와 에드워드 2세의 것보다 더욱 화려했으리라 추정되는데, 에드워드 1세의 무덤은 조상이 없는 것이었고 에드워드 2세의 경우는 설화석고(alabaster)로 이루어진 무덤이었다.(Michael Penman, "A Programme for Royal Tombs in Scotland? A Review of the Evidence, *c.*1093-*c.*1542," *Monuments and Monumentality*, p.244)

브루스가 콰이어의 주제단 앞에 매장된 것이 아니라면 그의 무덤은 어디에 위치했을까? 해답의 실마리는 18세기 말에서 19세기 초에 진행되었던 던펌린 교회의 발굴 현장에서 찾을 수 있다. 정확한 시기를 알 수는 없으나 1766년에 1807년 사이에 진행된 발굴 작업 중 '길이가 9피트 되는 6개의 평평한 석판들', 즉 무덤들이 건물 잔해 더미 속에서 발견되었다.[66] 석판들이 발견된 위치는, 스코틀랜드의 건축가 윌리엄 번(William Burn, 1870년 사망)이 1818년 작성한 던펌린 교회의 평면도에 따르면 콰이어의 외부 북쪽 공간이었다.[67] 콰이어 밖의 북쪽 공간은 주제단에서 봤을 때 오른쪽에 위치하는 곳으로 상징적으로 신의 오른쪽으로,[68] 주제단 앞만큼은 아니지만 교회 건물 내에서 영예로운 공간으로 여겨졌다.

발견된 무덤들 중에는 18세기 말 19세기 초 당시 브루스의 왕비 엘리자베스의 무덤으로 여겨지던 것이 있었다. 사실 그 무덤은 1771년 엘진 경(earl of Elgin, 1771년 사망)가에 의해 발견되었고 1818년 엘진 경을 기리기 위한 기념물을 설립할 당시 작업에 방해가 되는 위치에 여전히 매장되어 있었다. 그 곳은 번이 작성한 도면에 따르면 콰이어 외부의 북동쪽에 위치했다.[69] 엘리자베스는 콰이어 외부의 북동쪽에 매장되었다는 것이다. 번이 엘리자베스의 무덤 위치를 그곳으로 명시한 이유에 대해 언급하지 않았으나 18세기 말 19세기 초 당시의 견해를 수용했을 것으로 보인다. 또한 번이 활동하던 시대에, 바버나 바우어와 같은 중세의 연대기 작가들이 엘리자베스의 무덤이 콰이어에 위치한다고 진술한 사실을 인지하고 있었다.

---

66) Sinclair, *The Statistical Account of Scotland*, xiii. p.455; Fraser, "The Tomb of the Hero King," pp.161-163; Penman, "Robert Bruce's Bones," p.11.

67) H. Jardine, "Extracts from the Report," plate XI.

68) Fawcett, "Dunfermline Abbey Church," p.51.

69) Jardine, "Extracts from the Report," p.448, plate XI; Penman, "Robert Bruce's Bones," p.12.

그럼에도 불구하고 그의 평면도가 엘리자베스의 무덤을 콰이어 외부 공간에 위치시킨 것은 그 만큼 그녀의 무덤에 대한 번이 활동하던 당시의 견해가 타당한 근거에 기반하고 있었을 의미하는 것이기도 하다.

〈그림 2〉 '중세 던펌린 교회', 윌리엄 번

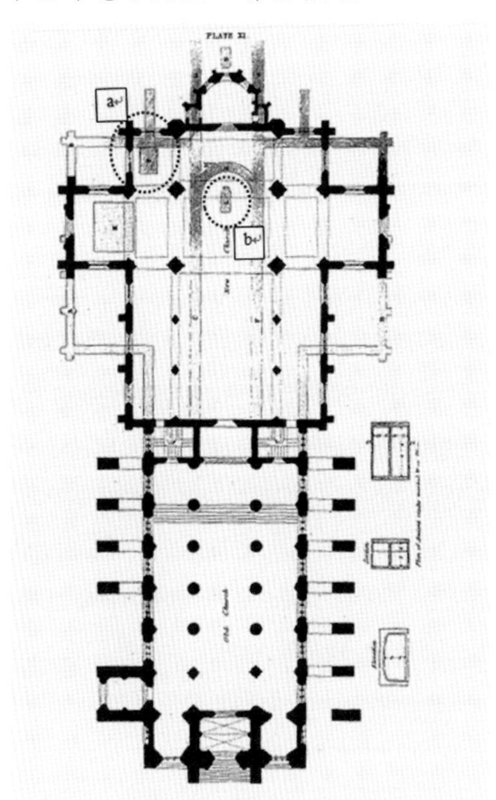

a: 엘리자베스의 무덤으로 추정되던 곳; b: 브루스의 무덤으로 여겨지는 곳
'중세 던펌린 교회', 윌리엄 번, Jardine, 'Extracts from the Report', plate XI.

엘리자베스의 무덤이 어디에 있었느냐가 중요한 이유는 그것이 브루스의 무덤 위치를 파악하는 데 주요한 단서를 제공하기 때문이다. 앞에서 언급했듯이 브루스는 자신의 무덤을 준비하던 당시, 13세기 말에서 14세기 초반에 새롭게 조성된 프랑스 왕들의 무덤 양식을 모방한 것으로 추정된다. 그런데 그 무덤들은 두 개의 무덤들이 나란히 쌍을 이루어 배치되었다는 특징이 있다.[70] 프랑스 군주들의 이와 같은 무덤 배치 방식을 좇아 브루스의 무덤 역시 다른 무덤과 쌍을 이루어 조성되었을 것이다. 그 가능성은 콰이어의 외부 북쪽 공간에서 발견된 6기의 무덤이 각각 쌍으로 조성되었다는 점을 통해 더 분명해진다. 이 때 브루스와 짝을 이룬 다른 하나의 무덤이 바로 그의 왕비 엘리자베스의 것이라고 여겨진다. 이는 브루스의 무덤이 엘리자베스의 무덤 옆에 조성되었다는 바우어의 진술에 부합하는 것이기도 하다.

이런 맥락에서 브루스의 무덤은 콰이어의 외부 북동쪽에 위치했던 엘리자베스의 무덤 옆에 조성되었을 것으로 보인다. 특히 잉글랜드에 맞선 스코틀랜드의 독립 전쟁을 승리로 이끌어낸 브루스의 위상을 고려할 때, 그의 육신은 영예로운 장소에 매장되었을 것이고 그 자리는 주제단에서 가까웠을 것이다. 따라서 콰이어의 북쪽 공간에서 발견된 여섯 개의 무덤들 중에서 주제단에서 가장 가까운 무덤이 브루스의 무덤일 것이다.

4. 맺음말

1818년 던펌린의 주제단 앞에서 발견된 유골이 브루스라고 여겨졌다. 이에 대한 믿음은 오늘날까지도 크게 흔들리지 않고 공고하다. 하지만 위

70) Brown, "Burying and unburying the Kings of France," pp.246-249; Erlande-Brandenburg, *Le Roi Est Mort*, Planches, 26, 27; Hallam, "Royal burial and the cult of kingship," p.374.

에서 살펴본 바와 같이 브루스의 무덤이 주제단 앞에 위치했으리라고 단정하기에는 여러 가지 회의적인 점들이 있다. 우선 1818년 발견된 무덤이 브루스의 것이라는 주장의 가장 큰 근거인 심장을 분리한 흔적과 관련해서는, 프랑스나 잉글랜드의 경우와 비교하여 그 사례가 적기는 하지만 중세 스코틀랜드에서도 유럽의 상류층 사회에서 성행하던 심장을 사체에서 분리하여 매장하는 관습이 있었다. 특히 알렉산더 3세의 경우와 왕비 드보궐라와 관련된 일화는 비록 기록으로 현존하지는 않지만 스코틀랜드 왕실의 다른 구성원들 또한 심장을 분리하여 매장한 경우가 있었음을 시사한다. 따라서 1818년 주제단 앞에서 발견된 유골에서 심장을 분리한 것으로 추정되는 흔적이 발견되었다는 이유로 그것이 브루스의 유골이라고 단정지울 수는 없다.

브루스의 무덤은 13세기 말 14세기 초의 프랑스 왕가의 무덤 양식을 따랐을 거라는 것 역시 1818년 발견된 유골은 브루스가 아니라는 주장에 무게를 실어준다. 브루스가 모방했을 프랑스 왕가의 무덤들은 두 개의 무덤이 쌍을 이루어 조성되었고 엘리자베스가 브루스의 무덤 옆에 자리했다는 진술을 고려할 때, 브루스와 엘리자베스는 쌍을 이루어 나란히 매장되었을 것으로 보인다. 그런데 1818년 발견된 유골 옆에서 다른 유골의 무덤이 발견되지 않았다. 뿐만 아니라 콰이어에는 성 마가렛의 1180년 무덤을 예외로 하고 왕들만이 매장될 수 있었던 것에서 볼 수 있듯이 엘리자베스의 무덤이 콰이어에 조성될 수 없었다. 더욱이 프랑스 왕가의 무덤 양식을 따랐다면 브루스의 무덤은 조상이 덧세워진 박스형 무덤이었을 것이다. 이러한 양식의 무덤은 그 크기상 공간 구조의 관점에서 봤을 때 성직자들의 의식 집전에 방해가 되기 때문에 주제단 앞에 위치할 수가 없게 된다. 게다가 브루스와 엘리자베스 선대의 왕이었던 알렉산더 3세의 무덤자리를 논할 때 공간의 협소함을 이유로 콰이어는 배제되었다. 즉 브루스와 엘리자베스의 매장지를 선택하기 전부터 콰이어에는 새로운 무덤이 조성될 만한 공간이 없었던 것으로 보인다. 이런 맥락에서 브루스는 콰이어에 매장되지 않았을 것이고, 따라서 1818년 주제단 앞에서 발견된 유골은 브루스가 아니라는 결론이 가능하다.

대신 브루스의 무덤은 18세기 후반 19세기 초에 콰이어 외부 북쪽 공간에서 발견된 6기의 무덤 중 하나였을 것이다. 특히 이 무덤들 중에는 18세기 말 19세기 초 당시 엘리자베스의 무덤일 것으로 추정되는 무덤 또한 있다. 브루스는 그 무덤, 즉 엘리자베스의 무덤 옆에 그것과 쌍을 이루며 위치했을 것으로 보인다. 그 위치는 콰이어 외부의 북동쪽 공간이다. 그리고 주제단 앞은 각각의 수도원/성당의 가장 의미 있는 후원자가 매장되기에 적합한 장소라는 것을 감안하면 1818년 주제단 앞에서 발견된 유골은 데이비드일 가능성이 가장 크다. 1818년 발견된 유골은 1819년 조사를 마친 후 다시 원래 자리에 매장되었다. 그 이후로 아직까지 재조사가 이루어지지 않았다. 그 유골이 브루스인지 아닌지? 브루스가 아니라면 데이비드일 가능성이 있는지? 이런 논쟁과 의문은 유골에 대한 재조사가 이루어질 때까지 계속될 수밖에 없는 현실이다.

제2부

세력의 형성, 개인과 집단의 변주

고려 전기 강감찬의 관료진출과 정치활동의 성격

◆

박재우

1. 머리말

고려의 강감찬은 귀주대첩을 승리로 이끈 장군으로 널리 알려져 있다. 하지만 대중적으로 널리 알려진 것과는 달리 강감찬에 대한 전문적인 연구는 거의 없다. 관련 기록이 별로 남아 있지 않다는 것이 근본 원인이겠지만 그의 선대에 대한 연구는 거의 없고, 강감찬에 대한 연구는 주로 거란과의 전쟁에서 그의 활약이나 현종대 정치상황에서 그의 정치 외교적 입장이 무엇인가에 대한 것을 중심으로 이루어졌다.

그런데 거란과의 전쟁에서 강감찬의 활약은 거란과의 전쟁을 설명하는 과정에서 강감찬은 부차적으로 설명되는 방식이어서 강감찬 자체에 대한 연구라고 하기 어렵다.[1] 강감찬의 정치적 입장에 대한 연구도 대부분 강감

1) 박현서, 「북방민족과의 항쟁」, 『한국사』 4, 국사편찬위원회, 1974; 김재만, 「거란 聖宗의 고려침략과 동북아세아 국제정세의 變趨」(상 · 하), 『대동문화연구』, 성균관대학교

찬 자체를 단독으로 다룬 것은 아니며 본인들의 연구를 수행하는 과정에서 강감찬의 입장을 언급하는 정도이다.

이를 보면 강감찬을 최항(崔沆)과 함께 목종대의 반김치양(反金致陽) 세력으로 보는 견해가 있으나 충분한 근거를 제시하고 있지는 못하였고,[2] 최항, 채충순(蔡忠順), 최사위(崔士威), 황보유의(皇甫兪義), 장연우(張延祐), 주저(周佇) 등과 함께 목종 말년과 현종 초반에 등장한 근왕적 관료로 보기도 하지만,[3] 강감찬이 비록 근왕적인 인물이라 해도 이들과 함께 활동하는 모습이 거의 나타나지 않는다는 점은 간과되고 있으며, 이에 비해 강감찬을 현종의 측근인물로 보면서도 경군 영업전의 몰수를 주장한 장연우, 황보유의와는 대조적인 태도를 가졌다고 파악한 연구도 있다.[4] 또한 최사위, 윤징고(尹徵古), 서눌(徐訥), 왕가도(王可道), 곽원(郭元) 등과 함께 중부세력으로서 현종대에 권력을 장악한 인물로 파악하기도 하지만[5] 이들 인물에는 대거란 온건론자와 강경론자가 함께 있어 출신 지역을 바탕으로 하는 정치적 분류가 적절한지는 의문이다. 그리고 강감찬의 정치적 입장에 대한 것은 아니지만 현종대 재신은 비과거출신으로 상서성을 거쳐 재신에 임명된 부류와 과거출신으로 추밀을 거쳐 임

대동문화연구원, 1992~1993), 27~28쪽; 최규성,「거란 및 여진과의 전쟁」,『한국사』 15, 국사편찬위원회, 1995; 안주섭,『고려 거란 전쟁』, 경인문화사, 2003; 정해은,「고려와 거란 전쟁」,『고려시대 군사전략』, 군사편찬연구소, 2006.

2) 곽승훈,「고려전기 一切如來心秘密全身舍利寶篋印陀羅尼經의 간행」,『아시아문화』 12, 한림대학교 아시아문화연구소, 1996. 곽승훈은 강감찬이 성종대에 급제하고 목종대에 예부시랑이 되고 현종대에 재상에 올라 활동하였다는 것을 반김치양 세력의 근거로 들고 있으나 이들 관력만으로 그가 반김치양 세력이라는 점을 입증할 수 있다고 생각되지는 않는다.

3) 김두향,「고려 현종대 정치와 吏系 관료」,『역사와 현실』 55, 한국역사연구회, 2005.

4) 김만호,「강감찬과 귀주대첩」,『한국중세사연구』 31, 한국중세사학회, 2011. 김만호의 연구는 강감찬과 귀주대첩의 문제를 함께 집중적으로 분석한 전론이다.

5) 김창현,「고려초기 정국과 서경」,『사학연구』 80, 한국사학회, 2005.

명된 부류가 있고 전자는 현종 초중반에, 후자는 현종 중후반에 재신에 올랐는데 강감찬은 후자에 속한다는 연구가 있고,[6] 나아가 김훈(金訓)·최질(崔質)의 난 이후에 과거출신이 정치적 주도권을 차지하였으므로 과거출신인 강감찬이 상원수로서 출정군의 사령관이 될 수 있었다는 견해도 있으나[7] 과거출신이라는 이유로 같은 정치세력으로 분류될 수 있는지는 의문이다.

대거란 정책에 대한 강감찬의 입장과 관련해서는 주로 강경론자로 이해되어 왔다. 현종의 남행(南行)을 주장한 것이나 출정군의 장수가 되어 전쟁에 참여한 것은 그가 대거란 강경론자이기 때문이라는 것인데,[8] 이 역시 달리 볼 여지가 있는 견해이다.

여기서는 이러한 기존 연구를 바탕으로 하면서 강감찬의 정치적 성장이 어떤 시대적 배경 속에서 이루어졌는지 살핌으로써 그것이 가지는 역사적 성격에 대해 살펴보고자 한다. 우선 강감찬의 선대가 나말여초에 금주(衿州)에 들어와 고려 왕조의 지배층으로 정착하는 과정에 대하여 검토하고, 다음으로 강감찬의 과거 진출을 호족 출신이 과거를 통하여 관료로 진출하였던 당대의 시대적 배경과 관련하여 살펴보며, 마지막으로 현종대 정치형태를 제시하고 이를 통하여 관료로서 강감찬의 정치활동의 성격에 대하여 살펴볼 것이다.

---

6) 김태욱, 「고려 현종대의 재추」, 『역사학보』 144, 역사학회, 1994.

7) 김당택, 「고려 현종대 과거출신 관리의 정치적 주도권 장악」, 『역사학보』 200, 역사학회, 2008.

8) 김당택, 「고려 현종 덕종대 대거란 관계를 둘러싼 관리들 간의 갈등」, 『역사학연구』 29, 호남사학회, 2007; 이병희, 「고려 현종대 사상과 문화정책」, 『한국중세사연구』 29, 한국중세사학회, 2010.

2. 강감찬 선대의 금주(衿州) 정착과 활동

강감찬의 선대에 대해서는 기록이 거의 없으나 『고려사』 열전의 강감찬전에 다음과 같은 기록이 남아 있다.

> 5대조 여청(餘淸)이 신라로부터 와서 시흥군(始興郡)에 거했는데 지금의 금주(衿州)이다. 아버지 궁진(弓珍)은 태조를 섬겨 삼한벽상공신(三韓壁上功臣)이 되었다.[9]

이를 보면 강감찬의 선대는 5대조 강여청이 신라에서 시흥군으로 옮겨 왔고, 아버지 강궁진이 왕건을 섬겨 삼한벽상공신이 되었다는 것을 알 수 있다.

우선 5대조 강여청에 대하여 살펴보면, 그는 신라로부터 왔다고 하므로 원래 신라에서 어느 정도의 신분이었는지 궁금하다. 이러한 의문과 관련해서 강여청은 신라 진골의 성씨인 김씨나 박씨 또는 6두품의 성씨인 이씨, 최씨, 손씨, 정씨, 배씨, 설씨를 칭하고 있지 않은 것으로 보아 진골이나 6두품으로 있다가 금주로 옮겨온 것은 아니지 않나 한다.

고려에서는 김씨나 박씨들이 선대의 계보가 신라 왕실인 김씨, 박씨와 연결되어 있다는 것을 과시하여 가계의 위상을 높이는 사회적 분위기가 있었다.[10] 예를 들어 경주김씨를 보면 최계방(崔繼芳)의 "비(妣) 김씨는 낙랑군대부인에 책봉되었는데 중추사 병부상서 김원황(金元晃)의 딸이다. … 그 선조는 신라인이다."라는[11] 기록을 남기거나, 김경보(金景輔)는 '신라

---

9) 『高麗史』 권94, 열전 7, 姜邯贊.

10) 이수건, 「고려전기 토성연구」, 『대구사학』 14, 대구사학회, 1978; 박재우, 「고려시대 김방경의 선대기록과 계보관념」, 『한국중세사연구』 37, 한국중세사학회, 2013.

11) 김용선, 「최계방묘지명」, 『고려묘지명집성』, 한림대학교출판부, 2006.

경순왕 김부(金傅)의 7세손'이라고[12] 명기함으로써 그들이 신라인 또는 경순왕의 후손이라는 점을 자랑스럽게 부각하였다.

본관이 경주가 아닌 경우에도 신라 왕실과 연결하였다. 평산박씨 박경산(朴景山)의 묘지(墓誌)에는 "박씨의 선대는 계림인이다. 대개 신라 시조 혁거세의 후예이다. 신라 말에 그 후손 찰산후(察山侯) 적고(積古)의 아들 직윤(直胤) 대모달(大毛達)이 평주(平州)로 옮겨 거주하였다."는[13] 내용을 기록하고 있고, 박전지(朴全之)는 "계보가 죽주(竹州)에서 나왔다. 그 선대는 신라 시조 박혁거세이다."라고[14] 하여 평산박씨나 죽주박씨 등이 혁거세의 후손이라는 것을 내세우고 있음이 확인된다.

또 광산김씨 김의원(金義元)은 "나주(羅州) 광양현(光陽縣) 사람이다. 그 선대가 본래 신라에서 나왔는데 계세(季世)에 난을 피했다가 인하여 집을 이루었다."라고[15] 하거나, 최용(崔湧)의 "부인은 김씨인데 그 선대는 해동(海東) 명주(溟州) 사람이며 신라의 왕손이다."라고[16] 하여 광양김씨, 강릉김씨가 자신들의 선대가 신라에서 나왔다거나 신라의 왕손이라는 점을 과시하였음을 알 수 있다.

이러한 점은 6두품의 성씨도 마찬가지인데, 예를 들어 수주최씨 최효사(崔孝思)는 "한남최씨(漢南崔氏)인데 … 역시 해동저성(海東著姓)이다. 그 선대가 계림(雞林)으로부터 옮겨와 이 고을에 적(籍)을 두었다."라고[17] 하여 수주최씨의 선대가 계림에서 나왔다고 기록되고 있음을 알 수 있다.

6두품의 성씨는 수주최씨처럼 성씨의 기원을 신라로 설명하는 경우도

---

12) 김용선, 「김경용묘지명」, 『고려묘지명집성』, 한림대학교출판부, 2006.

13) 김용선, 「박경산묘지명」, 『고려묘지명집성』, 한림대학교출판부, 2006.

14) 김용선, 「박전지묘지명」, 『고려묘지명집성』, 한림대학교출판부, 2006.

15) 김용선, 「김의원묘지명」, 『고려묘지명집성』, 한림대학교출판부, 2006.

16) 김용선, 「최용처김씨묘지명」, 『고려묘지명집성』, 한림대학교출판부, 2006.

17) 김용선, 「최효사묘지명」, 『고려묘지명집성』, 한림대학교출판부, 2006.

있지만 중국으로 설명하는 경우도 있었다. 예를 들어 법경대사 현휘(玄暉)는 "속성(俗姓)이 이씨인데 … 원조(遠祖)가 처음에 성당(聖唐)으로부터 요좌(遼左)에 원정하여 종군하여 이곳에 도착하였는데 고역으로 돌아가기를 잊어버리니 지금은 전주 남원 사람이 되었다."라고[18] 하거나, 선각대사 형미(逈微)는 "속성이 최씨인데 그 선대는 박릉의 귀인이며 웅부(雄府)의 동량이다. 계림에 사신으로 와서 토군(兎郡)에 은혜를 흘리고 마음이 운수(雲水)에 깃들며 자취가 해안에 머무르니 지금은 무주 … 사람이 되었다."라고[19] 하여, 이들 이씨와 최씨는 원래 6두품의 성씨이지만 도당유학생을 중심으로 형성된 나말여초의 중국 문화 전파의 분위기 속에서 성씨의 기원을 중국으로 기록하고 있는 것이라 생각된다.[20]

6두품의 성씨의 기원을 중국에서 찾는 것은 후대의 문화적 수식이라 하겠으나, 원래 신라에서는 지방에 소경(小京)이 설치되면서 경주에 거주하던 중앙의 귀족들이 지방으로 이주하는 경우가 많았다.[21] 예를 들어 진흥왕 18년(557)에 국원소경을 설치하고 다음해 2월에 귀족 자제와 6부의 호민(豪民)을 이주시켰고, 문무왕 14년(674)에는 5경(京)과 9주(州)에 6도(徒)의 진골을 보내 거주하게 하였다. 이어 통일 이전의 국원소경에 더하여 문무왕 18년에 북원소경이, 문무왕 20년에 금관소경이, 신문왕 5년(685)에 서원소경, 남원소경이 설치되고, 신문왕 5년에 9주가 설치되어 9주 5소경이 성립하면서 진골과 6두품 등 중앙 귀족의 지방 이주가 더욱 많아진 것으로 이해되고 있다.[22]

---

18) 한국역사연구회, 「淨土寺法鏡大師慈燈塔碑」, 『역주 나말여초금석문(상)』, 혜안, 1996.
19) 한국역사연구회, 「無爲寺先覺大師遍光塔碑」, 『역주 나말여초금석문(상)』, 혜안, 1996.
20) 이종서, 「나말여초 성씨사용의 확대와 그 배경」, 『한국사론』 37, 서울대학교 국사학과, 1997.
21) 정청주, 「호족의 대두」, 『신라말 고려초 호족연구』, 일조각, 1996.
22) 이기동, 「신라 하대의 사회변화」, 『한국사』 11, 국사편찬위원회, 1996.

또한 지방관으로 파견되어 지역에 정착하거나, 신라 하대에 진골의 숫자가 늘어나면서 왕실과 진골이 가계 단위로 분화되는 가운데 왕위쟁탈전에 참여했다가 패배한 가계들이 전장(田莊)이 있는 지방의 연고지로 내려가 정착하였는데, 이들의 경우는 9주 5소경의 지역에만 내려갔던 것이 아니라 그보다 작은 고을로 이주하는 경우도 많았다. 혜공왕대에 "대공(大恭) 각간이 반역을 일으키자 왕도(王都)와 5도의 주군(州郡)에서 모두 96각간이 서로 싸워 크게 어지러웠다."는[23] 기록은 신라 하대의 시점에는 지방에 옮겨가 거주하고 있는 진골이 상당히 많았음을 의미하는 것이다.

『고려사』는 강여청에 대해 신라로부터 왔다고 기록하고 있을 뿐 성씨의 기원을 신라왕실과 연결시키거나 중국과 연결시키지 않고 있다. 만약 강여청이 원래 신라에서 진골이나 6두품의 신분을 가졌다면 그의 후손이 진골이나 6두품의 성씨를 사용하지 않고 강씨를 칭할 이유는 없다고 생각된다.[24] 그러므로 강여청의 원래 신분이 진골이나 6두품이었다고 볼 수는 없다. 대신 금천강씨는 『세종실록지리지』 금천현(衿川縣) 조항에 기록된 6개의 토성(土姓)인 이씨(李氏), 조씨(趙氏), 강씨(姜氏), 장씨(莊氏), 피씨(皮氏), 계씨(桂氏) 중에 들어 있어[25] 나말여초 무렵부터 금주의 지역세력으로 존재하였던 것은 분명한데, 이렇게 된 계기는 역시 강여청이 신라로부터 와서 금주에 정착하면서였다고 생각된다.[26]

---

23) 『三國遺事』 권2, 기이 2, 惠恭王.

24) 남원양씨의 사례를 보면 '公의 성은 梁이며 이름은 宅椿이다. … 그 선대는 雞林金氏인데 뒤에 帶方郡으로 이주하고 梁氏로 고쳤다.'(김용선, 「양택춘묘지명」, 『고려묘지명집성』, 한림대학교출판부, 2006)라고 하여 원래 경주김씨였다고 표방하는 경우도 있는데 금천강씨는 그러한 모습이 보이지 않는다. 한편 이수건은 금천강씨가 강씨 성을 갖게 된 것은 강감찬의 父 강궁진 때부터였다고 하였다.(이수건, 『한국중세사회사연구』, 일조각, 1984)

25) 『世宗實錄地理志』 京畿, 廣州牧, 衿川縣.

그런데 고려의 금주는 신라에서 한주(漢州)의 관할을 받은 율진군(栗津郡) 소속의 곡양현(穀壤縣), 공암현(孔巖縣), 소성현(邵城縣) 가운데 하나인 곡양현으로[27] 소수(少守)나 현령(縣令)이 다스리는 작은 고을이었다. 고려 초에 금주로 고쳤고, 성종 14년(995)에 단련사(團練使)를 두었다가[28] 목종 8년에 혁파하였고, 현종 9년에 수주(樹州)의 속현이 되었으며 명종 2년에 감무(監務)를 두었다.[29]

이를 보면 금주는 신라 때부터 작은 고을이었고, 고려 성종대에 단련사가 설치된 적도 있었으나 곧이어 수주의 속현이 되어 지방관이 파견되지 않았을 정도의 규모가 크지 않은 고을이었음을 알 수 있다.『세종실록지리지』에 금천(衿川)의 인물로 강감찬 외에 다른 인물이 보이지 않는 것도 강감찬을 제외한다면 금천의 지방세력이 고려의 중앙에서 크게 활약하지 못하여 내세울 인물이 없었기 때문인 것으로 이해된다.

이러한 강감찬의 선대가 왕건과 관련을 맺은 것은 부(父) 강궁진부터였는데 그 시점은 고려 건국 이전인 태봉 시절이었다. 그런데 강궁진은 처음에 왕건이 아니라 궁예에게 항복하였던 것으로 보인다.

진성여왕의 실정으로 원종(元宗)과 애노(哀奴)가 반란을 일으킨 것이 진성여왕 3년(889)이었다. 주지하듯이 세달사의 승려였던 궁예는 891년에 죽

---

26) 금천강씨는 원래 금주의 재지세력이었으나 후대에 신라에서 왔다고 분식하였을 가능성도 생각해 볼 수 있다. 하지만 강여청의 기록이 현전하는『高麗史』나『氏族源流』등의 자료에서는 그가 신라로부터 시흥에 들어온 것으로 되어 있는데, 이는 적어도 조선전기에는 금천강씨가 신라로부터 왔다는 인식이 지배층 사이에 공유되고 있었음을 의미한다. 이수건은 강여청이 신라로부터 금천에 와서 거주한 신라계라는 것을 인정하고 있어(이수건,「고려전기 지배세력의 성관분석」,『한국중세사회사연구』, 일조각, 1984, 150~151쪽.) 이 글에서는 그를 따른다.

27)『三國史記』권35, 雜志 4, 지리 2, 栗津郡.

28) 성종 14년에 단련사가 설치된 지역은 관내도의 抱州, 樹州, 衿州, 竹州, 삭방도의 交州, 春州, 東州, 漳州, 登州, 溟州, 陟州 등 11주이다.

29)『高麗史』권56, 지리지 1, 安南都護府, 衿州.

주(竹州)의 기훤(箕萱)에게 의탁하였다가 892년에 북원(北原)의 양길(梁吉)에게 투항하였다. 양길이 기병 1백여 명을 내어주며 동쪽 지역을 공략하도록 명하자 명주(溟州) 관할의 주천(酒泉), 내성(奈城), 울오(鬱烏), 어진(御珍) 등 10여 군현을 공격하였다. 894년에 군사 600명으로 명주로 들어가서 군사 3,500명으로 늘어나 세력이 커지자 그를 따르는 무리들이 장군(將軍)으로 추대하였는데 이는 궁예 세력이 양길에게서 독립하는 의미가 있었다.[30] 895년에 서쪽으로 한주 관할의 저족(猪足), 성천(狌川)과 부약(夫若), 금성(金城), 철원(鐵圓) 등 10여 군현을 쳐서 세력을 확장하자,[31] 같은 해에 패강진 세력이[32] 위기를 느끼고 궁예에게 항복하였고, 다음 해인 896년에 예성강 이남의 송악을 중심으로 세력을 형성하고 있던 왕건의 아버지 왕융이[33] 궁예에게 의탁하였다.

패강진 세력과 왕건 세력을 흡수한 궁예는 개국하고 칭군(稱君)할 만하다고 생각하여 896년에 철원에 머물며 내외의 관직을 설치하여 정치기구를 정비하였고,[34] 이어 승령(僧嶺), 임강(臨江)과 인물(仁物)을 얻었다. 세력이 점점 커지자 898년에는 패강진 세력의 군사 기반과 왕건 세력의 경제 기반을 이용하여 남쪽으로 진출하기 위하여 송악에 도읍을 정하였다. 그리고 곧이어 공암, 검포(黔浦), 혈구(穴口) 등의 성을 격파하였는데,[35] 이것

---

30) 조인성, 「태봉」, 『한국사』 11, 국사편찬위원회, 1996.

31) 조인성, 『태봉의 궁예정권』, 푸른역사, 2007; 이재범, 『후삼국시대 궁예정권 연구』, 혜안, 2007; 김용선 외, 『궁예의 나라 태봉』, 일조각, 2008; 이재범, 『슬픈궁예』, 역사인, 2011.

32) 이기동, 「신라 하대의 패강진」, 『한국학보』 4, 일지사, 1976.

33) 김철준, 「후삼국시대의 지배세력의 성격」, 『이상백회갑기념논총』, 연세대학교 인문학연구원, 1964(『한국고대사회연구』, 지식산업사, 1975, 재수록); 박한설, 「왕건 世系의 무역활동에 대하여」, 『사총』 10, 고대사학회, 1965; 정청주, 「왕건의 성장과 세력 형성」, 『전남사학』 7, 전남사학회, 1993.(앞 책(1995) 재수록)

34) 조인성, 앞의 글, 1996; 조인성, 앞의 책, 2007.

35) 『三國史記』 권50, 열전 10, 弓裔.

이 강궁진이 궁예에게 항복하는 계기가 되었다.

주목할 것은 이들 고을 중에 공암이 금주와 가까운 지역이었다는 점인데, 궁예가 공암을 격파하였다는 기록은 있지만 금주를 격파하였다는 기록은 없는 것으로 보아 금주는 궁예의 군사 행동이 있자 이에 항복하였고 그래서 성이 격파되는 것을 면하였던 것이 아닌가 한다. 그런데 이들 공암, 검포, 혈구 등의 지역은 송악에 가까워 왕건이 전투에 참여하였을 것으로 추정해 볼 수도 있지만, 왕건이 참여한 전투의 경우에 대개 그의 이름이 기록에 남아 있다는 점을 고려한다면 이때의 전투에는 참전하지 않았던 것으로 생각된다.[36] 그렇다면 강궁진이 처음 궁예 세력으로 편입되었을 때는 왕건과 직접 관련을 맺지는 못하였던 것 같다.

당시 양길은 북원에 있으면서 국원(國原) 등 30여 성을 지배하고 있었는데 궁예의 남하가 상당한 위협이 되었다. 양길은 국원 등 10여 성주와 모의하여 궁예를 기습하려고 군사를 거느리고 비뇌성(非惱城) 아래에 진군하였는데 사전에 정보를 입수한 궁예가 먼저 공격하여 크게 패배시켰다.[37] 양길에 대한 궁예의 승리는 송악으로 도읍을 정한 것이 성과를 거두었음을 의미하였다.

이를 계기로 궁예는 남쪽으로 세력을 더욱 확대해 갔는데, 왕건이 활약을 하는 것도 이때부터였다. 898년에 왕건은 정기대감(精騎大監)에 임명되어 양주(楊州), 견주(見州)를 공격하여 승리하였고, 이어 900년에 왕건은 명을 받아 광주(廣州), 충주(忠州), 당성(唐城), 청주(靑州), 괴양(槐壤)을 평정하면서 경기도는 물론 충청도 지역으로 본격적으로 진출하였다.[38]

강궁진은 비록 왕건이 아니라 궁예에게 항복하였지만 이후 왕건이 남쪽으

---

36) 김명진, 『고려태조 왕건의 통일전쟁 연구』, 혜안, 2014.

37) 『三國史記』 권50, 열전 10, 弓裔.

38) 『三國史記』 권50, 열전 10, 弓裔.

로 군사 행동을 시작하는 때부터 왕건을 만나 그와 함께 군사 활동에 나섰고, 나아가 고려의 건국에 참여하고 후삼국 통일 전쟁에서 왕건을 도와 활약하였던 것으로 생각된다. 강궁진이 "태조를 섬겨 삼한벽상공신이 되었다."는 기록에서 태조를 섬겼다는 의미는 이러한 배경에서 나온 것이었다고 하겠다.

강궁진이 태조를 섬긴 결과는 두 가지 형태로 나타났다. 먼저 강궁진은 삼한벽상공신에 책봉되었다. 고려의 삼한공신은 고려의 건국과 후삼국 통일 전쟁에 참여하여 공로를 세운 인물에게 주었던 공신호였다.[39] 삼한공신의 제정은 태조 23년에 이루어졌는데, "이 해에 신흥사(新興寺)를 중수하고 공신당을 설치하여 삼한공신을 동서의 벽에 그리고 하루 밤낮동안 무차대회(無遮大會)를 베풀고 해마다 상례로 삼았다."는[40] 기록에서 확인된다. 이러한 삼한공신에는 삼한벽상공신(三韓壁上功臣)과 삼한공신(三韓功臣)이 있었고, 벽상의 칭호는 공신당의 벽에 그림이 그려지는 것을 의미하여 삼한공신보다 위격이 높았는데, 작은 고을의 호족인 강궁진이 삼한벽상공신으로 책봉되었다는 것은 고려의 건국과 후삼국 통일 전쟁에서 매우 적극적으로 활동하였음을 의미한다.

원래 태조는 고려를 건국한 직후에 "홍유(洪儒), 배현경(裵玄慶), 신숭겸(申崇謙), 복지겸(卜智謙)을 제1등으로 삼고…, 견권(堅權), 능식(能寔), 권신(權愼), 염상(廉湘), 김락(金樂), 연주(連珠), 마난(麻煖)은 제2등으로 삼고…, 제3등은 2천여 인인데…"라고[41] 하여 개국의 공로를 세운 사람들에게 포상을 내렸다. 이들은 개국공신으로 불렸던 것으로 생각되는데, 이러한 개국공신들은 대부분 후삼국 통일 전쟁에 참여하였고 그래서 통일 후에 제정된 삼한공신에도 책봉되었을 것으로 이해되고 있다.[42]

---

39) 김광수, 「고려태조의 삼한공신」, 『사학지』 7, 단국사학회, 1973.

40) 『高麗史』 권2, 태조 23년.

41) 『高麗史』 권1, 태조 원년 8월 辛亥.

태봉 시절에 왕건을 만났을 것으로 보이는 강궁진 역시 고려의 건국을 지지하여 2천여 명이나 되는 3등 공신에 포함되었고 이후 후삼국 통일 전쟁에서 공로를 세워 삼한벽상공신에 책봉되었던 것으로 생각된다. 『씨족원류(氏族源流)』 금천강씨(衿川姜氏) 항목을 보면, 강궁진은 '고려태조개국벽상공신(高麗太祖開國壁上功臣)'으로 되어 있어[43] 그가 개국공신이자 삼한벽상공신이었음을 짐작할 수 있다.

다음으로 고을의 명칭이 승격되었다. 강궁진의 본관지는 신라의 곡양현에서 고려 초에 금주로 승격 개칭되었는데, 이러한 주의 칭호는 태봉에서 고려로 이어지는 국가의 연속성과 영토의 확장 과정 속에서 항복하거나 협조한 지역에 대하여 고려 초에 부여하였던 것으로, 지방 호족을 회유하고 고려의 영토로 안정적으로 편입하는 의미가 있었다.[44] 개경에서 멀리 떨어지지 않은 지역에 위치한 금주의 호족인 강궁진은 지배하는 고을의 규모도 작았기 때문에 일찍부터 태봉을 이은 고려의 세력권에 편입되었고 이러한 상황 속에서 고려의 건국과 후삼국 통일 전쟁에 공로를 세우자 그에 대한 포상으로 본관지는 금주의 칭호를 받았던 것이다.

3. 호족의 관료 진출과 강감찬의 급제

강감찬은 지방호족의 아들로 태어나 성종 2년(983) 12월에 36세의 나이로 과거에 급제하여 관료로 진출하였고, 이로써 금천강씨는 중앙관료를 배출하게 되었다. 나말여초의 호족은 흔히 성주(城主), 장군(將軍)으로 불리

---

42) 김광수, 앞의 글, 1973, 42쪽.

43) 『氏族源流』 衿川姜氏.

44) 김갑동, 「고려초의 州에 대한 고찰」, 『고려사의 제문제』, 삼영사, 1986.

거나 그들이 이끌어가는 관반(官班) 조직에 소속되어 민들과 함께 지역 공동체를 형성하고 정치 군사 경제적 지배를 행사하였고,[45] 후백제나 태봉 또는 고려에 편입되어 후삼국 통일 전쟁에 참여하였다. 이처럼 호족은 기본적으로 군사 활동을 하는 존재로 알려져 있으므로[46] 호족의 자제가 유학을 전문적으로 공부하여 과거에 급제하였다는 것은 일견 이해하기 어려운 일이다.

하지만 금주지역의 호족인 강궁진의 아들로 태어난 강감찬은 유학을 익혀 과거에 급제하고 관료로 진출하였다. 강감찬은 호족의 아들로 태어났으나 어려서부터 경사(經史)를 익혔던 것으로 보인다. 『고려사』 열전 강감찬전에 그가 '어렸을 때에 학문을 좋아하였다.'라고[47] 기록된 것은 그의 개인적인 성품이기도 하였겠지만 동시에 호족의 자제들이 어려서부터 경사를 배우며 지배층의 자질을 다져나갔던 사회적 배경을 바탕으로 기록될 수 있는 것이었다. 그러면 호족의 아들로 태어난 강감찬이 군사적 능력으로 진출하지 않고 유학을 공부하고 과거를 통하여 문신으로 진출할 수 있었던 배경에 대하여 좀 더 자세히 살펴보기로 하자.[48]

---

45) 이순근, 『신라말 지방세력의 구성에 관한 연구』, 서울대학교박사학위논문, 1992; 정청주, 『신라말 고려초 호족연구』, 일조각, 1996; 旗田巍, 「高麗王朝 成立期の府と豪族」, 『朝鮮中世社會史の研究』, 東京, 法政大學出版局, 1972; 윤희면, 「신라하대의 성주·장군」, 『한국사연구』 39, 한국사연구회, 1982; 浜中昇, 「신라말기·고려초기의 성주·장군에 대하여」, 『이우성교수정년기념논총』, 창작과 비평사, 1990; 윤경진, 「나말여초 성주의 존재양태와 고려의 대성주정책」, 『역사와 현실』 40, 한국역사연구회, 2001; 최종석, 「나말여초 성주·장군의 정치적 위상과 城」, 『한국사론』 50, 서울대학교 국사학과, 2004.

46) 이수건, 「고려전기 토성연구」, 『대구사학』 14, 대구사학회, 1978.

47) 『高麗史』 권94, 열전 7 姜邯贊.

48) 고려 초기에 호족의 자제가 유학을 공부하고 문자를 익힌 배경과 관련된 내용은 다음 글을 참고하여 정리하였다. Park, Jae-Woo, "THE SOCIAL BACKGROUND OF THE IMPLEMENTATION OF CONFUCIAN POLITICS IN EARLY KORYŎ", *ACTA KORENA*, Vol.18, Daegu, Academia Koreana, Keimyung University, 2015, pp.1~36.

고려의 과거제는 광종 9년에 쌍기의 건의를 받아들여 광종이 처음 시행하였으나 문제는 과거제라는 관료 등용 방식이 상당한 수준의 유학적 능력을 가진 사람들이 없이는 시행하기 어려운 제도라는 점이다. 다시 말해 과거제가 관료 등용 방식으로 성립하고 정착하기 위해서는 전문적인 유학 지식을 가진 사회세력이 일정하게 존재해야 하는 것이다.

나말여초에 전문적인 유학 지식을 가진 유학자 또는 지식인이 존재하였음은 널리 알려져 있다. 당시 이들은 유학의 보급과 고려 초기 유교정치의 시행에 영향을 미치고 있었는데, 이러한 부류로는 경주 출신의 6두품 계열과 지방 출신의 유학자가 있었다.

경주 출신의 6두품 유학자들은 원래 신라에서 주로 국학이나 독서삼품과 출신으로 성장하거나 당에 유학하여 빈공과에 합격하는 방식으로 유교지식을 습득하였고, 이후 중앙에서 문한관에 임명되거나 지방관으로 내려갔고 신라 말에는 지방에 은거하면서 유학을 전파하여 지방사회에 유학이 확산되는데 기여하였다. 그리고 후삼국이 정립된 이후에는 후백제나 태봉, 고려에 참여하여 유교정치의 시행에 영향을 미쳤다.[49]

나말여초에는 지방출신의 유학자도 상당수 있었고 그들 역시 유교정치를 시행하는 데 영향을 미쳤다. 당시에 신라의 9주 5소경을 중심으로 지방학교가 독자적으로 운영되었고 이를 기반으로 지방 지식인이 배출되었는데, 그들은 호족의 정책자문을 담당하거나 후백제, 태봉, 고려에 참여하여

49) 이기백, 「신라 골품제 하의 유교적 정치이념」, 『대동문화연구』 6~7, 성균관대학교 대동문화연구원, 1970; 이기백, 「신라 6두품 연구」, 『성곡논총』 2, 성곡학술문화재단, 1971; 이명식, 「신라 국학의 운영과 개편」, 『대구사학』 59, 대구사학회, 2000; 전덕재, 「신라의 독서삼품과」, 『한국사시민강좌』 46, 일조각, 2010; 신형식, 「숙위학생고」, 『역사교육』 11~12, 역사교육연구회, 1969; 김세윤, 「신라 하대의 도당유학생에 대하여」, 『한국사연구』 37, 한국사연구회, 1982; 이기동, 「신라 하대 빈공과 급제자의 출현과 나당 문인의 교류」, 『신라 골품제사회와 화랑도』, 일조각, 1984; 신형식, 「나말여초의 견당유학생 재론」, 『변태섭교수화갑기념사학논총』, 삼영사, 1985.

유교정치를 이끌었다.[50]

고려 초기 유학의 보급과 유교 정치이념의 시행에 이들 6두품 계열의 유학자와 지방 지식인의 영향력이 컸던 것은 의심의 여지가 없다. 하지만 그들은 중앙과 지방의 지배층 전체를 놓고 본다면 역시 많지 않았다고 생각되므로 관료 등용 방식으로서 과거제의 시행이 이들 유학자나 지식인의 힘만으로 가능하였다고 생각되지는 않는다. 그들의 영향력이 컸던 것은 물론이겠지만 그와 함께 비록 과거에 합격할 정도의 전문적인 지식은 아니라 할지라도 당시 지배층의 다수가 문자를 해득하고 이를 기반으로 유학의 기본 지식을 소유하며 나아가 유교를 정치이념으로 인식하는 분위기가 있었기 때문에 가능하였던 것이 아닌가 한다.

나말여초의 지방세력이 문자를 해득하는 능력이 있었다는 것은 그들이 문서행정을 하였다는 것에서 알 수 있다.[51] 다음 자료를 살펴보자.

> 삼가 청도군사(淸道郡司)의 적(籍)을 살펴보니, 천복 8년 계유[태조 즉위 제26년이다.](943) 정월 일 청도군계(淸道郡界) 이심사(里審使) 순영(順英)과 대내말(大乃末) 수문(水文) 등의 주첩공문(柱貼公文)에 "운문산 선원(禪院)의 장생은 남쪽은 아니점(阿尼岾)이고, 동쪽은 가서현(嘉西峴)이다. (중략)"[이 공문은 청도군 도전장(都田帳)을 전준(傳准)한 것이다.][52]

이는 일연이 『삼국유사』를 편찬하면서 당시 청도군사에 보관되고 있던 문서[적(籍)]를 인용한 내용이다. 청도군사에 보관되어 있던 문서 중에 청

---

50) 김광수, 「나말여초의 지방학교 문제」, 『한국사연구』 7, 한국사연구회, 1972; 김주성, 「신라말 고려초의 지방지식인」, 『호남문화연구』 19, 전남대학교 호남문화연구소, 1990; 전기웅, 『신라말 고려초의 지방지식인』, 혜안, 1996.

51) 지방관이 파견되지 않은 고려초기에 재지관반이 행정업무를 보았다는 것에 대해서는 윤경진, 「고려초기 在地官班의 정치적 위상과 지방사회 운영」, 『한국사연구』 116, 한국사연구회, 2002 참조.

52) 『三國遺事』 권4, 義解 5, 寶壤梨木.

도군의 도전장(都田帳), 곧 양안(量案)이 있었는데, 그 내용 안에 일연이 베낀 문서인 태조 26년 정월에 청도군의 이심사 순영과 대내말 수문 등이 작성한 주첩공문(柱貼公文)이 들어 있었던 것이다.

여기서 청도군계 이심사는 양전(量田)을 위하여 중앙에서 파견한 사신이며, 대내말 수문은 청도군의 호족 관반(官班)으로 이해되고 있는데,[53] 관반인 수문은 양전을 위하여 중앙에서 파견된 사신인 이심사 순영을 도와 업무를 보조하였던 것이다. 이처럼 이심사 순영과 대내말 수문이 작성한 주첩공문, 곧 양안은 일연이 『삼국유사』를 편찬한 충렬왕대까지 청도의 군사(郡司)에 보관되어 있었다. 그러므로 고려 초기 호족의 관반은 양안을 작성하고 보관하였음을 알 수 있는데, 이처럼 문서를 작성하고 보관하려면 이를 담당한 관반의 지배층이 문자를 해득할 수 있어야 했다는 것은 의심의 여지가 없다.

이러한 사실은 다음 자료를 통해서도 짐작된다.

A-1 군사(郡司)의 호장 인용교위 이원민(李元敏), 부호장 응률(應律), 이성(李成), 품유(稟柔), 신언(伸彦), 호정 굉운(宏運), 부호정 성헌(成憲), 관사(官史) 광책(光策) 등이 대평(大平) 3년(현종 14, 1023) 계해 6월일에 정두사(淨兜寺)에 안치시키도록 의(議)를 출납(出納)한 일이거늘…[54]

A-2 ② 군사(郡司)의 호장 별장 유경(柳瓊), 섭호장 김보(金甫), 호정 성윤(成允), 부호정 이희(李希), 서자(書者) 승복(承福) 등이 태평(太平) 10년(현종 21, 1030) 세차(歲次) 경오 12월 7일의 첩(牒)으로 절 터 안의 적당한 곳을 따라 세우려는 뜻이었으므로…[55]

---

[53] 윤경진, 앞의 글, 2002, 113~114쪽; 박종진, 「조세제도의 성립과 조세체계」, 『고려시기 재정운영과 조세제도』, 서울대학교출판부, 2000, 35쪽.

[54] 노명호 외, 「정두사오층석탑조성형지기」, 『한국고대중세고문서연구』 상, 서울대학교출판부, 2000.

[55] 노명호 외, 위의 글, 2000.

이들 A 자료는 현종 22년(1031)에 작성된 경상도 약목군에 있던 정두사에 오층석탑을 건립하는 과정을 기록한 문서인 「정두사오층석탑조성형지기」의 내용이다. A-1 자료는 호장 이원민 등의 향리들이 정두사에 5층 석탑을 안치하기로 논의하고 그 결과를 정리한 문서인 의(議)를 보냈다는 내용이고, A-2 자료는 호장 별장 유경 등이 절 터 안의 적당한 곳에 석탑을 세우자는 뜻을 기록한 문서인 첩(牒)을 보냈다는 내용이다. 이들 문서에 나열된 호장, 섭호장, 부호장, 호정, 부호정, 관사, 서자 등의 인물은 해당 문서의 작성자와 서명자로 이해되는데,[56] 그렇다면 이들 향리들은 문자를 해득할 줄 아는 인물들이었다고 판단할 수 있다.

이처럼 고려초기의 호족 관반은 물론 성종 이후의 향리직의 보유자들은 기본적으로 문서행정을 하였고 문자를 해득할 줄 아는 존재였다. 다시 말해 나말여초에 전국에 흩어져 있던 호족 소속의 관반은 지역을 지배하는 지배층으로서 문서행정을 하고 있었으므로 문자를 해득하는 계층이 전국에 광범하게 존재하였다고 이해될 수 있다.

물론 호족의 관반에 소속된 지배층만 문자를 해득하였던 것은 아니었다. 성주, 장군으로 불렸던 인물들도 경사(經史)에 대한 기본 지식을 가지고 있었다. 예를 들어, 평주출신의 마군장군 유검필(庾黔弼)은 후백제가 혜산성, 아불진을 공격하자 이를 막아낸 후에 왕건의 칭찬을 받자 말하기를 "어려움을 만나 사(私)를 잊고 위태함을 만나 명(命)을 드리는 것은 신하의 직책입니다."라고[57] 하여 『논어』의 '견위수명(見危授命)'에 대한 이해를 드러내고 있다.

매곡출신의 본읍장군 공직(龔直)은 처음에는 후백제를 섬기다가 왕건에

---

[56] 윤경진, 「고문서 자료를 통해 본 고려의 지방행정체계」, 『한국문화』 25, 서울대학교 한국문화연구소, 2000, 114~115쪽.

[57] 『高麗史』 권92, 열전 5, 庾黔弼.

게 붙은 인물인데, 후백제에 갔다가 인질로 있던 아들 직달(直達)에게 "지금 이 나라를 보니 사치가 도리를 잃었다. … 들으니 고려의 왕공(王公)은, 문(文)은 족히 백성을 편하게 하고 무(武)는 족히 포악을 금할 수 있다고 … 한다. 내가 따르고자 하는데 너의 생각은 어떠냐?'하고 묻자 직달은 '인질로 들어온 이래로 풍속을 보니 오직 부강함만을 믿고 교만함을 다투어 힘쓰니 어찌 능히 나라가 되겠습니까?"라고 하였다고 한다.[58] 이들의 대화에서 공직은 사치로 멸망한 상(商)에 대한 기록이 있는 『서경』에 대한 이해와 『좌전』의 안민(安民)·금폭(禁暴)에 대한 지식이 있고, 직달은 『시경』의 풍속(風俗)에 대한 이해가 있음을 알 수 있다.

다른 예로는 승주출신의 장군 박영규(朴英規)는 신검(神劒)이 권력을 장악하고 견훤이 왕건에게 투항하자 그 자신도 왕건에게 항복할 뜻을 자기 아내에게 말하며 "무릇 정녀(貞女)는 두 남편을 섬기지 않고 충신은 두 군주를 섬기지 않는다고 하였습니다. 만약 우리 임군을 버리고 불충한 자를 섬긴다면 무슨 낯으로 천하의 의사(義士)를 보겠습니까?"라고[59] 하였는데, 여기서 박영규는 "충신은 두 임금을 섬기지 않고 정녀는 두 남편을 바꾸지 않는다."는 『사기』에 대한 지식이 있었음이 확인된다.

이들 유검필, 공직, 박영규 등은 무적 능력으로 성장하여 장군으로 불리며 지역을 지배하거나 중앙정치에 참여한 호족이었지만 경사에 대한 기본지식을 가지고 있었다. 이들 호족들이 알고 있었던 경사의 전적인 『논어』·『시경』·『서경』·『좌전』·『사기』 등은 주로 신라 국학(國學)에서 가르친 과목이자 독서삼품과의 시험 과목이었으므로[60] 나말여초에도 이러한 과목들이 주로 교육되었을 것으로 생각된다. 그리고 이들이 고려나 후백제 모

58) 『高麗史』 권92, 열전 5, 龔直.

59) 『高麗史』 권92, 열전 5, 朴英規.

60) 이기백, 앞의 글, 1970; 이명식, 앞의 글, 2000; 전덕재, 앞의 글, 2010.

두에 각각 속해 있는 것으로 보아 이들만이 아니라 더 많은 호족이 이런 정도의 지식을 가지고 있었을 것으로 생각해 볼 수 있다.[61]

호족들이 이러한 경사에 대한 지식을 가지게 되었던 계기는 그들 휘하에 유학자를 두고 정책자문과 행정을 담당하게 하면서 익혔을 가능성이 상정된다. 예를 들어 염주출신의 태평(泰評)은 "처음에 자기 고을의 적수(賊帥) 유긍순(柳矜順)의 기실(記室)이었다."고[62] 하여 호족들이 휘하에 유학자를 거느리고 있었음이 확인된다. 사실 앞서 말한 대로 나말여초에 신라의 9주 5소경 지역에는 지방학교가 있어 경사를 가르치고 있었으므로 이들 대도시의 호족들이 경사를 알았을 가능성은 매우 높다.

그렇다고 해서 이들 대도시의 호족들만 경사에 대한 지식이 있었다고 보기는 어렵다. 앞서 보았듯이 그보다 작은 도시인 평주(平州) 출신 유검필, 연산(燕山) 소속의 매곡(昧谷) 출신 공직, 무주(武州) 관할의 승주(昇州) 출신 박영규도 경사에 대한 지식이 있었기 때문이다. 게다가 이들 중에 매곡은 고려시기에 속현이 되었을 정도로 규모가 작은 고을이었음에도 불구하고 이 지역의 호족 공직이 경사에 대한 지식을 가지고 있었다는 것은 전부는 아닐지라도 상당수의 호족이 경사에 대한 기본 지식이 있었음을 의미한다. 물론 이들 호족들이 유학자나 지식인에 비견될 정도로 경사에 대한 전문적인 지식을 가지고 있었다고 생각되지는 않는다. 하지만 그들은 문자를 해득하고 경사에 대한 기본 지식이 있었으므로 호족이 무적 능력만 가지고 있었다고 생각하는 것은 바른 이해가 아니다.

사실 지배층으로서 호족들은 어린 시절에 경사에 대한 다양한 학문을

---

61) 청주출신 영군장군 堅金은 왕건에게 항복하면서 '충성을 다하고 두 마음이 없을 것입니다.'(『高麗史』 권92, 열전 5, 堅金)라고 하여 『좌전』의 '두 마음이 없을 것이며 신하의 예를 다하여 보답하겠습니다.'라는 지식이 있었음을 알 수 있고, 염주출신의 尹瑄은 韜鈐 곧 병서인 六韜와 玉鈐에 능하였다고 한다.(『高麗史』 권92, 열전 5, 尹瑄)

62) 『高麗史』 권92, 열전 5, 泰評.

배웠다. 예를 들어, 공주 출신 정진대사 긍양(兢讓)은 장자(長者)로 불린 조부 숙장(淑長)과 아버지 양길(亮吉)의 아들로 태어나 "공부할 나이가 되어 날마다 경(經)을 끼고 있었다. 집에서는 시와 예를 배웠고 강당에서는 강론을 들었는데, 책을 묶은 끈이 세 번 끊어질 정도로 매우 부지런하여 구류(九流)보다 뛰어났다."고[63] 하고, 영암 출신 동진대사 경보(慶甫)는 "나이가 어려 배울 때가 되어 재주가 공부하려는 마음에 기울어져 덕이 귀하고 성숙하였다."고[64] 하였는데, 이들 승려들은 선종 승려가 되기 전인 어린 시절에 호족의 아들로서 경전과 학문을 배웠던 것이다. 토산 출신 유학자 최응(崔凝) 역시 "어려서부터 학문에 힘썼고 자라서는 오경(五經)에 통하고 속문(屬文)을 잘했다."고[65] 하여 그의 배움이 어려서부터 이루어졌음을 알 수 있다.

물론 이들은 선종승려와 유학자로서 고려 초기에 지식인이 되었던 인물들이다. 하지만 지식인들만 이렇게 배웠던 것은 아니었다. 다음 자료를 보자.

> 나이 9세가 되어 배움은 삼동(三冬)에 으뜸이었다. 자라서는 문필을 버리고 무예에 종사할 마음이 생겨 전쟁을 그치게 할 재주를 배워 군대에 들어가 군직(軍職)을 맡았다.[66]

이는 하동 출신 낭공대사 행적(行寂)의 아버지 패상(佩常)에 대한 기록인데, 그는 비록 성장한 후에는 무적 능력을 바탕으로 군사 업무를 담당하였지만 어린 시절에는 문필을 배웠다고 한다. 호족 자제라고 해서 처음부

63) 한국역사연구회, 「봉암사정진대사원오탑비」, 『역주 나말여초금석문』, 혜안, 1996.
64) 한국역사연구회, 「옥룡사동진대사보운탑비」, 『역주 나말여초금석문』, 혜안, 1996.
65) 『高麗史』 권92, 열전 5, 崔凝.
66) 한국역사연구회, 「태자사낭공대사백원서운탑비」, 『역주 나말여초금석문』, 혜안, 1996.

터 무적 능력에만 집중하여 훈련하고 진출하는 것이 아니라 어린 시절에는 문필도 겸하여 배웠던 것이다. 이렇게 되면 비록 지식인으로 진출하지 않더라도 문자 해득 능력을 가지고 문서행정을 하는 것이 가능하게 될 뿐만 아니라 무적 능력을 바탕으로 장수로 진출한다고 해도 병서(兵書)를 익히고 이해할 수 있었던 것이다.

호족 집안에서 개인의 능력에 따라 다양한 진출이 이루어졌음은 전주 출신 유방헌(柳邦憲)의 가계에서 분명히 확인된다. 다음 자료를 살펴보자.

> 조부는 이름이 법반(法攀)인데 젊어서 무예를 배워 백제에 벼슬하여 우장군이 되었다. 아버지는 이름이 윤겸(潤謙)인데 … 사람됨이 밝고 곧으며 문필에 재능이 있어 벼슬하여 검무(檢務), 조장(租藏)이 되었고 대감(大監)에 이르렀다. … [유방헌은] 어린 나이에 가업을 이어받아 마음을 다해 배우기를 즐겨 오경(五經) 및 소의(疏義)를 연구하여 정밀하게 보지 않음이 없었다. … 건원 10년(972, 광종 23) 임신 9월 5일에 일거에 과수(科首)로 합격하였다.[67]

이를 보면 유방헌의 선대는 전주 출신의 호족으로 조부는 무적 능력으로 백제에서 우장군이 되었고, 아버지는 문필의 재능으로 고려에서 검무, 조장이 되었으며, 유방헌은 호족의 아들로 태어나 문필을 익힌 아버지를 이어받아 어린 시절부터 오경과 소의를 익혀 과거에 급제하였다. 호족 집안인 유방헌의 가계는 무적 능력으로 진출하기도 하고 문필을 익혀 행정 능력을 발휘하기도 하며 유학을 전문적으로 익힌 유학자가 되어 과거에 합격하기도 하였다.

이처럼 고려초기의 호족은 어린 시절에 공부할 나이가 되면 경사의 다양한 학문을 배우며 문자를 해득하였고, 개인의 능력에 따라 무적 능력으로 장수가 되거나 유학자나 승려가 되었으며 그렇지 않으면 지역에서 행정

---

67) 김용선, 「유방헌묘지명」, 『고려묘지명집성』, 한림대학교출판부, 2006.

실무를 담당하는 지배층으로 진출하였던 것이다.

당시 지배층은 지방학교에서 학문을 배웠던 것은 물론 경사에 능통한 스승을 찾아 배우기도 하였다. 예를 들어 6두품 출신으로 중국에 유학을 갔다가 돌아온 최언휘(崔彦撝)를 태조가 태자사부에 임명하고 문한의 임무를 맡기자 "일시의 귀유(貴遊)가 모두 그에게 사사(師事)하였다."고[68] 하여 뛰어난 유학자를 찾아가 학문을 배우려 했던 분위기를 짐작할 수 있는데, 이들 귀유(貴遊)는 중앙관료나 지방호족의 자제였다고 생각되나 학문을 배우려 했던 그들이 모두 전문적인 유학자가 되었을 것으로 생각되지는 않는다.

다른 예로 영암 출신 최지몽(崔知夢)은 "배우기를 좋아하여 대광 현일(玄一)에게 배웠고 널리 경사(經史)를 섭렵하였으며 특히 천문(天文) 복서(卜筮)에 정통하였다."고[69] 하는데, 당시에는 뛰어난 유학자를 찾아가 배우는 분위기가 있었던 것이다. 특히 영암은 지방학교가 있었던 9주 5소경 지역이 아니었다는 점에서 학문적 분위기가 일부 지역에 한정되지 않았음을 짐작할 수 있다.

지방사회의 학문적 역량은 성종 전반까지 중앙의 교육기관이 따라잡지 못하였을 정도로 컸다.[70] 성종은 3성 6부의 관료제도를 바탕으로 중앙집권체제를 정비하고 이러한 체제에 적합한 인재를 선발하기 위하여 지방의 학문적 분위기를 중앙에서 흡수하려 하였다. 그래서 전국의 여러 주군현의 자제를 선발하여 개경에 불러들여 학업을 익히도록 하였다.[71] 하지만 이

---

68) 『高麗史』 권92, 열전 5, 崔彦撝.

69) 『高麗史』 권92, 열전 5, 崔知夢.

70) 신천식, 『고려교육사연구』, 경인문화사, 1995, 49~50쪽; 허흥식, 『고려의 과거제도』, 일조각, 2005, 32~33쪽.

71) 『高麗史』 권74, 선거지 2, 官學.
신천식, 「중앙의 교육기관」, 『한국사』 17, 국사편찬위원회, 1994; 박찬수, 『고려시대 교육제도사 연구』, 경인문화사, 2001.

러한 성종의 정책은 크게 성공하지는 못했다. 당시에 선발된 학생은 총 260명이었는데 이들 중에 적응하지 못하고 고향을 생각하는 학생들이 생기자 207명을 돌려보내고 남은 53명만 교육시킬 수밖에 없었던 것이다.[72]

당시에 성종이 중앙에서의 교육과 과거 시험을 연계시키려 하였으므로 개경에서 학문을 배우는 것이 유리한 점이 있었겠지만 그렇다고 해서 지방에서 배우는 것이 당시까지만 해도 마냥 불리한 것은 아니었다. 실제로 개경에서의 교육이 기대만큼 효과를 거두지는 못했는데, 성종 6년 3월에 과거를 시행하고 방방(放榜)하면서 내린 교서에 따르면, 지방에서 공부한 진사(進士) 정우현(鄭又玄) 등은 선발할 수 있었던 반면에 개경에 불러 공부한 제생(諸生)들의 시(詩)·부(賦)·책(策)은 문사가 어긋나고 격률이 뒤섞여 모두 취할 수 없었다고 한다.[73] 다시 말해 당시까지만 해도 지방에서 공부한 인물들이 개경에서 교육을 받은 인물과 비교하여 학문적 소양이 떨어지지 않았던 것이다. 이러한 점은 성종 8년 4월의 교서에서도 확인되는데, 이에 따르면 "우모(牛毛)와 같이 배우는 자는 비록 많으나 인각(麟角)과 같이 성취한 사람은 매우 적다. 국학에 이름만 헛되이 걸어 놓아 춘장(春場)에서 재주를 겨루는 자는 드물다."고[74] 하여 개경에서의 교육이 빨리 성과를 내지 못하는 것에 대하여 안타까워하는 성종의 심정을 읽을 수 있다.

강감찬이 과거에 급제한 것은 이러한 배경 속에서 이루어졌다. 그는 호족의 아들로 태어났고 그의 아버지 강궁진은 삼한벽상공신에 책봉되었을 정도로 고려의 건국과 후삼국 통일 전쟁에서 군사 활동의 공로가 컸다. 하지만 그렇다고 해서 강궁진이 단순히 무적 능력만 가진 존재였다고 볼

---

72) 『高麗史』 권74, 선거지 2, 官學.

73) 『高麗史』 권74, 선거지 2, 崇奬之典.

74) 『高麗史』 권3, 성종 8년 하4월 壬戌.

필요는 없다. 강궁진이 성주나 장군으로 불렸는지 아니면 관반에 소속되었는지는 알 수 없으나 그 역시 경사에 대한 기본 지식을 가졌을 가능성이 있으며, 이러한 가문 배경 속에서 성장한 강감찬 역시 지배층의 자제로서 어려서부터 경사를 익혔던 것이다. 게다가 강감찬이 과거에 급제한 시점이 성종 2년이었으므로 그의 학문적 성장은 기본적으로 개경의 국자감이 아니라 지방학교나 뛰어난 유학자의 도움을 받아 이루어졌던 것이라 생각된다.

강감찬이 합격한 성종 2년 12월의 과거는 광종 이후 당시까지 치렀던 그동안의 시험과는 다른 특징이 있었다.[75] 과거가 시행된 이래로 강감찬이 시험을 치른 성종 2년 12월의 과거까지 광종대 8회, 경종대 2회, 성종대 2회 등 총 12회의 시험이 있었다. 그동안에는 과거를 시행한 해에 1회의 시험이 있었을 뿐이지만, 강감찬이 시험을 치른 성종 2년에는 5월에 최행언(崔行言) 등 5명을 선발하여 한차례의 과거가 있었고 여기에다 12월에 강감찬을 포함한 4명을 한 번 더 선발하여 한 해에 2회의 시험이 있었는데, 이들 2회의 시험 중에 12월의 과거는 좀 더 특별한 의미가 있었다.

우선 시험관의 숫자가 많았다. 강감찬이 합격한 과거 이전의 시험에서 시험관은 광종대에 쌍기(雙冀) 1명 3회, 조익(趙翼) 1명 1회, 왕융(王融) 1명 3회, 왕융과 김니(金柅) 2명 1회였고, 경종대는 왕융 1명 2회, 성종대는 왕융 1명 1회였다. 그러므로 광종대에 왕융과 김니 2명이 시험관이었던 1회를 제외한다면 시험관은 기본적으로 1명으로 구성되었다. 이에 비해 강감찬이 합격한 과거의 시험관은 정광 최승로(崔承老), 좌집정 이몽유(李夢游), 병관어사 유언유(劉彥儒), 좌승 노혁(盧奕) 등 4명이어서 평소보다 훨씬 많았다.

---

75) 유호석, 「고려시대의 覆試」, 『전북사학』 8, 전북사학회, 1984.

다음으로 성종 2년은 팔관회의 폐지, 3성 6부의 관료제도 정비와 지방관의 파견, 향리직의 개편, 절일(節日)의 시행, 원구(圓丘), 적전(籍田), 신농(神農), 후직(后稷)에 대한 유교 의례의 제정 등 성종이 추진한 유교정치와 중앙집권체제의 시행을 위한 제도 정비가 일단락되는 시기였다. 그런데 시험관 중에 최승로, 이몽유는 이러한 성종의 유교정치 시행과 제도 정비에 앞장선 인물로 널리 알려져 있다.[76] 그러므로 같은 해 5월에 과거가 시행되었음에도 불구하고 12월에 다시 과거를 시행하고 나아가 시험관의 숫자도 예외적으로 많이 두었던 것은, 이러한 유교정치의 시행과 제도 정비를 축하하는 의미가 있는 동시에[77] 새로 정비한 관료제도에 등용할 인재를 많이 선발하려는 의도에서 이루어진 것이 아닌가 생각된다.

이러한 점은 이때의 과거에서 처음으로 복시(覆試)가 시행되었다는 것에서도 짐작할 수 있다. 원래 복시는 예부시 합격자를 대상으로 국왕이 주재하여 재시험을 보는 제도로서 국왕의 입장에서 시험관의 영향력을 견제하는 기능을 하였다.[78] 강감찬이 시험을 치른 성종 2년 12월의 과거에서도 "정광 최승로, 좌집정 이몽유, 병관어사 유언유, 좌승 노혁이 진사(進士)를 취하니 왕이 복시(覆試)하여 갑과 강은천(姜殷川), 을과 2인, 명경(明經) 1인에게 급제를 내렸다."[79]고 하여 시험관들이 진사를 선발한 다음에 왕이 다시 시험을 보아 등급을 매기고 급제를 내리는 방식으로 이루어졌고 이를 복시라고 표현하고 있어 이러한 방식의 시험이 시행되었음을 알 수 있다.

그런데 최승로, 이몽유와 같은 유교정치의 시행과 제도 정비에 앞장선 인물들이 주관한 과거에 대하여 성종이 복시를 시행한 이유는 무엇일까?

---

76) 이기백, 「고려 귀족사회의 형성」, 『한국사』 4, 국사편찬위원회, 1974.

77) 유호석, 앞의 글, 1984.

78) 유호석, 위의 글, 1984.

79) 『高麗史』 권73, 선거지 1, 選場.

이는 성종대의 제도 정비가 중앙집권체제를 지향하는 것이었을 뿐만 아니라 관료제도의 운영이 국왕의 최종 결정권을 존중하는 가운데 국왕과 신료 어느 한 쪽이 권력을 독점하지 않고 서로 합의 하에 이루어지도록 추진되었던 것이므로[80] 국왕이 관료제도에 적합한 인재의 선발을 주도해야 한다는 인식이 있었기 때문이 아닌가 한다. 이러한 상황 속에서 강감찬은 성종이 주관한 복시에서 과거에 합격하였던 것이다.

4. 현종대 정치형태와 강감찬의 정치활동

강감찬의 관료로서 성장에 대하여 살펴보려면 현종대 정치 사회에 대한 이해가 필요하다. 왜냐하면 강감찬이 과거에 합격하여 관료로 진출한 것은 성종 초반의 일이지만 성종과 목종대의 활동에 대한 기록은 남아 있지 않고,[81] 현종대부터 그의 관력과 활동에 대한 기록이 나타나기 때문이다.

고려는 문벌을 중시하는 사회로 널리 알려져 있지만 누대에 걸쳐 고위 관료를 배출하지 않는 한 중앙관료를 배출하였다고 해서 그 가문이 문벌이 되는 것은 아니었다. 게다가 광종과 경종대를 거치면서 고려 초기 특권층이 몰락한 상태였으므로 그로부터 얼마 지나지 않은 현종대에 문벌의 형성과 영향력이 두드러지기는 어려웠다.[82]

---

80) 박재우, 『고려 국정운영의 체계와 왕권』, 신구문화사, 2005.

81) 강감찬은 성종 2년 12월에 과거에 급제한 이후 성종과 목종대에 관료로서 어떻게 성장하였는지에 대한 기록이 전혀 남아 있지 않다. 성종이 주관한 覆試에서 장원으로 급제하였고 또 유교정치의 시행과 제도 정비에 적극적으로 참여한 최승로, 이몽유 등이 시험관이었다는 점을 생각한다면 성종 초반에 이들과 정치적 입장을 같이 하였을 가능성을 생각해 볼 수도 있으나, 강감찬이 금주 출신의 호족 강궁진의 아들이었다는 점을 생각한다면 6두품 계열의 최승로 식의 유교정치에 적극적으로 참여하지 않았을 가능성도 있는데, 현재로서는 기록이 남아 있지 않아 단정하기 어렵다.

예를 들어 고려의 국정운영에서 중요한 역할을 하였던 재신과 추밀로서 현종대에 임명된 인물을 조사하면 재신 24명, 추밀 24명인데 이들 중에 추밀에 임명되었다가 재신으로 승진한 인물이 9명이므로 이들 중복된 경우를 제외하면 재신과 추밀에 임명된 인물은 합쳐 39명이었다.[83] 이들 가운데 선대에 재신 또는 추밀을 배출하였던 경우는 3명이었는데 문하시랑평장사 최항은 조(祖) 최언휘가 평장사였고, 문하시랑평장사 서눌은 부(父) 서희(徐熙)가 내사령, 조(祖) 서필(徐弼)이 내의령이었으며, 중추원사 최제안(崔齊顔)은 조(祖) 최승로가 문하수시중이었다. 대신 본인이 처음으로 재신 또는 추밀에 임명된 인물은 36명이었다. 이를 보면 현종대는 누대에 재상을 배출하여 문벌이라고 칭할 만한 가문이 많지 않았음을 알 수 있다.

현종대에 문벌이 많지 않았다는 점은 현종대 왕실과 통혼한 가문으로 이성(異姓)의 왕비를 배출한 가계를 살펴보아도 짐작할 수 있다. 현종의 이성 왕비 중에 누대에 걸쳐 재상을 배출한 문벌에서 왕비를 배출한 것은 현종 13년 8월에 현종과 혼인한 서눌의 딸 원목왕후인데 선대인 서필, 서희는 재상이었으나 서눌은 당시에 국자좨주 지이부사였다.[84] 혼인 시기가 불분명한 왕비로는 김인위(金因渭)의 딸 원순숙비가 있는데, 처음에는 경

---

82) 이기백은 다음 연구에서 고려 귀족의 형성이 성종대에 이루어져 현종대에 정착하였다고 하였으나 광종과 경종대에 고려 초기 특권층이 다수 희생된 것을 생각하면 그렇게 빠른 기간에 귀족층이 형성되었다고 보기는 어렵다.[이기백, 「고려 귀족사회의 형성」, 『한국사』 4, 국사편찬위원회, 1974(『고려귀족사회의 형성』, 일조각, 1990 재수록)].

83) 현종대에 재신에 임명된 인물은 유방헌, 진적, 강조, 조지린, 유윤부, 위수여, 장영, 김심언, 문인위, 유진, 강감찬, 이주헌, 최항, 유방, 박충숙, 곽원, 채충순, 최사위, 이공, 서눌, 왕가도, 이작인, 이단, 유소 등 24명이고, 추밀에 임명된 인물은 강감찬, 곽원, 채충순, 이공, 서눌, 왕가도, 이작인, 이단, 유소, 주저, 전공지, 장연우, 김은부, 강민첨, 윤징고, 노전, 양진, 김맹, 최제안, 황보유의, 한빈경, 황주량, 최충, 이한 등 24명이다. 이들 중에 추밀에 임명되었다가 재신으로 승진한 인물은 강감찬, 곽원, 채충순, 이공, 서눌, 왕가도, 이작인, 이단, 유소 등 9명이었다.

84) 『高麗史』 권4, 현종 13년 8월 甲子.

흥원주(景興院主)로 불렸다가 현종 15년 정월에 덕비(德妃)에 책봉되었는데 이때에 현종 12년 8월에 상서우복야로 치사(致仕)한[85] 김인위를 상서우복야 참지정사 치사로 올렸다.[86] 김인위는 경주김씨로 부(父)가 태자태보 좌복야 김신웅(金信雄), 조(祖)가 삼중대광 김인윤(金仁允), 증조가 대광 김례(金禮)였다. 그런데 대광(大匡)은 고려 초기에 재신의 관계였으므로[87] 김인위가 재상이 되지 못하였다고 해도 가문의 사회적 지위가 높았음을 짐작할 수 있다.

그러나 그 외의 이성 왕비들은 문벌의 딸들이 아니었다. 이성의 왕비로서 처음 현종과 혼인한 김은부(金殷傅)의 딸 원성태후는 현종 2년 2월에 혼인하여 덕종, 정종을 낳았는데 당시 김은부는 공주절도사였을 뿐이므로 문벌의 딸이 아니었다. 혼인 시기는 불분명하나 문종을 낳은 원혜태후와 원평태후 역시 김은부의 딸이었다.[88] 왕가도(王可道)의 딸 원질귀비도 혼인 시기가 불분명하여 당시 왕가도의 관직을 알기 어려운데 물론 문벌의 딸이 아니었다. 이들 외에 현종은 궁인(宮人)을 4명 두었는데, 나중에 귀비(貴妃)가 되었던 유씨(庾氏)의 딸과, 한인경(韓藺卿)의 딸, 급사중 이언술(李彦述)의 딸, 내급사동정 박온기(朴溫其)의 딸이 있었다.[89] 이들 역시 문벌의 딸이라 보기 어렵다.

이처럼 현종대는 왕실과의 통혼이든 재신과 추밀의 임명이든 문벌 출신인 경우가 많지 않았는데 문벌 가문이 많지 않은 시기였기 때문이었다. 이렇게 해서 중앙정치에서 문벌의 가문과 혈통을 기반으로 하는 정치세력이

85) 『高麗史』 권4, 현종 12년 8월 辛亥.

86) 『高麗史』 권88, 열전 1, 후비 1, 顯宗, 元順淑妃.

87) 박재우, 「고려초기 재신의 성격과 운영」, 『역사와현실』 43, 한국역사연구회, 2002.

88) 『高麗史』 권4, 현종 8년 5월 壬子.

89) 『高麗史』 권88, 열전 1, 후비 1, 顯宗, 貴妃, 宮人.

형성될 가능성이 그리 크지 않은 상황에서 현종대는 국왕을 중심으로 국왕과 신료가 함께 정치를 이끌어가는 관료제도의 안정적 운영이 중시되었다.

국왕 중심의 관료제도 운영이 더욱 중시된 것은 성종대에 중국 제도를 도입하여 3성 6부제를 설치하면서부터였다. 원래 진골과 같은 귀족들에게 그들의 신분에 근거하여 배타적인 특권을 보장하는 골품제를 운영한 신라와 달리 고려는 국정운영에서 골품제의 운영원리가 처음부터 배제되어 있었다. 고려의 건국은 신라의 진골과는 무관하게 이루어졌고 호족출신 왕건이 왕위에 올라 지방에서 중앙으로 진출한 인물들과 함께 중앙정치를 이끌어갔다. 게다가 혜종, 정종, 광종의 왕위계승 과정에서 개경과 서경의 문무반이 절반이나 죽었고 특히 광종대의 국왕과 경종대 권신(權臣)의 자의적인 권력행사로 고려 초기 지배층의 상당수가 죽임을 당하여 성종대는 문벌이라 할 만한 가계가 거의 없었을 뿐만 아니라 국왕과 신료 어느 쪽도 권력을 남용하도록 해서는 안 된다는 분위기가 형성되어 있었다. 이러한 배경 속에서 3성 6부제가 수립되었으므로 당시 관료제도의 수립이 문벌의 배타적 특권을 보장하는 방식으로 제도화되었을 가능성은 없었다.[90] 그러므로 현종대 중앙관료는 국왕의 결정권을 중심으로 운영된 관료제도 안에서 관료로서 능력을 발휘함으로써 정치적으로 성장할 수 있었다.

이렇게 되자 고려전기는 신료들의 정치적 성장이나 정치세력의 형성에 국왕의 역할이 매우 중요한 것이 되었다. 게다가 현종은 즉위 과정에서 강조의 정변, 목종의 시해를 경험하였고 거란의 침략, 남행(南行)의 시행, 지방관의 위협 그리고 이후 김훈(金訓)·최질(崔質)의 난과 같은 커다란 정치적 사건을 경험하였다. 그래서 왕권의 확립과 관료제도의 정비, 전쟁의 승리가 중요한 정치적 과제로 떠올랐고, 여러 사건들 속에서 국왕과 정치적

90) 박재우, 『고려전기 대간제도 연구』, 새문사, 2014.

입장을 같이 하며 정치적 과제를 수행하였던 인물들이 정치적으로 성장하고 국왕의 호의 하에 정치세력을 형성하였다. 현종 초반의 현종추대세력, 남행호종세력은 이렇게 해서 만들어진 것이었다.

주지하듯이 현종은 경종의 비인 헌정왕후와 안종 욱(郁) 사이에 태어났고, 목종 말년에 이모인 천추태후가 자신과 김치양 사이에 태어난 아이를 왕위에 올리려 하면서 죽임을 당할 위기에 처하였으나 최항, 최사위, 채충순, 황보유의 등의 추대로 왕위에 올랐으며,[91] 이를 계기로 현종추대세력이 형성되었다. 또한 강조(康兆)의 정변을 빌미로 현종 원년 11월에 거란이 침략해 왔는데, 이에 출정군으로 나선 강조가 통주 전투에서 패하여 사망하고 현종 원년 12월에는 서경까지 공략을 당했다는 소식이 들리자 현종은 남행(南行)을 하였는데 이때 지채문(智蔡文), 채충순, 장연우, 주저[92] 등이 왕을 시종하면서 남행호종세력이 형성되었다.

이들 현종추대세력과 남행호종세력은 국왕과의 관계를 배경으로 형성된 정치세력으로서 서로 겹치는 인물이 있었을 정도로 정치적 견해를 같이 하는 경우가 많았다. 하지만 이들의 정치세력으로의 형성 계기가 국왕을 추대하고 호종한 사건에서 나왔고 그래서 정치적 이해와 목적이 왕권의 확립에 있었으며 정치 주도권을 행사하기 위하여 국왕의 호의를 필요로 하였으므로 정치집단으로서 독립성이나 결집성이 약하였고 국왕에 충성하는 신료로서 정체성이 컸다.

특히 현종의 남행에서 지방관이 국왕을 위협하는 사태를 직접 경험하였

---

91) 이태진, 「김치양 난의 성격」, 『한국사연구』 17울, 한국사연구회, 1977; 노명호, 「고려초기 왕실출신의 鄕里 세력」, 『고려사의 제문제』, 삼영사, 1986.

92) 채충순은 송나라 사람 蔡仁範의 아들이고, 주저는 송나라 사람으로 채충순이 추천한 인물이므로 이들은 현종의 측근으로 활동할 여지가 컸던 경우이고, 장연우는 오월에 피난했던 아버지 張儒의 영향을 받아 채충순과 가까웠을 것으로 보고 있다.(김창현, 앞의 글, 2005, 64~66쪽)

던 이들은 관료제도의 정비를 통하여 왕권을 확립하는 정책을 추진하였다. 현종 초반에 형성된 이들의 정치 주도권은 왕권과 일정한 거리를 두고 그것과 별개로 행사되었던 것이 아니라 왕권을 확립하는 방향으로 행사되었던 것이다.

이러한 정책으로는 예를 들어 중앙집권적 관료제도인 3성 6부제를 고려의 실정에 맞게 재조정하여 현종 2년에 6부 속사의 숫자를 줄이거나 3성 6부가 담당하지 못하는 국정의 사안을 처리하기 위하여 도병마사, 식목도감 등의 회의기구를 설치 운영하였다. 또 현종 3년 정월에 최사위는 장연우, 황보유의와 함께 건의하여 군사적 지방제도인 12절도사 체제를 없애고 5도호 75도 안무사를 설치하였는데,[93] 이는 남행 과정에서 경험한 것과 같은 지방관의 발호를 막고 왕권을 확립하기 위한 것이었다.[94]

또한 직무상 문무의 분업을 분명히 하고 이를 안정적으로 운영하기 위하여 무신이 쉽게 문반 관직을 갖지 못하게 하였다. 하지만 경군 영업전을 줄여 백관의 녹봉으로 충당한 것이 계기가 되어 현종 5년 11월에 김훈 · 최질의 난이 발생하자 난의 원인을 제공한 장연우, 황보유의가 유배되면서 정치 주도권이 약화되었다. 그러나 이들이 정치적으로 몰락한 것은 아니었다. 김훈 · 최질의 난이 진압된 후에 장연우, 황보유의는 다시 정계에 복귀하였고 또 지방제도의 개편도 계속되어 현종 9년 2월에 4도호 8목 56지주군사 28진장 20현령이라는 고려 지방제도의 기본 틀을 수립하고 지방관의 파견을 늘려 군현에 대한 중앙의 지배력을 강화하였으며,[95] 향리의 정원과[96] 공복제도를 제정하였다.[97] 현종추대세력이나 남행호종세력의 정책

---

93) 『高麗史』 권94, 열전 7, 崔士威.

94) 박종기, 「11세기 고려의 대외관계와 정국운영론의 추이」, 『역사와 현실』 30, 한국역사연구회, 1998.

95) 『高麗史節要』 권3, 현종 9년 2월.

방향이 관료제도의 정비를 통한 왕권 확립에 있었으므로 김훈·최질의 난으로 일시적으로 정치 주도권이 약화되기는 하였어도 국왕을 배경으로 정책을 계속해서 추진할 수 있었던 것이다.

한편 현종 6년 3월에 전(前)화주방어사 왕가도와 일직 김맹(金猛)의 계책으로 김훈·최질의 난이 진압되면서 정치적으로 부상하기는 하였으나 그들이 곧장 정치 주도권을 차지한 것은 아니었다.[98] 현종추대세력이 추진한 지방제도나 향리제도의 개편이 김훈·최질의 난 이후에도 계속 추진되었을 뿐만 아니라, 난의 진압 당시에 그들은 정치 주도권을 가질 만큼 관료로서 지위가 높지도 않았다. 실제로 김맹은 현종 7년 6월에 중추원직학사가, 왕가도는 현종 13년 3월에 동지중추원사가 되어 비로소 추밀이 되었고, 현종 16년 6월이 되어서야 왕가도는 치성공신에 책봉되고, 김맹은 선춘현개국남에 임명되어 정치적 위상이 점차 높아갔던 것이다.

다시 말해 현종 전반기에 현종추대세력, 남행호종세력을 제외하고는 이렇다 할 정치세력이 존재하지 않았고, 왕가도, 김맹도 현종추대세력이나 남행호종세력에 필적할 정치세력을 형성할 만큼 정치적으로 성장한 것은 아니었다. 게다가 왕가도, 김맹 역시 김훈·최질의 난으로 약화된 왕권의 확립을 목적으로 하고 있었으므로 이들 사이에 정치적 대립이 있기도 어려웠다.

또한 현종대는 대거란 강경론자와 온건론자의 대립이 있었던 것으로 알려져 있지만 강경론자인 왕가도, 김맹 등과 온건론자인 채충순, 황보유의 등이 정치적 견해를 달리하며 논쟁을 벌인 것은 현종 말년에 흥요국(興遼

---

96) 『高麗史』 권75, 선거지 3, 銓注, 鄕職.

97) 『高麗史』 권72, 여복지, 長吏公服.

98) 박종기는 김훈·최질의 난을 진압한 후에 왕가도, 곽원 등이 정치적 실권을 장악하였다고 보았다.(박종기, 앞의 글, 1998, 164쪽) 하지만 그렇게 보기는 어렵다.

國)의 건국과 관련된 것이어서 현종 전반에 이들이 강경론자와 온건론자로 구분되어 서로 대립하였다고 보기도 어렵다. 현종 전반의 가장 심각한 사건이었던 거란과의 전쟁에서는 국가 차원의 강온 전술이 필요에 따라 구사되는 수준이었을 뿐 강경론자와 온건론자로 구분되어 정치세력을 형성하거나 그들 간에 서로 대립하는 모습은 나타나지 않았다. 이러한 점은 거란과의 2차전쟁 이후의 진행 과정에서 확인된다.

거란 성종(聖宗)이 고려의 항복을 받아들이고 철군하자 고려는 현종 2년~3년에 공부낭중 왕첨(王瞻)을 보내 철군에 하례하는 등 여러 차례 사신을 보내 유화적인 태도를 보였고 그러면서도 형부시랑 전공지(田拱之)를 보내 국왕의 친조(親朝)는 불가하다는 입장을 밝히고 강동 6주를 돌려 달라는 거란의 요구도 수용하지 않았다. 이에 거란은 현종 4년~6년에 걸쳐 고려를 공격해 왔고 이로써 전쟁이 재개되었다. 이렇게 되자 고려도 거란에 대한 강경책을 시행하여[99] 현종 6년 4월에 강동 6주의 환수를 요구하는 거란 사신을 억류하였고 이로 인하여 6년 9월에 거란의 공격을 받았다. 그들이 잠시 철수하자 11월에 민관시랑 곽원(郭元)을 송에 보내 군사 원조를 요청하였고 곧이어 현종 7년 정월에 다시 거란의 침략을 받았다. 고려가 거란 사신의 영접을 거부하고 거란 연호 대신 송의 연호를 사용하며 현종 8년 7월에 형부시랑 서눌을 송에 보내 방물을 바치자 다음 달인 8월에 거란은 다시 침략해 왔다. 이에 고려가 10월에 화해를 청하는 사신을 보냈으나 거란은 수용하지 않았다. 마침내 현종 9년 10월 소배압의 거란군이 침략해 오자 고려는 원영(元穎)을 보내 화의를 청했으나 거란이 받아들이지 않았다. 9년 12월에 강감찬을 상원수, 강민첨을 부원수로 임명하여 거란과

---

99) 김두향은 이때에 고려가 대거란 정책에서 강경한 입장으로 전환되었다고 하였으나, (김두향, 앞의 글, 2005, 226~227쪽), 그렇다고 해서 강경론자들이 정치 주도권을 장악한 것은 아니었다.

싸움을 벌여 그들을 물리쳤다.

이러한 전쟁의 진행 과정을 보면, 고려는 처음에 국왕의 친조(親朝)나 강동 6주 환수 요구를 수용하지 않으면서 사신을 보내 거란과 화해하려는 입장을 견지하였고, 이를 받아들일 수 없었던 거란이 전쟁을 재개하자 송에 군사 원조를 요청하거나 송의 연호를 사용하는 등의 강경책을 사용하는 한편 전쟁을 수행하였다. 곽원, 서눌 등 이후 덕종대에 대거란 강경론자로 분류되는 인물들이 송에 사신으로 파견되기도 하였으나 그들의 관료로서 지위는 높지 않았고 또 그들의 뜻대로 송이 군사를 파견하지도 않았으므로 그들이 정치 주도권을 가졌다고 볼 수는 없다. 그들을 송에 파견한 것은 거란과의 전쟁에 대한 국가 차원의 강온 전술이 구사되는 차원에서 이루어졌던 것이지 그 시점에서 강경론자가 정치 주도권을 장악하였던 것이라 보기 어려운 것이다.

이처럼 현종 전반에는 현종추대세력이나 남행호종세력과 연결된 온건론자와 강경론자가 서로 충돌하는 것이 아니었던 상황에서 강감찬처럼 어느 쪽에도 속하지 않은 다수의 관료들이 관료제도 안에서 업무 수행에 능력을 발휘하여 국왕의 신임을 얻는 방식으로 정치적으로 성장할 수 있었다.

호족의 아들로 태어나 유학적 능력으로 중앙관료가 된 강감찬이 정치적 성장을 이루었던 것은 이러한 현종대의 정치 사회적 배경 속에서였다. 현종대 강감찬의 관력과 활동을 살펴보면, 그의 정치적 성장에는 유학적 능력과 관련된 활동, 대거란 군사 활동 등의 요소를 가지고 있었다. 그는 문무겸전의 인물이었다.

강감찬의 관력과 활동이 과거에 급제한 유학자로서 그의 능력과 관련이 있었음은 두말할 필요도 없다. 강감찬은 현종 즉위년 5월에 예부시랑으로 지공거(知貢擧)가 되어 진사를 선발하고 갑과 안창령(安昌齡), 을과 4인, 동진사 3인, 명경(明經) 2인에게 급제를 주었다.[100] 고려에서 과거가 시행되는 처음에는 쌍기, 왕융 등의 몇몇 인물만 시험관이 되었으나 성종 후반기부터는 급제자 출신 가운데 지공거를 선발하여 성종대는 백사유 2회, 최섬 2회, 유방헌 1회로 시험관이 되었고, 목종대는 최성무 2회, 유방헌 1회, 최항 2회, 고응 1회, 채충순 1회로 이들 시험관은 모두 급제자 출신이었으며,[101] 이러한 관행이 정착하면서 현종 즉위년 5월에 급제자였던 강감찬도 지공거가 되었던 것이다.

또한 현종 2년에 국자감의 장관인 국자좨주가 되었고, 이어 현종 2년 6월에 한림학사승지 좌산기상시에 임명되었으며,[102] 현종 5년 7월에는 중추사로서 사직단을 수리하고 예사(禮司)로 하여금 의주(儀注)를 편찬하여 정하도록 건의하여 국왕의 권위를 높였는데,[103] 이들 모두 유학적 능력을 바탕으로 관직을 얻고 활동한 것이었다.

이러한 활동 속에서 강감찬은 채충순, 황보유의나 왕가도, 김맹 어느 쪽에도 속해 있지 않았다. 우선 강감찬은 현종의 즉위 과정에 있었던 정변에 참여하지 않았다. 목종 12년 정월에 목종의 병이 깊어지자 최항, 채충순, 최사위, 유방을 비롯한 여러 신료들이 숙직을 하며 대기하였는데 이들 명단에 강감찬의 이름은 나타나지 않는다. 강감찬은 목종을 위한 숙직에 참여할 만큼 정치적으로 목종과 가깝거나 당시에 숙직과 관련된 직책을 가지고 있지 않았던 것이다. 또한 목종의 관여 하에 채충순, 최항, 황보유의 등 몇몇 사람들에 의해 이루어진 현종의 추대에도 참여하지 못했는데, 당시 현종의 추대가 비밀리에 이루어졌으므로 그들과 밀접한 관계를 가진 것이 아니었다면 참여하기 어려웠을 것이다. 이처럼 강감찬은 목종과 가깝지도

---

100) 『高麗史』 권73, 선거지 1, 選場.

101) 박용운, 『고려시대 음서제와 과거제 연구』, 일지사, 1990.

102) 『高麗史』 권4, 현종 2년 6월 癸卯朔; 『高麗史』 권94, 열전 7 姜邯贊.

103) 『高麗史』 권59, 예지 1, 吉禮大祀, 社稷.

않았고 현종추대세력과도 직접적인 관계를 맺고 있지 않았던 것으로 생각된다.

거란의 침략으로 현종 원년 11월에 현종이 남행을 하였던 것은 강감찬의 건의에 의한 것이었는데, 당시 서경의 함락 소식이 들리자 열린 군신(群臣) 회의에서 대부분의 신료들은 항복해야 한다는 입장을 제시하였으나 강감찬만이 홀로 남행하기를 주장하였고 이러한 견해가 수용되어 남행이 결행되었던 것이다.[104] 그러나 남행을 건의한 강감찬 자신은 국왕을 호종하지 않았는데 그 이유는 분명하지 않다.[105] 하지만 이렇게 되면서 강감찬은 남행호종세력과도 직접적인 관계를 맺지 못하였던 것으로 보인다.

그래서인지 이후 강감찬은 이들 현종추대세력이나 남행호종세력과는 정치적 견해를 달리하는 점이 있었다. 현종 7년 12월에 이부상서였던 강감찬은 상주(尙州) 관내의 개녕현(開寧縣)에 있는 자신의 양전(良田) 12결을 군호(軍戶)에게 주도록 내어놓겠다고 하여 국왕의 허락을 받았는데,[106] 이 사건이 그러한 점을 잘 보여준다. 강감찬이 이러한 행동을 했던 것은 김훈·최질의 난과 관련이 있었다. 이 사건은 중추원사 장연우와 일직 황보유의가 경군 영업전을 빼앗아 백관의 녹봉에 충당한 것에 대한 무신들의 불평과, 변공을 세웠으나 문반 관직을 얻지 못한 상장군 최질의 불만을 배경으로 일어난 사건이었다.[107] 그런데 사건이 해결된 후 1년 9개월이 지난 시점인 현종 7년 12월에 강감찬이 개녕군의 자신의 토지를 군호에게 주도록 요청하였다는 것은 당시까지도 군인전의 부족 문제가 해결되지 않았음은 물론 강감찬이 군인전의 처리 문제에 관해서는 장연우 및 황보유의와

---

104) 『高麗史節要』 권3, 현종 원년 12월 辛未, 壬申.

105) 현종은 원년 12월에 南行을 하였는데 당시 강감찬의 나이가 63세였다.

106) 『高麗史節要』 권3, 현종 7년 12월.

107) 『高麗史節要』 권3, 현종 5년 11월.

견해가 달랐음을 의미하는 것이다.

한편 거란의 2차 침략에 대처하여 현종의 남행을 건의한 강감찬은 비록 현종을 직접 호종하지는 않았으나, 전쟁 상황에 대한 분석과 홀로 남행을 건의한 그의 판단력은 그의 주장을 받아들인 당시는 물론이고 이후까지도 현종에게 커다란 인상을 심어주었던 것으로 보인다.

현종 9년 5월에 강감찬을 서경유수 내사시랑평장사에 임명하면서 고신(告身)의 뒷면에 '경술(1010, 현종 원년) 연간에 오랑캐가 먼지를 날리더니, 창과 방패가 깊이 한강변까지 들어왔네. 그때를 당해 강공의 계책을 쓰지 않았다면, 온 나라가 모두 오랑캐가 되었을 것이네.'라고[108] 직접 손으로 써서 주어 세상이 모두 영화롭게 여겼다는 것은 그러한 사실을 잘 보여준다.

거란의 침략이 계속되던 현종 전반기에 유학자인 강감찬이 군사 활동과 관련된 관직에 임명된 것도 강감찬의 판단력에 대한 국왕의 신뢰와 무관하지 않았다고 생각된다. 현종 원년 10월에 거란의 2차 침략이 있자 강조를 행영도통사로 임명하여 전장에서 군사를 직접 지휘하게 하고 아래에 행영도병마사, 좌군병마사, 우군병마사, 중군병마사, 통군사를 두었는데, 강조가 죽자 현종 2년 7월에 최사위가 서북면행영도통사에 임명되었고 2년 10월에 유방이 참지정사 서경유수 겸서북면행영도병마사에 임명되었으며, 임명 시점은 알 수 없으나 3년 6월에 강감찬이 동북면행영병마사로 있었다. 강감찬은 최사위, 유방과 같은 목종의 호위나 현종의 추대에 참여한 인물과 함께 군사의 지휘를 담당하였던 것이다. 이어 현종 9년 5월에 서경유수 내사시랑평장사에 임명되었고, 거란의 침략에 앞서 9년 10월에는 유방을 대신하여 강감찬이 서북면행영도통사에 임명되었다. 현종 9년 12월에 거

108) 『高麗史節要』 권3, 현종 9년 5월.

란이 침략하자 내사시랑평장사로서 상원수로 삼아 전쟁에 보내 군사를 지휘하도록 하였고, 강감찬은 전쟁에서 전술적 능력을 발휘하여 대승을 거두었다.

이러한 공로로 문하시랑동내사문하평장사에 승진한 강감찬은 현종 11년 6월에 은퇴한 후에 나성(羅城)의 건립을 주장하였다. 원래 나성의 건립은 현종 즉위년 3월에 처음 논의되었으나 전쟁으로 제대로 추진되지 못한 상태였는데, 강감찬이 경도(京都)에 성곽이 없으니 나성을 세워야 한다고 요청하자 현종이 이를 수용하고 참지정사 이가도(李可道), 좌복야 이응보(異膺甫), 어사대부 황보유의, 상서좌승 황주량(黃周亮)에게 명하여 건축하도록 하여 현종 20년 8월에 완공되었다.[109)]

강감찬이 전쟁을 승리로 이끌었던 것을 근거로 강경론자로 보는 경우도 있지만 강감찬이 강경론자로 알려진 왕가도, 곽원 등과 함께 하는 모습을 보여주는 자료는 찾아지지 않는다. 그리고 나성의 건립에 참여한 인물을 보면 이가도[왕가도]와 같은 강경론자도 있지만 황보유의, 황주량과 같은 온건론자도 포함되어 있다. 그러므로 나성의 건립이 강경론자나 온건론자 어느 한쪽에 유리한 정책이었다고 보기는 어렵다. 게다가 당시는 아직까지 두 세력이 크게 대립하는 시기도 아니었다.

이처럼 강감찬의 관력과 활동은 현종대에 나타나는데, 현종대는 문벌의 형성과 정치적 영향력이 크지 않은 상황에서 국왕을 중심으로 하는 관료제도의 안정적인 운영이 중시되어 정치세력의 형성에 국왕과의 관계가 중요

---

109) 박용운, 「개경 定都와 시설」, 『고려시대 개경 연구』, 일지사, 1996); 신안식, 「고려시대 개경의 羅城」, 『명지사론』 11~12, 명지사학회, 2000.
강감찬은 현종 11년 6월에 문하시랑으로 致仕하였으나, 현종 21년 5월에 문하시중으로 승진하였고, 덕종 즉위년 6월에 개부의동삼사 추충협모안국봉상공신 특징 검교태사 시중 천수군개국후 식읍1천호에 임명되었는데, 이는 羅城의 완공과 관련해서 주어진 것으로 생각되며 모두 致仕의 관직을 승진시킨 것이었다.

하였다. 정치세력은 있었으나 규모가 크지 않은 상황에서 집단으로서의 독립성이나 결집성이 약하여 정치세력 간의 대립도 두드러지지 않았다. 이러한 상황 속에서 특정세력에 포함되지 않은 다수의 관료들이 개인적 능력과 국왕과의 관계를 바탕으로 정치적으로 성장할 수 있었다. 강감찬의 성장과 정치적 입장은 이러한 배경 속에서 이루어지고 형성된 것이었다. 그는 현종 전반에 정치 주도권을 가지고 있던 현종추대세력이나 남행호종세력과 거리가 있었고 유학적 능력을 바탕으로 성장하면서 국왕 현종의 권위를 높였다. 또한 남행을 건의하여 현종의 신임을 받아 출정군의 장수가 되어 전쟁을 승리로 이끌었으나 강경론자가 되는 인물들과 정치적 견해를 같이 하였다는 근거를 찾기는 어렵다.

5. 맺음말

이상의 논의를 정리하면 다음과 같다. 금천강씨는 강감찬의 5대조 강여청이 신라로부터 와서 금주의 지역세력이 되었는데 원래 신라에서 진골이나 6두품의 신분은 아니었다. 강감찬의 아버지 강궁진은 궁예에게 항복하였다가 왕건을 보좌하여 고려의 건국과 후삼국 통일 전쟁에 참여하여 삼한벽상공신이 되었다.

강감찬은 군사 활동을 주로 하는 호족의 아들로 태어났으나 과거를 통하여 중앙관료로 진출하였다. 과거제는 유학 지식을 가진 사회계층의 광범한 존재 위에서 성립되는 것인데, 나말여초에는 전문적인 유학 지식을 가진 6두품 계열 또는 지방 지식인과 같은 유학자들이 있었으나 그들만으로 과거제가 시행되었던 것은 아니었다. 지역의 지배층이 신라의 국학이나 독서삼품과에서 가르쳤던 경사를 널리 배우는 분위기 속에서 비록 전문적인 유학 지식은 아니지만 경사에 대한 기본 지식을 가진 성주, 장군이나 문자 해득 능력이 있는 호족의 관반에 소속된 지배층이 광범하게 존재하였던 것이다. 이들 호족들은 무적 능력을 훈련하고 이 방면으로만 진출하였던 것이 아니라 어려서부터 경사를 배우고 문자를 해득하였으며 그러한 바탕 위에 무적 능력으로 진출하거나 행정 능력을 발휘하기도 하고 유학자나 승려가 되기도 하였다.

강감찬은 호족 가문에서 태어나 어려서부터 학문을 익힌 유학자로서, 유교정치를 시행하고 중앙집권적 관료제도를 정비하였던 성종 2년 12월에 과거에 급제하였고 처음으로 국왕이 직접 시험을 감독하는 복시에서 갑과로 선발되었다.

강감찬이 관료로 활동한 현종대는 문벌의 형성과 영향력이 두드러지는 시기가 아니어서 중앙정치에서 가문과 혈통을 기반으로 하는 정치세력이 형성될 가능성이 크지 않았다. 대신 즉위 과정의 정변과 거란과 전쟁 중에 이루어진 남행의 경험으로 인하여 관료제도의 정비를 통한 왕권의 확립이 중시되면서 국왕과의 관계가 정치세력의 형성에 중요한 역할을 하였고, 정치세력의 집단으로서의 독립성과 결속력이 크지 않아 정치세력 간의 대립도 심하지 않았다. 그래서 정치적 견해를 뚜렷이 드러내지 않는 다수의 관료들이 관료제도 안에서 능력을 발휘하며 정치적으로 성장할 수 있었다.

강감찬은 유교적 능력으로 지공거, 국자좨주, 한림학사승지에 임명되었고, 주로 과거 급제자로 임명하였던 중추사가 되어 사직단의 수리를 건의하여 국왕의 권위를 높이는 활동을 하였다. 현종 전반기에는 채충순, 장연우, 황보유의 등과 같은 현종추대세력과 남행호종세력이 정치 주도권을 가지고 관료제도의 정비를 통한 왕권의 확립을 추구하였다. 이들은 김훈 · 최질의 난으로 정치 주도권이 약해지기는 하였으나 몰락하지는 않았고, 왕가도, 김맹이 난을 진압하여 공로를 세웠으나 지위가 낮아 정치 주도권을 장악하지는 못했다. 강감찬은 이들 중에 어느 쪽에도 속하지 않으면서 군인전의 문제에 관한 한 장연우, 황보유의와는 정치적 견해를 달리 하였다. 거란과 전쟁에서도 강경론과 온건론은 국가 차원의 강온 전술로서 구사되는 것이었지 심각한 충돌을 일으키지는 않았다.

국왕의 남행을 건의한 이후 강감찬의 판단력에 대해서는 현종의 신임이 있었는데, 유학자인 그가 군사 관직을 맡은 것이나 마침내 상원수로서 거란과 전쟁을 지휘하였던 것은 그러한 배경에서 나온 것이었다. 강감찬은 은퇴 후에 나성의 건립을 주장하였으나 강경론자나 온건론자 어느 한쪽에 유리한 정책이었다고 보기는 어려운 것이었다. 이처럼 국왕을 중심으로 하는 관료제도의 운영이 중시되고 정치세력의 집단으로서의 독립성과 결속력이 크지 않았던 현종대의 정치상황 속에서 강감찬은 관료로서 그의 개인적 능력과 국왕과의 관계를 바탕으로 정치적으로 성장하였다.

18세기 후반 석실서원(石室書院)과 지식·지식인의 재생산

◆

조성산

1. 머리말

안동김문(安東金門)은 17세기에서 19세기까지 학계와 정치계에서 유력한 위치를 점하였다. 김상헌(金尙憲: 1570~1652)의 의리와 김창협(金昌協: 1651~1708) · 김창흡(金昌翕: 1653~1722) · 김원행(金元行: 1702~1772)의 학문, 김수항(金壽恒: 1629~1689) · 김조순(金祖淳: 1765~1832)의 정치활동 등 다양한 영역에서 많은 인물들을 배출하였고, 이를 통하여 안동김문은 조선 후기의 대표적인 가문으로 성장하였다. 이렇게 한 가문이 많은 인물들을 배출하고 유력 가문으로 성장하는 데에는 많은 요인들을 찾을 수 있겠지만, 그 가문의 학문적 요인을 빼놓을 수는 없을 것이다. 주지하듯이 조선 사회는 문(文)에 의하여 통치되는 사회였고, 그것은 원리적인 지식이든 실용적인 지식이든 어떠한 지식을 매개로 운용 · 유지되고 있었다. 그러한 시각에서 보면 한 가문의 성장에도 지식(知識)이 중요한 역할을 하였다. 안동김문이 계속해서 성장할 수 있었던 배경에도 또한 '지식'이 중요한 역할을 하고 있었던 것이다.

안동김문은 성리학 · 문학의 지식에 밝았고 이를 기반으로 주변 사람들을 불러 모으고 넓은 의미에서 그들을 자신의 정치세력으로 만들 수 있었다. 그들은 같은 지식을 공유함으로써 같은 지식 · 학문 공동체라는 생각을 갖게 되었고 이러한 사유는 정치적인 영역으로도 옮겨갔다. 여기에는 지식이 소통되는 공간이 중요했다. 지식의 소통은 가문 내의 구성원들끼리 폐쇄적으로 전달되기도 하였고 시회(詩會) 등과 같은 문학모임, 서원(書院)과 같은 교육기관을 통하여 이루어지기도 하였다. 이러한 다양한 지식 교환과 전수의 장치 가운데 본 글이 주목하고자 하는 것은 안동김문의 대표적인 교육기관이었던 석실서원(石室書院)이다.

석실서원은 서울과 가까웠으며 풍광이 좋아 많은 사람들이 오고 갔다. 또한 이곳에서의 강학(講學)을 위하여 유력 인사들과 그 자제들이 모여들었다. 조선후기 사회에서 사제(師弟)의 의리는 무척 중요한 것이었다.[1)] 그러할 때 강학이라는 사제 간의 학문 활동을 통한 자기 세력의 부식은 중요한 의미를 갖는다. 석실서원은 정조대 시파(時派) 인물들을 비롯한 경화벌열 자제들이 교육받았던 곳이며, 특히 홍대용(洪大容: 1731~1783) 등 북학파 인물들이 학문을 전수받은 장소였다.

바로 이러한 점들에서 석실서원을 통하여 어떠한 '지식'과 '지식인'이 만들어지고 있었는가는 중요한 의미를 갖는다. 그 지식과 지식인의 성격 규명을 통하여 이 시기 '지식재생산'이 갖는 의미들을 부분적으로나마 이해해 볼 수 있기 때문이다. 이 시기 서원은 문중서원(門中書院) 중심으로 변화

---

1) 金元行, 『渼湖全書』, 「渼湖先生言行錄」, "論尹拯事敎曰 君師父一也 背君者謂之逆臣 背父者謂之賊子 拯也背師 是亦一逆也 世人以辛丑戊申之逆爲拯之流弊 而余則直以拯爲逆也"(여강출판사, 1986, 397쪽)

하면서 사적인 성격을 강하게 띠었다.[2] 석실서원 또한 그러한 관점에서 보면 이 시기 확장 일로에 있었던 문중서원 가운데 하나였다. 서원이 사적인 성격을 띠고 국가적 공공성으로부터 일탈해가면서 영조대 탕평파(蕩平派)는 서원훼철을 감행하였다. 이 시기 탕평론 하에서 서원의 존재는 기존 연구에서 많이 지적했듯이 사적 당파의 온상이었던 것이다.

그러한 이유로 기존 연구는 주로 정치사적인 측면에서 서원을 주목했던 것도 사실이다. 이 과정에서 서원이 고유하게 가졌던 지식 · 지식인 재생산의 문제에 대해서는 다소 소홀한 점이 없지 않았다. 본 연구는 '지식' · '지식인'의 재생산이라는 관점에서 서원이 어떠한 지식을 목적으로 했고, 그 기능은 어떻게 사회 속에서 작동하였는지를 안동김문의 석실서원을 중심으로 살펴보고자 한다.[3]

이를 통하여 석실서원과 북학파 사상가들의 연관관계도 지식의 성격이라는 측면에서 부분적으로 해명될 수 있으리라고 생각한다. 물론 석실서원을 통하여 당시 서원의 변화양상을 일반화할 수는 없다. 석실서원은 경화사족과 세도가의 서원이라는 매우 특수한 위치에 있었기 때문이다. 따라서 당시 서원의 변화양상을 보여주는 하나의 예로서만 제시될 수 있다는 한계를 갖는다. 본 글은 이러한 점을 염두에 두면서 석실서원이 보여준 지식, 지식인의 문제를 살펴보고자 한다.

---

2) 이 시기 서원에 대한 연구로는 다음을 참조할 수 있다. 정만조, 『朝鮮時代 書院研究』, 집문당, 1997; 이수환, 『朝鮮後期書院研究』, 일조각, 2001; 이해준, 『조선후기 문중서원 연구』, 경인문화사, 2008; 윤희면, 『조선시대 서원과 양반』, 집문당, 2004.

3) 그러한 점에서 본 연구는 지식, 지식인의 구체적인 내용보다는 지식의 구조와 성격 문제를 주로 다루어보고자 한다. 석실서원에 대해서는 다음 연구들을 참조할 수 있다. 오항녕, 「石室書院의 渼湖 金元行과 그의 思想」, 『북한강유역의 유학사상』, 한림대, 1998; 이경구, 「金元行의 實心 강조와 石室書院에서의 교육 활동」, 『震檀學報』 88, 1999; 조준호, 「朝鮮後期 石室書院의 位相과 學風」, 『朝鮮時代史學報』 11, 1999; 조준호, 「경기지역 서원의 정치적 성격」, 『국학연구』 11, 2007.

2. 서원이라는 '지식'·'지식인' 생성의 장(場)

서원은 성균관, 향교, 서당과 함께 조선시대 지식·지식인이 만들어지는 중요한 교육공간이었다. 특히 향교와 함께 지방의 대표적인 교육기관이었고 오랜 연원을 가지고 있었다. 서원이 본격적으로 활성화되는 것은 16세기 사림층이 정치적으로 부상하던 때부터였다. 16세기 서원의 비약적인 성장은 새로운 '지식'과 '지식인'의 형성과 관련해서 주목할 필요가 있다. 서원을 만들었던 사림층은 기존 성균관과 향교 중심으로 구축되어 있었던 조선전기 교육체제의 한계를 느끼고, 좀 더 체계적인 주자학적 지식인의 양성을 목표로 하였다. 그것에는 과거 중심의 교육체계를 비판하고 그와는 구별되는 새로운 형태의 지식을 만들고 발전시키고자 하는 목적의식이 있었다. 서원은 조선중기 새로운 지식운동의 일환으로 발전한 것이다.

사림파는 사림에 대한 특화된 교육을 강조하였다. 향교의 교육과정이 국가적인 입장의 교육에 맞추어져 있었던 반면에 서원은 각 문중과 지역사림을 위한 교육을 내세웠다. 그러할 때 서원의 독립성은 중요했다. 결과적으로 서원은 사액이라는 형태로서 국가의 재정적 지원은 받았지만, 국가의 직접적인 규제는 받지 않는 형태로 만들어졌다. 이것은 서원에서의 지식·지식인의 생산이 어떠한 성격을 가질 것인가를 시사했다.

서원은 선조대에만 60여 개가 넘는 숫자가 설립되는 등[4] 향촌 사림층의 성장과 함께 그 수가 비약적으로 증가하였다. 그러한 과정에서 점차 부작용도 일어났다. 서원이 지향하는 지식·지식인의 모습은 과거시험을 준비하는 관료적인 지식인이 아니었다. 그들이 지향했던 지식인은 '의리지학(義理之學)'과 그들이 생각하는 실학을 하는 지식인이었다. 그들의 사상적

4) 이수환, 앞의 책, 2001, 20쪽.

정체성은 국가적인 입장보다는 그들이 생각하는 인륜적, 문명적 입장 위에서 형성되었다. 이러한 그들은 지역의 이른바 '공론(公論)'을 주도하며 중앙정치에 참여하였다. 이러한 점은 국가와 서원의 협력과 갈등을 설명하는 데 중요하다.[5]

17세기 후반 이후 서원은 점차 문중자제들의 교육과 교화를 위한 기구로 변화하였다. 서원교육에서 공적인 성격이 많은 부분 사라진 것이다. 이 시기부터 서원은 부정적인 모습들이 현저히 나타났다.[6] 이렇게 된 데에는 서원의 제례(祭禮) 기능도 중요한 이유가 되었던 것으로 보인다. 제례 기능은 서원의 사적인 성격을 가속화시켰다. 지식인들의 붕당이 결정되면서 어떠한 인물을 제사지내느냐에 따라 그 서원의 정치적 성격이 결정되었다. 점차 특정 당파의 자제들이 특정 서원에서 교육을 받고 그들은 특정 공동체로서의 관계를 공고히 하였다.

이렇게 됨에 따라 서원의 부작용이 많은 부분 표출되었다. 영조가 서원을 훼철하면서 향현사(鄕賢祠)와 영당(影堂)을 금지하고, 서원 건립이 선현을 숭상하는 것이 아니라 사사로운 이익을 이루려는 데에 있다고 말한 것은 이러한 이유 때문이었다.[7] 18, 19세기에는 서원의 주요 설립목적이 선현에 대한 봉사(奉祀)로 변해가고 있었다.[8]

특히, 숙종대 환국정치(換局政治)의 상황은 서원의 사적인 성격 강화에 중요한 정치적 배경이었다. 이 과정에서 서원은 문중서원화 되었고, 다시

---

5) 여기에는 성리학이 갖는 독특한 성격 즉, "신유학자가 된다는 것은, 인사이더에 속한다고 주장하는 아웃사이더가 되는 일이자 정통을 위해 발언한다고 주장하는 비정통적 인물이 되는 일이었다."(Peter K. Bol 저/김영민 옮김, 『역사속의 성리학』, 예문서원, 2010, 296쪽)라는 언급에서 나타나는 이중적인, 경계적인 부분이 작용하고 있었다.

6) 윤희면, 「조선시대 서원 정책과 서원의 설립 실태」, 『역사학보』 181, 2004, 69쪽.

7) 『英祖實錄』 卷53, 英祖 17年 4月 20日(甲寅).

8) 윤희면, 앞의 글, 2004, 95쪽.

문중서원화는 공적 교육의 의미를 상쇄시키고 사적인 성격을 강화시켰다.[9] 서원이 문중서원화하고 제례 중심의 사적인 기능이 강조되는 것은 서원의 고유 기능 약화라는 관점에서 물론 부정적으로 보아야 한다. 그것은 서원이 처음 만들어졌던 당시의 설립목적에서 멀어지는 것이기 때문이다. 하지만 이 시기 문중서원화 경향은 그것이 긍정적인가, 부정적인가의 문제를 떠나서 이전과는 다른 새로운 형태의 지식과 지식인이 만들어지는 과정으로 볼 수도 있다. 서원이 가졌던 역기능들이 시대의 변화와 조응하면서 새로운 방식으로 변화되고 있었던 것이다.

문중서원화 경향으로 교육의 사유화가 일어남에 따라서 국가는 향교와 같은 공적 교육기관을 부흥시키고자 하였다. 국가 중심의 경세론을 펼쳤던 한당(漢黨)의 경우,[10] 서원의 대안으로 향교를 부흥시키고자 했다.[11] 하지만, 그들의 정책은 성공하지 못했다. 오히려 이후 서원은 꾸준히 그 숫자가 증가하였고, 문중서원의 성격도 더욱 강화되었다. 그러할 때 서원이 만들어내는 지식과 지식인은 '국가적인 것'과는 일정하게 거리가 있었다고 생각된다. 1741년(영조 17) 탕평파에 의한 서원훼철과 19세기 고종대 서원훼철은 서원과 국가 사이에서 오래도록 유지되어 오던 공조관계가 파기됨을 의미했다.

서원은 더 이상 국가가 필요로 하는 지식과 지식인을 양산해내지 못하였으며, 따라서 국가는 그 동안의 협력관계를 정리하고자 하였다. 국가가 이상적으로 생각하는 지식인은 기본적으로 시왕(時王)과 시제(時制)에 충

9) 그렇게 된 데에는 서원의 문중화를 통하여 자신들의 사회적 영향력을 증가시키고자 하는 분명한 목적의식이 있었다.(정만조, 앞의 책, 1997, 115쪽 참조)

10) 漢黨에 관해서는 정만조, 「17세기 중반 漢黨의 정치활동과 國政運營論」, 『韓國文化』 23, 1999 참조.

11) 『孝宗實錄』 卷18, 孝宗 8年 6月 21日(壬辰). 이에 대해서는 조성산, 『조선후기 낙론계 학풍의 형성과 전개』, 지식산업사, 2007, 112~113쪽 참조.

실한 '군신(君臣)' 관계에 투철한 지식인이었다고 볼 수 있으며, 어떠한 의미에서는 관료적 지식인이었다. 반면에 당시 사림층은 군신관계를 넘어서 인륜질서에 충실한 의리적 지식인을 이상적으로 생각하였다. 이것에는 자신들의 정치 · 사회적 영역을 확대하고자 하는 목적의식이 내재되어 있었으며, 이는 현실에서 당론으로 나타났다. 군신관계를 강조하던 탕평론과 군자 · 소인론에 입각한 당론이 첨예하게 대립하였던 것은 이러한 의식의 반영이었다.

서원과 국가 관계의 변화는 오랫동안 유지되던 서원이 갖던 사회적 위상에 변화가 있었음을 의미했다. 이는 '지식'의 관점에서 볼 때, 서원이 담당하던 지식과 교육의 영역이 더 이상 국가가 볼 때에는 유효하지 않게 되었다는 것을 의미하는 것이기도 하였다. 이후 서원을 대체할 만한 새로운 교육기관은 나오지 못했다. 서당이 민간에서 교육기능을 담당하였지만 뚜렷한 흔적을 남기지는 못했던 것으로 보인다. 따라서 조선은 일본에서 사숙(私塾) 형태의 새로운 교육기관이 등장하여 근대적 지식과 지식인을 양산해 낸 것과 같은 형태의 역사적 경험을 갖지 못했다. 조선의 서원은 교육과정 측면에서 보면 조선 말기까지 교육과정의 보수성을 벗어나지 못했다. 즉, 새로운 학문은 그곳에서 시도될 수 없었던 것이다.[12]

본 글은 이러한 역사적 배경을 참조하면서 석실서원의 강학과 이것이 수행했던 지식, 지식인의 재생산 문제를 다루어보고자 한다. 석실서원이 특히 관심을 끄는 이유는 그곳이 보수적인 학문과 북학과 같은 새로운 지식운동이 만나는 장소였기 때문이다.

---

12) 중국의 경우, 淸代 서원은 고증학의 주요 온상지였다.(蔣建國, 「知識生産与文化傳播: 組織傳播視域下的中國古代書院」, 『한국학논총』 30, 2008, 426쪽)

3. 석실서원의 강학과 교육

석실서원의 유래는 1656년(효종 7)에 김상용(金尙容: 1561~1637), 김상헌을 기리기 위하여 세워졌던 사우(祠宇)에서 유래하였다. 이후 1663년(현종 4)에 국가로부터 석실사(石室祠)라는 편액을 받아 사액서원으로 승격하였다.[13] 석실서원은 김상헌으로 대표되는 척화의리를 상징하였으며, 1672년(현종 13) 송시열은 석실서원의 묘정비문을 지으면서 김상헌 형제의 의리를 부각시켰다.[14]

1697년(숙종 23)에는 김수항, 민정중(閔鼎重: 1628~1692), 이단상(李端相: 1628~1669)을, 1710년(숙종 36)에는 김창협을 추가 배향하였다. 이후에는 김창흡, 김원행, 김이안(金履安: 1722~1791), 김조순이 차례로 배향되었다. 이러한 모습은 당시 서원의 고질적인 병폐였던 가묘적 성격이 강화되고 있었음을 보여준다. 석실서원은 결국 1868년(고종 5) 흥선대원군의 서원철폐령으로 없어졌다. 1656년 사우로서 창건되고 1868년 없어질 때까지 석실서원에 배향된 인물들 면면이 보여주듯이 석실서원은 안동김문을 중심으로 한 서인-노론의 본거지 역할을 담당하였다.

석실서원이 학계의 중심으로 서게 되는 것은 김창협 때부터가 아닌가 생각된다. 김창협은 석실서원에서 의욕적으로 강학 활동을 전개했다. 김창협의 『농암집(農巖集)』에는 석실서원에서의 일상들을 묘사한 글들이 다수 실려 있다. 김창협이 권상하(權尙夏: 1641~1721)에게 보내는 다음과 같은 글은 그러한 모습을 보여주고 있다.

---

13) 본 글에서 서술된 석실서원의 건립과 그 과정에 대해서는 오항녕, 앞의 글, 1998, 34~36쪽과 조준호, 앞의 글, 1999, 66~78쪽 참조.

14) 宋時烈, 『宋子大全』 卷171 「石室書院廟庭碑」.

지난 겨울 이래 계속 석실재사(石室齋舍)에 있다가 지난 달에 비로소 돌아왔습니다. 왕래하던 벗들은 항상 10여 명인데 비록 모두 과거시험의 누를 면하지는 못했지만 강(講)하는 것은 모두 의리문자로 밤낮으로 갈고 닦으니 자못 이 일에 의욕이 납니다. 얼마나 오랫동안 있을지 비록 장담할 수는 없지만 그 가운데 혹 기대할 만한 사람이 한두 명 없지 않으니 학문의 기맥(氣脈)이 단절되는 것에는 이르지 않을 듯합니다.[15]

김창협은 45세인 1695년(숙종 21)에 석실서원에 머물면서 강학하였는데, 이때 원근의 많은 선비들이 와서 공부하였다. 이하곤(李夏坤: 1677~1724)은 김창협이 주도한 당시의 석실서원을 다음과 같이 묘사하였다.

내가 처음 석실서원에서 사관(士寬)을 보았을 때, 당시 농암(農巖) 선생께서는 도덕문장(道德文章)으로 일세의 기대를 받고 석실서원에서 강학하셨다. 사방의 종유지사(從遊之士)들의 모여듦이 마치 구름 같았다. 나는 사관과 함께 구의(摳衣)의 열(列)에 있으면서 한 달 이상 함께 거처하였다. 매일 밤 서원에서는 등빛이 밝게 빛나는 것을 보았고, 독서하는 소리가 강성(江聲)과 서로 응하였으니 매우 기뻤다.[16]

김창협의 이러한 노력 때문에 석실서원의 원유들은 김창협이 죽은 후에 김창협을 문묘에 배향할 것을 건의하기도 하였다.[17] 김창협 이후에는 김원행이 석실서원의 교육을 맡았다. 이재(李縡: 1680~1746)의 한천정사(寒泉精舍) 이후 김원행의 석실서원은 노론 정파의 핵심적인 교육 공간이 되었다.[18]

이와 같이 석실서원이 안동김문 인물들을 다수 제향하고 안동김문을 중

15) 金昌協, 『農巖集』 卷12 「答權致道 丁丑」.

16) 李夏坤, 『頭陀草』 冊十三 雜著 「送金士寬南歸序」.

17) 金昌協, 『農巖集』 別集 卷4 附錄 「諸家記述雜錄」, "石室院儒發農巖從享文廟之論 斯論也無一毫挾雜 純然出於公心"

18) 李縡의 寒泉精舍에 대해서는 최성환, 「朝鮮後期 李縡의 學問과 寒泉精舍의 門人敎育」, 『歷史敎育』 77, 2001 참조할 수 있다.

심으로 운용되자, 외부에서는 석실서원을 김씨사당(金氏祠堂)이라고 이르기도 하였다.[19] 이는 사실 기롱의 뜻이었다.[20] 특히 김원행 자신이 석실서원 원장을 맡게 되자, 그러한 혐의를 의식해서인지 후손이 자신의 조상을 모신 서원의 원장을 맡은 전례가 있는지를 찾기도 하였다.[21] 제자 황윤석(黃胤錫: 1729~1791)은 주희(朱熹: 1130~1200)의 후손이 서원의 원장을 한 것을 예로 들기도 하였다.[22]

이는 당시 서원이 문중서원화되는 방식을 보여주는 동시에 석실서원과 안동김문의 긴밀한 관계를 확인시켜주는 것이라고 할 수 있다. 과거에 보통 원장은 외부나 중앙의 유력 인사가 맡는 경우가 많았는데,[23] 이제 문중의 인사가 원장까지 맡게 되었던 것이다. 이는 조선후기 서원의 문중화 경향을 잘 보여주는 사례이다.[24]

한편, 석실서원을 살피는 데 있어서 주목해야 할 것은 석실서원이 만들어낸 인적 관계망이다. 석실서원은 많은 인물들의 글에서 풍광이 아름다운 장소로 기술되었다.[25] 그만큼 많은 사람들이 이곳을 방문하였다. 여기에

---

19) 黃胤錫,『頤齋亂藁』2 卷11 戊子(1768) 11月 14日(戊戌), "且吾近於華陽石室 俱有院長之名 而石室一事 自有商量 蓋石室俎豆 多吾祖先 故人或指謂金氏祠堂矣"(한국정신문화연구원, 1995, 300쪽)

20)『景宗實錄』卷12, 景宗 3年 6月 3日(庚戌); 조준호, 앞의 글, 1999, 76쪽 참조.

21) 金元行,『渼湖集』卷12「答趙憲喆」.

22) 黃胤錫,『頤齋亂藁』4 卷24 戊戌(1778) 2월 초10일(辛丑)(한국정신문화연구원, 1998, 511~512쪽)

23) 이는「石室書院講規」에도 나와 있다.(金元行,『渼湖集』卷14「石室書院講規」, "以公卿大夫之有賢德負士望者爲之") 이와 관련하여 영남 남인계 서원의 경우 원장은 실질적인 서원운영의 책임자였던 데 반해서 서인계 서원의 원장은 중앙의 고위관리가 맡는 경우가 많았다. 이에 대해서는 이수환, 앞의 책, 2001, 26쪽 참조.

24) 이수환, 위의 책, 2001, 40쪽.

25) 대표적으로 黃胤錫의 다음과 같은 언급을 들 수 있다. 黃胤錫,『頤齋亂藁』1 卷2 丙子(1756) 윤9월 29일(甲子), "旣至院中則 江山風景 最好勝覽 爲江漢上遊勝地 祠宇肅肅 庭有大碑尤庵撰 谷雲書八分 遂宿是夜風雨達曉"(한국정신문화연구원, 1994, 165쪽)

는 풍광뿐만 아니라 석실서원이 갖는 교통상의 이점도 크게 작용하였으리라고 생각된다. 한강 수로를 따라 서울까지 쉽게 도달할 수 있는 교통상의 이점이 있었던 것이다.[26] 석실서원이 지식인 사회에서 중심적 위치에 설 수 있게 되는 것에는 이러한 지리적 요인이 중요하게 작용했던 것으로 보인다. 그러한 이유들로 인해서 석실서원은 18세기 후반 전성기를 누렸다.

석실서원의 강학 그 자체는 여느 서원의 그것과 크게 다르지는 않았다. 강규(講規)에 의하면 먼저『소학(小學)』을 공부하고 이어『대학(大學)』,『논어(論語)』,『맹자(孟子)』,『중용(中庸)』,『심경(心經)』,『근사록(近思錄)』이후에 여러 경을 마치고 다시 돌아 반복하였다.[27] 이는 일반적인 수업진행 방식으로서 대부분의 서원들도 이러한 진행방식을 따랐다. 이러한 과목들을 공부하면서 김원행은 제자들에게 특히 강학을 중시하였다.[28]

그는 서원은 본래 강학을 위하여 설치된 것이니 사(士)가 강학하지 않으면 사(士)라고 말할 수 없다고 하였다.[29] 이재 또한 최근 서원의 가장 커다란 문제점으로 강학 기능의 미비를 들었으며, 강학을 매우 중시하였다.[30] 그의 강학 강조는 당시 서원이 사현(祀賢) 중심으로 흘러가 문중의 이해를 위해서 활용되던 상황을[31] 고려해 보면 긍정적인 측면이 없지 않은 것은

---

26) 조준호, 앞의 글, 1999, 80쪽 각주 61) 참조.

27) 金元行,『渼湖集』卷14「石室書院講規」, "所講書 必先小學 次大學 次論語 次孟子 次中庸 次心經 近思錄 後及諸經 周而復始"

28) 김원행의 강학에 대해서는 조준호, 앞의 글, 1999, 83~85쪽 참조.

29) 金元行,『渼湖集』卷14「諭石室書院講生」, "書院本爲講學而設 士不講學 不足謂之士矣 夫吾鄉之有是書院 實吾鄉之士之大幸也"

30) 李縡,『陶菴集』卷25「諭道峰院任」, "及夫末世 士習日壞 未見有羣居講習之美 則書院不過先賢享祀之宇 是則名爲書院而無書院之實者也 …… 噫 有書院而不讀書 則不如無書院"; 李縡,『陶菴集』卷25「諭道峰講儒」, "有書院則自應讀書 此非愚之言 乃栗谷先生之意 觀於院記可知 愚自忝叨山長以來 勸諭講事"

31) 이수환, 앞의 책, 2001, 40쪽.

아니었다.

하지만 강학은 정치적인 도구로 활용될 수 있었다. 강학은 관계들을 만들고 공동체를 집결시키는 데 매우 효율적인 방법이었다.[32] 사람들을 조직하고 같은 생각을 공유하는 데 강학은 중요한 학습방법이었던 것이다. 강학의 강조에서, 노론 준론이 탕평정국 하에서 자파 세력의 부식을 위하여 강학에 치중했던 모습을 추론해 볼 수 있다. 실제 주도적인 흐름은 아니었다고 하더라도 이 시기 일부 서원에서 강회가 중시되는 경향은 이와 같은 정치적인 흐름의 연장선상에서 이해해 볼 수 있다.[33] 호락논쟁(湖洛論爭) 과정에서 이재와 김원행이 낙론 학맥을 대표하고 노론 산림 세력의 중심적 인물로 부상되는 데에는 그들의 교육활동이 커다란 요인으로 작용하였다. 그들 모두 자신을 중심으로 한 교육기관을 가지고 있었다.

김원행이 마련한 「석실서원강규(石室書院講規)」와 「석실서원학규(石室書院學規)」를 통하여 석실서원 강학의 형태를 대략 짐작해 볼 수 있다. 김원행은 「율곡학규(栗谷學規)」, 「율곡선생학교모범(栗谷先生學校模範)」을 참고로 하여 서원의 학습규정을 새롭게 마련하였고 이를 기반으로 학생들을 가르쳤다.[34] 그는 성현지서(聖賢之書), 성리지설(性理之說)이 아닌 책들과 과거시험과 관련된 학습서들은 서원에 들이지 못하도록 하였다.[35] 물론 이것은 이이(李珥: 1536~1584)의 「은병정사학규(隱屛精舍學規)」와 박세채(朴世采: 1632~1695)의 「남계서당학규(南溪書堂學規)」, 이재의 「율곡서원학

---

32) Peter K. Bol 저 · 김영민 옮김, 앞의 책, 2010, 307쪽.

33) 이러한 지적에 대해서는 윤희면, 「서원교육의 전개와 교육효과」, 『조선시대 서원과 양반』, 집문당, 2005, 371~383쪽; 박종배, 「학규를 통해서 본 조선시대의 서원강회」, 『교육사학연구』 19-2, 2009 참조.

34) 金元行, 『渼湖集』 卷14 「石室書院講規」; 卷14 「石室書院學規」 참조.

35) 金元行, 『渼湖集』 卷14 「石室書院學規」, "非聖賢之書性理之說 則不得披讀于院中 史冊則許讀 若欲做科業者 必習于他處"

규(深谷書院學規)」 등에서도 보이는 것으로 서원의 일반적인 규칙이기는 하였지만,[36] 석실서원이 가졌던 강학의 방향을 확인할 수 있다.[37] 또한 작문에서도 의리에 근본하여 이단궤괴지설(異端詭怪之說)을 섞어서는 안 된다고 하였다.[38]

경전 가운데에서는 주자의 말을 인용하여 『중용』을 최후 공부로 생각할 만큼 매우 중시하였다.[39] 현재 『미호전서(渼湖全書)』에는 「중용문답(中庸問答)」과 「중용강설(中庸講說)」이 전한다. 여기에서 김원행은 낙론 성리학에 입각하여 『중용』의 의미를 분석하였다. 이는 낙론 성리학을 설명하는 데 『중용』이 소의경전으로서 중요했기 때문이었다. 김원행은 『중용』은 단지 천도(天道)와 인도(人道)가 하나의 이치임을 분명히 하고자 함이며, 수장(首章)은 천명지성(天命之性)과 솔성지도(率性之道)를 말하여 천(天)과 인(人)이 하나의 이치임을 밝혀서 사람들로 하여금 천성(天性)을 잃지 않게 하고자 함이라고 하였다.[40] 이는 인(人)과 물(物)이 일리(一理)임을 주장한 낙론의 종지와 일치하였다.

다음은 그가 어떠한 방식으로 낙론 성리학을 『중용』 강독에 응용하였는

---

36) 李珥, 『栗谷全書』 卷15 「隱屛精舍學規」, "非聖賢之書 性理之說 則不得披讀于齋中 史學則許讀 做科業者 必習于他處"; 朴世采, 『南溪集』 卷65 「南溪書堂學規」, "非聖賢性理之書 不得披覽 惟史書許看 如異端科擧文字 切不許入堂"; 李縡, 『陶菴集』 卷25 「深谷書院學規」, "此後居齋者 勿讀異端之書 又勿做科業文字於齋中 惟專意於義理之說"

37) 이이는 과거 그 자체에 대해서는 부정적이지 않았다. 다음에서 이러한 면모를 볼 수 있다. 李珥, 『栗谷全書』 卷15 「學校模範」, "十一曰應擧 謂科第雖非志士所汲汲 亦近世入仕之通規 若專志道學 進退以禮義者 則不可尙已 如或觀國之光 不免應擧 則亦當以誠心做功 勿浪過時月 但不可以得失 喪其所守 且常懷立身行道忠君報國之念 不可苟求溫飽而已 苟能志道不怠 日用無非循理 則科業亦日用間一事也 何害於實功"

38) 金元行, 『渼湖集』 卷14 「石室書院學規」, "凡作文 必皆本之義理 毋得雜以異端詭怪之說"

39) 朴胤源, 『近齋集』 卷32 「渼湖金先生語錄」, "先生曰 朱子每言以中庸爲最後工夫矣"

40) 金元行, 『渼湖全書』 「讀書箚錄」, "蓋中庸只是明其天道人道之一理 而首章言天命之性率性之道 以明其天人之一理 而使人不失其所得之天也"(여강출판사, 1986, 683쪽)

지를 구체적으로 보여준다.

> 주자(朱子)는 성(性)을 말함에 있어서 이(理)를 주로 하였으나 호중(湖中)의 학자들은 성(性)을 말함에 있어 기(氣)를 겸하였으니 그 절절마다 서로 어긋남이 마땅하다.[41]

> 남당(南塘)이 "소리개가 날고 물고기가 약동하는 것은 천명(天命)의 성(性)이다. 소리개는 약동할 수 없고 물고기는 날 수 없으니 이는 솔성(率性)의 도(道)이다. 이것이 만물성도(萬物性道)의 같지 않음이다."라고 말하였다. 생각건대, 하늘은 실어 줄 수 없고 땅은 덮어 줄 수 없으니 이는 어찌된 이유인가? 형기(形氣)에 국한되기 때문이다. 이로써 천지(天地)의 도(道)가 같지 않다고 한다면 옳겠는가? 소리개와 물고기가 날고 약동하는 것은 비록 서로 통할 수는 없지만 성(性)의 본연(本然)과 자연(自然)을 이와 같이 따르는 것은 하나일 따름이니 어찌 같지 않은 것이 있겠는가![42]

김원행은 주자는 성(性)을 말함에 이(理)를 주로 하였으나 근래 호서의 학자들은 기(氣)를 겸하여 말하니 이는 주자의 뜻과 어긋난다고 지적하였으며, 소리개와 물고기가 비록 형체를 달리하지만 그 이치에 있어서는 같다고 하면서 낙론의 종지를 강조하였다.

김원행이 석실서원에서 제자들과 강학한 내용들을 살펴보면 크게 두 가지로 나뉜다. 첫째는 낙론 성리학을 강조하는 것이었고, 두 번째는 노론 의리를 명확히 하는 것이었다. 그는 많은 부분에서 낙론 성리학을 언급하였고 이를 강조하였다. 화양서원(華陽書院) 묘정비(廟庭碑) 문제도 이러한 과정에서 나왔다. 화양서원에서 호론계 인물들이 자신들의 인물성이론(人物性異論) 주장을 기입하려고 하자, 김원행 등은 이에 반대하여 호론계 인

---

41) 金元行,『渼湖全書』「中庸問答」(여강출판사, 1986, 628쪽)

42) 金元行,『渼湖全書』「中庸問答」(여강출판사, 1986, 633쪽)

물들과 논쟁을 벌였다.[43]

이 논의는 당시 노론 학계에서 중요한 논쟁주제가 되었고, 여기에서 발생한 학문적, 감정적 대립은 시 · 벽 분기에까지 일정 정도 영향을 끼쳤다.[44] 김원행은 상당히 많은 곳에서 인물성동론, 성범인심동론과 같은 낙론의 논지를 전개하였다. 이 주장을 통하여 낙론 성리학을 자신들 학파의 의리명분으로 삼고자 하였다. 당시 학계에서 성리학이 갖는 상징적 의미는 재론할 필요가 없다. 김원행은 이재 이후 낙론 성리학을 주창하면서 낙론계의 종장이 되었고 석실서원은 그 중심이 되었다.

이렇게 학계의 중심에 서기 위하여 김원행은 서인－노론의 명확한 도통론을 세워야 했다. 그는 조광조(趙光祖: 1482~1519), 이이, 조헌(趙憲: 1544~1592), 송시열(宋時烈: 1607~1689)을 높이 숭상하였다. 심지어 그는 이이와 송시열의 학문은 명나라에서도 구할 수 없다고도 하였다.[45] 그가 이렇게 이이와 송시열을 강조하는 것은, 두말할 필요 없이 자신의 학문적 정체성과 위상을 명확히 하고자 위함이었다.

그 밖에 송시열에 관한 인물평을 살펴보면, 김원행은 천하의 의리는 주자를 기준으로 하고 동국(東國)의 시비(是非)는 우암을 기준으로 해야 한다고 하였으며, 공부는 두 선생을 기준으로 해야 한다고 하였다.[46] 이러한 인물평을 통하여 그는 노론 의리에 충실한 당론적 지식인을 양산해 내었다.

한편, 그는 자명한 사실이지만, 반대당파의 인물들에 대해서 많은 부분

---

43) 이 논의에 대해서는 권오영, 「18세기 湖洛論辨의 爭點과 그 性格」, 『朝鮮時代의 社會와 性格』, 朝鮮社會研究會, 1998 참조.

44) 조성산, 앞의 책, 2007, 324~325쪽.

45) 金元行, 『渼湖全書』 「渼上錄」, "栗尤之學 求之皇明 莫能及者"(여강출판사, 1986, 440쪽)

46) 金元行, 『渼湖全書』 「渼湖先生言行錄」, "先生學問繩墨甚嚴 天下義理 只以朱子爲準 東國是非 只以尤菴爲斷 其工夫節次言論旨趣 皆壹遵二先生成法 此外別無他事"(여강출판사, 1986, 402쪽)

에서 부정적인 평가를 내렸다.[47] 김원행의 박세채에 대한 부정적인 평가들이나[48] 남인, 소론들에 대한 부정적인 언급들은 당론적 지식의 재생산이었다. 특히 영조가 재위 40년에 박세채의 탕평에 대한 공로를 기리고 문묘에 종사하도록 하는 과정에서 이를 반대하는 노론계 지식인들 사이에서 박세채에 대한 비판은 극렬하게 일어났다.[49] 김원행의 박세채 비판 또한 이것과 깊은 관련성을 가졌던 것으로 보인다.

4. 과거 시험에 대한 부정과 새로운 지식의 가능성

1) 석실서원에서의 과거 시험 부정

과거시험 제도는 중국과 조선, 베트남에서 관료를 선발하는 데 매우 중요한 역할을 하였다. 또한 과거제는 관료 선발의 측면뿐만 아니라 국가가 지식인들을 관리하고 혹은 지식인 사회의 계층재생산에도 매우 중요한 기능을 수행하였다.[50] 그러한 점에서 과거시험은 정치, 사회뿐만 아니라 당

---

47) 이에 대해서는 이경구, 앞의 글, 1999, 234쪽 참조.

48) 金元行,『渼湖全書』「渼湖先生言行錄」, "先生日 人於君子小人之間 身以處之 稱以蕩平 不欲爲君子之正黨 又不欲爲小人之奸黨 此所謂進不得爲君子 退不得爲小人者也 玄石近之"(여강출판사, 1986, 390쪽); "論朴玄石事敎日 君能知玄石之所以爲玄石乎 時尤翁在上而不肯屈首聽命 乃敢爲別立門戶之計 此私意也 所以誤了平生也"(여강출판사, 1986, 397쪽)

49) 조준호, 앞의 글, 2007, 176~181쪽.

50) 과거시험에서 요구되는 八股文과 같은 정형화된 글쓰기는 지식인들의 정신세계를 지배하는 것으로 이해할 수 있다.(荻野昌弘,「社會學的課題として科擧: 文化資本から規律・訓練へ」, 伊原弘・小島毅 編,『知識人の諸相』, 勉誠出版, 2000, 69쪽) 또한 과거제는 지식인 사회의 재생산에도 중요한 기여를 하였다.(鈴木智之,「象徵的暴力の再生産と科擧: ブルデュー社會學からの一視点」, 伊原弘・小島毅 編, 위의 책, 2000)

대 문화와 지식체계를 이해하는 데 중요한 제도가 아닐 수 없다.

하지만 동아시아 사회에서 과거제도에 대한 부작용 또한 적지 않았다. 과거시험을 통하여 학문은 규격화되었으며, 학문 그 자체보다는 정치적인 목적에 의해서 과거시험이 좌우되는 경향도 많았다.[51] 특히 조선의 과거시험이 갖는 국가적 규정성은 동아시아 사회에서 가장 컸다고 할 수 있다.[52] 그러한 점에서 조선 지식인 사회에서 과거시험이 갖는 의미는 각별하였다. 즉, 현실에서 과거시험 이외의 학문의 영역이 매우 적었음과 과거시험이 학문의 발전을 상당 부분 침해했음을 알 수 있다. 이 부분에서는 석실서원에서 유독 강조되었던 과거시험에 대한 부정이 어떻게 석실서원 바로 밖에서 북학사상과 같은 새로운 지식운동으로 귀결될 수 있었는지를 살펴보고자 한다.

다음에서 볼 수 있듯이 김원행은 과거시험에 대해서 매우 부정적인 자세를 견지하였다.

> "학문을 권하여 선비를 양성하는 규정은, 들으면 사람으로 하여금 기운 나게 합니다. 과거의 폐해는 곳곳마다 모두 그러하니, 근래 그것을 경험해보면 이 폐해는 진실로 이단(異端)의 폐해뿐만이 아닙니다. 이런데도 폐해를 제거하지 않는다면 세도와 인심이 장차 어디로 다다를지 모르니 진실로 통탄스럽고 마음이 아픕니다."[53]

> 이곳의 강회(講會)는 진정 강회를 주관하는 사람이 없어 많은 선비들을 진작하기에 부족하니 찾아오는 자들이 거의 없고 또한 향리의 사람들도 굶주리

---

51) 송대 사회에서 舊法黨과 新法黨이 정권을 잡는 과정에서 과거시험 과목이 변화하는 것은 이러한 현상의 예증이 될 수 있다.(히라다 시게키(平田茂樹) 저 · 김용천 옮김, 『과거와 관료제』, 동과서, 2007, 24~30쪽 참조).

52) 宮嶋博史, 「朝鮮時代の科擧: 全體像とその特徵」, 『中國』 22, 2007, 76~77쪽.

53) 金元行, 『渼湖集』 卷4 「答任仲思」.

는 자가 많은 이유로 글을 읽을 수 없습니다. 혹 대략이나마 문자에 뜻을 둘 수 있는 자들은 또한 모두 과거에 현혹되어, 생각을 바꾸어 기꺼이 이 학문에 뜻을 두려는 자가 없습니다. 진실로 안타깝고 슬픕니다.[54]

물론 과거시험은 조선시대 내내 항상 문제가 된 사안이었고, 많은 지식인들에 의해서 그 문제점들이 지속적으로 지적되었다. 하지만 김원행은 유독 과거제의 부정적인 측면들을 강조하였다. 김원행의 과거시험 부정이 특징적인 것은 경화벌열로서 그와 그의 주변 인물들의 관직진출이 그 어느 가문보다 용이하였다는 것에 있다. 즉, 그의 과거비판은 몰락한 가문에서의 과거제도 비판과는 구분되는 것이었다. 몰락한 가문에서의 과거제도 비판은 과거의 불공정성이나 등용과정의 부적절성에 치중되는 경향이 있었지만, 김원행은 과거시험과 학문의 상관관계를 주로 강조하였다.[55]

김원행은 황윤석에게 과거와 학문 가운데 어느 하나를 선택할 것인가를 물으면서 과거의 폐단은 이단보다 더욱 심하다고 역설하였다. 그리고 그는 과거를 통하여 관직에 진출하려고 하는 모리계공(謀利計功)의 마음이 신임옥사와 같은 화변(禍變)을 야기하는 근원이라고 생각하였다.[56] 이는 과거시험에 대한 단순한 부정적인 견해를 넘어서 과거시험을 모든 정치적 패악의 근원으로서 상정하는 것이었다.

또한 김원행의 의식이 상당 부분 투영되었다고 보이는 김시탁(金時鐸: 1713~1751)의 묘갈명(墓碣銘)에는 김시탁이 과거가 사람의 마음을 붕괴시

---

54) 金元行, 『渼湖集』 卷5 「答李汝封埰」.

55) 그는 實心과 실심에 근거한 학문을 강조하는 과정에서 이를 방해하는 것으로 流俗과 과거시험의 경우를 지적하기도 하였다.(이경구, 앞의 글, 1999, 235쪽 참조) 본 글은 이점을 인지하면서 당시 과거시험에 대한 인식과 그것이 가졌던 학문에 대한 규정성 문제에 초점을 맞추어 이를 심층적으로 논하고자 하였다.

56) 黃胤錫, 『頤齋亂藁』 1 卷2 丙子(1756) 윤9월 29일(甲子).(한국정신문화연구원, 1994, 165쪽)

키는 것이 이단과 다름이 없다고 하였으며, 학자는 먼저 과거에 뜻을 끊은 이후에야 천덕(天德)과 왕도(王道)를 이야기할 수 있다고 하였다.[57] 이러한 것은 김원행이 과거시험에 대하여 여타 인물보다 특히 더 단호했음을 보여준다.

이를 통하여 그가 얼마나 과거시험을 부정적인 것으로 파악하고 있었는지, 그리고 전후 과거시험을 비판했던 사람들과 비교해도 얼마나 과거시험을 부정적으로 인식하고 있었는지를 알 수 있다. 그는 이이가 언급한 "진실로 뜻이 나태하지 않고 이치를 따른다면 과업(科業) 또한 일용(日用) 간의 한 가지 일이니 어찌 실공(實功)에 해가 되겠는가."라는[58] 말을 가지고 과거를 긍정하고자 한 제자에게 매우 강한 어조로 과거시험을 부정하였다.[59] 이이의 이러한 언급은 많은 사람들에게 과거시험을 현실로서 인정하게 하는 말이었고, 또한 그러한 목적에서 많이 사용되었다.[60] 하지만 김원행은 이이의 말조차 완강히 부정하였다.

제자들의 기록에는 김원행이 과거시험에 다소 유연한 입장을 드러낸 부분도 발견되나, 이것은 제자들의 바람이 어느 정도 전제된 것으로 전적으로 신뢰하기에는 다소 어려움이 있다. 가령, 박윤원(朴胤源: 1734~1799)과 이규위(李奎緯: 1731~1788)는 김원행이 과거시험에 대해서 전적으로 부정

---

57) 金元行, 『渼湖集』 卷17 「金君時鐸墓碣銘」, "科擧之壞人 無異異端 學者先絕意於此 然後可與語天德王道"

58) 李珥, 『栗谷全書』 卷15 「學校模範」, "苟能志道不怠 日用無非循理 則科業亦日用間一事也 何害於實功"

59) 金元行, 『渼湖全書』 「渼上錄」, "先生問枕曰 …… 科我所欲也 學問我所欲也 二者不可得兼 子爲科業乎 爲學問乎 枕對曰 科業亦是學問中事 父母之望 卒不可廢 先生憂歎曰 近日所講說 便歸於虛 令人沒意味也"(여강출판사, 1986, 442쪽)

60) 다음의 것도 이러한 것을 보여준다. 任敬周, 『青川子稿』 卷2 「贈八弟興甫序 甲寅」, "栗谷先生曰 雖有通天之學 絕人之才 非科擧 則無由進於行道之位 亦宜並行而不悖也 生乎今之世 非科擧 無以行道 非文章無以取科 但當讀書 以修其德 用其餘力 以達之於文 而以應擧 夫如是 其將異乎世之所謂文章士 而亦且追乎今之大人君子矣"

적이지 않았다고 기록하였던 것이다.[61]

조선후기 많은 지식인들은 대체로 과거시험의 선발방식에 대해서 부정적이었다. 하지만 과거시험 응시 자체에 대해서는 불가피한 입장을 취하였던 것도 사실이다. 이이는 과거공부에 대해서 중립적인 자세를 보였다. 앞서 언급한 대로 그는 순리대로 한다면 과거시험도 일용간의 일사(一事)이니 실공(實功)에 해가 되지 않을 것이라고 하였다. 김창협은 과거시험에 대해서 기본적으로 부정적이었지만 현실적으로 과거를 등한시할 수 없었던 당시 지식인 사회에서 다소 중립적인 자세를 보였다. 그는 석실서원에서의 공부와 과거공부를 조화시키고자 노력한 것이다. 다음 글에서 이는 잘 보인다.

> 선비가 지금 세상에 살면서 과거를 어찌 폐할 수 있겠는가. 또한 과거가 어찌 일찍이 학문을 방해한 적이 있었는가. … 만약 익히는 것이 다른 업이라서 성현의 책에 힘을 쏟을 수 없다고 말한다면 이것이 바로 지금 세상에서 과거공부를 하는 사람들의 누추한 습관이고 고질적인 폐단이다. 문체가 나날이 비루해지고 인재가 나날이 무너지는 것이 모두 여기에서 말미암으니, 이를 논변하지 않을 수 없다. 대저 과거공부가 비록 스스로의 체재(體裁)와 정식(程式)이 있지만, 반드시 필세가 활발하고 문장의 조리가 밝고 분명한 연후에야 바야흐로 좋은 문자를 만들 수 있게 되어 넉넉히 반드시 성취할 수 있게 되는 것이니 아직 성현의 책을 읽지 않고 여기에 이를 수 있는 경우는 있지 않았다. 지금은 이러한 것을 오활하고 절실하지 않은 일이라고 생각하고서, 날마다 남의 글을 표절하는 공력과 아름답게 수식하여 글을 엮는 교묘함에 정신을 피폐하게 하고 몸을 수고롭게 하는 데 급급하고 있다. 과거공부의 첩경은 여기에 있다고

---

61) 朴胤源, 『近齋集』 卷32 「渼湖金先生語錄」, "胤源曰 今之士當知科擧卽學問中一事 然後方可有爲也 夫科擧 榮名之路 人之所大欲存焉 不可盡禁而止之 非自朝廷革罷科目則士皆不能免焉 必欲不從科目而後爲學 則將無爲學之士矣 故當知科擧學問兩不相妨然後科儒中 庶有兼治學問者矣 先生慨然歎曰 今人以科擧與學問 視爲相克 爲仁不富爲富不仁矣"; 金元行, 『渼湖全書』 「渼湖先生言行錄」, "每聞銓擧科榜中得好人 則必喜動顔色 奎緯嘗問曰 先生嘗不喜學者仕進 而聞銓政科榜得人 則必喜者何也 先生笑曰 有是哉 我國國事科第出身者主之 好人進 則似見好時節 故自然喜耳 此爲世道至誠"(여강출판사, 1986, 409쪽)

여겨서, 안목을 갖춘 사람이 보면 방정맞고 옹졸하며 용렬하고 누추하여 거의 문장이 되지 않는다는 것을 알지 못한다.[62]

이와 함께 김창협은 과거시험을 보지 않겠다고 다짐하는 어유봉(魚有鳳: 1672~1744)에게도 "그대의 뜻이 그렇다면 잠시 동안은 남들에게 쉽게 말하지 말고, 묵묵히 마음속으로 스스로 결정하는 것이 좋겠다."고[63] 조심스러운 입장을 보였다. 이러한 태도는 이후 당쟁의 격화과정 속에서 많은 변모를 맞이하게 된다. 영조의 탕평정치를 반대하는 분위기가 노론 내에서 강하게 조성되면서 관직 진출은 금기가 되었다. 이재는 여러 곳에서 과거시험이 인심을 붕괴시킨다고 언급하였다.[64] 하지만 한편으로 과거시험을 완전히 부정하지는 못했다.[65]

반면에 김원행은 앞서 살펴보았듯이 과거에 대해서 한층 부정적인 입장을 보였다. 그러할 때, 김원행이 이상적으로 생각한 지식인은 과거시험을 떠나 순수학문을 하는 사람들이었다. 그는 학(學)의 순위를 다음과 같이 설정했다.

지금 또한 속학(俗學)으로 논해보겠다. 가장 아래에는 과거지학(科擧之學)

---

62) 金昌協, 『農巖集』 卷22 「贈徐生文若序」.

63) 金昌協, 『農巖集』 別集 卷3 附錄 二 語錄 「魚有鳳錄」, "余拜辭曰 科擧本非所樂 而爲親黽勉 不得已也 今不幸遭此變 至有縲絏之辱 自此決不欲復應擧矣 先生曰 子之志則然矣 姑勿容易說出於人 默默自定于心 可也"

64) 李縡, 『陶菴集』 卷18 「答李士肯」, "科擧之壞人心術久矣 一朝擺脫俗累 慨然爲成己裕後之圖 是固今世之所未易得者"; 李縡, 『陶菴集』 卷19 「答金子長 辛酉」, "科擧非累人 人自累於科擧"

65) 李縡, 『陶菴集』 卷24 「文會堂記」, "所謂文者 詩書禮樂之謂 非科擧詞章之文 今之游斯堂者 所講誦 固亦不外乎詩書禮樂 而特科擧爲之主耳 嗚呼 科擧之弊久矣 旣未易遽革 則亦不可一例禁切 程子所云 一月內 十日科業者 亦不得已之論也 假使斯堂不開科擧一路 則法堂前草深三丈 將復見之矣"

> 이 있고 제이층에는 사장지학(詞章之學)이 있고 제일층에는 또한 훈고지학(訓詁之學)에 불과하다. 대개 이른바 마음에서 이치를 깨닫고 실처(實處)에 힘쓰는 자는 매우 드물다. 만약 훈고(訓詁)에 정밀하고 수성(修省)에 독실할 수 있다면 『대학(大學)』 한 부의 제일의(第一義)가 명덕(明德)을 행하는 것에 있다는 사실을 체인할 수 있을 것이다.[66]

김원행은 과거지학을 속학(俗學) 가운데에서도 가장 아래의 학문으로 보았다. 그러면서 마음에서 이치를 깨닫고 실처(實處)에 힘쓰는 자는 매우 드물다고 했다. 이어 그는 훈고(訓詁)에 정밀하고 수성(修省)에 독실하다면 『대학』의 제일의가 명덕(明德)을 행하는 것에 있다는 사실을 체인할 수 있을 것이라고 하였다. 그가 훈고지학을 상대적으로 높이 평가하고 훈고와 실천을 통하여 정진하는 유자(儒者)를 가장 높이 평가한 것은, 사실 강학의 중요성을 언급한 것이었다. 황윤석의 기록에서도 김원행이 경서장구지학(經書章句之學)을 높이 평가하였던 것은 강학 때문이었다.[67]

이를 통하여 보면 김원행은 과거지학을 가장 아래로 보고 강학을 통한 공부를 가장 우위에 두었음을 알 수 있다. 김원행이 생각한 과거시험과 강학의 갈등을 엿볼 수 있다. 그에게 가장 최상의 유자(儒者)는 의심할 여지없이 강학을 통하여 주자성리학에 힘쓰는 자였다. 그가 '학문(學問)이란 민생일용사(民生日用事)'라고 언급하면서도 그 구체적인 공부로 명천리(明天理)·정인심(正人心)의 성리학적 학습방법을 가리켰던 것에서 이를 알 수 있다.[68]

---

66) 金元行, 『渼湖全書』 「渼上記聞錄」(여강출판사, 1986, 485쪽)

67) 黃胤錫, 『頤齋續稿』 卷6 「渼上錄」, "今有科擧之學 是最下第一層 又有詞章之學 是次上第二層 又有經書章句之學 是又次上第三層 其視下二層 固有間矣 必也 又就章句上因其所知而實踐之方 是最上儒者事"(『頤齋全書』 上, 경인문화사, 1976, 427쪽)

68) 金元行, 『渼湖全書』「渼湖先生言行錄」, "先生曰 學問非別般事 卽民生日用事 學而迂闊不可適用者 非眞箇學也 上古學者 知此之實 故天理明而人心正 彝倫攸敍 治日常多 後世則爲學者少 學亦名 不究實 鮮能曉當務 故治日常少 是豈學問之本意哉 往古及今 明天理正人心 卽治世之本"(여강출판사, 1986, 411쪽)

그러한 점에서 그의 실자(實字)는 조선후기 개혁사상으로서의 실학(實學)과는 현격한 차이가 있다. 그의 실학과 실심은 현실적으로 과거공부와 거리를 두고 강학을 통하여 주자성리학 본연의 의리론에 충실하고자 하는 태도였다고 할 수 있다. 다음은 과거공부의 대척점에 있었던 그의 실심이 갖는 의미들을 잘 말해준다.

선생이 말하기를, "강회(講會)는 매우 아름다운 일이다. 그러나 실심(實心)으로 강회에 오는 자가 많지 않다. 단지 칠팔 인이 있을 따름이다. 그 나머지는 과거에 골몰하는가? 혹은 강회하고 혹은 그만두니 심히 개탄스럽다. 대저 과거제도를 변통하여 인재를 만들고 일으키는 근본으로 삼고 인재를 배양하는 도로 삼아야 한다. 만약 승학(升學), 절제(節製) 등의 과를 모두 폐지하고 단지 식년과(式年科)만을 둔다면, 인재를 일으키고 배양하는 것에 보탬이 될 것이다.[69]

그의 실심 주장은 과거시험을 부정적으로 바라보는 시각 속에서 개진되었다. 이러한 문제의식은 석실서원의 제자였던 홍대용에게 많은 영향을 끼쳤다. 우선, 홍대용 또한 과거시험에 대해서 무척 부정적이었다. 홍대용은 「자경설(自警說)」이라는 글에서 과거시험에 대해서 다음과 같이 언급하였다.

거업(擧業)이란 비록 면하지 못하는 것이지만, 공력이 또한 대강 족해지면 그쳐야 하니 반드시 정신과 힘을 다할 필요가 없다. 반드시 얻기를 기대하면 실학(實學)에 해가 된다. 부당하게 구하고 파는 것은 추함이 도둑보다 더 심한 것이니 절대로 마땅히 경계해야 한다. 입신하는 초기에 이미 도적의 일을 한다면 하물며 바라는 높은 관직과 화려한 작위에 있어서랴! 이는 또한 과거에 급제하는 것에 비할 것이 아니어서 종기를 빨고 치질도 핥을 것이니 그 장차 무슨 일인들 못하겠는가?[70]

---

69) 金元行, 『渼湖全書』 「渼上錄」(여강출판사, 1986, 443쪽)

홍대용은 실학을 과거시험과 상대하여 사용하였다. 이러한 과거와 관직에 대한 경계는 김원행이 황윤석에게 말했던 과거가 이단보다 더욱 그 폐해가 심하며, 모리계공(謀利計功)의 마음이 옥사의 근본이라는 말과 비슷한 정도의 부정적인 언급이다. 그는 당시의 타락한 사습(士習)과 과거의 나쁜 폐단에 대해서 아우에게 경계하기도 하였다.[71] 다른 사람들에 의해서도 그는 과거시험에 마음을 두지 않고 학문에 열중하는 인물로 묘사되었다.[72]

홍대용은 김원행처럼 학문의 영역을 경학(經學), 문장(文章), 거업(擧業)의 세 가지 학문으로 분리하면서 이에 종사하는 선비는 진정한 선비가 아니며 진정한 선비란 인의를 깊이 생각하고 예법을 조용히 행하는 지식인이라고 하였다.[73] 그가 스승 김원행과 같이 세속의 학문을 세 부류로 나누었지만, 그 가운데에서 현실적으로 가장 우려했던 것은 과거시험이었다. 그는 이어 친구 홍낙순(洪樂舜)에게 과거시험을 경계시켰다.[74] 과거시험이 그 어떤 것보다 현실에서 지식인들의 사유를 제약했는

---

70) 洪大容,『湛軒書』內集 卷3「自警說」.

71) 洪大容,『湛軒書』外集 附錄, "戒小弟曰 近來士習漸渝 科弊轉甚 汝則鄙邇衆應擧 其於借述關節一切欺君之事 毋或犯科爲李君行之罪人"

72) 黃胤錫,『頤齋亂藁』2 卷12 己丑(1769) 4월 초10일(壬戌)(한국정신문화연구원, 1995, 383쪽).

73) 洪大容,『湛軒書』內集 卷3「贈洪伯能說」, "世俗所謂士者三 經學也 文章也 擧業之士也 工聲韻習詩律 役役于科宦名利之途者 今之所謂才士也 非吾所謂士也 剽竊經傳之文 誦襲班馬之語 以飾其無用之贅言 以干譽于一時而求名于百世者 今之所謂文士也 非吾所謂士也 觀其言則高明而灑落 視其身則端嚴而莊肅 堯舜之治 孔孟之學 不絕於口 有司薦其賢 爵祿加於身 夷考其行則內而無不欺暗室之德 外而無經綸天下之材 空空然無所有者 今之所謂經士也 非吾所謂士也"

74) 洪大容,『湛軒書』內集 卷3「贈洪伯能說」, "吾友洪子伯能佳士也 才學精博 志槩耿潔 若使之一朝發奮以發軔于聖途 則何求而不得 何遠而不到哉 但其爲善太避於近名 持身太難於乖俗 固其所長 反成其病 方且沒頭于詞賦之功 人之所以待之者 不過翩翩然佳子弟而已 於是伯能亦安以受之 恬不以爲愧 嗚呼 伯能其欲止於斯而已乎 吾恐其於向所謂擧業之士 不幸而近之矣"

지를 알 수 있게 하는 대목이다.

과거에 대한 부정적인 인식은 박지원(朴趾源: 1737~1805)에게서도 발견되었다. 그는 "사대부로 태어나 어렸을 적에는 제법 글을 읽을 수 있다. 자라서는 공령(功令)을 배워 수식하는 변려체 문장을 익힌다. 과거에 합격하고 나면 이를 변모(弁髦)나 전제(筌蹄)처럼 여기고, 합격하지 못하면 늙도록 거기에 매달린다. 그러하니 어찌 다시 이른바 고문사(古文辭)가 있다는 것을 알겠는가!"[75]라고 하였던 것이다. 그는 과거에 적극적이지 않았으며, 1771년(영조 47) 이후로는 과거에 응시하지 않았다.[76] 또한 학생들을 가르치면서 과거로 인해 글의 뜻을 깊게 생각하지 않는다는 사실을 지적하기도 하였다.[77] 그는 문장가답게 과거시험이 진정한 문장공부에 해가 됨을 지적하였다.

김원행의 제자라고 해서 모두 과거시험에 부정적인 것만은 아니었다. 김원행의 도통을 계승했다고 인식되는 박윤원은 원론적으로는 과거를 폐할 수 있다고 언급하기는 했지만[78] 현실적으로는 어느 정도 중립적인 태도를 보이고 있었다. 박윤원은 과거시험은 불가피한 점이 있어 모두 금할 수 없고, 만약 과거시험을 좇지 않게 한 후에 공부하게 한다면 장차 학문하

---

75) 朴趾源, 『燕巖集』 卷3 「自笑集序」, "士大夫 生而幼能讀書 長而學功令 習爲騈儷藻會之文 旣得之也 則爲弁髦筌蹄 旣未得之也 則白頭碌碌 豈復知有所謂古文辭哉"

76) 박종채 저 · 김윤조 옮김, 『역주과정록』 권1, 태학사, 1997, 37~38쪽.

77) 박종채 저 · 김윤조 옮김, 위의 책, 1997, 60쪽.

78) 朴胤源, 『近齋集』 卷24 「治道大綱」, "或曰 科擧可罷乎 曰可 三代以後 不復有三代者以科擧也 然徒罷科擧 而無三代賓興之政 則亦不能爲三代矣 戰國時無科擧 而管商之功利 申韓之刑名 蘇張之縱橫 紛然用事 人心壞敗 國家危亂 今不先以學術 培養人才 而猝革科擧 則人將以雜術巧技進 其害反有甚於科目用人矣 故愚嘗謂科擧可罷 而罷之當有其漸 必先求道德學問之士 隨其高下而授之官爵 其尤者 置諸經邦之任 從科目進者 只付之文任與該司 則科擧之權輕矣 於是應擧者少 而爲學者多 求之以誠 延之以禮 則朝廷之上 濟濟焉君子彙征矣 明良相得 政敎大行 則何患乎不如三代哉 故欲罷科擧 則始焉減額 中焉罕設 終焉罷之 是乃有漸之道也"

는 사람이 없게 될 것이라고 하였다.[79] 이렇게 본다면 김원행의 과거시험 부정을 가장 철저히 계승한 제자는 홍대용이었다.

그러한 점에서 홍대용과 김원행이 과거시험의 대척점에 위치한 실학에 대한 관점이 본질적인 측면에서 달랐다고 보기는 어렵다.[80] 그들 모두 과거시험에 반대하는 측면에서 실학의 의미를 발전시켰다고 생각하기 때문이다. 과거시험이 아닌 자신 주변의 절실하고 실제적인 것에 관심을 기울이고자 한다는 의미를 그들은 공유하고 있었다. 이것은 김원행과 홍대용이 일정한 공유점을 가지고 있었음을 보여준다. 김원행과 홍대용은 학문 내용상에 있어서는 현격한 차이가 있었지만 한편으로 양자 사이에는 공통의 기반이 존재했던 셈이다.

그것을 요약하면 과거시험에서 벗어난 '지식의 일상성'이라고 할 수 있다. 과거시험을 위한 것이 아닌, 그들이 생각하기에 순수학문의 측면에서 민생일용사(民生日用事)를 연구하고자 하였던 것이다. 홍대용은 이를 "유기실심실사(惟其實心實事) 일답실지(日踏實地)"라고 표현하였다.[81] 사실, 일용 주변의 것을 중시하는 것은 주자성리학자를 포함한 유학자라면 모두 원칙상 기본적으로 동의하는 것이었다. 문제는 어떠한 것이 절실하고 일용 주변의 것인가 하는 점이었다.

그러한 점에서 김원행이 과거시험을 멀리하고 성리학적 지식과 실천을 강조한 것은 의도하지 않은 결과를 낳았다고 할 수 있다. 홍대용이 김원행

---

79) 朴胤源, 『近齋集』 卷32 「渼湖金先生語錄」, "胤源曰 今之士當知科擧卽學問中一事 然後方可有爲也 夫科擧 榮名之路 人之所大欲存焉 不可盡禁而止之 非自朝廷革罷科目則士皆不能免焉 必欲不從科目而後爲學 則將無爲學之士矣"

80) 홍대용은 김원행이 생각한 '실학'의 의미를 상당 부분 수긍하고 있었으며, 이를 계승 발전시켰다고 평가할 수 있다.(이경구, 앞의 글, 1999, 241~242쪽 참조).

81) 洪大容, 『湛軒書』 外集 卷1 杭傳尺牘 「答朱朗齋文藻書」, "近世道學矩度 誠甚可厭 惟其實心實事 日踏實地 先有此眞實本領 然後凡主敬致知修己治人之術 方有所措置而不歸於虛影"

과 다른 내용과 방식으로 실학에 관심을 갖게 되는 것은 김원행이 강조한 과거시험의 부정을 나름의 관점에서 전환하며 나온 것이라고 보이기 때문이다.

이러한 학문의 전환은 석실서원 안에서 직접적으로 이루어지지는 못했다. 18세기 전반기 형성된 의리론과 명분론은 서원이라는 형식을 통하여 계속해서 확대 재생산되고 있었고, 따라서 서원은 새로운 지식을 그 안에 잉태할 수 없었다. 앞서 살펴본 바와 같이 성현의 책이 아니면 서원에 들일 수 없다는 규정만 보아도 이점은 분명해진다. 그들이 거업(擧業), 훈고학(訓詁學), 문장(文章) 같은 것에는 반대하였지만, 그렇다고 해서 명리(名利)와 먼 모든 순수한 지식체계를 존중하고자 한 것은 아니었다.

이후이기는 하지만 김매순(金邁淳: 1776~1840)에게서 보이는 것처럼 학문의 다양성은 부정되었다.[82] 또한 박윤원이 과거시험이 없었던 전국시대에 이단의 학문이 발생했던 것을 지적한 것도 그러한 맥락에서 나왔다.[83] 그들은 엄격히 말해서 어느 정도 획일화되고, 그들이 생각하기에 현실과 유리되지 않은 범위에서의 지식체계를 구하였던 것이다. 물론 그 현실적인

---

82) 金邁淳,『臺山集』卷17「闕如散筆」, "谿谷日 中國則學術多 我國則挾讀書者 皆稱誦程朱 豈我國士習 果賢於中國耶 日非然也 中國人才志趣 頗不碌碌 時有有志之士 實心向學 故往往各有實得 我國則不然 齷齪拘束 都無志氣 但聞程朱之學世所貴重 口道而貌尊之而已 譬猶墾土播種 有秀有實而後 五穀稗可別也 茫然赤地之上 孰爲五穀 孰爲稗哉 谿谷之言 不無意見 其論東人症候 亦未嘗不切中膏 而細究之則其言亦不免有弊 姑舍程朱 又姑舍當今 又姑舍我國 … 然而蘇張申韓之時 天下之禍何如 而自漢以降 治化風俗 雖不及三代 人倫粗明 民生粗安 弑父與君 亡失國家之患 比之春秋二百四十年間 猶爲稀闊者無他 尊孔氏黜百家之效也 然則拘而就正 猶勝於放而從邪 無益徒亂 又惡用志趣爲哉 譬之農焉 無論民之勤惰巧拙 授之穀而敎之種 然後粒米握粟 可得而食也 若任其所爲 或或穀而漫不省焉 則及秋而穫 穀相半 民猶患饑 畢竟遍地青黃 都是稗 一穀不可得見 則其將日彼靑黃者猶賢於赤耶 然則程朱者 今之孔孟也 四書集註者 今之五穀也"

83) 朴胤源,『近齋集』卷24「治道大綱」, "戰國時無科擧 而管商之功利 申韓之刑名 蘇張之縱橫 紛然用事 人心壞敗 國家危亂 今不先以學術 培養人才 而猝革科擧 則人將以雜術巧技進 其害反有甚於科目用人矣"

지식, 즉 일용간의 지식은 그들이 가장 절실하다고 생각했던 주자성리학이었다.

사실, 김원행이 다른 사람들보다 과거에 부정적이었던 이유는 신임옥사를 겪었던 자신의 개인적인 경험과 18세기 중 · 후반 노론이 처한 정치 · 사회적 상황과도 긴밀한 관련성이 있었다. 신임옥사 과정에서 겪었던 정치적 고초는 그로 하여금 정계에 진출하는 것을 스스로 거부하게 하였다. 김원행은 신임옥사의 충격으로 인해 평생 은둔하는 모습을 보였고 정계의 논의에도 의식적으로 거리를 두려고 했다.[84] 신임옥사는 김원행에게 심적으로나 학문적으로 많은 영향을 끼쳤던 것이다.

또한 18세기 초반 이재의 시절에는 영조의 완론(緩論) 탕평론(蕩平論)으로 인해서 관직 진출에 부정적인 노론 인물들이 상대적으로 많았고, 노론도 집단내의 단일의식이 비교적 강했으므로 과거시험의 부정이 김원행처럼 강조될 필요는 없었다. 하지만 1755년(영조 31) 을해옥사 이후 노론 의리가 확정됨으로 인해서 노론 자제들의 관직 진출은 매우 활발해졌다. 노론 세력이 본격적으로 정계에 진출하는 상황에서 강학을 통한 의리지학은 위기에 봉착할 수밖에 없었다. 이러한 상황에서 18세기 전반기 젊은 시절을 보냈던 김원행이 생각하기에 과거시험을 통한 출세의식은 노론 자제들에게 위험한 것이 아닐 수 없었다.

그가 강력하게 젊은 제자들에게 과거시험을 그만두고 학문에 집중하도록 한 것에는 강학을 통하여 노론 집단의식을 강화시키고 불필요한 정치논의에 휘말리지 않게 하고자 한 목적이 있었다. 그가 과거의 해를 '탈지(奪

84) 金元行, 『渼湖全書』 「渼湖先生言行錄」, "先生自辛壬以後 足跡未嘗一入城市 嘗曰 余意每在於深山絕峽之間"(여강출판사, 1986, 403쪽); "問向來於國家事 終無一言 此於世臣之義 何如 曰 尤翁答遂菴之問曰 士之未出而論國家事 猶女之未行 而論夫家事 區區所守 秪在於此 而亦未敢自是也"(여강출판사, 1986, 398쪽) 이에 대해서는 조성산, 앞의 책, 2007, 296쪽 참조.

志)'에 둔 이유도[85] 여기에 있었다. 이로 인해서 결과적으로 석실서원의 강학은 지속적으로 유지될 수 있었다. 그리고 강학이 유지될수록 노론의 집단의식도 강고하게 지속될 수 있었다. 그러한 점에서 볼 때, 김원행은 강학의 정치적 효용성을 어느 정도 암묵적으로 인지했다고 볼 수 있다. 요컨대, 김원행의 과거시험 부정과 강학의 강조는 홍대용에게 새로운 지식의 양산이라는 측면에서 중요한 영향을 주었다. 이는 주로 학문하는 자세와 관련한 것이었다.

2) 석실서원 밖에서 이루어진 새로운 지식의 가능성

김원행의 과거시험 부정이 새로운 지식을 잉태할 수 있는 토양을 홍대용에게 줄 수 있었지만, 석실서원 안에서 김원행에 의하여 새로운 지적 움직임들이 직접적으로 만들어지지는 않았다. 오히려 석실서원 동문들의 '교유'를 통하여 새로운 지식운동이 일어나고 있었다. 예를 들어서 김원행의 아들 김이안이 홍대용과 혼천의(渾天儀)에 대해서 논의하였던 것은 이러한 사실을 잘 보여준다. 다음의 증언은 석실서원이 그들의 만남을 제공한 정황을 보여준다.

> 내가 젊을 적에 우서(虞書) 선기옥형(璇璣玉衡)의 글을 읽으니 마음에서 몹시 기뻤다. 일찍이 여러 주석의 말들을 채집하여 대나무를 얽어서 기구를 만들었다. 굴리니 돎이 마치 물레 같아 비루하고 가소로웠다. 그러나 말할 만한 친구를 만나면 내어놓아 변론하고 질문하였는데, 홍대용(洪大容) 한 사람뿐이었다.[86]

---

85) 朴胤源, 『近齋集』 卷32 「渼湖金先生語錄」, "先生曰 此是程子之言 而擧業實亦妨工 若非擧業 則士當於一年之內 皆是讀書之日 而惟其爲擧業也 故未免分工 此豈非妨工乎 然妨工之害小 奪志之害大 程子之訓 蓋以此也"

이 밖에도 황윤석과 홍대용의 긴밀한 교유를 살펴볼 수 있다. 『이재난고(頤齋亂藁)』에는 황윤석과 홍대용이 역범상수(易範象數) 등에 대해서 논의하면서 동문(同門)의 정을 나누고 서책을 빌려주는 것이 기록되어 있다.[87]

물론 그렇다고 해서 석실서원이 전혀 아무런 현실적 도움을 주지 못했던 것은 아니라고 생각한다. 안동김문에서 전통적으로 가졌던 상수학(象數學)과 경세학(經世學)의 전통은 『이재난고』에 김용겸(金用謙: 1702~1789) 등과 함께 빈번하게 등장하는 김석문(金錫文: 1658~1735)에 대한 언급 등에서 볼 수 있듯이 '배경'으로서 중요한 영향을 끼쳤다.[88] 황윤석은 역학에 있어서 김석문을 높이 평가하면서 중국에서도 필적할 만한 사람을 찾기 어렵다고 하였으며,[89] 김용겸과 정치, 보학(譜學), 성운학(聲韻學), 경제 등 다양한 부분에서 많은 의견을 나누었다. 특히 김석문의 『역학도해(易學圖解)』에 대해서 많은 의견을 교환했다.[90]

안동김문의 학문전수에 있어서 김용겸의 역할은 특히 주목해야 할 필요가 있다. 그는 역학과 경제지학에 많은 관심을 가지고 있었다.[91] 황윤석뿐만 아니라 박지원, 이덕무(李德懋: 1741~1793), 박제가(朴齊家: 1750~1805)

---

86) 金履安, 『三山齋集』 卷8 「籠水閣記」.

87) 黃胤錫, 『頤齋亂藁』 4 卷22 丙申(1776) 8월 초5일(甲辰)(한국정신문화연구원, 1998, 386쪽); 黃胤錫, 『頤齋亂藁』 4 卷22 丙申(1776) 8월 초7일(丙午)((한국정신문화연구원, 1998, 393쪽)

88) 김석문은 김원행 문하의 인물들에게 일종의 신화적 인물로 인식되었던 듯하다.(임종태, 「무한우주의 우화」, 『역사비평』 71, 2005, 268쪽)

89) 黃胤錫, 『頤齋亂藁』 3 卷15 庚寅(1770) 7월 18일(壬戌)(한국정신문화연구원, 1997, 329쪽)

90) 黃胤錫, 『頤齋亂藁』 3 卷17 辛卯(1771) 2월 초3일(甲戌)(한국정신문화연구원, 1997, 529쪽); 黃胤錫, 『頤齋亂藁』 3 卷17 辛卯(1771) 2월 18일(己丑)(한국정신문화연구원, 1997, 547쪽); 黃胤錫, 『頤齋亂藁』 5 卷29 己亥(1779) 4월 22일(丙子)(한국정신문화연구원, 1999, 509쪽). 이에 대해서는 조성산, 앞의 책, 2007, 347쪽 참조.

91) 조성산, 앞의 책, 2007, 197~198쪽 참조.

와 같은 북학파 인물들은 김용겸을 존장(尊丈)으로 모시며 시회(詩會)와 악회(樂會)를 통해서 우호를 다졌고, 김용겸으로부터 김창협, 김창흡의 언론과 풍채에 대해 들었다.[92)]

이는 석실서원 밖에서 비공식적인 과정을 통하여 다양한 학문전수가 이루어지고 있었음과, 그 과정에서 김용겸이 중요한 역할을 수행했음을 보여준다. 이는 서원의 사적인 성격이 강화되면서 일어난 예기치 않은 결과였다. 안동김문의 학문적 영향력이 석실서원에 확실히 자리 잡으면서, 그 가문의 학풍이 비록 공간적으로 석실서원의 밖이기는 하였지만 석실서원의 유생들에게 광범위한 영향을 줄 수 있었던 것이다.

김용겸이 영향을 준 학풍을 요약하면, 역학(易學)의 범주에서 규정할 수 있다. 김용겸이 황윤석을 만나 홍계희 이외에 상수역학에 대해서 말할 수 있는 사람을 만나 반갑다고 말하고서 이에 대하여 즐거이 논의했던 것은 그들이 만나는 학문적 지점이 어디였는가를 말해준다.[93)] 앞서 김이안과 홍대용이 친해지는 것도 혼천의를 통해서였다. 경학 이외의 새로운 학문의 가능성은 상수역학을 통하여 석실서원 바로 밖에서 이루어지고 있었던 것이다. 이는 의리론과 심성론 위주로 구성된 석실서원의 학문을 보완해줄 수 있는 것이었다. 황윤석, 홍대용, 김용겸 등의 교유는 역학을 통해서 이어지고 있었다.

이는 앞서 살펴보았듯이 김원행이 『중용』을 강조하는 흐름과는 다소 대조되는 것이었다. 그러한 점에서 볼 때 석실서원의 학풍은 이원적인 측면들을 가지고 있었다. 북학파와 같은 새로운 지적 움직임들은 석실서원의

---

92) 박종채 저 · 김윤조 옮김, 앞의 책, 1997, 49쪽. 이에 대해서는 조성산, 앞의 책, 2007, 347쪽 참조.

93) 黃胤錫, 『頤齋亂藁』 2 卷12 己丑(1769) 3월 23일(丙午)(한국정신문화연구원, 1995, 365쪽)

또 다른 이면과 긴밀한 관련성을 갖는다고 할 수 있다. 안동김문의 학풍에는 성리학과 의리론 중심으로 구성된 측면과 또 한편에서는 상수학 등 역학을 중시하는 흐름이 있었는데,[94] 그 가운데 북학파는 후자와 일정한 관련성을 가지고 있었다.

그렇다고 물론 앞의 학적 전통이 과소평가되어서는 안된다. 홍대용은 중국에 가서 자신이 김원행의 제자임을 명확히 했다.[95] 그의 학문적 정체성은 김원행을 중심으로 구성되어 있었으며, 여기에 후자의 학적 전통이 첨가되었다고 보는 것이 적절하지 않나 생각한다. 이를 통해 석실서원의 문중서원화가 안동김문의 학문적 영향력을 강화시켰고, 이것이 석실서원 문생들에게 중요한 영향을 끼치는 정황을 살펴볼 수 있다.[96] 이는 문중서원화가 새로운 지식의 형태를 발생시키는 데 한 원인이 되었음을 보여준다.

새로운 학문의 움직임들이 18세기 후반 등장하고 있었지만 이러한 지적 움직임들을 제도적으로 뒷받침할 수 있는 교육기관은 조선에 부재했다. 이는 일본에서의 사례와 비교해 보면 분명해진다. 과거시험이 없었기에[97] 사숙의 형태로 교육기관이 생겨났지만 그것은 비교적 순수하게 지식 그 자체를 전수하는 데 중요한 역할을 하였고, 근대 교육에도 적지 않은 영향을

94) 이에 대해서는 조성산, 「17세기 후반~18세기 초 김창협(金昌協)·김창흡(金昌翕)의 학풍과 현실관」, 『역사와 현실』 51, 2004 참조.

95) 洪大容, 『湛軒書』 外集 卷2 杭傳尺牘 「乾淨衕筆談」, "有渼湖先生者 吾師也 … 弟之師門 是淸陰玄孫 而年六十五 以遺逸見任國子祭酒而累徵不起 閒居敎授 學者宗之爲渼湖先生"

96) 이러한 학풍은 홍대용을 통하여 박지원에게도 영향을 끼쳤다. 박지원은 『燕巖集』 卷14 別集 熱河日記 鵠汀筆談에서 洪大容과 金錫文을 중국 지식인에게 소개하였다.

97) 정약용은 일본의 학술계가 중국으로부터 많은 책들을 가져오고, 또 과거시험이 없어 학문이 크게 발전해갔음을 지적하기도 하였다.(丁若鏞, 『茶山詩文集』 卷21 「示二兒」 참조)

끼쳤다.[98] 심지어 상인들에 의해서 회덕당(懷德堂)과 같은 교육기관이 생겨나기도 하였고,[99] 교육의 범위 또한 유학, 국학, 양학(洋學)으로 다양하였다.[100] 조선에서는 새로운 지식운동이 일어날 수 있는 제도적인 교육기관은 사실상 부재했다. 그 대신에 제도로서는 아니지만 새로운 비제도적 학적 모임들이 등장하고 있었다.

조선후기 등장하는 강학회나 시회와 같은 형태의 모임은 서원을 대체할 비제도적인 지식 교육의 공간이라고 할 만하다. 권철신(權哲身: 1736~1801)이 주도했던 천진암(天眞菴) 주어사(走魚寺) 강학회와[101] 정약용(丁若鏞: 1762~1836)이 남긴 「서암강학기(西巖講學記)」(『다산시문집(茶山詩文集)』 권 21)는 당시 강학회의 상황을 말해준다. 19세기 화서학파(華西學派)의 강학회도 주목할 필요가 있다.[102] 이와 함께 각종 시회들도 사교모임의 형태를 띠기는 하였지만, 새로운 지식을 공유하였다. 연암그룹이 결성했던 백탑시사(白塔詩社)는 이를 대표한다.

백탑시사는 단순한 시회 활동을 넘어서 새로운 지식을 연구하는 공간이 되었던 것으로 보인다. 이는 박지원이 박제가의 『북학의』에 쓴 서문에서 그 일단을 짐작해 볼 수 있다. 박지원은 박제가의 『북학의』가 자신들의 오

---

98) 私塾에 대해서는 Richard Rubinger 저 · 石附實 · 海原徹 譯, 『私塾』, サイマル出版會, 1979; 海原徹, 『近世私塾の研究』, 思文閣出版, 1983 참조.

99) 懷德堂에 대해서는 다음을 참조할 수 있다. 陶德民, 『懷德堂朱子學の研究』, 大阪大學出版會, 1994; 脇田修 · 岸田知子, 『懷德堂とその人びと』, 大阪大學出版會, 1997; 子安宣邦, 『懷德堂知識人の學問と生』, 和泉書院, 2004; 湯淺邦弘, 『懷德堂研究』, 汲古書院, 2007.

100) 大石學, 『江戶の教育力』, 東京學藝大學出版會, 2007, 66~70쪽 참조.

101) 천진암과 관련해서는 이광호, 「上帝觀을 중심으로 본 儒學과 基督教의 만남」, 『유교사상연구』 19, 2003; 김형찬, 「천진암, 조선과 서학이 만난 공간」, 『오늘의 동양사상』 8, 2003; 김상홍, 「다산과 천진암의 관계」, 『동양학』 35, 2004 참조.

102) 이에 대해서는 김대식, 「화서(華西) 문인공동체(門人共同體) 강회(講會)의 실제」, 『교육사학연구』 21-1, 2011 참조.

랜 토론의 결과물임을 말하였다.[103] 이점은 백탑시사를 통한 사교모임이 가졌던 학문적 성격을 보여준다. 이 밖에도 정약용의 죽난시사(竹欄詩社), 중인층 중심의 송석원시사(松石園詩社), 여성 중심의 삼호정시사(三湖亭詩社), 개화사상과 관련된 육교시사(六橋詩社) 등은 새로운 지적 움직임들을 만들어낼 수 있는 공간이었다.[104]

이 모임들은 가까운 문중과 지인 중심으로 운영되었지만, 기존 교육기관이 갖는 정형성에서 벗어나 새로운 학문을 수용하고 이를 논의할 수 있는 지적 공간을 제공하였다. 이 시기 새로운 지식운동이 강학회와 시회의 형식으로 일어나고 있었다는 점은 이 시기 지식의 재생산이 어떠한 형식으로 일어나고 있었는가를 살피는 데 유효하다.

마지막으로 국가가 향교를 부흥하고자 노력했던 것은 자유로운 지식운동의 활성화라는 관점에서 보면 좋은 대안이 되기는 힘들었다. 향교는 관학(官學)으로서, 자유로운 지식운동과는 일정하게 거리가 있었다. 이는 서원을 억압하고자 하는 정치적 목적 속에서 이루어진 것이어서 자유롭고 전문적인 지식인 양성이라는 측면에서 보면 오히려 퇴행적이었다. 조선후기 향교가 강조된 것은 국가 중심의 개혁론을 주장했던 한당에 의해서였다. 서원이 놓여있었던 '관료적 지식인'과 '비관료적 지식인' 사이의 중간지대는 그러한 점에서 주목된다. 석실서원의 김원행이 과거시험에 대하여 부정적인 입장을 취했던 것은 의도하지 않게 새로운 지식운동의 단서를 열어놓을 수 있었다.

석실서원은 18세기 문중서원의 성격을 농후하게 띠고 있었으며, 그러한

---

103) 朴趾源,『燕巖集』卷7 別集「北學議序」, "試一開卷 與余日錄 無所齟齬 如出一手 此固所以樂而示余 而余之所欣然讀之三日而不厭者也 噫 此豈徒吾二人者得之於目擊而後然哉 固嘗研究於雨屋雪簷之下 抵掌於酒爛燈灺之際 而乃一驗之於目爾"

104) 문화공간으로서의 詩社에 대한 지적은 김경미,「조선후기 새로운 여성 문화 공간, 삼호정 시사(詩社)」,『여성이론』5, 2001, 225~227쪽 참조.

점에서 보수적인 교육기관이었다. 또한 19세기 김창협의 문묘종사를 기획했을 만큼 친세도정권적이었다. 18세기 후반 새로운 지식운동과 석실서원과의 관계는 그러한 점에서 모순적이다. 석실서원은 현실적으로 새로운 지식운동을 포용할 수 없었다. 그러한 서원을 대체하고 새로운 지식운동을 뒷받침 할 교육기관의 부재는 당시 지식 재생산 문제와 결부하여 주목해야 한다. 석실서원의 안보다는 석실서원의 밖을 보아야 하는 이유가 여기에 있다. 하지만 한편으로 석실서원을 경계로 한 그 안의 보수성과 밖의 진보성은 밀접한 관련성을 가지고 있었다. 그 관련성은 안동김문의 학적 전통이라는 점이며, 또한 과거시험에서 벗어나 학문을 추구하는 의식이라고 요약할 수 있을 것이다.

5. 맺음말

서원은 조선중기 사림파가 정치권력을 획득하는 과정에서 성장하였고, 사액서원이라는 형태로 운영되었다. 서원은 성균관과 향교와 같이 과거시험만을 목적으로 하지 않았고, 사림파가 생각하는 이상적 지식인의 양성을 목표로 하였다. 조선중기 서원이 만들어내었던 새로운 지식운동은 조선후기 들어 서원이 문중서원화함에 따라 더 이상 긍정적인 기능을 수행하지 못했고, 반복적인 교육과정 등으로 말미암아 서원의 교육은 점차 쇠락해 갔다. 본 글은 18세기 안동김문의 석실서원을 통하여 석실서원의 안과 밖에서 어떠한 지식들이 운용되고 발전하였는가를 살펴보고자 하였다. 그 과정에서 석실서원에서 특히 강조되었던 과거시험에 대한 부정 문제를 주요 논지로 설정하였다.

물론 과거시험의 문제점 지적은 김원행만의 독특한 주장은 아니었다.

많은 이들이 과거제의 폐해를 언급하였다. 하지만 김원행에게서 더욱 특징적으로 보였던 것은 사실이다. 김원행은 과거시험의 부정과 함께 실심(實心), 실학(實學)을 강조하였고, 이것은 엄격히 볼 때 성리학적 의리명분론이었다. 그는 노론 당파적 지식인과 낙론 지식인이라는 두 가지 것을 가장 중요한 교육의 목표로 두었다. 그가 서원 교육에서 낙론 성리학을 제자들에게 강조하였고, 인물평 등을 통하여 수시로 제자들에게 노론 의리론을 주입하려고 한 것은 그가 생각하는 실학의 내용을 잘 보여준다.

따라서 김원행이 강조한 실심, 실학이 그 자체로 긍정적이고 발전적인 의미를 갖는 것은 아니었다. 하지만 그가 강조한 과거시험의 부정과 자신에게 절실한 일용(日用)의 학문을 하자는 의식은 이후 새로운 지식체계 형성에 중요한 영향을 끼쳤다. 여기에 다시 안동김문을 중심으로 계승되어온 상수학과 경세학의 전통이 중요한 학적 배경으로서 작용했다. 이는 안동김문이 석실서원을 주도하면서 생겨난 학문적 결과였다. 이러한 것들이 융합되면서 북학사상과 같은 새로운 지식체계가 석실서원 바로 밖에서 잉태될 수 있었다.

석실서원은 보수적인 여느 서원과 그 성격이 달랐다고 말할 수는 없다. 석실서원에서는 여전히 당인(黨人)이 양성되고 있었다. 하지만 석실서원 바로 밖에서 북학사상이 배태되었다. 다양한 인물들이 석실서원에 모여들면서 그들 사이의 학문적 교류가 일어났다. 그 학문적 교류는 석실서원이 갖는 보수성과는 별개로 그들 사이의 학문적 소통을 통하여 발전해갔다.

왜 많은 서원 가운데 석실서원에서 이러한 새로운 학풍이 발현될 수 있었는가는 석실서원이 갖는 특수성 때문이었다고 생각한다. 과거시험을 부정하고자 했던 것은 학문 그 자체에 열중하는 지식인들을 배출해낼 수 있었다. 그리고 여기에 안동김문의 상수학, 경세학 등이 만나면서 새로운 학문이 생겨났다. 과거시험의 부정과 안동김문의 학풍, 새로운 학문의 가능성은 상호 밀접한 관련성을 가졌던 것이다.

조선후기 서원은 새로운 지식의 공간이 되기에는 사실상 어려웠다. 석실서원에서도 볼 수 있듯이 이른바 실학적 사유는 석실서원 밖에서 유생들의 교유를 통하여 이루어졌다. 이는 조선후기 새로운 지식이 일어나는 상황을 보여준다. 당시 강학회나 시회 등의 모임은 형식에 구애되지 않고 새로운 지식을 논의하는 소통의 장이 될 수 있었다. 이러한 지적 움직임들이 제도화되지 못하고, 서원이 또한 이를 포섭하지 못했던 것은 이 시기 교육기관이 갖는 한계라고 할 수 있다. 중국의 경우 서원에서 고증학도 공부하였고, 일본은 사숙을 통하여 새로운 지식을 교육하였던 상황을 살펴보면 18세기 후반 조선의 서원 교육이 갖는 한계점을 보게 된다. 석실서원 또한 이러한 점을 벗어나지 못했다.

당대(唐代) 소영사(蕭穎士)와 사인(士人)들의 교유*

◆

하원수

1. 머리말

당대(唐代), 특히 안사(安史)의 난 이후 일군의 사인(士人)들은 변문(騈文)을 비판하면서 고문(古文)으로서의 산문(散文)을 주창(主唱)하였는데, 이것은 주지하듯이 단순히 문체(文體)에만 관련된 문제가 아니라 '고(古)'문(文) 안에 담긴 내용 · 정신으로서의 '도(道)'에 대한 추구이기도 하였다. 따라서 이 고문가(古文家)들의 움직임은 비단 문학사만이 아니라 사상사적인 측면에서도 중요한 역사적 의미를 지닐 뿐더러, 이른바 송학(宋學)과 직결된 이러한 변화를 가져온 사회적 배경 특히 그 주체로서의 새로운 사인층(士人層)의 성격도 이와 더불어 주목되어 왔

---

* 이 논문은 『魏晋隋唐史研究』 9, 2002에 실린 同名의 글을 일부 오탈자만 수정한 것이다. 따라서 2003년 이후 나온 연구 성과를 반영하고 있지 못함을 미리 밝혀 둔다.

다.[1] 그런데 이처럼 송대 이후와의 연속성을 중시한 종래의 연구들은 고문을 현양한 사인들의 당대(唐代)적 상황, 곧 '운동(運動)'적인 형태로 나타났던[2] 당시 이들의 동태에 대하여 상대적으로 소홀히 다루었던 감이 있다.

이와 같은 시각에서 볼 때, 최근 소영사(蕭穎士, 717~760)[3] · 이화(李華, 715~774) 이후 한유(韓愈, 768~824) · 유종원(柳宗元, 773~819)에 이르기까지 고문가들의 집단적 연속성을 강조한 연구들은[4] 주의할 필요가 있다. 고문운동(古文運動)이 조직적으로 지속될 수 있었던 것은 이들의 이러한 행태에 힘입은 바가 컸다고 생각되기 때문이다. 그런데 여기에서 간과할 수 없는 사실이 당시 이와 같은 사인들의 집단성은 진사과(進士科)를 매개로 하여서도 형성되고 있었다는 점이다. 즉 당 후기 진사과 응시자 · 급제자들은 여타 과목의 경우와 달리 좌주문생(座主門生)이나 동년(同年)처럼 결속력이 강한 인맥을 만들어 갔던 것이다.[5] 실제로 고문가나 진사과 출신자(出身者) 모두 스스로 문학적 소양을 자부하였던 인물들이라는 공통점이 있고, 이 양자의 외형적 유사성은 상당히 흥미롭게

---

1) 이와 관련된 기존의 연구들은 이루 매거할 수 없을 정도로 많은데, 최근 "文"과 "士"의 문제를 중심으로 唐宋時期 思想史와 社會史를 성공적으로 결합하였다고 평가받는 P. K. Bol, *"This Culture of Ours": Intellectual Transitions in T'ang and Sung China*, Stanford, Stanford Univ. Press, 1992도 기본적으로 이러한 시각에 입각하고 있다고 생각된다.

2) 胡適으로부터 유래한 이 古文'運動'이란 명칭이 타당한지 여부는 이론이 있을 수 있지만(羅聯添, 「論唐代古文運動」, 『唐代文學論集』, 臺北, 臺灣學生書局, 1989(1985 원간), 3~16쪽), 이처럼 集團化된 士人들의 확실한 방향성을 갖는 조직적 · 지속적 움직임은 일종의 사회적 '運動'으로 보아도 무방할 것이다.

3) 본고에서 明記한 주요 人物들의 生沒年은 원칙적으로 傅璇琮 主編, 『唐五代文學編年史』, 瀋陽, 遼海出版社, 1998에 따른다.

4) 林田愼之助, 「唐代古文運動の形成過程」, 『中國中世文學批評史』, 東京, 創文社, 1979(1977 원간)와 何寄澎, 「簡論唐代古文運動中的文學集團」, 『古典文學』 6, 1984 참조.

5) 하원수, 「唐後半期 進士科와 士人들간의 私的 紐帶」, 『東洋史學研究』 56, 1996 참조.

여겨진다.

물론 당시 진사과의 주된 시험 대상인 시(詩) · 부(賦) 자체는 고문이 아니었으며, 더욱이 고문가의 비판 대상이 혹 진사과였던 것처럼 보이기도 한다.[6] 그럼에도 불구하고 고문의 주창과 확산 과정에서 진사과의 합격을 겨냥한 행권(行卷)이 중요한 "책략(策略)"으로 사용되었음[7] 또한 사실이다. 이처럼 상호 모순적인 듯한 현상은 고문운동과 진사과의 매우 미묘한 관계를 시사하고 있다. 본고가 집단적인 고문운동의 초기 핵심 인물이자 진사과 급제자였던 소영사를 중심으로 그 주변 사인들 사이의 교유와 그 특징을 검토하고자 하는 까닭은 바로 이 때문이다. 진사과나 고문운동이 후대에 미친 큰 영향을 생각하면, 이 소론이 비록 하나의 사례 연구에 불과하더라도 중국사의 장구한 흐름과 연관된 한 중요한 국면을 이해하는 데 일조할 수 있으리라고 기대한다.

2. 소영사의 삶

소영사는 당대(唐代) 고문운동의 선구자로 유명하지만, 그의 자세한 행적을 알려주는 기록은 막상 그리 많지 않다. 이것은 그의 문집이 원대(元代) 이후 대부분 산일되어버린[8] 탓도 있으나, 그와 관련된 문헌 자체가 본래 적었기 때문이라고도 여겨진다. 즉 그의 삶을 전체적으로 조망할 수 있

---

6) 陳寅恪은 "Han Yü and the T'ang Novel", *HJAS* 1-1, 1936과 「論韓愈」, 『歷史研究』 1954-2에서 韓愈 등 古文家와 進士科의 相關性을 시사하였으나, 黃雲眉는 「讀陳寅恪先生論韓愈」, 『韓愈 · 柳宗元文學評價』, 濟南, 山東人民出版社, 1957(1955 원간)에서 이를 조목조목 비판하였다.

7) 程千帆, 『唐代進士行卷與文學』, 上海, 上海古籍出版社, 1980, 66~78쪽.

8) 萬曼, 『唐集敍錄』, 北京, 中華書局, 1980, 74쪽.

는 묘지명(墓誌銘)·비명(碑銘)이나 행장(行狀) 등의 존재가 애당초 확인되지 않는 것이다. 따라서 소영사의 생애를 구체적으로 밝히기란 쉽지 않았고, 근년에 이르러서야 유관 자료들을 치밀하게 고증한 연구가 몇 편 나왔다.[9] 물론 불충분한 사료 상황으로 인해 여전히 의문스러운 부분이 남아 있으나,[10] 이러한 연구들에 기반하여 개략적이나마 그 삶의 궤적을 그려보는 일은 불가능하지 않다.

현종 개원 5년(717)에 태어난 소영사는 일찍부터 문명(文名)을 떨쳐 개원 23년(735) 진사과에 급제하였다. 그리고 금단위(金壇尉) 혹은 양주참군(揚州參軍)과 같은 지방관으로 사환(仕宦)을 시작한 그가 천보(742~756) 초 비서정자(秘書正字)로 처음 중앙관이 되었으나, 이후의 관력(官歷)은 결코 평탄하지 않았다. 천보 연간 그는 집현교리(集賢校理)·사관(史官)과 광

---

9) 蕭穎士의 思想·文學史的 고찰은 平岡武夫, 『經書の傳統』, 「史官の意識と古典主義の文學: 蕭穎士の上表」, 東京, 岩波書店, 1951 등 일찍부터 있었으나, 俞紀東, 「蕭穎士事迹考」, 『中華文史論叢』 1983-2(이하 '俞 논문'으로 약칭); 陳鐵民, 「蕭穎士繫年考證」, 『文史』 37, 1993(이하 '陳 논문'으로 약칭)과 潘呂棋昌, 『蕭穎士研究』, 臺北, 文史哲出版社, 1983(이하 '潘呂 책'으로 약칭)처럼 그의 生涯 자체를 실증적으로 밝힌 것은 비교적 최근의 연구들이다.

10) 단적인 예로 蕭穎士의 生沒 시기조차 위의 연구들간에 異見이 존재한다. 즉 俞 논문은 開元 5년(717)에 태어나 乾元 2년(759)에 죽었다고 하였으나, 陳 논문은 그 生年을 神龍 3년(707)으로 무려 10년이나 빨리 잡았으며, 潘呂 책의 경우 그 卒年이 乾元 3년일 가능성도 지적하고 있는 것이다. 여기에서 특히 큰 時差를 보이는 것은 그의 生年인데, 필자는 開元 5년설이 타당하다고 생각한다. "冠歲"에 科擧에 급제하였다거나 韋述이 자기보다 "二十許"歲 위라고 한(『全唐文』 권323, 「贈韋司業書」, 北京, 中華書局, 1982, 12쪽 앞과 17쪽 앞) 蕭穎士의 自述이 존재하기 때문이다. 만약 陳鐵民의 주장처럼 蕭穎士가 707년에 태어났다면, 開元 23년 進士科에 급제할 당시 그의 나이가 29살이나 될 뿐더러, 宋之問이 知貢擧였던 景龍 3년(709)(傅璇琮 주편, 『唐才子傳校箋(1)』 권1, 「宋之問」, 北京, 中華書局, 1987, 92쪽 참조) 進士科에 급제하였을 당시 韋述도 이미 20대 중반이었으므로 이를 "甚少"라고 표현한 『舊唐書』의 기록(권103, 「韋述」, 3183쪽)과 모순되는 것이다. 물론 蕭穎士를 開元 5年生이라고 볼 때 陳鐵民이 지적하였듯이 「愛而不見賦」와 「蓮蘂散賦」의 창작 시점에 대한 기록이 의문스러워지나, 이것은 후술하듯이 誤記일 가능성이 크다.

릉참군(廣陵參軍)·하남부참군(河南府參軍) 같은 관직이 일시 주어졌어도 유공자(有力者)와의 갈등이나 상(喪)으로 인해 그 자리를 오래 지키지 못했고, 대부분의 기간을 관직도 없이 각지를 떠돌며 지냈던 것이다. 이와 같은 그의 방황은 안사의 난으로 더욱 가중되었으니, 강남(江南) 지방으로 내려가 산남(山南)·회남(淮南) 등지에서 막직관(幕職官)을 전전하다가 결국 숙종 건원 3년(760)경 여남(汝南)에서 객사(客死)하고 말았음은 많은 연구자들이 익히 지적한 바이다.[11]

그런데 기존의 연구들은 사실의 고증 자체에 급급하여 소영사의 행적 이면에 존재하는 그 의식의 해명에는 소홀하였던 듯하다. 하지만 소영사와 사인들의 교유 문제를 고찰하려는 지금, 그가 맺은 사적인 관계를 둘러싼 객관적 사실만이 아니라 그 주관적 동기 역시 중요하다. 따라서 우선 그의 글에 담긴 소영사 자신의 소리에 먼저 귀를 기울이고, 이를 통하여 그 스스로 느끼고 표현한 내면적 삶을 일단 조명할 필요가 있다. 물론 『전당문(全唐文)』과 『전당시(全唐詩)』에 실린 것이 거의 대부분인 소영사의 시문은 그 수가 많지 않을 뿐더러,[12] 그 편년이 어느 정도 가능한 작품은 아래의

---

11) 이상과 같은 그의 행적은 兪 논문, 陳 논문, 潘呂 책과 『唐五代文學編年史』의 해당 시기의 내용을 참조하라. 물론 이 중에는 혹 서로 설명이 어긋나는 부분도 있지만, 본고에서는 자료의 미비 탓에 是非를 가리기 어려운 사소한 사실들은 굳이 문제삼지 않는다.

12) 四庫全書에 들어간 그의 문집(『蕭茂挺文集』)은 단지 抄本일 뿐이고, 『全唐文』 권322·323에 오히려 더 많은 문장이 수록되어 있다. 즉 『唐詩紀事』 권47, 「沈仲昌」, 上海古籍出版社, 1987新版, 720쪽에 일부 인용되어 전하는 「送劉方平沈仲昌秀才同觀所試雜文」과 千唐誌齋에 있는 「唐故沂州承縣令賈君墓誌銘」(『千唐誌齋藏誌(下)』, 北京, 文物出版社, 1984, 886쪽→『唐代墓誌彙編(下)』, 上海, 上海古籍出版社, 1992, 183쪽; 『全唐文補遺(1)』, 西安, 三秦出版社, 1994, 183쪽)을 제외하면, 현재 확인 가능한 그의 모든 산문 곧 賦 10편, 序 4편, 書 4편과 9편의 他人을 위해 代書한 글이 다 여기에 실려 있는 것이다.(최근에 간행된 周紹良 등 편, 『全唐文新編』, 長春, 吉林文史出版社, 2000에는 기존에 누락된 글들까지 전부 포함시켰다) 그리고 그의 시는 『全唐詩』 권154·882(北京, 中華書局, 1960)에 각각 나오는 16편과 3편이 알려진 전부이다.

〈표 1〉에서[13] 보듯이 더욱 적으므로, 이러한 작업은 분명한 한계가 있다. 하지만 시점이 분명한 이 글들을 중심으로 하여, 소영사의 행적과 그 의식의 구체적인 변화 과정을 직접 이해해보려는 시도는 매우 긴요하다고 여겨진다.

〈표 1〉 소영사의 시문 연보

시기(나이)	시문작품	소재문헌	참고사항
開元22~6년(18~22)	「爲邵翼作上張兵部書」	『文』 323	『郎表』, 256~257쪽에 따른 張均의 兵部尙書 재임 기간
開元23년(19)경	「蒙山作」	『詩』 154	潘呂 책, 94~95쪽에서 開元 23년작으로 단정하였지만, 확실하지 않음
開元23~7년(19~23)	「重陽日陪元魯山德秀…因以贈別」	『詩』 154	陳 논문, 194쪽(潘呂 책, 95쪽 참조; 『編年史』, 891쪽의 추론 근거 부족)
開元26년(22)경	「爲揚州李長史賀…表」; 「爲揚州李長史作…表」	『文』 322	潘呂 책, 94~95쪽; 俞 논문, 235쪽; 陳 논문, 194쪽
開元29년(25)경	■「爲陳正卿進…表」; 「爲從叔…表」 ■「贈韋司業書」 ■「仰答韋司業垂訪五首」	■『文』 322 ■『文』 323 ■『詩』 154	■潘呂 책, 95~97쪽 ■俞 논문, 236쪽; 陳 논문, 196쪽(韋述과의 交流를 開元 28년의 일로 추론한 『編年史』, 734 · 740쪽의 근거 부족)
天寶元年(26)경	■「登臨河城賦」 ■「送劉方平沈仲昌秀才同觀所試雜文」 ■「答鄒象先」	■『文』 322 ■『紀』 47 ■『詩』 154	■潘呂 책, 97쪽; 俞 논문, 236쪽; 陳 논문, 198쪽 ■『編年史』, 757~758쪽 ■潘呂 책, 97쪽(『編年史』, 753쪽의 추론 근거 부족)
天寶初	「重答李淸河書」	『文』 323	『刺史』, 1257쪽에 따른 李憕의 貝州刺史 재임 시기(潘呂 책, 98쪽 참조)

13) 이 『蕭穎士의 詩文年譜』는 사료와 기존 연구들을 두루 참고해서 작성하였는데, 상호간에 뚜렷한 차이가 있거나 보충 · 시정이 필요할 경우에만 參考事項 칸에서 그 근거를 분명히 밝혀 두었다.

天寶2(27)년 전후	「菊榮一篇五章」	『詩』154	『編年史』, 777쪽(潘呂 책, 98~99쪽 참조)
天寶4~5년 (29~30)	「爲李北海作…表」	『文』322	陳 논문, 199쪽(潘呂 책, 97~98쪽의 추론 근거 부족; 『刺史』, 944~945쪽 참조)
天寶8(33)년	「伐櫻桃樹賦」	『文』322	潘呂 책, 99쪽; 俞 논문, 237~238쪽; 陳 논문, 201쪽
天寶9년(34)	■「滯舟賦」 ■「舟中遇陸棣兄…次沙墊西岸作」; 「越江秋曙」	■『文』322 ■『詩』154	■潘呂 책, 99쪽(陳 논문, 193~194쪽의 추론 근거 부족) ■潘呂 책, 99~100쪽
天寶10년(35)	「白鷴賦」	『文』322	潘呂 책, 100쪽; 俞 논문, 238쪽; 陳 논문, 201~202쪽
天寶11년(36)	「愛而不見賦」[1]	『文』322	潘呂 책, 100쪽
天寶12년(37)경	■「庭莎賦」 ■「唐故沂州丞縣令賈君墓誌銘」 ■「留別二三子得韻字」; 「江有楓十章」	■『文』322 ■『文補(1)』, 183쪽 ■『詩』154	■潘呂 책, 101쪽; 俞 논문, 239쪽; 陳 논문, 203쪽(『編年史』, 868쪽의 추론 근거 부족) ■『文補』 원문 ■潘呂, 100~101쪽; 『編年史』, 885~886쪽; 陳 논문, 202쪽(204쪽에서 「江有楓十章」이 河南府參軍의 職을 떠난 뒤에 지은 것으로 추론한 근거 부족)
天寶13년(38)	「江有歸舟三章」	『詩』154	潘呂 책, 102쪽; 『編年史』, 904~905쪽; 陳 논문, 203~204쪽
天寶14년(39)	■「蓮蘗散賦」[2] ■「陪李採訪…宴李文部書」; 「蓬池禊飮序」; 「爲南陽尉六舅上…牋」	■『文』322 ■『文』323	■潘呂 책, 103쪽; 『編年史』, 924쪽 ■陳 논문, 205쪽(『編年史』, 910쪽의 추론 근거 부족); 『刺史』, 645~646쪽(潘呂 책, 102~103쪽이 書·序가 씌어진 곳을 汴州가 아니라 蒲州였다고 본 것은 착오)

天寶15년 =至德元年(40)	■「登宜城故城賦」;「爲李中丞賀赦表」 ■「與崔中書圓書」;「與從弟評事書」	■『文』322 ■『文』323	潘呂 책, 104~105쪽; 俞 논문, 240~241쪽; 陳 논문, 206~208쪽(209쪽 참조)
至德2년(41)	「爲李中丞作…書」	『文』323	潘呂 책, 1055쪽(俞 논문, 241쪽의 추론 근거 부족)

※ 근거한 문헌은 밑줄 친 몇 글자로 약칭하고, 그 권수를 뒤에 적음.(쪽 수는 "쪽"을 명기하고 책 수는 괄호 안에 표시)

◦ 文: 『全唐文』, 詩: 『全唐詩』, 紀: 『唐詩紀事』, 文補: 『全唐文補遺』

◦ 郎表: 嚴耕望, 『唐僕尙丞郎表』(臺北, 中央研究院歷史語言研究所, 1956), 編年史: 『唐五代文學編年史(初盛唐)』, 刺史: 郁賢皓, 『唐刺史考』(香港, 中華書局, 1987)

1) 原文에 "丙辰" 곧 아직 蕭穎士가 태어나지도 않은 開元 4년작으로 된 것은 誤記라고 생각된다.(陳 논문, 188~189쪽은 이를 한 근거로 해서 蕭穎士의 生年을 앞당기고 있으나, 그래도 "待詔京邑, 貽舊知作"이라는 이 글의 自注를 여전히 설명하기 어렵다.) 따라서 이것은 "丙戌"(天寶5년) 혹은 "壬辰"의 잘못인 듯한데, 蕭穎士가 京師에 있었던 시기를 고려하면, 前者로 추정한 俞 논문, 236~237쪽보다 後者를 택한 潘呂의 책이 더욱 설득력이 있다.

2) 原文에는 "己未" 곧 開元7년으로 되어 있고, 陳 논문, 190쪽은 이를 그대로 받아들인다. 그러나 당시 3살인(陳의 주장을 따르더라도 겨우 13살이다.) 蕭穎士가 "方牧"을 "舊知"라고 부른 것은 사리에 맞지 않고, "己"를 "乙"의 訛字로 본 潘呂의 추론은 타당한 듯하다.

위의 표에서 보듯이, 편년이 가능한 소영사의 글은 개원 22년(734) 경부터 지덕 2년(757)까지의 것으로 제한되어 있다. 하지만 이 기간이 그의 사환(仕宦) 시기와 거의 일치하므로, 이를 통해 적어도 관인으로서 소영사의 모습을 살펴보기에는 어렵지 않다. 자신에 대한 지공거(知貢擧)의 "제일진사(第一進士)"란 평가를 들먹이며 "열심히 공부해서 약관(弱冠)의 나이에 과거에 급제하고 책시(策試)에서도 훌륭한 성적을 얻어 조정 대신들로부터 칭찬을 받았다."고[14] 우쭐댄 개원 말(713~741)의 편지에서 드러나듯이, 일찍 그것도 좋은 성적으로 진사과에 합격한 그는 입사(入仕) 초 화려한 전

14) 『全唐文』 권323, 「贈韋司業書」 8쪽 뒤와 12쪽 앞.

도(前途)를 낙관하고 있었다. "유이고빈(幼而苦貧)"하던[15] 그에게 급제는 곧 관인으로서의 영달(榮達)을 기대하게 만들었던 것이다.[16] 실제로 이러한 득의(得意)의 심정은 천보 초까지 이어지니, 당시 "도(道)는 지기(知己)를 만났고, 이름은 세상에 일컬어졌다."며[17] 스스로 만족하였기 때문이다. 따라서 20대 중반에 이르기까지 소영사의 삶은 현실적인 포부와 자신감으로 충만하였다고 해도 좋다. 이 시기에 먼 지방의 "하리(下吏)"로 전락한 자신이 "일단 군읍(郡邑)으로 나가버리자, 꿈이 모두 막혀버렸다"고 한탄한 적도 있으나,[18] 그의 직위가 객관적으로 결코 낮은 것이 아니었음을[19] 생각할 때, 이것은 오히려 당시 관인 소영사의 남다른 열정과 자부심의 반증일 뿐이다.

그런데 천보 10년(751)년 황제의 부름을 받아 승진을 꿈꾸며 경사(京師)로 올라왔을 터이나, 그는 이 때 한편으로 공물(貢物)로 바쳐진 백한(白鷴)에 빗대어 "병영(屛營)"한 마음 곧 두려움 섞인 심적 갈등을 읊었

---

15) 『全唐文』 권323, 「贈韋司業書」, 12쪽 앞. 물론 縣丞이던 父를 둔(『全唐文』 권317 李華, 「三賢論」, 5쪽 앞) 그가 말하는 "苦貧"의 객관성이 의심스러울 수가 있으나, 他人들도 太學에서의 修學時 그의 "苦貧"을 증언하였다(『唐摭言』 권1, 「兩監」, 5쪽).

16) 그의 글은 아니지만, 함께 科擧를 준비하던 이들이 "入仕希上公"하였으며(『全唐詩』 권153 李華, 「寄趙七侍御」, 1588~1589쪽), 특히 蕭穎士는 당시 모진 경제적 궁핍도 "祿在其中"이라며 감내했다는(未詳, 『大唐傳載』, 文淵閣四庫全書本, 8쪽 앞) 흥미로운 傳聞이 있다.

17) 『全唐文』 권322, 「登臨河城賦」, 6쪽 앞.

18) 『全唐文』 권323, 「贈韋司業書」의 12쪽 앞과 14쪽 앞.

19) 蕭穎士가 京師에 올라오기 직전 관직은 揚州參軍이었는데(전게 『唐五代文學編年史(初盛唐)』, 721쪽 참조), 大都督府인 揚州(『舊唐書』 권40, 「地理」 3, 1571쪽; 『新唐書』 권41, 「地理」 5, 1051쪽)의 參軍(事)는 正8品下이다(李林甫 등, 『唐六典』 권30, 「三府都護州縣官吏」, 北京, 中華書局, 1992, 743쪽). 당시 進士科 급제자는 처음 지방관으로 나가는 경우가 많았고, 이것이 蕭穎士의 사실상 初任職임을 생각할 때 그 官品도 결코 낮지 않다. 拙稿 「唐前半期 進士科의 性格」, 『歷史學報』 158, 1998, 143쪽의 '高祖~玄宗 開元 24年 시기 진사과 급제자의 초임 직위' 표 참조.

다.[20] 이것은 예전의 희망찬 관인으로서의 태도와는 달라 보이니, 천보 초 업무상 과실로 비서성(秘書省)에서 쫓겨난 지 10년, 30대 중반에 들어선 소영사의 의식에 변화가 느껴지는 것이다. 물론 그는 바로 직전 천보 9년(750)까지도 "도량(度量)이 크면 때를 기다려 귀(貴)해질 수 있다."고[21] 앞날의 성공에 대한 미련을 완전히 버리지는 않았다. 하지만 하남(河南)으로 다시 밀려난 천보 12년(753)경, 그는 2년 전 상경(上京) 당시의 상황을 "갈매기 같은 새들과 짝하여, 강해(江海)에 머무르고 싶었다."고 애당초 취관(就官)을 회의하였던 것처럼 회고하였다.[22] "속리(俗吏)"들에 대한 노골적인 혐오감도 감추지 않은[23] 여기에서 그의 심경 변화가 잘 드러나는 것이다. 그 결과 안사의 난을 거치면서 "평소 늘 사진(仕進)을 구하지 않았다."고[24] 단언하기에 이르며, 이 시기에는 그가 실제로 몇 차례 벽소(辟召)를 물리치기조차 하였다.[25] 이것은 지덕 연간(756~758)의 소영사에게 관계(官界)에서의 출세란 거의 무의미해졌음을 뜻한다. 혹 반란의 와중에서 제갈량을 그리워하며[26] 정치적 포부를 내비친 적도 있으나, 이것은 어디까지나 극히 추상적인 원망(願望)에 지나지 않았을 뿐이다.

따라서 관인 소영사의 삶은 젊은 날의 꿈이 현실적으로 점차 좌절되어 가는 과정이었다고 해도 과언이 아니다.[27] 그런데 이러한 소영사의 생애

---

20) 『全唐文』 권322, 「白鷴賦」, 8쪽 앞~9쪽 뒤.

21) 『全唐文』 권322, 「滯舟賦」, 13쪽 뒤.

22) 『全唐文』 권322, 「庭莎賦」, 10쪽 뒤.

23) 위와 같음.

24) 『全唐文』 권323, 「與從弟評事書」, 18쪽 앞.

25) 위 「與從弟評事書」의 내용도 그렇지만, 『全唐文』 권315에 실린 李華의 「揚州功曹蕭穎士文集序」(이하 「文集序」로 약칭), 8쪽 앞에 따르면, 蕭穎士는 安史의 亂 중 永王과 第五琦의 辟召에 응하지 않았다.

26) 『全唐文』 권322, 「登宜城故城賦」, 5쪽 앞~뒤.

는 당 전기 진사과의 실상, 곧 진사과의 제도적인 위상이나 그 합격자들에게 주어진 공식적인 지위가 명경과(明經科)만큼 높지 않았다는 사실과[28] 무관하지 않다. 관인으로서의 출세가 단지 진사과 급제만으로써는 보장받기 어려웠던 것이다. 물론 이 시기에도 일부 진사과 출신자들은 사회적인 문학 애호 풍조 속에서 자신들의 문재(文才)를 이용해 당권자(當權者)들과 사적인 유대를 맺고 또 이를 통한 정치적 영달의 가능성도 없지는 않았다. 위술(韋述, ?~758)에게 자신의 문학적 기량(技倆)을 내세우며 비서성의 관직을 희망하였던[29] 소영사가 이듬해 장래가 촉망되는 비서정자(秘書正字)로[30] 발탁된 것이 바로 그 좋은 예이다.

그러나 주지하듯이 개원 22년 이후 무려 19년간 재상(宰相)의 자리에 있었던 이임보(李林甫)는 당시 조정의 최고 실력자였고, 그와 사이가 나빴던 소영사의 경우 이 점에서 분명 매우 불리한 상황이었다. 이와 같은 자신의 처지에 대한 불만이 문학적으로 표출된 글이 곧 「벌앵도수부(伐櫻桃樹賦)」이니,[31] 관인으로서 그의 정치적 출세는 큰 현실적 난관을 안고 있었던 것이다. 게다가 천보 11년경에 쓰여진 「애이불견부(愛而不見賦)」에서 드러나듯이 그 때까지 굳게 믿었던 원조자(援助者)

---

27) 그가 "負盛名而湮沈不遇"했다고 한 『太平廣記』 권164, 「蕭穎士」, 1193쪽의 기록은 그의 이러한 삶을 단적으로 표현하고 있다.

28) 이에 대하여서는 전게 하원수, 「唐前半期 進士科의 性格」 참조.

29) 『全唐文』 권323, 「贈韋司業書」, 16쪽 앞~17쪽 뒤. 그 말미에 雜詩 5수를 바친다고 한 이 글은 전형적인 行卷에 속한다.

30) 秘書正字는 正9品下로서 品階는 높지 않으나, 封演, 『封氏聞見記校證』 권3, 「制科」, 北平, 哈佛燕京社, 1933, 11쪽에 따르면, 이것은 당시 가장 빠른 승진 경로로서 八儁의 하나인 校書郎에 버금가는 관직이었다.

31) 正史의 本傳은 모두 「伐櫻桃樹賦」를 두 사람 간 불화의 결과로 특기하였지만, 그 구체적인 내용상 조금 차이가 있다. 그러나 두 사람의 惡緣은 趙璘, 『因話錄』 권3, 上海, 上海古籍出版社, 1979 新版, 90쪽이나 范攄, 『雲溪友議』 권中, 臺北, 世界書局, 1959初版, 34쪽과 같은 당시의 筆記資料들에서도 거론될 만큼 명확한 사실이다.

로부터도 냉대를 받자,[32] 그는 자기의 이처럼 암담한 관계(官界)에서의 현실을 더욱 절실히 깨닫지 않을 수 없었다. 전술한 천보 말 상경(上京)시에 대한 회고에서 드러나는 바, 이를 전후하여 소영사의 관직에 대한 태도와 의식상 뚜렷한 변화가 발견됨은 결코 우연이 아니다. 이것은 당 전기 진사과 출신자들의 현실적인 위상과 그 한계를 여실히 보여준다고 하겠다.

그런데 사환에 대한 이와 같은 기대의 부침(浮沈)에도 불구하고, 소영사의 의식 내면에서 항상 변하지 않는 것이 있다. 밝은 전도(前途)를 꿈꾸고 있을 때 "직성편중(直性編中)"을[33] 자인했던 그는 이후 실의에 빠지는 과정에서도 여전히 자신의 "벽직다오(僻直多忤)"를[34] 거론하고 있으니, 그는 현실의 어려움을 늘 자기의 "직(直)"한 성격 탓으로 돌리고 있는 것이다. 그리고 이러한 고백은 모두 화려한 주연(酒宴)을 기피하고 싫어하였다는[35] 이야기로 이어지는데, 이것은 후술하듯이 문사(文士)와 권세가의 유대에 살롱적인 분위기가 유용하였던 당시 확실히 설득력이 있다. 물론 그 역시 이와 유사한 모임으로부터 완전히 자유로울 수가 없었으나, 그에게 유력자(有力者)들과의 교환(交驩)에서 나온 시문(詩文)이 거의 없음은 사실인 것이다.[36] 자기의 역할을 제대로 수행하지 않는 당시 "집사자(執事者)"들에 대한 소영사의 신랄한 비판도[37] 서로 간에 이처럼 일정한 거리가 있었으

32) 『全唐文』 권322, 1쪽 뒤~2쪽 앞.

33) 『全唐文』 권323, 「贈韋司業書」, 14쪽 앞.

34) 『全唐文』 권322, 「庭莎賦」, 10쪽 앞.

35) 『全唐文』 권323, 「贈韋司業書」, 14쪽 앞과 권322, 「庭莎賦」, 10쪽 앞.

36) 현존하는 그의 글 중 확실히 宴會와 관련된 것으로 天寶14년의 「陪李採訪泛舟蓬池宴李文部書」·「蓬池禊飮序」와 시기 미상의 「有竹一篇七章」(『全唐詩』 권154, 1593쪽)을 들 수 있을 뿐이다. 그리고 이러한 詩文은 그의 출세에 크게 도움을 줄 만한 勢力家와 연관된 것이 아니다.

므로 가능한 일이었다. 그런데 여기에서 간과해서 안 될 것이 일면 자책처럼 보이는 이러한 "직(直)"의 강조가 실상 강직한 지조에 대한 긍지의 소산이란 사실이다. 그에게는 "직방(直方) 때문에 불우(不偶)하여 참녕(讒佞)으로 핍박받았다."는[38] 자신의 정당성에 대한 신념이 있고, 이 안에는 오히려 강한 자부심이 숨겨져 있기 때문이다.

이와 같은 소영사의 성격은 스스로 양(梁) 황실의 일족이며 뿌리 깊은 "사족(士族)"의 후예임을 내세웠던[39] 자기 가문에 대한 우월감과 무관하지 않아 보인다. 물론 선조(先祖) 가운데 과거 급제자조차 확인되지 않는 그의 직계 혈통이[40] 당대에 재상을 10명이나 배출한 난릉(蘭陵) 소씨(蕭氏)라는 명족(名族)과 직접적인 관계가 없다.[41] 따라서 그도 당 초이래 집안의 쇠락을 자인할 수밖에 없었으나,[42] 이처럼 그 명망과 상이한 현실의 상황이 도리어 자신의 가문의식을 더욱 부추겼을 가능성도 있다. 그가 『양소사보(梁蕭史譜)』와 같은 보첩(譜牒)을 직접 편찬하고[43] 보학(譜學)에도 매우 밝았다거나,[44] 또 친가(親家)의 "가업중서사(家業重書史)"와[45] 외가(外

37) 『全唐文』 권322, 「登宜城故城賦」, 4쪽 앞. 앞서 언급한 李林甫와의 갈등에서 나온 「伐櫻桃樹賦」의 "恃勢"者에 대한 비난(『全唐文』 권322, 8쪽 앞)도 동일한 맥락에서 이해될 수 있다.

38) 『全唐詩』 권154, 「江有楓一篇十章」, 1591쪽.

39) 『全唐文』 권323, 「贈韋司業書」, 11쪽 앞.

40) 그의 家系는 潘呂 책, 10쪽에 표로 정리되어 있는데, 여기에는 正史의 立傳者나 科擧 급제자가 보이지 않는다.

41) 『新唐書』 권71下, 「宰相世系」 1下, 2277~2288쪽; 趙超, 『新唐書宰相世系表集校』 권1, 「蕭氏」, 北京, 中華書局, 1998, 65~75쪽 참조.

42) 자신의 家門을 자랑한 「贈韋司業書」에서는 한편으로 "貞觀之後, 羣從彫零, 垂拱以來, 無復大位"(『全唐文』 권323, 11쪽 뒤)라고도 하였다.

43) 『新唐書』 권58, 「藝文」 2, 1501쪽.

44) 『新唐書』 권202, 本傳, 5767쪽.

45) 『全唐詩』 권154, 「蒙山作」, 1597쪽.

家)의 "업전청백(業傳淸白)"한[46] 가풍을 강조한 것 등은 모두 이러한 미묘한 심리에 기인하는 듯한 것이다. 그러나 소영사의 자부심을 지탱한 무엇보다 중요한 기반은 그의 뛰어난 능력이다. 전술한 것처럼 젊은 나이에 우수한 성적으로 진사과에 급제한 그는 자신의 문재(文才)를 공인받았을 뿐만 아니라, "문장(文章) · 학술(學術)"이 모두 "사림(詞林)"의 최고로 일컬어진[47] 그의 재능 특히 깊은 문학적 소양은 당시 거의 신비화되어[48] 이임보조차 그 "문식해통(文識該通)"을 부정하지 못했기[49] 때문이다. 당대(唐代)의 필기자료(筆記資料)들에서 자주 거론된 소영사의 "시재오물(恃才傲物)"은[50] 그의 능력에 대한 자신감이 얼마나 큰 것이었는지를 보여주는 좋은 예일 수가 있다.

이와 관련하여 천보 13년(754) 소영사의

> 뭇사람들이 문(文) · 학(學)을 말하는 것은 혹 [내가 생각하는 바와] 같지 않다. 아아, 그들은 나를 편(偏)"벽(僻)"되다고 생각하지만, 너희들은 나를 바르다고 여겨 한 목소리로 [나의 문 · 학을] 구하는구나. 너희들이 뒤에 있고 내가 앞에 있으니, 어찌 [너희들이 나에게] 묻지 않을 수 있겠는가? [너희들이] 물어서 가르치고 가르쳐서 따르며 따라서 통달하니, [내가] 스승됨을 사양하더라도 [그것이] 가능하겠는가?[51]

라는 말이 주목된다. 관인으로서 실의에 빠졌던 이 시기에서도 자신의 독

---

46) 『全唐文』 권323, 「爲南陽尉六舅上鄧州趙王牋」, 19쪽 앞.

47) 『太平廣記』 권164, 「蕭穎士」, 1193쪽.

48) 馮贄, 『雲仙雜記』 권1, 「夢裁錦」, 文淵閣四庫全書本, 2쪽 뒤에는 蕭穎士의 "文思大進"이 이상한 꿈을 통해 신기롭게 얻어졌다고 전한다.

49) 『雲溪友議』 권中, 34쪽.

50) 鄭處誨, 『明皇雜錄』 권上, 北京, 中華書局, 1994, 14쪽; 『唐摭言』 권3, 「慈恩寺題名遊賞賦詠雜記」, 28쪽; 『太平廣記』 권179, 「蕭穎士」, 1333쪽.

51) 『全唐詩』 권154, 「江有歸舟三章」, 1594쪽.

특한 "문 · 학"관을 버리지 않았고, 또 그의 이러한 "벽(僻)"을 좇는 사인들 역시 있었던 것이다. 따라서 이처럼 "직(直)"한 태도가 혹 주위의 비난을 받기도 했으나[52] 오히려 이것을 높이 평가한 이도 분명히 없지 않았다.[53] 그렇다면 소영사의 삶에서 드러나는 특징 곧 현실적인 좌절에도 불구하고 잃지 않은 자부심은 이러한 사인들의 존재에 힘입은 바가 컸다고 생각된다. 소영사와 교유했던 사인들로 그 고찰의 범위를 넓히고자 하는 이유는 바로 여기에 있다.

3. 소영사와 교유한 사인들

사람들과의 교유는 당연히 삶의 중요한 일부로서, 소영사에게도 이 양자가 결코 분리될 수 있는 것이 아니다. 실제로 그는

> 항상 문장(文章)의 득실(得失)을 말하거나 성씨(姓氏)의 장부(臧否)를 논하여 다른 사람들의 아의(雅意)를 거스르고 [뒤늦게] 누차 후회해도 어찌 할 수 없었다. 우생(友生) 소진(邵軫)이 [이러한 문제점을] 심각히 충고하였다.[54]

고 고백한 적이 있는데, 문재와 가문에 대한 자신감 그리고 이것을 곧바로 말해버리는 그의 직(直)한 성격이 士人들과의 관계에서도 그대로 드러나

52) 『全唐文』 권323, 「贈韋司業書」, 14쪽 앞~뒤에서 그는 자신의 행동이 "務恃文詞, 傲弄當世"하는 것으로 여겨짐을 깨닫고 조심하였으나 결국 "矯情飾理"할 수 없어서 다른 사람들로부터 소외되었다고 하였다.

53) 李華는 「三賢論」에서 蕭穎士를 時勢에 굴하지 않는 "百鍊之鋼"으로 비유하였다.(『全唐文』 권317, 5쪽 앞)

54) 『全唐文』 권323, 「贈韋司業書」, 14쪽 앞~뒤.

는 것이다. 실제로 당시 "폄악태극(貶惡太亟), 장능태중(奬能太重)"이 소영사의 "병(病)"이라고 지적되기도[55] 하였으니, 이처럼 뚜렷한 호오(好惡)의 표현은 그와 주변 사인들의 친소관계 역시 획절(劃絕)시켰으리라고 짐작된다.

그렇다면 그와 가깝게 교유하고 있었던 이들은 실제로 누구였던가? 이에 대한 답은 무엇보다 소영사의 글 자체로부터 찾아야만 한다. 즉 그가 대서(代書)해주거나 자기 시문(詩文)의 증여 · 화답(和答) 대상으로 삼은 인물 혹은 그의 글에서 호의적으로 언급된 사람들이 우선 주목되는 것이다. 그리고 소영사를 상대로 한 시문을 남긴 이들도 마찬가지 맥락에서 이해할 수 있다. 그런데 이처럼 상호간의 관계가 직접 확인되지는 않더라도, 다양한 형태의 당대(唐代) 기록들과 정사(正史)에서 이러한 사실이 언급된 인물들 또한 함께 조사할 필요가 있다. 이 경우 다만 간접적으로만 파악될 뿐인 교유라고 하더라도 그 안에 담긴 타자의 인식이란 객관성은 또 다른 측면에서 중요한 것이다. 이러한 관점에 입각하여 소영사와 비교적 친밀하였다고 여겨지는 사인들을[56] 표로 만들면 아래와 같다.

---

55) 『全唐文』 권317 李華, 「三賢論」, 4쪽 앞. 단 『文苑英華』 권744에서는 "貶惡太極(細注:一作亟), 奬能(細注:一作善)太重"(北京, 中華書局, 1966, 4쪽 앞)라고 하였듯이, 인용부분은 판본에 따라 몇 글자가 상이하다.

56) 물론 현존하는 자료들에 명기된 인물들(直系尊卑屬 제외)만을 대상으로 한 아래의 표는 蕭穎士의 交遊 전모를 보여준다고 생각하지 않는다. 특히 여기에서는 실제적인 분석이 어려운 사람, 예를 들어 "從弟" · "方牧" 등으로만 적혀 있고 그 實名을 확인할 수 없는 경우는 제외하였기 때문에 더욱 그러하다. 하지만 이들이 현재 필자로서 고찰 가능한 그의 知人 전부이므로, 이를 통해 蕭穎士와 士人의 관계가 갖는 특성을 일단 검토하고자 한다.

〈표 2〉 蕭穎士와의 交遊가 직접 · 간접적으로 모두 확인 가능한 인물

姓名 (生沒年)	交遊 사실의 根據	科擧 (급제년)	備考 (記錄上의 異同)
孫逖 (696~761경)	■ 「贈韋司業書」(『文』 323) ■ 「孫逖」(『舊』 190中 · 『新』 202)	制擧 (開元2)	蕭穎士의 座主; 開元22 · 23년의 知貢擧
韋述 (?~758)	■ 「贈韋司業書」(『文』 323); 「仰答韋司業垂訪五首」(『詩』 154); 「答蕭十書」(『文』 302) ■ 「蕭穎士」(『舊』 190下 · 『新』 202); 「韋述」(『舊』 102 · 『新』 132)	進士 (景龍2)	蕭穎士를 引援
崔圓 (705~768)	■ 「與崔中書圓書」(『文』 323) ■ 「蕭穎士」(『新』 202)	制擧 (開元23)	蕭穎士의 姻戚; 당시 宰相
元德秀 (695~754)	■ 「重陽日陪元魯山…」(『詩』 154) ■ 「蕭穎士」(『新』 202)	進士 (開元22)	蕭穎士가 "兄事"
源洧 (?~756경)	■ 「登宜城故城賦」(『文』 322) ■ 「蕭穎士」(『新』 202)		蕭穎士의 上官; 源衍의 兄(『文補(6)』, 62쪽)
邵軫(?)	■ 「贈韋司業書」(『文』 323) ■ 「三賢論」(『文』 317→『摭』 7); 「寄趙七侍御」(『詩』 153); 『摭』 1; 『南』 2; 「蕭穎士」(『新』 202)	進士 (開元25)	蕭穎士와 同學
陳晉(?)	■ 「爲陳正卿…」(『文』 322) ■ 「三賢論」(『文』 317→『摭』 7); 「蕭穎士」(『新』 202)		蕭穎士와 同鄕
劉太眞 (725~792)	■ 「江有歸舟」(『詩』 154); 「上楊上公啓」 · 「送蕭穎士赴東府序」(『文』 395) ■ 「劉府君神道碑銘」(『文』 538); 「冬夜宴蕭十丈…」(『文』 442); 「劉太眞」(『舊』 137 · 『新』 203); 「柳并」(『新』 202)	進士 (天寶13)	蕭穎士의 弟子; 貞元4 · 5년의 知貢擧
尹徵(?)	■ 「江有歸舟」(『詩』 154) ■ 「三賢論」(『文』 317→『摭』 7); 「冬夜宴蕭十丈…」 (『文』 442); 「蕭穎士」 · 「柳并」(『新』 202)	進士 (天寶13)	蕭穎士의 弟子(「三賢論」에서는 "厚於蕭"한 "尹徵(微)之")
柳并(?)	■ 「江有歸舟」(『詩』 154) ■ 「蕭穎士」 · 「柳并」(『新』 202)		蕭穎士의 弟子; 『蕭功曹集』의 序文을 적음(『直』 16); 柳淡의 兄

賈邕(?)	■「江有歸舟」(『詩』 154); 「送蕭穎士…」(『詩』 209) ■「冬夜宴蕭十丈…」(『文』 442); 「蕭穎士」(『新』 202)	進士 (天寶9)	蕭穎士의 弟子
盧冀(?)	■「江有歸舟」(『詩』 154) ■「冬夜宴蕭十丈…」(『文』 442); 「蕭穎士」(『新』 202)	進士 (天寶9[1])	蕭穎士의 弟子(『新』에서는 "盧異")
李華 (715~774)	■「揚州功曹蕭穎士文集序」(『文』 315); 「三賢論」(『文』 317); 「祭蕭穎士文」(『文』 321) ■『國』 上 · 下; 『摭』 1 · 4 · 5 · 7; 『南』 2; 『語』 2 · 4; 「蕭穎士」(『舊』 190下 · 『新』 202); 「李華」(『舊』 190下 · 『新』 203)	進士 (開元23)	蕭穎士와 同學 · 同年; 李華 스스로 "平生最深"의 관계라 하고, 당시 "蕭 · 李"로 병칭됨

※ 참고 사항은 기본적으로 〈표 1〉과 같고, 科擧 관련 사실은 기본적으로 徐松의 『登科記考』(北京, 中華書局, 1984)에 의거함.

◦ 國: 『唐國史補』, 摭: 『唐摭言』, 南: 『南部新書』(文淵閣四庫全書本), 語: 『唐語林校證』(北京, 中華書局, 1987), 舊: 『舊唐書』, 新: 『新唐書』, 直: 『直齋書錄解題』(叢書集成初編本)

1) 『登科記考』에는 급제년이 명기되어 있지 않으나, 『全唐詩』 권154, 1594쪽의 "自賈邕 · 盧冀之後, 比歲擧進士登科"란 말을 볼 때, 賈邕과 같이 天寶 9年에 급제하였을 가능성이 큼.

위 〈표 2〉의 13명은 서로 시문을 주고받은 적이 있거나 상대방을 우호적으로 언급한 글이 있음은 물론 당대(唐代)의 문헌 혹은 정사에서도 상호 교유 사실이 확인되는 인물들이다. 따라서 소영사와 이들의 관계는 자타공인의 것으로서 그 상친성(相親性)이 가장 분명한 경우이니, 일단 이 인물들의 성격으로부터 소영사와 밀접했던 사인들의 특징을 추측해 봄직하다. 그리고 이러한 시각에서 볼 때 이들 대부분은 과거 특히 진사과 출신자일 뿐더러 이 안에 그의 지공거와 동년(同年) 2명이 포함되어 있다는 사실이 주목된다. 이것은 소영사의 교유가 문학적 소양을 갖춘 인물들을 중심으로 이루어졌고, 진사과가 여기에서 일정한 매개 역할을 하였음을 시사하는 듯하다.

아울러 이 표에서 손적(孫逖)부터 원덕수(元德秀)까지 비교적 나이가 많은 4명을 제외하면,[57] 그 나머지 인물들은 대개 그의 동학(同學)이나 제자들이란 점도 간과해서는 안된다. 즉 소영사와 친분이 깊었던 인물들이 주로 동년배이거나 연하였다고 보이는 것이다. 사실 최원(崔圓)은 그의 "표매(表妹)"와 관련된 "빈천지교(貧賤之交)"였고[58] 원덕수도 그의 "형사(兄事)" 대상이었으므로, 이 두 사람과의 관계 역시 직위나 나이와는 별개로 비교적 대등하였을 수도 있다. 따라서 주변의 친밀한 사인들 가운데 연배와 지위에서 그보다 절대적인 우위에 있었던 이가 고작 손적 · 위술 정도에 그치며, 이들 사이의 교유가 소영사의 현실적 출세에 큰 힘이 되기는 어려웠으리라고 보아도 좋을 것이다.

〈표 3〉 蕭穎士와의 交遊가 직접적으로만 확인 가능한 인물

성명 (생몰년)	교유 사실의 근거	과거 (급제년)	비고 (기록상의 異同)
李憕 (?~755)	「重答李清河書」(『文』 323); 「重與蕭十書」(『文』 330)	明經(?)	蕭穎士가 "兄"으로, 李憕은 "弟"로 서로 호칭
宋華(?)	「菊榮」(『詩』 154); 「蟬鳴」(『詩』 257)		
鄒象先(?)	「答鄒象先」(『詩』 154); 「寄蕭穎士」(『詩』 257)	進士 (開元23)	蕭穎士의 同年
鄭愕(?)	「江有楓」(『詩』 154); 「送蕭穎士…」(『詩』 209)	進士 (天寶12[1)])	蕭穎士의 "友" 혹은 弟子
劉太沖(?)	「江有歸舟」(『詩』 154); 「送蕭穎士…」(『詩』 209)	進士 (天寶12)	蕭穎士의 弟子

---

57) 위의 표에서 元德秀 아래에 나오는 源洧의 경우 蕭穎士와의 관계를 어떻게 보아야 할지 애매하다. 정확한 生年은 알 수 없으나, 그가 安史의 亂 와중에 蕭穎士를 벽소했다면 서로 대등한 관계는 아니었겠지만, 蕭穎士와 친했던 源衍(〈표 4〉 참조)의 형으로서(『全唐文補遺(6)』, 「源衍墓誌」 62쪽) 일면 형제 같은 친밀성도 추측되기 때문이다.

58) 『全唐文』 권323, 「與崔中書圓書」, 1쪽 뒤와 3쪽 뒤.

李知柔(?)	「爲揚州李長史…」 2편(『文』 322)		蕭穎士의 上官
李邕 (675~747)	「爲李北海…」(『文』 322)		
李成式(?)	「爲李中丞…」 2편(『文』 322 · 323)		蕭穎士의 上官; 「與崔中書…」(『文』 323)에서 불신 대상(『新』 202, 「蕭穎士」에서는 "李承式")
裴迴(?)	「庭莎賦」(『文』 322)		蕭穎士의 上官
王琚(?)	「重答李淸河書」(『文』 323)		
房琯 (697~763)	「與崔中書圓書」(『文』 323)		당시 宰相
崔渙 (?~768)	「與崔中書圓書」(『文』 323)		당시 宰相; 至德2年의 知貢擧
來瑱 (?~763)	「與從弟評事書」(『文』 323)		
苗晉卿 (685~756)	「贈韋司業書」(『文』 323)	進士(?); 制擧(開元7)	蕭穎士의 吏部試와 관련
李暐(?)	「陪李採訪泛舟蓬池宴李文部書」(『文』 323)		天寶9年의 知貢擧
賈欽惠 (644~714)	「唐故沂州丞縣令賈君墓誌銘」(『文補(1)』, 183쪽)		실제 交遊 상대는 墓主 賈欽惠의 후손?
于逖(?)	「蓮蕊散賦」(『文』 322)		
張南容(?)	「蓮蕊散賦」(『文』 322)	進士 (開元23)	蕭穎士의 同年
邵翼(?)	「爲邵翼…」(『文』 323)		蕭穎士와 同鄕
蕭旭(?)	「送族弟旭帖經下第…」(『文』 323)		蕭穎士의 親戚
張翬(?)	「送張翬下第…」(『詩』 154)	進士 (開元23)	蕭穎士의 同年(혹 "張暈"으로도 나옴)
張志尹(?)	「過河濱和文學張志尹」(『詩』 154)		
裴丞(?)	「早春過七嶺寄題硤石裴丞廳壁」(『詩』 154)		
趙載(?)	「(未詳)趙載同遊…」(『新』 882)		
陸棣(?)	「舟中遇陸棣兄西歸…」(『詩』 154)		
李新(?)	「有竹」(『詩』 154)		"新"이 이름?
楊侯(?)	「涼雨」(『詩』 154)		"侯"는 단지 존칭?
劉方平 (730경~?)	「送劉方平沈仲昌秀才同觀所試雜文」(『紀』 47)		

沈仲昌(?)	「送劉方平沈仲昌秀才同觀所試雜文」(『紀』 47)	進士(天寶9)	
陸淹(?)	「江有楓」(『詩』 154)		蕭穎士의 "友" 혹은 弟子
息夫牧(?)	「冬夜宴蕭十丈…」(『文』 442)		蕭穎士의 弟子
劉舟(?)	「送蕭穎士…」(『詩』 209)	進士(天寶12[2])	蕭穎士의 弟子(혹 "劉冉"으로도 나옴)
長孫鑄(?)	「送蕭穎士…」(『詩』 209)	進士(天寶12)	蕭穎士의 弟子
房白(?)	「送蕭穎士…」(『詩』 209)	進士(天寶12[3])	蕭穎士의 弟子
元晟(?)	「送蕭穎士…」(『詩』 209)	鄉貢進士[4]	蕭穎士의 弟子
姚發(?)	「送蕭穎士…」(『詩』 209)	進士(天寶12[5])	蕭穎士의 弟子
殷少野(?)	「送蕭穎士…」(『詩』 209)	進士(天寶12[6])	蕭穎士의 弟子
鄔載(?)	「送蕭穎士…」(『詩』 209)	進士(天寶12[7])	蕭穎士의 弟子

※ 참고 사항은 기본적으로 〈표 2〉와 같음.

1) 『登科記考』에 나오지 않으나, 『唐詩紀事』 권24, 424쪽에서 "天寶十二年楊(陽)浚舍人下登第"라고 함. 사실 이 기록만으로 及第 科目을 확언하기는 어려우나, 이와 유사한 경우 『登科記考』에서는 進士科로 간주하였고, 本稿도 이에 따름.
2) 『登科記考』에는 天寶15년에 급제한 것으로 보았으나, 『唐詩紀事』 권24, 422쪽에서 "天寶十二年楊(陽)浚舍人下登第"라고 함.
3) 『登科記考』에는 天寶13년 급제자로 되어 있으나, 『唐詩紀事』 권24, 423쪽에서 "天寶十二年楊(陽)浚舍人下登第"라고 함.
4) 『唐詩紀事』 권24, 423쪽에서 "河南府進士"라고 함.
5) 『登科記考』에 나오지 않으나, 『唐詩紀事』 권24, 424쪽에서 "天寶十二年楊(陽)浚舍人下登第"라고 함.
6) 『登科記考』에는 天寶15년에 급제한 것으로 보았으나, 『唐詩紀事』 권24, 424쪽에서 "天寶十二年楊(陽)浚舍人下登第"라고 함.
7) 『登科記考』에는 天寶13년 급제자로 되어 있으나, 『唐詩紀事』 권24, 425쪽에서 "天寶十二年楊(陽)浚舍人下登第"라고 함.

소영사가 글을 주고받거나 그 시문에서 호의적으로 언급한 인물들은 위에서 보듯이 무려 38명이나 된다. 이들은 이러한 관계가 쌍방 모두에서 혹은 어느 일방에서만 확인되는 두 경우로 대분되고, 또 후자는 소영사와 타인의 글 중 어디에서 그것이 확인되는가에 따라 다시 나눌 수 있으니, 〈표 3〉에서는 이를 각각 겹줄로 구분해 두었다. 이 가운데 친분이 가장 분명해 보이는 전자 곧 상단의 5명은 과거와의 관련이나 연배 · 지위에서 대체로 〈표 2〉 인물들의 성격과 일치하며, 소영사의 교유에서 동년배 이하의 진사과 출신자들에 주의할 필요를 재차 환기시킨다.

물론 소영사의 측에서만 교분(交分) 사실이 발견되는 중단의 인물들이 위 표의 대부분을 차지하며, 여기에는 상관(上官) · 재상(宰相) 등 상당한 고관(高官)까지 포함되어 있다. 이것은 그가 사인들과의 교유에 꽤 적극적이었으며, 이때 사회적 지위의 고하를 가리지 않은 것처럼도 보인다. 그러나 현존 기록에 의거하는 한, 일방적으로밖에 확인되지 않는 이들 사이의 관계는 상호간의 친밀도라는 점에서 상대적으로 중요하지 않았던 듯하다. 소영사의 직접적인 언급이 없는 하단의 인물들도 일견 이와 마찬가지라고 여겨지지만, 식부목(息夫牧)을 제외한 6명의 제자들의 경우, 사실 이들과 연관된 소영사의 글이 존재한다. 천보 12년에 쓰여진 「유별이삼자득운자(留別二三子得韻字)」가 바로 그것이니, 이것은 일일이 거명하지만 않았을 뿐 실제로 「송소영사(送蕭穎士)…」란 제목의 시들에 대한 그의 화답이었기 때문이다.[59] 그러므로 진사과 응시 · 급제자인 이들은 중단의 인물들과 다르고, 이것 역시 소영사와 친근했던 인물들의 특징을 잘 드러낸다. 소영사가 비교적 많은 이들과 교유하였다고 해도, 실제로 그 주된 대상은 과거를 통해 능력을 인정받은 동년배 이하의 사인들로서 현실적인 유력자와는 거리가 멀었던 것이다.

---

59) 潘呂, 100~101쪽; 陳 논문, 202쪽; 『編年史』, 885~886쪽 참조.

〈표 4〉 蕭穎士와의 交遊가 간접적으로만 확인 가능한 인물

姓名 (生沒年)	交遊 사실의 根據	科擧 (급제년)	備考 (記錄上의 異同)
趙驊 (?~783경)	「三賢論」(『文』 317→『摭』 7); 『摭』 1; 『傳』 8쪽 앞; 『南』 2; 『語』 5; 「寄趙七侍御」(『詩』 153); 「趙驊」(『舊』 187下 · 『新』 151); 「蕭穎士」(『新』 202)	進士 (開元23)	蕭穎士와 同學 · 同年 (혹 "趙曄"으로도 나옴)
賈至 (718~772)	「三賢論」(『文』 317→『摭』 7); 『語』 2; 「蕭穎士」(『新』 202)	明經 (天寶1[1])	永泰1 · 2년의 知貢擧; 賈曾의 子
殷寅(?)	「三賢論」(『文』 317→『摭』 7); 『南』 2; 「蕭穎士」(『新』 202)	進士 (天寶4)	
陸據 (?~754)	「三賢論」(『文』 317→『摭』 7); 『南』 2; 「蕭穎士」(『舊』 190下 · 『新』 202)	進士(?)	
柳芳(?)	「三賢論」(『文』 317→『摭』 7); 『南』 2; 「蕭穎士」(『新』 202)	進士 (開元23)	蕭穎士의 同年
顏眞卿 (708~784)	「三賢論」(『文』 317→『摭』 7); 『南』 2; 「蕭穎士」(『新』 202)	進士(開元23); 制擧(天寶1)	
張有略 (~764경)	「三賢論」(『文』 317→『摭』 7); 「蕭穎士」(『新』 202)		
源衍 (707~740)	「三賢論」(『文』 317→『摭』 7); 「蕭穎士」(『新』 202)	明經 (開元中[2])	源洧의 弟(『新』에서는 "源行恭")
孔至(?)	「三賢論」(『文』 317→『摭』 7); 「蕭穎士」(『新』 202)		
韋收(?)	「三賢論」(『文』 317→『摭』 7); 「蕭穎士」(『新』 202)		
張邈(?)	「三賢論」(『文』 317→『摭』 7); 「蕭穎士」(『新』 202)		(『新』에서는 "張季遐")
劉穎(?)	「三賢論」(『文』 317→『摭』 7); 「蕭穎士」(『新』 202)		
韓拯(?)	「三賢論」(『文』 317→『摭』 7); 「蕭穎士」(『新』 202)		(혹 "韓極"으로도 나옴)
孫益(?)	「三賢論」(『文』 317→『摭』 7); 「蕭穎士」(『新』 202)	天寶中科擧?[3]	
韋建(?)	「三賢論」(『文』 317→『摭』 7); 「蕭穎士」(『新』 202)		『紀』 24에서 "與蕭穎士最善"이라 함

陽浚(?)	「三賢論」(『文』 317→『摭』 7)		天寶12~5年의 知貢擧(혹 "楊浚"으로도 나옴)
張惟一(?)	「三賢論」(『文』 317→『摭』 7); 「蕭穎士」(『新』 202)		
柳淡(?)	『因』 3; 「柳并」(『新』 202)		蕭穎士의 弟子·婿; 柳并의 弟(혹 "柳談"·"柳儋"으로도 나옴)
李岑(?)	「獨孤常州集序」(『文』 443)		
相里造(?)	「送蕭穎士赴東府序」(『文』 395)		蕭穎士의 弟子
戴叔倫(732~789)	「朝散大夫…戴叔倫墓誌銘」(『文』 502); 「戴叔倫」(『新』 143)	進士(至德2-廣德2년 중[4])	蕭穎士의 弟子
席豫(680~748)	「蕭穎士」(『舊』 190下·『新』 202); 「韋述」(『舊』 102)	進士(大足1); 制擧(大足1 이후 누차)	
賈曾(?~727)	「蕭穎士」(『舊』 190下); 「韋述」(『舊』 102)		賈至의 父
張士自(?)	「蕭穎士」(『舊』 190下); 「韋述」(『舊』 102)		張說의 子
裴耀卿(681~743)	「蕭穎士」(『新』 202)	諸科(垂拱4)	開元5~6年의 知貢擧
宋遙(?)	「蕭穎士」(『新』 202)		
張均(?)	「蕭穎士」(『新』 202)	進士(開元4[5])	張說의 子
郗純(?)	「郗士美」(『舊』 157·『新』 143)	進士(?); 制擧(?)	
閻士和(?)	「蕭穎士」·「閻士和」(『新』 202)		蕭穎士의 弟子; 『蘭陵先生誄』·『蕭夫子集論』을 적음
王恆(?)	「蕭穎士」(『新』 202)		蕭穎士의 弟子
盧士式(?)	「蕭穎士」(『新』 202)		蕭穎士의 弟子
趙匡(?)	「蕭穎士」(『新』 202)		蕭穎士의 弟子; 『新』 200의 本傳에서 새로운 春秋學과의 관련 특기
李陽冰(?)	「蕭穎士」(『新』 202)		蕭穎士가 "推引"; 李白의 從叔(『新』에는 "冰"자가 빠짐)

李幼卿 (?~776경)	「蕭穎士」(『新』 202)		蕭穎士가 "推引"
皇甫冉 (718~771)	「蕭穎士」(『新』 202)	進士 (至德1)	蕭穎士가 "推引"
陸渭(?)	「蕭穎士」(『新』 202)		蕭穎士가 "推引"

※ 참고 사항은 기본적으로 〈표 2〉와 같음: 『因話錄』; 『大唐傳載』

1) 『登科記考』에는 開元23년 進士科 급제자로 되어 있으나, 『唐才子傳校箋(1)』 권3, 「賈至」, 482~483쪽의 고증에 의거하여 수정함.

2) 『登科記考』에 나오지 않으나, 『全唐文補遺(6)』, 「源衍墓誌」 62쪽에서 "開元中辟孝廉"이라고 함.

3) 『登科記考』에 나오지 않으나, 『全唐文』 권403, 16쪽 뒤에서 "天寶時擢書判萃科"라고 함.

4) 『登科記考』에는 貞元16년의 급제자로 되어 있으나, 『唐才子傳校箋(2)』 권5, 「戴叔倫」, 520쪽의 고증에 의거하여 수정함.

5) 『登科記考』에 나오지 않으나, 『唐才子傳校箋(1)』, 「張說」, 138쪽에 開元4年의 進士科 급제자로 되어 있음.

소영사와의 교유가 타자에 의해서만 거론된 인물들 역시 〈표 4〉에서 보듯이 36명으로 적지 않은 수이다. 그런데 이 사실의 근거 문헌은 크게 보아 당대(唐代)의 기록과[60] 후대의 정사로 나뉘어진다. 그리고 전자, 곧 〈표 4〉의 겹줄 위에 나오는 이들은 대부분 이화(李華)의 「삼현론(三賢論)」에서 언급되고 있다. 이 글은 『당척언(唐摭言)』에 그대로 전재될[61] 만큼 당시 사인들에게 회자되었으니, 『신당서(新唐書)』에서 소영사의 "우(友)"나 "소여유자(所與遊者)"라고 전하는 인물들도 모두 여기에서 "후어소(영사)자[厚於蕭(穎士)者]"로 지적된 이들이다. 따라서 관견(管見)에 의하면, 현재 소영사와의 교유를 간접적으로 확인할 수 있는 자료가 상당히 제한되어 있을 뿐더러

60) 본고에서 이용한 『南部新書』나 『唐語林』이 물론 宋代에 나온 책이지만, 그 이전 문헌에서 채록된 듯한 수록 일화들 자체는 기본적으로 唐代의 기록으로 보아도 좋을 것이다.

61) 『唐摭言』 권7, 「知己」, 77~80쪽.

그나마 특정인의 시각에 입각한 경우가 많음을 부정하기 어렵다.

그러므로 당대(唐代)의 필기류에서 소영사와의 관계가 특기된 인물들은 주목할 만하다. 이들 사이의 친교(親交)는 당시 광범위하게 유포되고 인식된 사실로서 그 객관성이 비교적 높다고 생각되기 때문이다. 그런데 소영사 인척의 소작(所作) 『인화록(因話錄)』을 제외하면,[62] 이러한 문헌에 나오는 예들은 내용상 분명한 특징이 있다. 함께 진사과를 준비한 동학 혹은 동년과 관련된 이야기가 주종을 이루며,[63] 시문에 대한 품평을 둘러싼 서로간의 문학적 역량에 대한 비교의 전문(傳聞)이 이어지는[64] 것이다. 사실 진사과란 과목과 문학이 불가분의 관계에 있으므로, 이와 같은 고사(故事)들은 결국 소영사의 교유가 문학적 소양을 갖춘 사인들 사이에서 과거를 중심으로 이루어졌다는 당시의 사회적 통념을 뜻한다고 보아도 좋을 듯하다.

물론 당대(唐代)의 문헌에서 확인되지 않더라도 정사에서 소영사와의 관계가 명기된 하단의 인물들 역시 존재한다. 그런데 이들 중 석예(席豫)

---

62) 이 책의 저자 趙璘은 『因話錄』 권3, 89~90쪽에서 알 수 있듯이 蕭穎士의 사위 柳淡의 外孫子로서 家系를 위시한 그 주변의 잡다한 사실들을 많이 적고 있다.

63) 절대적으로 많은 것이 李華 관련 기록이며[『唐國史補』 권上, 20쪽(→『唐摭言』 권7, 「知己」, 81쪽; 『唐語林』 권2, 179쪽)과 『唐摭言』 권1, 5쪽; 권4, 48-9쪽; 권5, 62쪽; 권7, 77~80쪽 그리고 『唐語林』 권2, 170~171쪽], 趙驊나 邵軫에 대한 언급도 더러 보이는데[『大唐傳載』 8쪽 앞(→『唐語林』 권5, 490쪽)과 『唐摭言』 권1, 5쪽], 이러한 글들은 蕭穎士와의 同學 혹은 同年 관계를 명기하고 있다. 그리고 『南部新書』 권2, 13쪽 뒤에서 天寶年間 그와 "行義 · 敦交"한 인물로 지목된 8명 중에도 이 세 사람과 또다른 同年 柳芳이 포함된다.

64) 『唐國史補』 권下, 53쪽(→『唐語林』 권4, 358쪽)에서 蕭穎士와 李華가 연칭된 까닭이 "文章"임을 명언하였다. 실제로 李華의 「含元殿賦」를 둘러싼 두 사람의 交遊 문제는 『唐國史補』 권上, 20쪽에 전하고, 이것이 『唐摭言』 권7, 81쪽과 『唐語林』 권2, 179쪽에 轉載되어 있으며, 正史 「李華傳」에는 여기에다가 「弔(祭)古戰場文」과 관련된 유사한 故事까지 덧붙여 두었다.(『舊唐書』 권190下, 5048쪽; 『新唐書』 권203, 5776쪽) 그리고 『唐語林』 권2, 170~171쪽에도 「含元殿賦」를 통하여 "友"人 蕭 · 李와 賈至의 문학적 역량을 비교한 이야기가 나온다.

로부터 장균(張均)에 이르는 6명은 〈표 2〉에 나오는 위술과 함께 개원 · 천보 초 소영사의 명성을 높이는 데 일조한 당시의 유력자들이었다고 한다.[65] 또 『신당서』는 소영사의 "추인후진(推引後進)"을 강조함과 동시에 그를 "소부자(蕭夫子)"로 받들며 "집제자례(執弟子禮)"한 이들의 실명(實名)을 일일이 밝히면서 상당한 분량을 할애하고 있다.[66] 이러한 정사의 기록은 소영사 주변 사인들 간의 다양한 인원(引援) 관계를 보여주고, 이것은 그의 교유가 갖는 현실적 중요성을 시사한다는 점에서 매우 흥미롭게 여겨진다. 하지만 여기에서 『신당서』와 『구당서』가 소영사를 도와준 인물들로 거명된 사람들이 위술 · 석예 이외에는 같지 않다는 점 또한 간과할 수 없다. 그에 대한 당시 명사(名士)들의 원조는 그렇게 뚜렷하지 않았으며, 서로 간의 유대 역시 후술할 그와 제자들의 관계처럼 긴밀하지는 않았을 듯한 것이다.

지금까지 소영사와 교유한 사인들을 3개의 범주로 나누어 살펴보았는데, 총 87명에 달하는 이들과 그의 친밀도는 결코 획일적으로 말하기 어려워 보인다. 전술하였듯이 〈표 2〉와 〈표 3〉의 상단에 나오거나, 〈표 4〉 중 당대(唐代)의 필기자료에서 그 관계가 명기된[67] 사람들 그리고 〈표 3〉 하단의 「송소영사(送蕭穎士)…」란 시를 남긴 제자들이 여타 인물들과 달리 소영사와 각별한 교분이 있었다고 생각되는 것이다. 그가 방관(房琯) · 최환(崔渙)이 자신에게 베푼 호의를 인정하면서도 결국 편지를 보낸 당사자는 최원이었음이[68] 교유 관계의 심도(深度)에서 드러나는 이러한 차별성

65) 『舊唐書』 권190下, 「蕭穎士」, 5048쪽과 『新唐書』 권202, 「蕭穎士」, 5767~5768쪽.

66) 『新唐書』 권202, 「蕭穎士」, 5769~5770쪽.

67) 여기에는 李華의 「三賢論」을 轉載한 결과 『唐摭言』에 실리게 된 사람들은 제외하였다. 이것은 전술한 것처럼 이 글이 가진 사회적 영향력을 잘 보여주기는 하지만, 이러한 관계의 판단 자체가 특정인의 시각에 근거하고 있기 때문이다.

68) 『全唐文』 권323, 「與崔中書圓書」, 3쪽 뒤.

을 명언한다고 하겠다. 따라서 위의 표들에서 그 이름을 굵게 표시한 이들은 소영사와 특별히 친근했던 사인들로서 주목할 필요가 있다.

그리고 이처럼 소영사와 친밀하게 교유하고 있었던 인물들은 대개 문학적 소양을 갖춘 사인들이란 사실 또한 중요하다. 친교가 깊었다고 여겨지는 인물들 32명 중 5인을 제외하고 모두 과거 합격자이며, 이 가운데 무려 70% 이상에 달하는 23명이 진사과 급제자이기 때문이다.[69] 따라서 〈표 2〉~〈표 4〉에서 과거 관련 사실을 별도의 칸으로 설정하였는데, 이를 통람할 때 급제 시기가 동일한 이들이 많다는 점을 홀시할 수 없다. 실제로 소영사의 동년, 곧 개원 23년의 진사과 합격자만을 보더라도, 여기에서 발견되는 6명은 현재 알 수 있는 이 해의 진사과 급제자가 단지 10명뿐인[70] 상황에서 결코 적지 않은 비율이고, 이 가운데 장남용(張南容)·장휘(張翬)를 제외한 이화(李華)·추상선(鄒象先)·조화(趙驊)·유방(柳芳)의 경우 그 친밀도가 특히 컸던 부류에 속하는 것이다. 이로부터 과거가 소영사의 교유에서 갖는 중요성이 재차 확인된다고 해도 좋다.

아울러 소영사 주위에서 친교가 깊었던 사인들은 대부분 동년배거나 연하이다. 따라서 이들은 관인으로서 그의 출세에 직접적인 도움이 되지는 못했더라도, 많은 경우 그가 현실적으로 좌절하였을 때 서로간의 교의(友誼)를 변치 않았던 인물들이기도 하였다. 그의 사후 문집의 서문을 썼던 이화·유병(柳并)을 위시하여, 천보 말 실의 속에 동도(東都)로 떠나는 그를 위로한 여러 제자들과 안사의 난 와중에서 그를 벽소한 원유(源洧) 등이 그 대표적인 예이다. 그리고 천보 연간 그와 "행의(行義)·돈교(敦交)"한

69) 〈표 3〉의 元晟은 단지 河南府의 鄕貢進士 사실만이 확인될 뿐 禮部에서의 최종 급제 여부는 알 수 없으나, 進士科와의 관련성에 착목하여 일단 여기에서는 그 합격자의 범주에 포함시켰다.

70) 『登科記考』 권8, 275~277쪽에는 11명의 合格者 이름이 나오지만, 전술하였듯이 이 중 賈至의 경우 『唐才子傳校箋(1)』의 考證에 따라 여기에서 제외하였다.

사귐으로써 세상에 널리 알려졌다는 은인(殷寅)·안진경(顔眞卿)·유방·육거(陸據)·이화·소진·조화[71] 또한 마찬가지이다. 그렇다면 앞서 지적했던 바 그의 삶에서 일관되게 드러나는 자부심도 비교적 쉽게 이해된다. 이러한 인물들의 존재를 기반으로 하여, 그는 관계(官界)에서의 출세 여부와는 별개로 사인들 간에 비교적 폭넓은 입지를 가질 수도 있었을 터이기 때문이다. 그러므로 소영사의 교유에서 특별히 주목할 필요가 있는 대상은 곧 이러한 인물들이니, 이들 사이의 구체적 관계는 장을 바꾸어 검토해보도록 하자.

4. 소영사와 사인들의 관계

소영사와 그 교유 사인의 표면적인 관계는 이미 2장 표들의 비고 칸에서 간단히 표시하였는데, 여기에 실린 총 87명 가운데 무려 27명에 달하는 이들이 그의 제자였다고 보인다. 그리고 이 중 15명은 특별히 친근했던 인물로서 이러한 범주에 속하는 32명 가운데 무려 50% 가까이를 차지하고 있다. 더욱이 당시 기록에 나오는 "소문(蕭門)"이라는 표현은[72] 그의 문하에 있던 사인들이 하나의 집단처럼 인식되고 있었음을 시사한다. 따라서 소영사와 사인들의 관계를 심도있게 검토하고자 할 때, 무엇보다 먼저 그의 제자들에 주목하지 않으면 안된다.

이와 같은 집단이 언제 어떻게 만들어졌는지 확언하기는 어려우나, 그가

---

71) 『南部新書』 권2, 13쪽 뒤. 이 책에서 "趙驊"이라고 한 것은 趙驊의 오기이다.

72) 『權載之文集』 권24, 「唐故朝散大夫…戴公墓誌銘并序」, 141쪽(四部叢刊本)에서 戴叔倫이 "以文學政事, 見稱蕭門"했다고 하였다. 『新唐書』 권143, 「戴叔倫」, 4690쪽의 "爲門人冠"이란 말도 蕭穎士 門人의 集團的 존재를 전제로 한 것이라는 점에서 동일한 맥락으로 이해할 수 있다.

천보 초 비서정자(秘書正字)에서 파면된 뒤 복양(濮陽)에 객거(客居)할 때 윤징(尹徵) 등을 가르쳤고[73] 또 천보 8년 집현교리(集賢校理)에서 물러나 광릉(廣陵), 곧 양주(揚州)의 도학관(道學館)에서 "교직(教職)"을 맡았음은[74] 확실하다. 이것은 관직이 없거나 혹은 지방관으로 내쳐진 이후의 일로, 이러한 교육 활동을 통한 문인의 형성이 관인 소영사로서는 불우했던 시기에 이루어졌을 가능성이 크다. 그리고 이렇게 만들어진 사제관계(師弟關係)는 관계(官界)에서 그의 지위와 무관하게 계속되었다. 다수의 문인들이 천보 12년 장안(長安)을 떠나는 그를 "제자례(弟子禮)"로써 전송하였으며,[75] 소영사가 안사의 난 중 자기는 벽소를 사양하면서도 애써 "유천군재(惟薦羣才)"한 것도[76] 이 제자들의 존재와 관련이 있을 듯하기 때문이다.

실제로 소영사는 문인들에게

> "도(道)를 높이고 덕(德)을 이룸에 스승을 존경함이 어렵도다."는 옛 글이 있다. 따라서 [존경해야 할] 세 가지 예(禮)에 임금과 아버지처럼 지극한 것으로 스승도 들어가는 것이다.[77]

라 하였고, 그의 제자 식부목 또한 사제간의 연회 뒤에

> "세 가지를 섬김이 한 가지인 것은 오로지 임금 · 아버지 · 스승이로다."는

---

73) 『新唐書』 권202, 「蕭穎士」, 5768쪽에는 이 시기의 제자로서 尹徵과 王恆 · 盧異 · 盧士式 · 賈邕 · 趙匡 · 閻士和 · 柳并의 이름을 명기하고 있다. 단 여기에서 "盧異"는 "盧冀"의 誤記이며, 柳并의 경우 혹 뒷날 江南에서 가르친 제자일 가능성도 배제할 수 없다.(潘呂 책, 76~77쪽 참조)

74) 『全唐文』 권322, 「伐櫻桃樹賦」, 7쪽 앞.

75) 『全唐文』 권395 劉太眞, 「送蕭穎士赴東府序」, 5쪽 앞~뒤.

76) 『全唐文』 권323, 「與從弟評事書」, 18쪽 앞.

77) 『全唐詩』 권154, 「江有歸舟三章」, 1593쪽. 이 글 속의 인용문은 『禮記』, 「學記」篇의 "凡學之道, 嚴師爲難. 師嚴然後道尊, 道尊然後民知敬學"이란 말에서 유래한 듯하다.

> 옛 글이 있습니다. [이것은] 낳아주시고, 가르쳐주시고, 녹(祿)을 주시는 까닭입니다.[78]

라고 거의 비슷한 취지의 이야기를 하고 있다. 스승의 중요성을 특별히 강조한 위의 글들은 곧 이들의 삶 속에서 사제관계가 중시되었음을 뜻하며, 이 말대로라면 그를 중심으로 강한 결속력을 갖춘 "소문(蕭門)"의 집단성은 의문의 여지가 없다. 소영사가 자기와 유태진(劉太眞)을 공자(孔子)와 안연(顔淵)에 비기거나[79] 유태진이 그를 "선사(先師)", 곧 공자를 계승한 이로 찬양한[80] 일은 그 좋은 예이다. 이러한 공문(孔門)의 비유는 이 집단의 남다른 유대감을 뜻함과 아울러 그 합리화의 명분이기도 했던 것이다.

그런데 위에서 인용한 두 글이 스승의 중요성을 강조함과 동시에

> 후진(後進)으로서 나를 스승으로 삼았던 자로서, 가옹(賈邕) · 노기(盧冀) 이후 해마다 진사과에 응시하여 급제함으로써 명(名)과 실(實)이 다 서로 부합하여 [명성 · 지위가] 뛰어오른 이가 무릇 여러 사람이다.[81]

혹은

> 노(기)[盧(冀)] · 가(옹)[賈(邕)]와 유(태진)[劉(太眞)] · 윤(징)[尹(徵)] 같은 무리들이 짧은 기간에[半紀間] 연이어 [진사과에 급제하여] 기뻐 뛰었던 것은 실로 선생님께서 가르쳐 주시고 이끌어 주셔서 이렇게 된 것입니다.[82]

---

78) 『全唐文』 권442, 「冬夜宴蕭十丈因餞殷 · 郭二子西上詩序」, 1쪽 앞. 이 글 속의 인용문은 『國語』, 「晉語(1)」의 "民生於三, 事之如一"이란 말과 관련이 있어 보인다.

79) 『全唐詩』 권154, 「江有歸舟三章」의 序文, 1593~4쪽.

80) 『全唐文』 권395, 「送蕭穎士赴東府序」, 5쪽 앞~뒤.

81) 『全唐詩』 권154, 「江有歸舟三章并序」, 1594쪽.

라고 하여 과거 문제를 거론하였다는 사실이 주목된다. 소영사는 물론 그 제자들도 반 이상 진사과 합격자이던 이들 사이의 사제관계에서 과거의 당락이 무척 중요한 관심거리였다고 보이기 때문이다. 천보 12년 제자들이 소영사에게 바친 시 가운데 "근래 선생의 문하에 왔던 자, 반은 이미 청운(靑雲)에 올랐네."라는[83] 구절도 이와 마찬가지 맥락에서 이해된다.

그렇다면 스승으로서의 소영사가 제자들의 진사과 급제와 실제로 어떤 관계가 있는지 묻게 된다. 이에 대하여 막연히 '좋은 교육'이라고 답하기 어려운 것은 이상하리만큼 제자들 가운데 동년이 많기 때문이다. 즉 가옹·노기와 정악(鄭愕)·유태충(劉太沖)·유주(劉舟)·장손주(長孫鑄)·방백(房白)·요발(姚發)·은소야(殷少野)·오재(鄔載) 그리고 유태진·윤징이 각각 천보 9년, 12년, 13년의 진사과 급제자인 것이다. 그리고 이 제자들이 대거 합격한 천보 12·13년의 지공거 양준(陽浚)이 〈표 4〉에서 보듯이 그의 교유 인물 중 하나라는 사실에 주의할 필요가 있다. 게다가 당시 "[양준이] 공거(貢擧)를 관장할 때 소영사에게 물어 [적당한] 사람을 찾았다."고[84] 하므로, 그의 제자들이 진사과에 합격하는 데 스승의 직접적인 도움이 있었음에 틀림없다.

뿐만 아니라 천보 9년의 동년인 제자들의 경우도 이와 유사해 보인다. 가옹·노기 그리고 과거를 치른 뒤 그와 노닐었던 심중창(沈仲昌)이 진사과에 합격했던 이 해의 지공거 역시 〈표 3〉에 나오는 이위(李暐)임이 결코

82) 『全唐文』 권442 息夫牧, 「冬夜宴蕭十丈因餞殷·郭二子西上詩序」, 1쪽 뒤. "半紀間"을 직역하면 "6년 사이에"이겠으나, 실제로 盧冀·賈邕과 劉太眞·尹徵의 及第 시기가 각각 天寶9년과 13년으로서 꼭 6년이 아니므로 여기에서는 "짧은 기간에"라고 의역하였다.

83) 『全唐詩』 권209 鄔載, 「送蕭穎士赴東府得君字」, 2178쪽.

84) 『全唐文』 권317 李華, 「三賢論」, 6쪽 뒤.

우연으로 보이지 않는 것이다. 사실 그는 일찍이 개원 말 과거에 응시한 동향인(同鄕人) 소익(邵翼)을 대신해 병부상서(兵部尙書) 장균(張均)에게 편지를 쓴 적이 있으니,[85] 제자처럼 교분이 깊은 이들의 진사과 합격을 위하여서라면 자신의 지인(知人)들에게 청탁하지 않았을 리가 없다. 따라서 그는 훗날 "후진(後進)을 밀어주고 끌어주는 것을 자신의 임무로 삼았다."고[86] 일컬어지게 되었으며, "소문(蕭門)"이란 집단도 이와 같이 사인들간의 인맥을 이용한 그의 적극적인 제자들에 대한 원조를 그 배경으로 하였다고 생각된다.

그런데 소영사와 제자들의 관계를 오로지 과거를 통한 출사(出仕)의 문제로만 환원시켜버려도 좋을지는 의문이다. 유태진은 그를 만나 "이야기가 '문(文)·학(學)'에 미쳐 사제관계를 맺게 되었다."고 회고하였으니,[87] 그의 "문(文)"과 "학(學)"은 문인들에게 각별한 의미를 지녔던 듯하기 때문이다. 소영사의 "학(學)·문(文)"을 공자에 비유한 은소아나[88] "하늘이 낳은 훌륭한 사필(史筆), 곳곳에 떨친 문재(文才)"라고[89] 그를 칭송한 요발의 시도 마찬가지 맥락에서 이해된다. 물론 당시 과거 특히 문학적 소양을 중시한 진사과의 성격을 생각할 때, 이러한 제자들의 태도 또한 극히 현실적인 동기로부터 말미암았을 수 있다. 하지만 전술하였듯이 유난히 자부심이 강했던 소영사의 문장과 학문에 뭇사람들과 다른 "벽직(僻直)"이 있었다면, 문하에 모인 제자들 역시 그의 독특한 문(文)·학(學)관에 동조함으로써 서로간의 결속력을 다졌을 가능성도 있는 것이다.

---

85) 『全唐文』 권323, 「爲邵翼作上張兵部書」, 4쪽 앞~5쪽 뒤.

86) 『新唐書』 권202, 「蕭穎士」, 5769쪽.

87) 『全唐文』 권395, 「上楊相公啓」, 3쪽 앞.

88) 『全唐詩』 권209, 「送蕭穎士赴東府得散字」, 2177쪽.

89) 『全唐詩』 권209, 「送蕭穎士赴東府得草字」, 2177쪽.

소영사는 실제로

학(學)이란 것이 [여느 사람들처럼 자기의 주장을] 변별해 내려고 [예전의] 글들을 주워 모아서 이야기거리를 만들어 그 말[의 진정한] 뜻을 왜곡하는 것이 아니니, 그들의 식견이란 반드시 비속하고 평범하기 마련이다. [진정한 학이 마땅히] 힘쓸 바는 [성현의] "전법(典法)"을 본받아 밝히고 "덕의(德義)"를 풍성히 할 뿐이다. [그리고] 문(文)이란 것이 [여느 사람들처럼] 겉으로 비슷하게 하려고 유사한 것들을 끌어 모아서 구절의 짝짓기[여우(儷偶)]에 얽매이어 신기하고 화려하게 표현하는 것이 아니니, 그들의 언설(言說)이란 반드시 천박하고 [사실과] 어그러지기 마련이다. [진정한 문이 마땅히] 힘쓸 바는 "아훈(雅訓)"을 높이고 "사실(事實)"을 밝게 드러낼 뿐이다.[90)]

라고 하여, 자신의 학·문관을 분명히 피력하였다. 이것은 성현(聖賢)의 "전법(典法)"을 이어 "덕의(德義)"를 밝히는 학문 그리고 "아훈(雅訓)"과 "사실(事實)"에 충실한 문장을 주장함으로써 당시 유행하던 의소학(義疏學)이나 변려문(騈儷文)에 대한 비판은 물론 독자적인 학·문의 이념 수립을 시사한다.

그리고 「증위사업서(贈韋司業書)」의

저는 평생 글을 지을 때 풍격(風格)이 시속(時俗)과 비슷하지 않아, 무릇 고려하는 바 반드시 "고인(古人)"[의 글]을 희구(希求)하였으니, 위·진 이후[위·진이래(魏·晉以來)][의 글]에 대하여서는 일찍이 관심을 두지 않았습니다. … 저는 철든 이래 특별히 즐기는 것이 적었고, "경술(經術)" 이외에는 대체로 마음을 쓰지 않았습니다.[91)]

라는 말은 이를 좀 더 구체적으로 표현하고 있다. 즉 스스로 "고인(古人)"

90) 『全唐詩』 권154, 「江有歸舟三章并序」, 1594쪽.

91) 『全唐文』 권323, 12쪽 앞과 13쪽 뒤.

의 글과 다른 "위 · 진이래(魏 · 晉以來)"의 문풍(文風)에 휩쓸리지 않는 문장을 쓰고, 또 유학 본연의 "경술(經術)"에만 침잠한 학문을 한다고 명언하였던 것이다. 따라서 그가 지향하는 문과 학은 곧 고래(古來)의 유가적 가치를 중시하는 복고적 이념에 기초하고 있는 듯하다.

그러나 위에 인용한 소영사의 말은 일면 자가당착적이다. 상당한 장문의 편지인 이 글의 뒷 부분에서 그가 "경사(經史)"만이 아니라 "노장(老莊)"을 즐겼으며 간간이 "석전(釋典)", 곧 불경(佛經)도 논하였다고 해서[92] 스스로 "경술(經術)"에만 몰두하지는 않았음을 스스로 실토하였기 때문이다. 뿐만 아니라 위 인용문의 전반부도 "자질구레하고 짧은 판(문)[判(文)]이 어떻게 장부(丈夫)의 장(壯)한 뜻을 끌어낼 수 있겠는가?"[93]라는 말로 바로 이어지는데, 이것은 판(判)을 시험하는 전선(銓選)에서 떨어진 직후였던 당시 혹 자신의 처지에 대한 변명으로 읽히기도 한다. 그러므로 그가 내세운 이념의 실제적인 의미에 대하여 다시 한 번 생각해 볼 필요가 있다.

사실 당대(唐代) 필기자료에 나타나는 소영사의 모습은 그의 말과 확실히 거리가 있다. 『운계우의(雲溪友議)』에는 그가 "현실[시(時)]을 가볍게 여기고 멋대로 폭음하면서, '명교(名教)'를 따르지 않았다."[94]고 하니, 그의 실제 행동은 "명교(名教)", 곧 유가적인 예교(禮教)와 도리어 배치되었던[95] 것이다. 물론 이것은 전술하였듯이 그와 사이가 나빴던 이임보의 평가이므로 그대로 믿기 어렵다고 할 수도 있다. 그러나 앞서 지적했던 것처럼 "시

92) 同上, 13쪽 뒤.

93) 同上, 12쪽 앞.

94) 『雲溪友議』 권中, 34쪽.

95) 蕭穎士는 일찍이 "爲文儒士"로서 "以名教爲己任"한다고 말한 적이 있고(『全唐文』 권323, 「贈韋司業書」, 9쪽 뒤), 이러한 평가와 완전히 상반됨이 주목된다.

재오물(恃才傲物)"이 자주 문제시되었던 그의 경우, 스스로 강조하고 또 그 제자들이 인정한 바[96] 학문을 통해 함양된 "덕(德)"의 실체가 심히 의문스럽다. 더욱이 당시 그가 "삼교(三敎)"에 "해박(該博)"하였다고 가끔 칭찬되기도 하였다면,[97] 소영사의 학문이 결코 도(道)·불(佛)을 배제한 채 오로지 유학에만 전념한 것은 결코 아니었다.

그리고 현존하는 그의 작품들을 보면, 이것이 변문(騈文)을 탈피한 새로운 문체의 글이었는가도 역시 회의적이다.[98] 따라서 이화가 쓴 소영사문집의 서문에 전하는 바 그의 문장론에서 굴원(屈原)·송옥(宋玉) 이후의 "문(文)"이 "경(經)"에 미치지 못함은 인정하면서도, 또다른 한편 가의(賈誼) 등 한대(漢代)의 문사(文士)들을 논평한 뒤

> 조식(曹植, 192~232)의 풍성함, 왕찬(王粲, 177~217)의 초탈함, 혜강(嵇康, 224~263)의 모범성[표거(標擧)] 그리고 이밖에도 안팎이 잘 갖추어져서 숭상하는 바는 다르더라도 [칭송할 만한 이는] 이루 다 매거할 수 없다. 좌사(左思, 250~305 경)의 시(詩)·부(賦)는 [『시경(詩經)』] 아(雅)·송(頌)의 유풍(遺風)이 있고, 간보(干寶, ?~336 경)의 저작(著作)·의론(議論)은 [『시경』「주남(周南)」·「소남(召南)」과 같은] 왕화(王化)의 근원(根源)에 가까운 것이다.[99]

고 하였듯이, 그가 "위·진이래(魏·晉以來)"의 문장에도 적지 않은 관심을 기울였다고 해도 결코 이상하지 않다. 『신당서』에 나오는 그의 견해도 "상고(尙古)"를 강조하고 있으나. 이 역시 황보밀(皇甫謐, 215~282)·장화(張

---

96) 天寶12年의 "送蕭穎士…"라는 詩를 적은 제자들은 "德遂天下宗"(劉舟), "大德詎可擬"(長孫鑄) 등과 같이 그의 높은 德性을 칭송하였다. 『全唐詩』 권209, 2174~2178쪽 참조.

97) 張鷟, 『朝野僉載』 권6, 3쪽 뒤(文淵閣四庫全書本)와 李冗, 『獨異志』, 稗海本, 14쪽 뒤.

98) 黃春貴, 『唐代古文運動探究』, 臺北, 八德教育文化出版社, 1992, 2판, 66쪽에서 지적하였듯이 그의 대부분 文章에 騈儷의 흔적이 남아 있다.

99) 李華, 「文集序」, 8쪽 앞~뒤.

華, 232~300) · 유곤(劉琨, 271~318) · 반니(潘尼, 250~311경)와 같은 일부 위(魏) · 진(晉)대 문사들에 대한 칭송의 근거로써 제시된 것 또한 사실이다.[100] 소영사가 주창했던 고래의 유가적 가치와 복고의 이념은 단지 주장으로 그칠 뿐 그 실제적 의미는 제한되어야만 마땅한 것이다.[101]

그런데 이화는 위에서 인용한 소영사의 문장론 소개를 그가 "'문장(文章) · 제도(制度)'로 자임하였고 당시 사람들은 모두 이로써 그를 인정하였다.[허(許)]"라고[102] 마무리하여, 소영사의 말을 여론(輿論)을 앞세워 그대로 공인해 주었다. 하지만 전술하였듯이 이 시기 필기자료들이 그를 긍정적으로 평가하지만 않았다면, 이러한 결론에는 소영사가 죽자 "천하유림(天下儒林)"들이 "초췌(顦顇)"해졌다는[103] 그 앞의 서술과 마찬가지로 평자(評者)의 과장이 없지 않아 보인다. 물론 이것은 그의 문집 서문이란 글의 성격 탓이라고 할 수도 있다. 그러나 여기에서 주의할 것은 "문장"에 "제도"가 덧붙여 거론되고 있다는 사실이니, 그를 "시서예악(詩書禮樂)과 황제왕패지술(皇帝王覇之術)로 자임하였다."고[104] 한 부재(符載, 759~?)의 칭송처럼 유사한 표현이 훗날까지 이어짐을 생각할 때 더욱 그러하다. 소영사의 "문장"이 "시서예악(詩書禮樂)"으로 부연되었을 뿐더러, 그가 자부했다는 "제도"는 정사(政事)의 주체인 "황제왕패(皇帝王覇)"의 문제로 그 의미를 한층 확대해 가는 것이다.

---

100) 『新唐書』 권2, 5770쪽.

101) 蕭穎士를 古文家로 부각시키는 기존의 많은 연구들이 위의 인용문들에 나오는 "古" · "經"의 이념만을 강조한 것은 이 글들 본래의 전체적인 文脈과 어긋나는 편향된 설명인 듯하다. 물론 그가 중시한 이들이 주로 魏 · 晉까지의 文士들이라고 하더라도, "善著書"를 칭찬한 梁代 裴子野(『新唐書』 권202, 「蕭穎士」, 5770쪽)처럼 南北朝時代의 인물도 없지는 않다.

102) 李華, 「文集序」, 8쪽 뒤.

103) 同上, 8쪽 앞.

104) 『全唐文』 권691, 符載, 「尙書比部郎中蕭府君墓誌銘」, 7쪽 앞.

소영사의 "문장"과 그 역할에 대한 후인(後人)의 이처럼 과장된 해석은 결국 그를 현양(顯揚)하기 위한 것으로서, 독고급(獨孤及, 725~777)이 쓴 이화 문집의 서문이

> 뜻은 말이 아니면 드러나지 않고, 말은 "문(文)"이 아니면 빛나지 않는다. 이 세 가지가 서로 쓰임은 또한 강을 건너려면 배와 노를 빈 이후에 건너는 것과 같다. … 측천태후(則天太后) 시기에 임자앙(陳子昂)[의 문(文)]은 [올바른] 아(雅)로써 [음란한] 정(鄭)을 바꾸어, "학자(學者)"들이 점차 이러한 쪽으로 향하였다. 천보 중 공(公)[이화(李華)]와 난릉(蘭陵) 소무정(蕭茂挺: 蕭穎士), 장락(長樂) 가유기(賈幼幾: 賈至)가 불끈 다시 나타나 "중고지풍(中古之風)"을 일으킴으로써 "문덕(文德)"을 높였다.[105]

고 하거나, 또 독고급 문집의 서문에서 이주(李舟?)가 천지만물(天地萬物)에 "문(文)"이 필수적임을 말한 뒤

> 사람에게 "문(文)"이 없다면, 예(禮)는 [예]수[(禮)數]를 분별할 수 없고 악(樂)이 [악]장[(樂)章]을 이룰 수 없으며 나라는 그 형정(刑政)을 행할 수 없고 입론하려는 자가 권계(勸誡)를 남길 수 없으니, "문(文)"의 "시용(時用)"은 크도다. … [아버지께서 이렇게 말씀하셨습니다.] "나의 벗 난릉(蘭陵) 소무정(蕭茂挺), 조군(趙郡) 이하숙(李遐叔: 李華), 장락(長樂) 가유기(賈幼幾) 그리고 지인(知人) 하남(河南) 독고지지(獨孤至之: 獨孤及)은 모두 '육예(六藝)'를 본받아 밝히고 '고인술작(古人述作)'의 뜻을 찾을 수 있었다."[106]

고 한 것 역시 마찬가지이다. 그 결과 소영사는 몇몇 사인들과 함께 "고(古)"의 이념을 계승한 최고의 문사로 높여지고 있는 것이다.

---

105) 『全唐文』 권388, 「檢校尚書吏部員外郎趙郡李公中集序」, 11쪽 뒤~12쪽 앞. 여기에서 그 서두 부분은 후술하듯이 『左傳』에 나오는 孔子의 말을 빈 것임에 주의할 필요가 있다.

106) 『全唐文』 권443, 「獨孤常州集序」, 16쪽 뒤~17쪽 앞.

문집의 서문을 가지고 마치 이어달리기를 하는 듯한 이러한 글은 비단 여기에 그치지 않는다. 양숙(梁肅, 753~793) 또한 독고급 문집의 서문에서

> 도덕인의(道德仁義)는 "문(文)"이 아니면 밝혀지지 않고, 예악형정(禮樂刑政)도 "문(文)"이 아니면 세워지지 않는다. "문(文)"의 흥폐(興廢)로 세상의 치란(治亂)을 보고, "문(文)"의 고하(高下)로 [사인의] 재능의 후박(厚薄)을 본다. … 천보 중에 일어난 [소영사 등] 몇 사람은 [그 문장이] 자못 예(禮)로써 절도(節度)에 맞게 하였다.[107]

고 하였으며, 이한(李翰?) 문집의 서문에서도

> "문"이 일어남에 위로는 도덕을 발양(發揚)하여 성명(性命)의 강기(綱紀)를 바르게 하고, 다음으로 전례(典禮)를 잘 갖추어 인륜(人倫)의 대의(大義)를 두텁게 하며, 또 그 다음으로 선인(善人)[의류(義類)]을 밝게 드러내어 천하의 올바른 표준[중(中)]을 세운다. … "문"은 도(道)에 근본하는데, [문이] 도를 잃으면 기(氣)로 넓히고 기가 부족하면 사(辭)로 꾸민다. … [세 차례에 걸친 당대 "문장"의 변화로서 진자앙(陳子昂)과 장열(張說)에 이어] 천보 이후 이원외(李員外: 李華), 소공조(蕭功曹: 蕭穎士), 가상시(賈常侍: 賈至), 독고상주(獨孤常州: 獨孤及)이 동시에 나란히 나온 까닭에 그 [문의] 도가 더욱 빛나게 되었다.[108]

고 함으로써, 소영사의 문장이 갖는 중요성을 부연·확대시켰기 때문이다.

그런데 지금까지 인용한 네 편의 글들은 소영사에 대한 칭송만이 아니라 "문"의 중요성을 적극적으로 고양시켰다는 점에서도 공통점이 발견된다. "뜻이 있으면, 말로써 뜻을 채우고 (또) '문'으로써 말을 채운다. 말하지 않으면 누가 그 뜻을 알겠으며, 말에 '문'이 없으면 (후대로) 전해지더라도 오래가지 못한다."는[109] 유명한 공자의 말에 근거하여, "고(古)" 성현(聖賢)

---

107) 『全唐文』 권518, 「常州刺史獨孤及集後序」, 3쪽 뒤~4쪽 앞.

108) 『全唐文』 권518, 「補闕李君前集序」, 5쪽 뒤~6쪽 앞.

의 권위로 유가적 정당성을 확보한 그 논리는 "문"의 함의를 점차 확충해 가고 있는 것이다. 우선 "지(志)"를 분명히 드러내는 수단으로 중시된 이것은 일면 예·악·형정·권계와 같은 "시용(時用)"적인 문제로 이해되어 그 정치적 효용이 강조되었다. 그리고 나아가 이것의 "흥폐(興廢)"·"고하(高下)"를 곧 세상의 치란과 개인의 재능을 평가하는 근거로 삼아, "문"은 "도덕인의" 특히 "도(道)"로까지 이어져서 지고의 가치로 추상화될 수 있었던 것이다.

고문운동에 대한 역사적 해석은 다양할 수 있겠지만, 그 이념적 기초는 일단 "문"을 이처럼 "고(古)"·"도(道)"와 불가분의 관계로 만든 점에 있다고 보아도 크게 틀리지 않을 듯하다.[110] 그러므로 위의 인용문들에서 이러한 "문"을 구현한 인물로 존숭된 소영사·이화·가지·독고급·이한이나 이들을 이렇게 존숭한 이주·양숙 등은 모두 고문가로 불리는 것이다. 종래 소영사를 고문운동의 선구자로 지목한 까닭도 바로 이 때문이니, 이것은 소영사에 대한 이화의 높은 평가로 시작된 이와 같은 논리가 후대에 더욱 확산되어 간 귀결이었다. 소영사가 자임하였다는 "문장"·"제도"를 "시서예락"과 "황제왕패지술"로 이해한 부재(苻載)도 사실 이러한 흐름의 연장선상에 있다고 하겠다.

그러나 소영사의 문장이 실제로 이러한 후대의 평가와 잘 부합하였는지는 확언하기 어렵다. 앞서 지적하였듯이 그의 현실 삶 속에서 유가적 가치와 복고의 이념은 제한적으로 이해될 수밖에 없기 때문이다. 사실 변문적(騈文的) 성격이 잔존하는 작품의 형식적 특징은 차치하고라도, 그 내용상

109) 楊伯俊 編著,『春秋左傳注』, 北京, 中華書局, 1981, 襄公25年 10月條, 1106쪽.

110) 古文運動에 대한 숱한 연구들이 있으나, 그 기본적인 이해는 郭紹虞의 古典的인 저작『中國文學批評史』, 臺北, 平平出版社, 1974(1934 원간)의 해당 부분만을 읽어도 족할 것이다.

에서도 자신의 문장을 "도(道)"와 직결시킨 언설을 찾기 힘든 것이다. 따라서 당대(唐代) 고문운동의 영수라고 할 한유(韓愈)의 경우 그에 대해 전혀 언급하지 않았으며,[111] 훗날 구양수(歐陽修)는 개원·천보연간 원결(元結, 719~772)만이 "독작고문(獨作古文)"하였다고도 하였다.[112] 그렇다면 그의 문장에 대한 극찬 특히 "도(道)"와 관련된 칭송은 단지 일부 사인들의 견해일 뿐 결코 당시의 일반적 통념이었다고 보이지 않는다.

물론 소영사를 공자에 비기기도 한 제자들이라면 혹 이러한 평가에 동의하였을 수도 있다. 그러나 실제로 그의 문인들이 곧 고문가였던 것은 아니니, 이들 가운데 고문가라고 일컬을만한 인물은 거의 없다.[113] 전술하였듯이 소영사와 "문·학"을 매개로 사제관계를 맺고 또 그에 의해 안연(顏淵)으로 비유되기조차 했던 유태진이 "속문(屬文)"에 뛰어났음은 사실이지만, 지공거일 때 "대신귀근(大臣貴近)"의 자제들을 대거 급제시킨 비리 행위는[114] 분명히 고문의 이념과 거리가 먼 것이다. 뿐만 아니라 훗날 그의 문장을 칭송했던 이들이 생존시 소영사와 얼마나 친밀한 관계였는지도 의문스럽다. 앞선 인용문들에서 거론된 인물들 중 이화·가지 이외에는 상호

---

111) 韓愈가 「送孟東野序」에서 그보다 앞선 唐代의 몇몇 文士들을 칭송하였는데, 여기에는 앞서 인용한 글들에 나오는 그 누구도 포함되어 있지 않다(『韓昌黎文集校注』 권4, 上海古籍出版社, 1986, 234~235쪽). 기존의 연구들은 蕭穎士의 아들 存과 韓愈의 相親(『因話錄』 권3, 89~90쪽)을 강조하기도 하지만, 이러한 관계에도 불구하고 韓愈가 정작 蕭穎士에 대하여 전혀 주의를 기울이지 않았다면, 古文家로서 두 사람의 상관성은 오히려 더욱 의심스럽다고 하겠다.

112) 『歐陽修全集』 권141, 「唐元次山銘」, 北京, 中華書局, 2001, 2262쪽.

113) 蕭穎士가 "推引"했던 皇甫冉은 李華의 후원을 받았으며(『新唐書』 권203, 李華傳, 5776쪽) 獨孤及이 그 文集의 序文을 썼다는(『全唐文』 권388, 「唐故左補闕安定皇甫公集序」, 1쪽 앞~2쪽 뒤) 점에서 古文家들과의 관계가 주목되나, 이것은 후술하듯이 蕭穎士의 交遊 인물로서는 매우 예외적인 경우이다.

114) 『新唐書』 권203, 「劉太真」, 5781쪽. 『全唐文』 권538 裴度, 「劉府君神道碑」, 14쪽 뒤~15쪽 앞은 그가 知貢擧으로서 "秉公心而排羣議"했다는 등 도리어 칭찬하고 있으나, 이것은 그의 神道碑란 특성을 생각할 때 객관적인 서술이라고 보기 힘들 것이다.

간의 교유를 전혀 확인할 수 없기 때문이다. 생몰년이 불분명한 이들은 그만두고라도, 비슷한 연배의 독고급과 소영사가 서로 왕래가 없었음은 확실히 의외인 것이다.

그러므로 2장의 표들에 나오는 소영사의 교유 인물들을 통틀어 원덕수·이화·가지·안진경 등 고작 몇 명만이 고문가의 범주에 들 수 있을 뿐이다. 실제로 그와 가까이 지냈던 사인들과 그를 이념적으로 높이 받든 이들 사이에는 일정한 단층이 개재되어 있는 것이다. 사실 과거 급제와 같은 현실적인 목적으로 추동된 인물들과 "문(文)"의 가치를 적극 제고시킨 고문가들은 성격이 상이하고 일단 그 개념상 구분할 필요가 있다. 이것은 전술한 바 소영사 개인의 이념적인 주장과 현실적인 삶 사이의 괴리와 상응하는데, 후대에 그를 고문가로 존숭한 것은 그 일면에 대한 선택적 강조에 불과하다고 해도 무방하다.

그러나 소영사와 친근했던 인물들이 대부분 문학적 소양을 갖춘 진사과 출신자들이었으므로, 이 점에서 "문"의 중요성을 강조한 고문가들과 무관하지는 않아 보인다. 실제로 이들은 모두 자신들의 문학적 재능을 자부하였고, 상호 교유나 현양에서 문학작품이 큰 역할을 하였다는 공통점이 있다. 소영사를 둘러싼 사인들 간의 시문 수수(授受)나 고문가들의 문집 서문을 통한 칭송은 결국 마찬가지 맥락에서 이해할 수도 있는 것이다. 소영사의 제자들 역시 그를 "문원선생(文元先生)"으로 사시(私諡)하였음은[115] 그 좋은 예이다. 여기에서의 "문"이 고문가들처럼 "고(古)"·"도(道)"의 개념을 내포한다고 단언하기는 어렵더라도, 문학에 대한 중시는 분명한 사실이기 때문이다. 진사과 합격을 위한 현실적 효용이든 혹은 그 이념적 가치이든 간에, "문" 혹은 문학은 이들에게 극히 중요한 문제로서 그 집단성의 확

115)『因話錄』 권3, 89쪽.

보에 필수적이었던 것이다.

문학을 통한 사인들의 집단화는 비교적 일찍부터 보이고,[116] 이것은 비단 소영사 주위 인물들이나 고문가들만의 독특한 현상은 아니다. 안사의 난을 전후한 시기에도 이러한 예를 쉽게 찾을 수 있는데, 개원 연간 "연납후진(延納後進)"하여[117] 훗날 장구령(張九齡)이 쓴 문집 서문에서 당시 문학의 "종장(宗匠)"으로 숭앙된 장열(張說)은[118] 소영사의 경우와 일견 비슷한 것이다. 하지만 두 사람 사이의 차이도 분명하니, 재상으로 권세를 누렸을 뿐더러 위진 이후 성행한 궁정(宮廷) 문학의 마지막 계승자라고도 불려지는 장열은[119] 연회를 기피하며 미관말직(微官末職)에 머물렀던 소영사와 동일시하기 어려운 것이다. 게다가 전술하였듯이 그가 주로 관인으로서 실의의 시기에 동년배나 연하와 친밀히 교유하였다면 더욱 그러하다. 소영사와 제자들의 관계도 이러한 상황 아래 이루어진 것으로서 당연히 장열을 중심으로 한 사인들의 집단과 다를 수밖에 없다.

이와 같은 측면에서 볼 때, 고문가들이 소영사에게 유달리 주목할 만한 이유가 있다. 특별한 고관(高官)이 없는 당대(唐代)의 고문가들 또한 장열보다는 소영사의 편에 가까웠기 때문이다. 사실 안사의 난 이후에도 권세가 중심의 살롱에 의존한 사인들의 집단이 여전하였으니, 승평공주(昇平公主)의 남편이던 곽애(郭曖)의 부마부(駙馬府)에서 활약한 노륜(盧綸)·이단(李端) 등 이른바 대력십재자(大曆十才子)들이 그 전형적인 예이다.[120] 하지만 대부분 몰락한 가문 출신이던 고문가들은 당시 정치세계와 문학 관

---

116) 胡大雷, 『中古文學集團』, 桂林, 廣西師範大學出版社, 1996 참조.

117) 『舊唐書』 권97, 「張說」, 3057쪽.

118) 『曲江張先生文集』 권18, 「故開府儀同三司…贈太師張公墓誌銘并序」, 18쪽.(四部叢刊本).

119) 吉川幸次郎, 「張說の傳記と文學」, 『吉川幸次郎全集』 11, 東京, 筑摩書房, 1960(1951 원간) 참조.

120) 謝海平, 「唐大曆十才子成員及其集團形成原因之考察」, 『國立政大學報』 55, 1987 참조.

행에 대하여 불만을 가졌고,[121] 살롱적인 분위기와 어울리지 못했던 이들은 스스로 자부하는 문학적 재능 이외에 달리 의지할 것이 없었다. 소영사가 관계(官界)에서의 지위와 무관하게 자신의 문재(文才)를 기반으로 지조를 지키며 그 제자들을 인원(引援)하였다면, 이것은 당연히 이들의 공감을 얻을 수 있었던 것이다. 그의 교유 인물들도 이와 마찬가지인데, 고문운동과 무관해 보이는 최원[122] · 유태충[123] · 장유략(張有略)[124] 등을 고문가들이 칭송한 것도 우연이 아니다.

그러므로 진사과 급제라는 현실적인 목적과 "문"의 가치 고양이란 이념이 설령 개념적으로 구분 가능하다고 해도, 실제 사인들의 삶 속에서 양자(兩者)는 긴밀한 관련성을 갖는다. 전술한 것처럼 문학적 소양을 시험한 진사과의 공식적인 지위가 명경과만큼 높지 않았던 당시 상황에서, 진사과를 통해 관인으로서의 출세를 기대하는 문사들에게 "문"의 위상 제고는 매우 긴요하였던 것이다. 그리고 고문가들 역시 입사(入仕)와 사환(仕宦)의 과정에서 과거를 매개로 한 사인들 간의 유대에 의존할 수밖에 없었다. 따라서 진사과를 통한 사적 결속관계의 중심에 고문가가 있다고 해서 결코 이상하지 않으니, 양숙이 한유 · 이관(李觀, 766~794) 등을 문하에 두고[125] 이른바 통방(通榜)으로서 그 제자들의 진사과 급제를 위해 노력하였으며

---

[121] David McMullen 저 · 김선민 역, 「8세기 중엽의 역사 · 문학이론」, 『唐代史의 조명』, 서울, 아르케, 1999(1973 원간) 참조. 이 글에서 분석하고 있는 蕭穎士 · 李華 · 元結 · 獨孤及 · 顔眞卿은 보통 이 시기의 전형적인 古文家로 간주되는 인물들이다.

[122] 李華는 그의 頌德碑(『全唐文』 권318, 15쪽 앞~17쪽 뒤)만이 아니라 그 父 崔景晊의 墓誌銘(同上 권321, 2쪽 뒤~5쪽 앞)과 神道碑(同上 권318, 17쪽 뒤~21쪽 뒤)를 썼다. 그리고 韓愈의 叔父 韓雲卿이 그의 廟碑(『全唐文』 권441, 12쪽 뒤~14쪽 뒤)를 쓴 것도 이와 관련하여 흥미롭다.

[123] 顔眞卿, 『顔魯公文集』 권13, 「送劉太沖序」, 67쪽.(四部叢刊本)

[124] 『全唐文』 권321 李華, 「德先生誄」, 12쪽 뒤~13쪽 앞.

[125] 『唐摭言』 권7, 「知己」, 80쪽.

또 이를 한유가 칭송한 것은[126] 그 좋은 예이다. 소영사는 바로 이러한 점에서 분명히 그 선구자였고, 그에 대한 고문가들의 존숭은 일면 당연한 일인 것이다. 소영사와 사인들의 교유가 고문운동과 그 본질상 같지 않음에도 불구하고, 결국 실질적으로 연계될 수 있었던 것은 이러한 안사의 난을 전후한 시대적 조건을 배경으로 한다고 하겠다. 소영사를 위시한 그 주변 사인들의 역사적 의미는 바로 여기에서 찾을 수 있다.

5. 맺음말

시문의 편년적인 재구성을 통해 본 소영사의 삶은 관인으로서의 기대와 열정이 점차 사라져 가는 의식의 변화를 잘 드러내고 있다. 그는 이러한 현실적인 좌절의 원인을 자신의 "직(直)"한 성격 탓으로 자책하였으나, 그의 곤경은 실제로 진사과 출신자의 제도적인 위상이 그리 높지 않은 상황에서 사진(仕進)에 도움이 될 만한 유력자들과의 연회를 기피하였던 것과도 관련이 있어 보인다. 하지만 그는 관계(官界)에서의 지위와 무관하게 남다른 자부심을 견지하였다. 자기의 문학적 재능에 대한 자신감에서 비롯된 이러한 행태는 혹 비난의 대상이 된 한편 이를 칭송하는 사인들도 적지 않았다.

소영사와 교유하였던 인물들은 몇 가지 범주로 나눌 수 있고, 이 가운데 자타가 그 친교를 인정하거나 서로 간에 직접 시문을 주고받은 이들 그리고 당시의 필기류 기록에 그 관계가 명기된 사인들과 소영사의 친밀도는 특별히 컸다고 생각된다. 그런데 이러한 인물들은 주로 사회적 지위가 그

126) 『韓昌黎文集』 권3, 「與祠部陸員外書」, 200쪽.

리 높지 않은 동년배 이하의 사람들로서 문학적 소양을 갖춘 진사과 출신자들이 대부분이었으니, 그의 교유에서 문학과 과거는 중요한 자리를 차지하고 있었다. 그가 불우했던 시기에도 대체로 친교를 유지하였던 이들은 소영사를 현실적으로 돕지는 못했을지라도 사인으로서 그의 자부심을 지키는 데 큰 힘이 되어 주었다.

그와 이처럼 밀접했던 사인들 중 가장 뚜렷한 집단적 존재는 제자들이다. 스스로 공문(孔門)에 비길 만큼 긴밀한 사제관계를 가졌던 이들은 기본적으로 진사과의 급제와 사환(仕宦)이라는 현실적인 목적으로 추동되고 있었다. 시류와 달랐던 것처럼 보이는 소영사의 "문"·"학"관도 이와 무관하지 않을 수 있으나, 그 자신의 실제 삶이나 문장에서조차 제한적 의미밖에 갖지 못했던 이러한 이념은 당시 이들에게 부차적인 문제였을 뿐이다. 따라서 후대의 일부 고문가들이 "문"과 "고"·"도"의 불가분성을 강조하면서 그 구현자로 소영사를 지목한 것은 그의 일측면에 대한 선택적인 부연·확대에 불과하다. 생존시 그와 교유했던 제자들과 훗날 그를 존숭한 인물들 사이에는 실상 분명한 단층이 존재하는 것이다. 그러나 고문가들이 소영사에 주목한 까닭도 이해할 수 없는 일은 아니다. 그는 뛰어난 문재(文才)로써 얻어진 사인들 안에서의 명망을 배경으로 후진들의 과거 합격을 적극 원조하였고, 이것은 문학적 소양 이외에 달리 의지할 것이 없었던 고문가들이 바라던 바로 그것이었기 때문이다. 진사과의 공식적 위상만으로는 관인으로서의 출세를 보장받기 어려웠던 이 시기에, 진사과를 매개로 한 사인들의 집단화와 문학의 이념적인 가치 제고는 상호 긴밀한 보완 역할을 할 수 있었던 것이다.

고문운동과 진사과의 상관관계를 검토하고자 한 본고는 소영사와 그 주변 사인(士人)들을 중심으로 이 문제를 분석해 보았다. 그 결과 소영사와 교유한 인물들이 인적 구성이나 본질적인 성격상 고문가와 같지 않았음에도 불구하고 실질적적으로는 양자가 서로 연계되어 나타나고 있음을 확인하였다. 이것은 명경과에 비해 열위(劣位)에 있던 진사과를 통해 출사한 문사들이 스스로 집단화하여 현실적인 힘을 강화함과 동시에 문학의 이념적 가치를 고양시킴으로써 자신들의 실제적인 위상을 높일 수밖에 없었던 역사적 조건의 귀결이었다고 생각된다. 물론 이처럼 소영사라는 특정인을 위주로 한 사례연구에 의거하여 안사의 난 이후 비로소 본 궤도에 오르는 당대(唐代) 고문운동의 성격을 단언하기는 어렵다. 그러나 송(宋) 초에 재흥하는 고문운동도 행권(行卷)과 같은 진사과를 둘러싼 관행과 관련이 있다면,[127] 일단 본고에서 살펴본 바와 같은 양자의 긴밀한 관계는 분명히 간과할 수 없는 사실로 여겨지며, 이것을 후속 연구의 작업가설로 삼고자 한다.

---

[127] 東英壽, 「北宋初期における古文家と行卷: 科擧の事前運動より見た古文復興の展開について」, 『日本中國學會報』 51, 1999.

태평천국운동 이후 강절환(江浙皖) 지역에서의 자작농의 형성

◆

박기수

1. 머리말

종래 태평천국운동의 혁명성을 보여주는 근거로서 제시된 것은 천조전무제도(天朝田畝制度)였다. 그러나 천조전무제도의 핵심적 내용인 토지의 평균분배가 실행되지 않았다는 것이 주지의 사실이고 천조전무제도의 반(反)봉건성이나 혁명성에 대해서도 의문과 비판이 제기되었다. 이미 1950년 천조전무제도가 전제왕조의 체제를 정비하려는 기도의 일환으로 성립하였다는 주장이 제기되었고,[1] 1955년 일부 중국학자에 의해 그 공상성(空想性)이나 퇴보성, 반동성이 주장되었으며,[2] 종래 태평천국의 혁명성이나 농민전쟁적 성격을 강조하던 연구자조차도 그 혁명성을 의심

---

1) 河鰭源治, 「天朝田畝制度の成立について」, 『東洋學報』 33-2, 1950.

2) 周南, 「談談天朝田畝制度中農業社會主義思想的理解」, 『歷史教學』 1955年 9月號(存萃學社 編, 『太平天國研究論集』 第1集, 香港, 崇文書店, 1972에 수록); 龍盛運, 「關於太平天國的土地政策」, 『歷史研究』 1963年 第6期.

하기 시작하였다.[3]

천조전무제도의 이념적 한계가 지적되자 1955년 뤄얼강(羅爾綱)은 태평천국이 경자유기전(耕者有其田) 정책을 실시하였다고 주장하였다. 전호는 지주에게 지대를 납부하지 않고 소작지를 자기의 소유로 여겼으며, 태평천국도 전호에게 토지소유증서인 전빙(田憑)을 발급해 전호의 토지소유권을 보장함으로써 제도적으로 경자유기전 정책을 확립하였다[4]는 것이다. 일부 학자가 이에 동조하였으나 많은 학자가 이에 대한 실증적 비판에 나섰다. 1957년 치룽웨이(祁龍威)의 최초의 비판이후 1958년 우옌난(吳雁南), 룽성윈(龍盛運) 등의 자세한 사료고증에 의한 경자유기전설 부정(否定), 그 후 왕텐장(王天獎), 리춘(酈純), 니시가와 키쿠코(西川喜久子) 등의 비판이 잇달아 태평천국이 경자유기전 정책을 실행하지 않았음이 증명되었다.[5] 물론 태평천국운동의 폭발이라는 혁명적 상황 속에서 이에 고무된 농민이 자발적으로 지대납부를 거부한다거나 일부 태평군이 농민을 지지하고 지주계급을 공격함으로써 어떤 지역에서는 경자유기전과 같은 상태가 나타나기도 하였으나 이는 태평천국의 정책에 의한 것은 아니었다. 태평천국은 청조(淸朝) 하의 조세징수를 답습한 정책, 즉 조구교량납세(照舊交糧納稅) 정책을 시행하였고, 이를 위해 지주의 존재를 허용하고 지주의 지대 징수를 보호하는 입장을 견지하였다. 이러한 정책과 입장은 태평천국의 재정확보라는 현실적 필요에 의한 것이지만, 태평천국 지방정권 담당자인 향관(鄕官)이 주로 지주들로 충당되고 이들 지주출신 향관들이 태평천국 지방정권을 장악함으로써 가능했던 것이었다. 그리고 이러한 지주의 지대 징수

3) 예컨대 小島晋治, 「太平天國研究を振り返って: 農民戰爭說の再檢討」, 『中國—社會と文化』 3, 1988.

4) 羅爾綱, 「天朝田畝制度的實施問題」, 『太平天國史事考』, 北京, 三聯書店, 1955.

5) 朴基水, 「太平天國 土地政策의 本質과 變貌」, 成均館大學校大學院 碩士學位論文, 1980, 131~156쪽 참고.

허가 및 보호정책은 급기야 태평천국 후기 일부 지방 전호(佃戶)의 항조운동(소작료납부를 거부하는 운동)을 불러일으켰고, 태평천국 지방 당국이 이를 진압함으로써 태평천국은 반농민적 입장에 서는 경우도 있었다.[6)]

그렇다면 토지문제에 관한 태평천국의 혁명성이나 진보성은 부정되는 셈인가? 필자는 태평천국의 토지문제에 관한 진보적 작용이나 혁명성을 다른 각도에서 추적해 보고자 한다. 태평천국이 실제 집행한 정책이나 제도가 아니라 태평천국이 중국사회에 남긴 영향을 통하여 태평천국의 혁명적, 진보적 작용을 검증해 보고자 한다. 이러한 분석은 기존 연구의 장벽을 돌파하는 하나의 방법이 될 수 있을 것이라 생각되기 때문이다. 따라서 본고에서는 태평천국운동 실패 이후 태평천국이 지배했던 지역에서 어떠한 사회적 변화가 초래되었는가? 특히 토지소유문제 상에서 어떤 변화가 나타났는가에 초점을 맞추어 고찰하고자 한다.

태평천국이 지배했던 지역에서 토지소유제 상의 변화 여부에 대해서는 논쟁이 있다. 즉 지주제가 여전히 지배적이었는가 아니면 자작농이 우세한 사회계층이 되었는가 하는 문제와 태평천국 이후 널리 실행된 영전제(永佃制)는 전호의 권리가 강화된 것인가 아니면 지주의 새로운 전호 착취방식인가 하는 문제이다. 여기서는 지면의 제약으로 전자에 한정하여 고찰하고자 한다. 태평천국 실패 이후의 자작농 문제를 처음으로 거론한 리원즈(李文治)는 장강(長江) 이남의 강소(江蘇), 절강성(浙江省) 동향(桐鄉)에서 소자작농(小自作農)이 지배적인 사회계층으로 등장하였다[7)]고 주장하였다. 그러나 곧이어 샤오쉰정(邵循正), 마오자치(茅家琦) 등의 비판이 잇달았다. 샤오쉰정(邵循正)은 리원즈(李文治)가 제시한 사료의 신빙성을 회의하면서

---

6) 朴基水, 위의 글, 1980, 191~197쪽, 참고.

7) 李文治, 「太平天國革命對變革封建生産關係的作用」, 『光明日報』 1961年 1月 16日; 北京太平天國史硏究會 編, 『太平天國史論文選』 上, 三聯書店, 1981, 재수록.

남경(南京)·진강(鎭江)일대에서 자작농의 형성을 부분적으로만 승인하였다.[8] 마오자치(茅家琦)는 강남(江南)지역에서 지주계급이 권토중래(捲土重來)하여 지주제가 여전히 지배적이었으며, 황무지를 개간한 농민도 주로 전농(佃農)이라 하였다.[9] 이상은 일부 지역에 한정하여 진행된 연구로 일부 지역의 사실을 전체 지역에 확대 해석하는 오류를 범하고 있었다. 한편 왕톈장(王天奬)은 강소·안휘 일부지역이나 절강에서 일정기간 자작농이 형성되고 지주제가 약화되었다고[10] 하였다. 1981년 리원즈(李文治)는 재차 이 문제를 거론하였는데 그것은 기존의 그의 연구를 보완하는 내용이었다.[11]

이상의 연구는 왕톈장(王天奬)이나 리원즈(李文治)(1981)의 논문을 제외하고 특정 지역의 분석에 국한되거나 일부 지역의 사실을 전체 지역의 보편적 사실로 확대 해석하는 한계를 보이고 있다. 한편 왕톈장(王天奬)의 연구는 여러 지역을 다루고는 있으나 각 지역에서 자작농이 출현한 배경으로서 청조 지방당국의 개간정책과 이에 대한 개간민의 대응 문제를 소홀히 하고 있다. 리원즈(李文治)는 지나치게 자작농의 형성문제에 집착한 나머지 합리적 해석이나 분석을 결여한 곳이 있다.

이에 본고에서는 토지소유제 상의 변화를 태평천국의 주요 통치지역이었던 강소, 절강, 안휘 지역을 중심으로 지역의 차별성에 기초하여 일부 지역에서 자작농이 증가하였다는 관점에서 검토하고자 한다. 또한 자작농의

---

8) 邵循正, 「太平天國革命後江南的土地關係和階級關係」, 『光明日報』 1961年 2月 2日; 위의 책, 재수록.

9) 茅家琦, 「太平天國革命後江南農村土地關係試探」, 『新建設』 1961年 12月; 위의 책, 재수록.

10) 王天奬, 「太平天國革命後蘇浙皖三省的土地關係」, 『新建設』 1963年 8月; 위의 책, 재수록.

11) 李文治, 「論清代後期江浙皖三省原太平天國占領區土地關係的變化」, 『歷史研究』 1981年 第6期.

증가를 가져온 각 지역 청 지방당국의 개간정책의 특성과 개간에 종사한 개간민의 대응에 주목함으로써 태평천국운동 실패 이후 출현한 자작농 형성의 특징을 밝힐 수 있을 것이다. 아울러 이러한 자작농 형성을 통해 태평천국이 중국역사에 남긴 진보적·혁명적 영향을 도출해 낼 수 있을 것이다.

2. 강소(江蘇)에서의 개간정책과 자작농의 형성

강소성(江蘇省)의 지리적 영역은 양자강(揚子江)을 경계로 남북으로 나뉘어지는데 양자강 이북지역은 태평천국이 점령한 적이 없었거나, 점령하였다 해도 그 기간이 아주 짧아 태평천국이 미친 영향이 극히 미미하였다. 따라서 태평천국이 오랜 기간 지배하였거나 태평천국 후기의 주요 지배지역인 양자강 이남지역을 중심으로 고찰한다. 같은 양자강 이남의 강소라 하더라도 태평천국 전기 이래 지배를 받아왔던 강녕부(江寧府), 진강부(鎭江府)와 태평천국 후기의 주요 지배지역이었던 소주부(蘇州府), 송강부(松江府), 태창주(太倉州)는 자작농의 형성에 있어 큰 차이를 보이고 있다. 전자가 태평천국의 무력적 지배와 군사적 공격을 받았던 지역이라 한다면, 후자는 향촌의 지배세력이 태평군과의 타협 하에 태평천국에 귀순하면서 그 세력을 온존시킨 지역이기 때문이다. 따라서 여기서는 두 지역으로 나누어 고찰한다.

1) 강녕부(江寧府), 진강부(鎭江府) 지역

이 지역은 태평천국의 수도 천경(天京: 南京)이 소재한 곳으로 태평천국의 심장과 같은 곳이다. 따라서 청조는 강남대영(江南大營)을 건설하여 전후 두 차례 천경(天京: 南京)을 육박하였다. 이에 따라 6,7년간 진강부(鎭江府) 단양현(丹陽縣) 이서는 장기적인 대전장이 되어 강녕부(江寧府) 구용(句容)·율수현(溧水縣) 부근이 가장 심하게 파괴되었다.[12] 진강은 태평군이 1853년 점령하여 4년간 지배하였으나 1857년 청군(淸軍)에 함락되었고 태평군 실패에 이르기까지 태평군과 청군이 서로 쟁탈하는 장소였다. 이러한 상황에서 태평천국 기간 이 지역의 지주세력은 비교적 철저하게 타도되었다. 농민은 지주에게 지대를 바치지 않는 것이 습관이 되었고 적지 않은 지주가 도망하거나 사망하였으며 토지대장도 산일되거나 소각되었다.[13] 지주제가 약화된 반면 자작농이 형성될 수 있는 객관적 조건을 갖춘 곳이라 할 수 있다.

따라서 이 지역에서는 태평천국 진압 이후에 많은 자작농이 형성될 수 있었다. 1888년 12월 25일 영국의 진강 주재영사 아크슨햄(E. L. Oxenham)은 다음과 같이 보고하였다.

> 진강(鎭江) 부근의 농업 경작 면적은 평균 20무인데 대략 10무에서 50무 사이이다. 太平天國 혁명 후 대지주는 이미 다시 존재하지 않게 되었고, 다만 자작농만 남았다. … 강소성의 북부는 대지주가 비교적 많고, 동시에 대부분의

12) 江寧府 句容縣에서는 1809년 30만 6,968丁이었던 것이 태평천국이 끝나고 오랜 기간 休養生殖하였음에도 1900년에 7만 9,053丁에 불과하여 74.2%의 인구가 감소하였다. 江寧府 溧水縣에서도 1847년 18만 5,143丁이었던 것이 1878년에 3만 847丁으로 83.3%나 감소하고 있다. 이러한 인구 감소만이 아니라 황무지도 대량으로 발생하여 江寧府의 原額田地는 6만 3,922頃이었는데 同治13년(1874년)에 이르러서도 경작되고 있는 토지가 2만 9,223경(45.7%)에 불과하였다.[蕭穆 等纂, 『光緖續纂句容縣志』 光緖30年, 卷5 「田賦」, 16쪽의 뒤, 22쪽의 뒤(『中國地方志集成』; 『江蘇府縣志輯 35』, 南京, 江蘇古籍出版社, 1991영인, 103~106쪽); 丁維城 纂, 『光緖溧水縣志』 光緖15年, 卷6 「賦役」, 9쪽의 뒤(『中國地方志集成』; 『江蘇府縣志輯 33』, 327쪽)]

13) 邵循正, 앞의 글, 1961, 97~98쪽.

토지를 소작준다. … 장강(長江) 이북에서 특히 북부 흥화(興化)와 남부 태주(泰州) 지구에서 경지의 7할(어떤 이는 8할이라 한다)이 소작지이다. … 장강 이남에서 9할의 토지는 경작자가 소유하는 것이다. … 위에서 기술한 것처럼 장강 이남의 대지주 숫자는 아주 적다. 장강 북안(北岸) 30마일 이내 지방에서는 … 이곳에서 다시 북으로 가면, 대지주는 비교적 보편적이고, 자작농은 적어진다. 듣자하니 진씨(陳氏) 일가는 40만 무의 토지를 가지고 있고 … 30만 무의 토지를 가진 양씨(楊氏)라는 사람이 있고, … 이들 대지주는 모두 강소 북부에 있고 … 태평군이 진강 부근의 거주민을 소멸시키거나 쫓아내고, 관아를 부수며, 전지책적(田地册籍)을 파괴하였지만, 강소 북부의 각 주현(州縣)에서는 파괴를 거의 하지 않아 이들 가호(家戸)는 그들의 토지를 보존하고 있다. 1865년 이후 장강 남안(南岸)의 토지는 먼저 온 자에 의해 점거·경작되었고, 몇 년간 경작한 이후 그들에게 한 장씩의 지계(地契)가 발급되어 전부(田賦)를 완납하게 하였다. 이러한 상황 하에서 토지의 생산에 의존해서만 생활을 유지할 수 있는 가난한 농민은 비로소 토지를 점거·경작할 수 있었는데, 그것은 단지 소량의 토지였을 뿐이다.[14]

영국 영사의 보고를 통해 몇 가지 사실을 알 수 있다.[15] 첫째, 장강 이남 진강 부근에서는 장강 이북과는 달리 대지주가 드물고, 자작농이 대부분이라는 사실이다. 리원즈(李文治)는 1961년의 글에서 이 보고를 인용하면서, 장강 이남을 장강 이남의 강소 전체를 가리키는 것으로[16] 오해하였다. 그

14) *Journal of the China Branch of the Royal Asiatic Society*, Vol.23, 上海, 1889, p.98; 李文治 編,『中國近代農業史資料』第1輯(1840-1911), 北京, 三聯書店, 1957, 629~630쪽, 재수록.[이하『資料』로 약칭.]

15) 鎭江에서 태평천국 이후 자작농이 대량으로 출현하게 된 사정을 설명하는 좋은 자료라 하겠다. 그런데 邵循正은 영국영사가 말하는 자작농이 중소지주, 부농, 중농, 가난한 佃農의 혼합물이라 하지만(邵循正, 앞의 글, 1961, 97쪽), 어떤 근거에서 그러한지 설명이 없다. 茅家琦는 영국영사의 보고는 진실된 것이 아니라고 부정하고 있으나(茅家琦, 앞의 글, 1961, 115쪽) 역시 아무런 근거를 제시하지 않는다. 한편, 劉耀는 영국영사의 보고의 사료적 가치를 인정하고 있다.(「從長江中下游地區農村經濟的變化看太平天國革命的歷史作用」, 中華書局近代史編輯室 編,『太平天國史學術討論會論文選集』第1册, 中華書局, 1981, 199쪽)

16) 李文治, 앞의 글, 1961, 84쪽.

러나 문맥으로 보아 장강 이남은 장강 남안(南岸), 즉 진강 부근을 가리키는 것으로[17] 보아야 할 것이다. 둘째, 진강 부근에 대지주가 없어진 이유는 태평군이 거주민을 소멸시키거나 쫓아내고, 관아를 부수며, 토지문서를 파괴한 때문이라는 점이다. 반면 태평군의 공격을 받지 않은 장강 이북에서 대지주는 그들의 사회경제적 지위를 그대로 보존할 수 있었다. 셋째, 이처럼 대지주가 사라진 진강 부근에 1865년 이후 나타난 농민이 토지를 점거・경작하였고, 몇 년 후 농민은 토지소유자로 인정받게 되었다는 사실이다. 그런데 진강에서만 태평천국 이후 자작농이 대량으로 출현하였던 것일까?

1877년 양강총독(兩江總督) 심보정(沈葆楨)은 강녕부의 상황을 다음과 같이 보고하였다.

> 강녕부(江寧府)에서는 … 병화(兵火)로 말미암아, 향민(鄉民)은 스스로 경작하여 스스로 먹으며, [그 경작하는 토지는] 매호당 10여 무에 불과합니다. 나머지의 땅에는 객민을 초모하여, [토지 개간의] 자본을 주었는데 응모한 자는 강북(江北)에서 왔기에 풍습이 다른 것은 당연합니다. 게다가 강한(强悍)하고 길들이기 어려워 비용만 많이 들고 납부하는 지대는 적습니다. … 조금이라도 독촉하거나 요구하면 자리를 말아 도망쳐 버리니 소나 농기구, 지대 등이 모두 헛것이 되어 버립니다. 그리고 이미 곡식이 여물었다고 보고하였으니 토지의 부세(賦稅)는 면제받을 길이 없습니다.[18]

스스로 경작하여 스스로 먹으며, 그 경작하는 토지는 매호당 10여 무에 불과한 향민(鄉民)은 강녕부의 토착농민일 것이다. 경작면적이 10여 무에

---

17) 邵循正, 앞의 글, 1961, 97쪽.

18) 沈葆楨, 『沈文肅公政書』 卷7, 「江寧府屬擬請酌減漕糧摺」 光緒3年6月28日, 18쪽의 앞.(『近代中國史料叢刊』 第6輯 54, 臺北, 文海出版社 影印本, 1329쪽) 1877년의 주접이지만 여기에서의 내용은 태평천국 진압 직후의 사정이라 생각된다.

불과하므로 지주나 부농으로 볼 수는 없다. 자작농에 해당된다고 보아야 할 것이다.[19] 그렇다면 강녕부에서 토착농민은 대개 자작농이 되었다고 하겠다. 그 곳 사정을 잘 아는 토착농민으로서는 주인 없는 황무지를 개간하여 그 토지를 자신의 것으로 하기가 수월하다. 다만 나머지의 땅은 강북(江北)에서 온 객민을 동원하여 개간시키는데 그들은 지주의 황무지를 개간하는 전호의 지위이다. 그러나 그들은 고향에 경작할 토지가 있고,[20] 빈손으로 이곳에 왔으므로 고향의 경기가 호전되거나 객지에서의 생활이 여의치 않으면 수시로 귀향하였다. 특히 지주가 조금이라도 각박하게 지대를 독촉하면, 지주가 제공하였던 소나 농기구 그리고 수확물을 가지고 도망쳐 버리는 사태가 발생하였다. 지주로서는 난감한 일이 아닐 수 없다. 이러한 상황을 고려하여 1869년 양강총독(兩江總督) 마신이(馬新貽)는 주인 없는 황무지를 개간하는 (객민)농민에게는 토지소유권을 인정하는 개간정책을 수립하였다. 즉

황무지를 개간하는 자는 대체로 궁고(窮苦)한 농민으로 그 토지를 자기의 재산으로 삼으려 합니다. 만약 원주인이 있으면 그 토지가 자기의 소유가 되지 않을 것임을 아니 어찌 즐겨 심력(心力)을 다하여 남을 대신해 황무지를 개간하려 하겠습니까. 그러므로 반드시 무주(無主)의 토지에 사람을 초빙하여 개간하는 것을 인정하는데 관에서 허가증서를 주고 세업(世業)으로 삼게 합니다. 개간하여 곡식이 여무는 해로부터 3년 후에 세금을 완납하게 합니다. 이들 개간민은 업주가 되어 이를 버리고 떠나지 않을 것이니 오래되면 토착민이 될 것입니다.[21]

---

19) 茅家琦는 앞의 글, 1961, 115쪽에서 鄕民을 지주의 토지를 경작하는 本鄕農民으로 이해하였다. 그러나 佃戶를 鄕民이라고 표현하는 것은 일반적 용례가 아니다. 그리고 鄕民自種自食이란 구절에서 향민을 전호로 보는 것은 무리라고 생각된다.

20) 馬新貽, 『馬端敏公奏議』 卷7, 「招墾荒田酌議辦理章程摺」 同治8年5月14日, 50쪽의 앞뒤.(『近代中國史料叢刊續輯』 第18輯 171, 文海出版社影印本, 751~752쪽)

21) 馬新貽, 위의 奏摺, 53쪽의 앞.(757쪽)

마신이(馬新貽)의 개간정책 결과 개간한 토지의 소유자로 인정받게 된 사례는 앞에서도 인용한 영국영사의 보고에서 말하는 진강의 경우이다. 강녕부에서도 그 같은 일이 발생하였다. 강녕부 소속의 "구용현(句容縣) 경내(境內)에서 개간을 추진한 후 객민(客民)들이 다투어 농기구를 휴대하고 와서 경지와 택지를 받았다. 그 중 강력한 자는 날아온 제비가 울안의 메추라기를 속이듯 주인 있는 전답을 강제로 패점(霸占)하여, 시끄러운 손님이 주인의 자리를 빼앗는 것과 같은 상황이 발생하였으나 향민(鄕民)은 어떻게도 할 수 없었다."고[22] 한다. 주인 있는 전답을 패점하는 데도 향민이 어떻게 할 수 없었던 것은 지방당국의 정책이 객민의 개간을 장려하는 것이고 객민이 이러한 상황을 이용하였기 때문일 것이다. 이처럼 부분적으로는 세력 있는 객민이 지주의 황무지를 개간하고 그 토지를 자기의 토지라고 주장하는 사례도 있었다. 주인 있는 전답을 패점할 정도라면 주인 없는 황무지에 대해서는 더 말할 것도 없다. 이들 사료로부터 진강부나 강녕부에서 토착농민이나 객민들이 일찍이 주인 없는 황무지를 개간하는 것이 허가되었고, 그들이 개간한 토지의 소유권을 인정받아 자작농이 되었음을 알 수 있다.

2) 소주부(蘇州府), 송강부(松江府), 태창주(太倉州) 지역

1860년 5월 6일 태평군은 두 번째로 강남대영 격파에 성공하자 동정(東征)을 결정하고 동정군(東征軍)을 조직하였다. 5월 15일 천경을 출발한 동정군은 상주(常州), 소주(蘇州)를 시작으로 50일 이내에 상해(上海)를 제외한 양자강 이남의 강소성 대부분을 점령하였다. 이렇게 빠른 속도로 강소

22) 『益聞錄』 제971호, 光緒16年4月24日.(『資料』, 166쪽)

성 일대를 점령할 수 있었던 것은 동정군의 지휘자 이수성(李秀成)이 철저하게 지주측의 단련(團練) 세력을 궤멸시키지 않고 단련과 타협하거나 화약(和約)을 맺어 지주세력의 향촌 지배 기구를 그대로 용인하였기 때문이었다. 예컨대 소주부(蘇州府) 장주현(長洲縣)의 단련 책임자인 장한사(張漢槎), 서패원(徐佩瑗) 등은 태평천국과 화약을 맺었는데 그 내용은 서로 간섭하지 않을 것, 장주 각 향(鄕)에서 토지대장 작성과 조세징수 사무는 모두 해당지역 사람에게 맡기고, 태평천국에서는 한 사람도 파견하지 않는다는 것 등이었다.[23] 결국 장주현 향촌지배는 그 지역 사람에게 맡기고 태평천국은 일체 간섭하지 않는다는 것이었다. 이는 태평천국에 새로이 편입된 강소 향촌의 말단 권력이 단련신사에 의해 장악되었음을 의미한다.

태평천국은 군사행정에 필요한 재정확보를 위해서, 지주의 존재를 용인하고, 그들에게서 세금을 징수하는 정책을 수립하였다. 그것을 위해서는 기존의 지주전호 관계를 묵인하고, 지주의 지대 징수를 허가 또는 보호하는 정책을 추진할 수밖에 없었다.[24] 아울러 태평천국 지방정권의 담당자인 향관(鄕官)에는 지주, 신사, 서리 등 기존 향촌 지배세력이 대거 취임하였다. 특히 태평천국 후기 강절(江浙) 지방에서 그러한 현상이 현저하였다.[25] 이들은 태평천국의 지방행정 담당자로서 지주의 지대 징수를 허가 또는 보호하는 정책을 적극 추진해 나갔다. 이에 따라 오강(吳江), 상숙(常熟), 장주(長洲) 등 현(縣)에서 전호(佃戶)의 항조운동이 발생하기도 하였지만 태평천국과 단련에 의해 진압되었다.[26] 따라서 태평천

23) 西川喜久子, 「太平天國」, 『東洋文化』 43, 1967; 曺秉漢 편, 『太平天國과 중국의 農民運動』, 서울, 도서출판 인간, 1981, 264~265쪽.

24) 朴基水, 앞의 글, 1980, 131~156쪽 참고. 또한 吳雁南, 「試論太平天國的土地制度」, 『歷史研究』 1958年 2月; 龍盛運, 「太平天國後期土地制度的實施問題」, 『歷史研究』 1958年 2月; 酈純, 『太平天國制度初探』增訂本, 北京, 中華書局, 1963, 60~94쪽 등 참고.

25) 朴基水, 위의 글, 1980, 172~190쪽 참고.

국 시기 소주부, 송강부, 태창주 지역에서는 지주전호관계가 유지되고 있었다 할 것이다.

따라서 태평천국에 의해 조성된 파괴는 다른 지역에 비해 적었다. 토지의 황폐나, 인구의 감소도 강녕부나 진강부에 비해 심각하지는 않았다.[27] 외부로부터 노동력을 초치해야 할 만큼 정세가 급박하지도 않았다. 따라서 강녕부나 진강부와 같이 자작농이 대량으로 형성되는 현상이 일어나지 않았다고 보여 진다. 리원즈(李文治)는 1889년 소주에서 홍수가 났을 때 재해를 보고하며 전부(田賦)의 감면을 요구한 향민 수십 백 인, 1882년, 1883년, 1891년 송강부와 태창주에서 재해를 보고한 무리들이 자작농이라고 주장하면서,[28] 태평천국 이후 이들 지역에서 자작농의 형성을 주장하고 있다. 그러나 이 지역이 지주제가 발달한 지역이라 해도 원래 소수의 자작농이 존재할 터이고, 이 향민들을 태평천국 진압 이후 새로이 형성된 자작농이라 단정할만한 근거가 없다는 점에서 이문치의 견해는 재고되어야 할 것이다.

이 지역의 지주제는 태평천국 실패 후 약화되지 않았을 뿐만 아니라 오히려 발전되고, 강화되었다.[29] 명말 청초이래 인구의 9할이 전호였던[30] 소주 지방은 이 시기 역시 토지집중이 계속되고 있었다. 1881년 도후(陶煦)는 "소주(蘇州) 농민 중에 남의 토지를 소작하는 사람이 십 중 팔구로 모두 조전(租田)"이라[31] 하였고, 광서진사(光緖進士)인 왕병섭(王炳燮)도 "소주

---

26) 西川喜久子, 앞의 글, 1967, 266~274쪽; 朴基水, 위의 글, 1980, 183~190쪽.

27) 馬新貽, 앞의 奏摺, 50쪽의 앞.(751쪽)

28) 李文治, 앞의 글, 1981, 82~83쪽.

29) 王天奬, 앞의 글, 1963, 134~135쪽.

30) 顧炎武, 『日知錄集釋』 卷十, 「蘇松二府田賦之重」 17a, 臺北, 中華書局 影印本

31) 陶煦, 『租覈』, 「重租論」, 1쪽의 앞.(東京教育大學アジア史研究會, 『近代中國農村社會史研究』 東京, 大安, 1967에 부록으로 수록)

부(蘇州府) 소속의 각 현의 토지는 자작하는 것이 1할에도 미치지 못하고, 반면 소작하는 것은 9할 이상"이라[32] 하였는데 여기서 지주제가 지배적이었음을 알 수 있다.

3. 절강(浙江)에서의 개간정책과 자작농의 형성

강소와 달리 태평군이 절강 진입 시 지주세력에 타격을 가하고, 천지회, 전호 등의 민중이 태평군의 진격에 호응하여 지주세력에 격렬히 공격을 가하였기 때문에[33] 절강의 지주세력은 약화되었다.

태평천국 실패 이후 일정기간 절강의 농촌에는 자작농의 증가현상이 나타났다. 이는 청정부가 농민을 초치하여 개간을 실행한 데서 말미암은 결과였다. 태평천국을 겪으면서 절강성은 인구가 격감하고, 대량의 황무지가 발생하였다. 가흥부(嘉興府)의 호수(戶數)는 1838년 54만 1,386호(戶)였던 것이 1863년 25만 3,447호로 줄어들었으며[34] 엄주부(嚴州府)에서는 태평천국을 거치면서 인구가 격감하여 예하의 순안(淳安), 건덕(建德)에서는 4할, 분수(分水)에서는 1할이 생존하였다고[35] 한다. 황무지의 발생도 적지 않았다. 1866년(同治5年) 절강성(浙江省)이 수복된 후 각 주현에서 보고한 황전(荒田), 황지(荒地), 황산(荒山), 황탕(荒蕩)은 11만 2,366경(頃) 74무(畝)에 이르렀다.[36]

---

32) 王炳燮, 『毋自欺室文集』 卷6, 「上李撫軍請停止收租局狀」, 1쪽의 앞.(『近代中國史料叢刊』 第24輯 237, 文海出版社影印本, 229쪽)

33) 王興福, 『太平軍在浙江』, 杭州, 浙江人民出版社, 1982, 66~76쪽.

34) 吳仰賢 等纂, 『嘉興府志』 光緖5年, 卷20, 8쪽의 앞.(臺北, 成文出版社影印本, 1970, 523쪽)

35) 戴槃, 『嚴陵記略』, 「重建嚴郡育嬰堂記」, 23쪽.(『資料』, 157쪽)

이 때문에 절강당국은 농민을 초치하여 개간을 널리 실행하였고 그 과정에서 자작농이 형성되었다. 물론 개간 대상지가 지주의 토지일 경우 농민은 전호로서 개간에 참여하므로 대개의 경우 농민이 자작농으로 상승하는 것은 아니다. 그러나 주인 없는 황무지를 개간할 경우에는 사정이 다르다. 1866년 엄주부(嚴州府) 지부(知府) 대반(戴槃)은 엄속간황장정(嚴屬墾荒章程)을 제정하였는데 그에 따르면, "만약 3년이 되도록 업주(業主)가 와서 자신의 토지라고 주장하지 않으면, 개간하여 경작하는 호(戶)가 자기의 토지로 여겨 수속을 밟아 소유권을 확정하고 세량(稅糧)을 완납하는 것을 허락한다."[37] 즉 주인 없는 황무지나 도망한 지주의 황무지는 농민이 개간하여 3년이 지나면 자기의 토지로 인정받아 소유권의 명의를 등록하고 세량을 완납함으로써 토지소유자로 인정받게 된다.

이러한 개간정책이 실제 어떻게 실현되었는지 항주(杭州) 지역의 실지조사의 결과를 통해 알 수 있다. 왕싱푸(王興福)은 1962년 12월, 항주부(杭州府) 여항현(餘杭縣) 석합인민공사(石蛤人民公社) 심가점(沈家店) 대대(大隊)를 조사하였는데 이 지역은 태평군과 청군이 치열한 전투를 치룬 곳이다. 이 지역은 심가점(沈家店), 정가두(鄭家頭) 등 10개 자연촌을 포괄하는데 이곳의 현저한 특징은 외래의 농호(農戶)가 절대다수를 점한다는 것이다. 전체 328호 중 외래 농호가 310호로 94%에 달하였다. 이들 외래 농호의 절대다수는 태평천국 이후 온주부(溫州府) 평양현(平陽縣), 태주부(台州府) 태주(台州) 등에서 이주해 왔다. 정계진(鄭桂珍, 75세)의 말에 따르면 이들 외래 객민은 모두 황무지를 개간하러 왔다고 한다. 시관생(施觀生)의 조부는 평양(平陽) 출신으로 이곳에 와서 30무의 황무지를 개간하였는데

36) 『財政說明書』, 「浙江省」, 「歲入部」, 「收款」, 「田賦」, 7쪽(『資料』, 160~161쪽)

37) 戴槃, 「定嚴屬墾荒章程并招棚民開墾記」(葛士濬 輯, 『皇朝經世文續編』 33卷, 戶政10, 臺北, 國風出版社, 1964, 上册, 656쪽)

그 토지는 모두 조부의 소유로 되었다. 68세의 나유법(羅有法)에 의하면 “나의 조부는 이곳에 와서 10여 무의 황무지를 개간하였다. 주인이 없는 황무지는 누구든지 그것을 개간하면 곧 그의 재산이 되었다. 후에 주인이 돌아와서 원주인에게 돌아간 토지는 아주 적었다.”[38] 이 조사를 통해서 초간(招墾)은 자작농을 형성시키는 기능을 하였고 당시 절강에서는 개간을 통해 일련의 자작농이 새로이 증가하였음을 알 수 있다.

개간 이외에 토지 구입을 통하여 자작농이 된 경우도 있었다. 태평천국 실패 후 절강 일부 지방에서는 인구에 비해 토지가 많아 일시 토지 가격이 하락하였다. 태평천국 이전 토지 1무의 가격이 4만 문이었는데, 태평천국 이후 1천 문이 되어[39] 40분의 1로 폭락하였다. 물론 이 경우 재산을 보유한 상인이나 지주계층이 토지를 구매할 수 있었지만, 소작농, 빈농도 이러한 기회를 빌려 약간의 토지를 구매할 수 있었다.

이처럼 개간이나 매매를 통하여 태평천국운동 실패 후 절강에서는 자작농이 현저히 증가하였다. 그러나 절강 모든 곳에서 같은 정도로 그러한 현상이 나타난 것은 아니다. 각지의 상황에 따라 지역차를 보이는데 이점에 대해서는 1866년 절강순무(浙江巡撫) 마신이(馬新貽)가 잘 설명하고 있다. 그는 절강성 각 주현을 전화(戰禍)의 경중과 황무지(荒蕪地)의 다과에 따라 다음과 같이 세 지구로 분류하고 있다.[40]

첫째, 전화(戰禍)를 가장 심하게 입고, 황무지가 가장 많은 지구이다. 즉 지주계급이 심각한 타격을 받고 농촌계급관계의 변화가 가장 큰 지구라 할 수 있다. 항주부(杭州府)의 부양(富陽), 여항(餘杭), 임안(臨安), 어잠(於潛),

---

38) 王興福, 「太平天國革命後浙江的土地關係」, 『史學月刊』 1965年 5月(周康燮 主編, 『太平天國研究論集』 제2집, 香港, 崇文書店, 1972에 수록, 211쪽)

39) Richthofen, *Tageücher aus China*, 1907, p.58(『資料』, 176쪽)

40) 馬新貽, 『馬端敏公奏議』 卷3, 「辦理墾荒新舊比較荒熟淸理庶獄摺」 同治5年8月22日, 50쪽의 뒤~51쪽의 앞.(318~319쪽)

신성(新城), 창화(昌化), 호주부(湖州府)의 장흥(長興), 효풍(孝豐), 안길(安吉), 무강(武康), 엄주부(嚴州府)의 순안(淳安), 분수(分水) 등 현이 이에 속한다. "토지가 극도로 척박하고 수확이 풍요하지 않으며, 황무지로 변한 지 이미 오래되어 개간비도 막대하다. 비록 작년(1865) 소와 종자를 지급하여 개간시켰지만 유민(遺民)이 불하받아 개간하여 경작하였을 뿐이다." 이 지구의 개간지를 조사해 보면 해당 주현 원액(原額)의 2, 3할에도 미치지 못한다. 미개간지가 7, 8할이나 된다. 예컨대 호주부 효풍현의 경우 1867년 원액(原額) 전지(田地)가 76만 2,737무인데 미개간된 전지가 무려 67만 6,626무에 달하였다.[41] 88.7%가 미개간지이다. 효풍현은 태평천국을 거치면서 인구가 격감하였기 때문에 토착농민으로는 원액 전지의 9할에 달하는 황무지를 개간하기 곤란하자 객민을 초치하여 개간을 도모하였다. 그 결과 동치(同治) 연간 효풍현의 객민은 토착민을 초과하게 되었다.[42] 장흥현이나 안길현 등에서도 토착민보다 객민이 많았다.[43] 이와 같은 지역에서는 토착농민과 객민을 불문하고 모두 황무지를 개간하여 토지를 취득하는 것이 용이하였다. 객민의 수가 토착민보다 훨씬 많은 지역이므로 토착민 지주보다는 토착민 자작농과 객민 자작농이 토지소유면적의 비율에 있어 우세한 지역이라고 생각된다.

둘째, 전화(戰禍)를 두 번째로 심하게 입고, 황무지가 적은 지구이다. 지주계급이 비교적 심한 타격을 받고 농촌계급관계의 변화가 비교적 큰 지구라 하겠다. 항주부(杭州府)의 인화(仁和), 전당(錢塘), 가흥부(嘉興府)의 가

---

41) 劉濬 等, 『同治孝豐縣志』 同治十三年, 卷4 「食貨志:田地」, 8쪽의 앞~15쪽의 앞(『中國地方志集成』:『浙江府縣志輯』 30, 上海書店, 1993影印, 116~119쪽) 孝豐縣의 原熟田地가 7만 7,519무, 새로 개간된 田地가 9,091무이므로 太平天國運動 시기에 황무지로 된 면적은 68만 5,717무로 89.9%에 달한다.

42) 劉濬 等, 『同治孝豐縣志』 卷3, 「建置志:武備」, 74쪽의 앞.(87쪽)

43) 李文治, 앞의 글, 1981, 90쪽.

흥(嘉興), 수수(秀水), 가선(嘉善), 해염(海鹽), 평호(平湖), 석문(石門), 동향(桐鄕), 호주부(湖州府)의 오정(烏程), 귀안(歸安), 금화부(金華府)의 금화(金華), 난계(蘭谿), 탕계(湯溪), 구주부(衢州府)의 용유(龍游), 엄주부(嚴州府)의 건덕(建德), 동려(桐廬), 수창(壽昌), 소흥부(紹興府)의 제기(諸暨) 등 현이 이에 속한다. 1865년부터 1866년까지 이 지구의 개간지는 원액 전지의 4~6할을 점했다. 따라서 미개간된 황무지는 6~4할이 되었다. 이곳에서도 토착농민이나[44] 객민이 황무지를 개간하였다.

이 지역에서 토착농민이나 객민이 토지를 개간하여 자작농으로 상승한 정도는 얼마나 될까? 가흥부 동향현의 사례는 하나의 단서가 될 수 있다. 리원즈(李文治)는 동향현에서 1873년 토지 10무 이상을 소유한 호가 점유하는 토지 총면적(6만 6천 무)이 전(全) 현(縣) 경지면적(51만 4,896무)의 13%를 점하였고, 토지 10무 이하의 경우는 87%에 달한다고 하였다.[45] 이를테면 지주의 토지가 13%에 불과하고, 자작농이나 빈농의 토지가 87%에 달하여 소자작농이 지배적 지위를 점하였다는 주장이다. 이에 대해 마오자치(茅家琦)는 리원즈(李文治)의 계산이 비과학적이라면서 10무 이하 소호(小戶)가 차지하는 토지면적은 전체의 20%에 불과하며, 10무 이상의 지주가 차지하는 토지면적은 전체의 7, 8할에 달한다고[46] 하는 전혀 상반된 견

---

44) 여기서 말하는 토착농민은 주로 전호이다. 예컨대 嘉興府에서 전호가 객민이 주인 없는 황무지를 개간함으로써 토지소유자가 되는 상황을 목도하고 그 스스로 소작지를 포기하고 별도로 황무지를 찾아 개간하는 사례를 볼 수 있다.[金蓉鏡, 『均賦餘議』, 「嘉興士紳請求減徵銀米呈內閣財政部稿」(『資料』, 167쪽)]

45) 李文治, 앞의 글, 1961, 85쪽. 이와 같은 계산이 나온 근거에 대해서는 『資料』, 174쪽의 注를 참고. 이를 간단히 설명하면 다음과 같다. 桐鄕納米捐章程에 의하면 塘北에서는 20무부터 塘南에서는 10무부터 기부하는데, 매무 당 捐 300문이고 모두 捐 2万串文을 징수하였다. 이로부터 추산하면 納捐畝數는 66,667무이다. 이 縣의 토지는 514,896무이므로 10무(塘南), 20무(塘北) 이상을 소유한 戶의 토지가 총경지면적의 13%를 점한다. 따라서 10무, 20무 이하를 소유한 小戶의 경지는 전체의 87%이다.

해를 피력하였다. 한편 왕톈장(王天奬)은 리원즈(李文治)의 추산도 부정확하지만 마오자치(茅家琦)의 계산은 더욱 비과학적이라고 주장하였다. 『동향현지(桐鄉縣志)』 권6의 "10무 이하를 소유한 영세한 소농민을 전체 읍으로 계산해 보면 거의 무려 만(萬)을 (단위)로 헤아린다.(十畝之下之零星小戶, 統邑計之, 殆無慮萬數也)"라는 어구의 해석을 통해 결국 그는 동향현에서의 토지가 대부분 농민 수중에 있다고[47] 파악하였다. 이 자료만 가지고 당시 소자작농이 우세를 점하였다고 단언할 수 없지만, 소자작농이 아주 크게 증가하였다고 설명하는 왕싱푸(王興福)의 견해[48]에 따르는 것이 타당하다고 생각된다. 이 둘째 유형에 속하는 지역에서는 기개간지(旣開墾地)와 미개간지(未開墾地)가 반반이므로 미개간지 개간과정에서 자작농이 형성되었겠지만 동시에 기개간지에 토대를 둔 지주세력 역시 만만치 않다

46) 茅家琦, 앞의 글, 1961, 116~118쪽. ①嚴辰은 當地 지주계급을 대표하여 정부가 捐 2만 串만 징수하라고 요청(嚴辰, 『光緒桐鄉縣志』 卷4)하였으므로 실제 土地面積에 따라 징수한다면 捐 총액은 2만 串을 훨씬 초과할 것이다. ②"十畝之下之零星小戶, 統邑計之, 殆無萬(慮)萬數也"(嚴辰, 『光緒桐鄉縣志』 卷6, 「桐邑徵銀芻議」) → 만약 1만 소호가 매호 10무를 소유한다고 가정하면 모두 10만 무를 소유하는 것으로 이는 총경지(514,896畝)의 20%이다. 소자경농이 우세를 점하지 않는다. ③『桐鄉縣志』의 「嚴辰上撫藩兩憲稟呈」("不能不爲執事瀆陳之以代數萬窮黎請命.…至于本邑大戶田有千畝數百畝者")에서, 桐鄉의 10무, 20무 이상, 수백 무, 천 무 이하의 지주는 수만 명임을 알 수 있다. 이를 1만 호, 매호 평균 30무를 점유한다고 가정하면 지주는 모두 30만 무의 토지를 점유하는 셈이다. 이는 桐鄉 全耕地面積의 60%로 여기에 수백 무, 천 무 이상 소유한 대지주의 토지를 보태면 지주계급이 점유한 토지는 적어도 7, 8할이다. 桐鄉에서 지주제는 여전히 지배적 지위를 점한다.

47) 王天奬, 앞의 글, 1963, 141쪽. 茅家琦는 嚴辰이 말한 "數萬窮黎"에서 數萬을 一萬으로, 窮黎를 지주로, 10무 혹은 20무 이상을 30무로 가정한다. 이들 窮黎가 모두 지주인지도 의문스럽지만, 數萬을 1萬으로 가정할 수 없다. 적어도 2만 이상이 되어야 한다. 만약 2만 農戶가 토지 30무씩 소유한다면 지주는 모두 60만 무를 소유하게 되니 경지 총면적의 120%이다. 당연히 불가능한 일이다. 嚴辰의 기술은 근거로 삼기에 부족하다. 실제로 嚴辰은 다른 곳에서 桐鄉의 토지점유상황에 대해 분명히 기술하였다. 강소에서 토지가 대개 紳富에게 점유된 것과 달리 浙江에서는 "田多爲小戶之產"이라 하였다.

48) 王興福, 앞의 글, 1965, 212쪽.

고 생각된다. 따라서 지주와 자작농의 세력이 백중지세를 이루고 있었다고 생각된다.

셋째, 전화(戰禍)를 비교적 가볍게 입고, 황무지가 적은 지구이다. 지주계급이 비교적 가벼운 타격을 받고 농촌 계급관계의 변화가 크지 않은 지구라 하겠다. 항주부(杭州府)의 해녕(海寧), 호주부(湖州府)의 덕청(德淸), 금화부(金華府)의 동양(東陽), 의오(義烏), 영강(永康), 포강(浦江), 무의(武義), 구주부(衢州府)의 서안(西安), 개화(開化), 엄주부(嚴州府)의 수안현(遂安縣) 등이다. 1865년부터 1866년까지 이 지구의 개간지는 원액 전지의 7~9할을 차지한다. 미개간지는 1할에서 3할을 점하는 셈이다. 이 지구의 황무지는 많지 않고 객민도 적다. 일반적으로 토지 소유권의 변화가 크지 않고 구래의 지주제는 대체로 종전대로 유지되었다.

4. 안휘(安徽)에서의 개간정책과 자작농의 형성

1) 안휘(安徽) 중부

태평천국이 지배했던 안휘지역은 양자강 이남의 안휘 남부와 양자강 이북의 안휘 중부일대이다. 이들 안휘성(安徽省) 지역은 태평군이 청군과 격전을 치루거나 오랫동안 점령하고 지배한 지역이다. 따라서 인구도 격감하고 황무지도 대량으로 발생하여 많은 자작농이 대두할 수 있는 조건에 놓여 있었다. 그러나 안휘 중부는 태평천국 진압의 중심세력의 하나인 회군(淮軍)이 조직되고 발전한 지역이어서 많은 회군 장령(將領)의 고향이었다. 회군 장령으로 제독(提督), 총병(總兵), 도원(道員) 이상의 관직에 나아간 사람만도 432명에 달하는데 그중 안휘성 출신이 64%인 279명인[49] 것을 보더라도 그런 점을 잘 알 수 있다. 전후 많은 회군 장령은 군공(軍功)에 의해 상급을 받고 적지 않은 재부를 쌓았으며 고향에서 가옥과 전답을 획득하여 군공 지주(地主)가 되었다.[50]

대표적 군공지주로는 여주부(廬州府) 합비현(合肥縣) 동향(東鄕)에서는 이홍장(李鴻章) 형제, 서향(西鄕)에서는 제독(提督)을 지낸 주성전(周盛傳) 형제, 복건순무(福建巡撫)를 역임한 유명전(劉銘傳), 제독을 지낸 당전규(唐殿奎) 형제, 양광총독(兩廣總督)을 역임한 장수성(張樹聲) 형제가 있었다. 이홍장 형제의 토지는 합비현의 삼분의 이를 점하여 50만 무 이상이었다. 이홍장 한 사람만도 매년 5만 석의 지대를 징수하고 있었다. 서향의 주(周), 유(劉), 당(唐), 장(張) 대지주는 2만 석 내지 5만 석의 지대를 징수하고 그들의 토지는 합비만이 아니라 육안주(六安州)나 서성현(舒城縣) 등에까지 미치고 있었다.[51] 400여 군공(軍功) 지주가 있던 여강현에서는 태평천국 이후 토지는 모두 부호(군공지주)에게 돌아가고 빈익빈 부익부의 현상이 나타났다.[52] 군공 지주의 압박 하에 자작농은 점차 그들의 토지를 상실하고, 개간하러 온 객민도 점차 전호로 전락하였다. 이처럼 안휘 중부 지역은 태평천국 이후 지주제가 유지 · 강화된 지역이라 하겠다.

2) 안휘 남부

한편 안휘 남부의 사정은 안휘 중부와 판이하게 달랐다. 안휘 남부의 농

---

49) 王爾敏, 『淮軍志』, 臺北, 中央硏究院近代史硏究所, 1967, 137~176쪽.

50) 張愛民, 「太平天國運動後安徽土地關係的變動」, 『上海師範大學學報』 1996-1; 中國人民大學書報資料中心, 『複印報刊資料』 K3 『中國近代史』 1996-6, 재수록, 17~18쪽 참고.

51) 郭漢鳴 · 洪瑞堅, 『安徽省之土地分配與租佃制度』, 1936.(『資料』, 182~183쪽)

52) 盧鈺 等, 『廬江縣志』 光緖11年, 卷2.(『資料』, 175쪽)

촌은 황량하게 파괴되어 인구는 격감하고, 토지는 황무지로 변하였다. 태평천국이 진압된 후 "각 성(省) 중에서 안휘성의 황전(荒田)이 가장 많은데, 그 지방에서도 안휘 남부가 가장 심하고, 영국부(寧國府), 광덕주(廣德州) 같은 곳에서는 황전이 수백만 무(畝)를 밑돌지 않는다."고[53] 일컬어 졌다. 재정수입을 증가시키고 지배질서를 회복시키기 위하여 안휘 당국은 대규모 황무지 개간 정책을 추진하였다.

광덕주에서는 광서(光緖) 초 황무지 개간에 관한 장정(章程)을 처음 정하였다. "만약 주인이 있는 토지를 개간하면 [수확의] 반은 개간호(開墾戶)에게 주어 개간비로 삼고, 반은 업주에게 돌려주어 업주가 사용하게 한다. 주인이 없는 것으로 확인된 토지는 반은 개간호에게 주어 자신의 재산으로 삼게 하고 반은 충공(充公)시킨다. 매년 지대를 징수하여 세량을 완납하는 외에도 일체의 선후사의(善後事宜)를 처리케 한다."[54] 이러한 장정의 규정을 통해 광덕주 당국이 기존의 지주제 하에서 개간을 추진하려 하였음을 알 수 있다. 주인 없는 황무지에서 개간한 토지는 절반만이 소유로 인정되고 절반은 관에 수용되었다.

인구가 격감한 안휘 남부에서는 객민을 초치하여 토지를 개간할 필요가 있었고 실제 많은 객민이 몰려들었다. 광덕주의 경우 객민의 비중이 점차 늘어 1881년경 토착민이 1할에 불과한 반면, 객민은 9할에 달하였다.[55] 영국부 소속의 경현(涇縣)에서도 1883년 객민은 토착민의 10배에 달하게 되었고, 선성(宣城), 영국(寧國), 남릉현(南陵縣) 등에서도 토착민이 희소하였다.[56]

---

53) 金安淸, 『皇朝經濟文編』 卷40, 「皖南墾荒議」.(『資料』, 162쪽)

54) 丁寶書 等, 『廣德州志』 光緖7年, 卷56 「雜著」.(『資料』, 165쪽)

55) 즉 호북인이 인구의 4할, 하남인이 인구의 3할, 강북인, 절강인이 각각 인구의 1할, 他省 및 토착민이 1할을 점하였다.[丁寶書 等, 『廣德州志』 光緖7年, 卷51, 卷末.(『資料』, 170~171쪽)]

이처럼 객민이 늘어나자 객민의 역량이 강해지고 객민은 수를 믿고 토착민과 대립하기 시작하였다.[57] 영국부 소속의 경현에서 동치(同治) 초(1862) 호남북(湖南北)의 객민이 양자강을 따라 내려왔는데 “객민은 수년이 지나지 않아 토착민의 10배에 달하였고, … 토착민은 객민을 승냥이나 호랑이보다도 더 두려워한다. 근년 이래 객민에게 참혹하게 유린당하고 시끌벅적한 사안을 만든 것이 하나 둘이 아니다.”[58] 광덕주에서도 1881년경 객민이 토착민 지주에게 항조(抗租)하였고,[59] 영국부에서는 1881년 지방관의 조치에 불만을 느낀 객민 수백 명이 농기구를 들고 무력저항을 기도하였다.[60]

이러한 객민과 토착민 사이의 갈등 속에서 지방관청은 객민이 개간한 토지를 구매할 수 있게 함으로써 토객(土客) 사이의 갈등을 해결하려 하였다. 안휘순무(安徽巡撫) 유록(裕祿)이 1883년(光緒9年)에 올린 주접에 그 상황이 설명되어 있다.[61]

> 신(臣)이 이번에 개간에 관한 일을 분명히 조사하니 토착민의 토지 확인의 일이 가장 분쟁의 소지가 많았습니다. 상세히 조사하고 여러 차례 논의해보니, 객민이 토지의 주인을 인정하고 지대를 납부하는 것이 사세로 보아 실로 행하기 어려웠기에 비로소 토착민과 객민 사이의 [土地] 매매에 관한 논의를 하였습니다. … 토착 호(戶)가 당년(當年)의 진짜 업주라면 증빙할 수 있는 문서가 확실히 있을 것이고, 객민도 다툴 수 없어 관에서도 판단하기가 어렵지 않습니

56) 『申報』 光緒9年6月16日.(『資料』, 171쪽)

57) 沈葆楨, 『沈文肅公政書』 卷7, 「皖南急于和民不急于招墾片」 光緒3年4月28日, 15쪽의 앞.(1323쪽)

58) 『申報』 光緒9年6月16日.(『資料』, 171쪽)

59) 丁寶書 等, 『廣德州志』 光緒7年, 卷56 「雜著」.(『資料』, 165쪽)

60) 『益聞錄』 제95호, 光緒7年3月11日.(『資料』, 166쪽)

61) 裕祿, 「辦理皖南墾務片」, 葛士濬 輯, 『皇朝經世文續編』 卷33, 戶政十, 臺北, 國風出版社影印, 665쪽.

다. 토착민이 어떤 증거도 없이 공언(空言)으로 토지를 확인하려 한다면 … 객민을 설복시킬 수가 없습니다. 객민은 수천 리를 멀다하지 않고, 늙은 부모와 어린 자식을 데리고 이곳에 와서 수년간이나 손발에 못이 박히는 고생을 해서 비로소 옥토를 개간하였던 것입니다. 어느 누가 증거도 없이 토지주인이라고 사칭하는 자에게 머리 숙여 말을 들으며 토지를 양도하겠습니까? … 객민(客民)은 토지를 구매하여 세량을 납부함으로써 토착민과 갈등을 영원히 끊고 그 본업(本業)을 편안히 할 수 있습니다. … 토착민은 토지를 팔아 값을 얻고, 별도로 믿을 만한 토지를 경영하면, 객민의 괴롭힘과 조세 체납의 고통을 면할 수가 있을 것입니다. 이와 같이 조치하면 토착민과 객민 모두에게 도움이 될 것입니다.

이 장정에 따라 토지 가격이 숙전(熟田)은 1무(畝)당 본양(本洋: 스페인 은화) 1원(元) 4각(角), 숙지(熟地)는 7각, 황전(荒田)은 3각, 황지(荒地)는 2각으로 정해졌다. 개간민이 토지를 구매할 때 주인이 있는 경우는 주인에게 토지 가격을 지불하고, 주인이 없는 경우에는 그 가격을 관에 충공(充公)하였다.[62] 10여 년간 안휘성의 적지 않은 주현에서는 이 방법을 연용하여 토착민과 객민 사이의 갈등을 해소코자 하였다.

광덕주에서도 주인 없는 토지를 객민에게 매무(每畝) 제전(制錢) 600문(文)에 팔았는데 담당 관료들은 판매수입을 올리기 위해 주인 없는 토지를 양산하였다. 지주가 많은 토지를 자기소유로 확인하게 되면 주인 없는 토지가 적어져 판매수입이 적어지므로, 고의적으로 지주의 토지확인을 방해하였다. 즉 같은 날 동시에 장량하여 지주로 하여금 다른 곳의 토지 확인을 못하게 하였다. 또 다른 사람에게 위탁하여 대신 확인할 수도 없게 하였다. 동시에 사묘(祠廟), 공전(公田), 제전(祭田) 등은 일률적으로 충공(充公)하여 토지소유 확인을 허가하지 않았다. 그 결과 지주는 겨우 소유지의 1, 2할을 확인하는 데 그쳤다. 이와 같이 해서 얻은 토지 판매수입이 제전(制

62) 裕祿, 위의 글, 665쪽.

錢) 10여만 천(千)이었다.[63] 리원즈(李文治)의 계산에 의하면 이 때 객민이 구입한 토지는 약 24만 무에 달하는데 1874년 광덕주의 원숙전(原熟田)과 신개간지의 합계가 35만 3,822무이므로 객민이 구매한 토지는 전체 경작지의 67%에 달한다.[64] 그렇다면 광덕주에서는 토지 구매를 통해 새로이 형성된 객민 출신 자작농이 그 지역 토지의 다수를 점유하여 유력한 사회계층이 되었음을 알 수 있다. 이외에도 영국부 소속의 여러 현에서도 순무(巡撫) 유록(裕祿)의 방식에 따라 객민들은 주인 없는 토지를 구매하였다.[65] 이처럼 토지 구매를 통하여 토지소유자가 된 객민은 이 시기 새로 출현하기 시작한 자작농이다.

한편 토지 구매만이 아니라 주인 없는 황무지를 개간하고 그 토지를 보유하는 경우도 있었다. 영국부에서는 태평천국 이후 토지가 황폐화되어, "지주의 토지 경영은 백에 하나도 이루지 못하고, [객민이] 침점한 재산은 십 중 아홉이었다. 최근 이래로 객민이 개간하더라도 예에 따라 세량을 납부시켰다."고[66] 한다. 이는 객민이 황무지를 개간하고 그 토지의 소유권을 인정받아 세량을 납부하게 된 사정을 전하고 있다. 객민이 자작농으로 출현하는 하나의 경로라 하겠다. 이처럼 안휘 남부에서는 대량의 객민이 토지의 구매와 주인 없는 황무지의 개간을 통하여 자작농으로 등장하는 현상이 출현하였다.

---

63) 丁寶書 等, 『廣德州志』 光緖7年, 卷56 「雜著」.(『資料』, 165쪽)

64) 李文治, 앞의 글, 1981, 92쪽.

65) 『益聞錄』 제95호, 光緖7年3月11日.(『資料』, 166쪽)

66) 『益聞錄』 제83호, 光緖6年12月初9日.(『資料』, 166쪽) "桂觀察業已擬定章程, 大約仿照廣德州成例, … 凡客民開墾田土, 無論已買未買者, 准于明正淸丈, 庶無弊竇, 而重課賦. 從此土客熙融, 各有恒産, 可永爲盛世之良民也."라고 하는 것을 보아 廣德州에서처럼 토지 판매도 병행하였음을 알 수 있다.

5. 맺음말

이상에서 태평천국에 의해 점령·지배되었던 강소, 절강, 안휘 등지에서 태평천국운동 실패 이후 자작농의 형성에 대하여 살펴보았다.

강소 지역은 태평천국에 의해 점령되었던 장강 이남을 분석 대상으로 삼았는데 처음부터 태평천국의 지배를 받아왔던 강녕·진강부 지역과 태평천국 후기의 주요 지배지역이었던 소주부, 송강부, 태창주 지역으로 나누어 살펴보았다. 강녕·진강부 지역은 태평군과 청군의 치열한 교전이 진행되었고 오랜 기간 태평천국의 지배를 받았던 지역이어서 이곳의 지주계급은 비교적 철저히 소멸되었다. 아울러 대량의 황무지가 발생하여 그 개간이 시급히 요청되었다. 토착농민은 주인 없는 황무지를 개간함으로써 그 토지를 자신의 토지로 할 수 있었다. 강북(江北)에서 온 객민은 전호(佃戶)의 입장에서 지주의 황무지를 개간하였다. 그러나 강 건너에는 자신의 토지가 있었으므로 지주가 조금이라도 각박하게 지대를 독촉하면 강북으로 도망치는 사안이 자주 발생하였다. 이에 1869년 양강총독(兩江總督) 마신이(馬新貽)는 개간민에게 주인 없는 황무지를 개간하게 하고 그들에게 토지소유권을 인정하는 정책을 제정하였다. 이 정책에 의해 강녕·진강부에서는 많은 객민이 주인 없는 황무지의 개간에 종사하여 자작농이 되었다. 결국 이 지역의 토착농민과 객민은 당국의 개간정책에 의해 자작농으로 성장할 수 있었다.

한편 소주부, 송강부, 태창주 지역에서는 향촌의 지배세력이 태평천국에 귀순하면서 그 세력을 온존시킬 수 있었다. 아울러 태평천국은 재정확보를 위해 지주의 존재를 승인하고 그들에게서 조세를 징수하는 정책을 추진하였다. 게다가 태평천국의 지방 향관(鄕官)에는 기존 향촌 지배세력이 대거 취임하였다. 따라서 이 지역에서 지주전호관계가 거의 그대로 유지되고 있었다. 지주제는 태평천국 실패 후 약화되지 않았을 뿐 아니라 발전되고, 강화되었다.

태평천국을 겪으면서 절강성은 인구가 격감하고, 대량의 황무지가 발생하였다. 이 때문에 절강당국은 농민을 초치하여 개간을 널리 실행하였고 그 과정에서 자작농이 형성되었다. 1866년 엄주부에서 제정한 엄속간황장정(嚴屬墾荒章程)에 의하면 주인 없는 황무지나 도망 지주의 황무지는 개간하여 3년이 지나면 개간민의 토지로 인정받을 수 있었다. 그 외에도 토지 구입을 통하여 자작농이 되는 사례도 있었다. 이처럼 개간이나 매매를 통하여 태평천국운동 실패 후의 절강에서 자작농은 현저한 증가를 보였다. 그러나 절강 각지의 전화(戰禍)의 경중과 황무지(荒蕪地)의 다과에 따라 지역차를 보였다. 전화를 가장 심하게 입어 황무지가 전체의 7, 8할에 달하는 지역에서는 토착농민이나 객민이 개간에 참여하여 자작농이 되는 것이 용이하였다. 이곳은 객민의 대량 이주로 객민의 수가 토착민을 훨씬 초과하며, 자작농이 지배적인 지역이라고 생각된다. 전화를 두 번째로 심하게 입어 황무지가 전체의 절반 정도에 달하는 지역에서도 토착농민이나 객민이 황무지를 개간하여 자작농이 될 수 있었다. 다만 기존의 지주세력이 존재하였기 때문에 자작농이 지배적이지는 못하였다. 전화를 비교적 가볍게 입어 황무지가 적은 지역에서는 토지소유권의 변화가 크지 않고 구래의 지주제는 종전대로 유지되었다.

장강 이북의 안휘 중부는 태평천국 진압의 중심세력의 하나인 회군(淮軍)이 조직되고 발전한 지역이어서 많은 회군 장령의 고향이었다. 전후 회군 장령은 군공에 의해 상급을 받아 재부를 쌓았으며 고향에서 많은 토지를 획득하여 군공지주(軍功地主)가 되었다. 군공지주의 압박 하에 기존의 자작농은 점차 그들의 토지를 상실하고, 개간하러 온 객민도 점차 전호로 전락하였다. 이처럼 안휘 중부 지역은 태평천국 이후 지주제가 유지 · 강화된 지역이었다.

한편 안휘 남부의 농촌은 황량하게 파괴되어 인구는 격감하고, 토지는 황무지로 변하였다. 이에 안휘 당국은 황무지 개간 정책을 추진하였다. 광덕주에서는 기존의 지주제 하에서 개간을 추진하였다. 황무지 개간에 대량의 객민이 몰려들어 광덕주나 영국부에서 객민이 토착민을 훨씬 초과하는 현상이 발생하였다. 역량이 강해진 객민은 토착민과 대립하기 시작하였다. 당국은 객민이 개간한 토지를 구매할 수 있게 함으로써 토객(土客) 사이의 갈등을 해결하려 하였다. 안휘순무(安徽巡撫) 유록(裕祿)이 제정한 장정에 따라 개간민은 토지를 구매할 수 있었다. 주인이 있으면 주인에게 토지가격을 지불하고 주인이 없으면 그 가격을 관(官)에 지불하였다. 광덕주에서는 토지판매 수입을 올리려는 관의 의도에 따라 토착 지주의 토지 확인이 방해받아 소유지의 1, 2할을 확인할 수 있을 뿐이었다. 그 결과 광덕주에서는 새로이 형성된 자작농이 전체 토지의 3분의 2를 차지하였다. 한편 토지 구매만이 아니라 주인 없는 황무지를 개간하고 그 토지를 보유하는 경우도 있었다. 이처럼 안휘 남부에서는 대량의 객민이 토지의 구매와 주인 없는 황무지의 개간을 통하여 자작농으로 등장하였다.

이상의 분석을 통하여 태평천국운동 실패 이후 일부 지역에서의 자작농 형성에 있어서 몇 가지 특징을 검출할 수 있었다. 첫째, 태평천국운동은 자작농 형성의 조건을 창출하였다는 점이다. 태평군과 청군의 교전으로 인구가 격감하고 황무지가 증가하여 청조의 개간정책을 불가피하게 하였으며, 태평군의 공격으로 지주가 도망하거나 사망하여 주인 없는 황무지가 발생함으로써 농민이 자작농으로 상승할 수 있는 조건이 생겼다. 이러한 현상은 강소 강녕 · 진강부나, 절강, 안휘 남부에서 두드러졌는데 특히 절강에서는 전화 정도의 강약에 따라 자작농 형성정도의 강약이 나타나기도 하였다. 둘째, 청조의 개간정책에 따라 개간에 참여한 농민의 투쟁이 개간의 결과에 큰 영향을 미쳤다는 점이다. 강소 강녕부에서 지주의 착취에 저항하여 객민이 토지를 버리고 도망치는 투쟁을 진행함에 따라 청조 당국의 양보를 가져왔고, 안휘 남부에서도 토착민과 개간민[객민]의 갈등이 발생하여 안휘당국은 토지매매라는 타협적 방책을 제시하여 그 갈등을 해결하려 하였다. 이러한 농민의 투쟁성은 태평천국운동을 경험한 이후에 새로이 나타난 농민의 반항적 정서라 하겠다. 태평천국운동의 영향으로 농민의 저항적 정서가 고양되고 이로 말미암은 농민의 투쟁이 청조의 양보를 이끌어내어 농민의 자작농으로의 상승이 가능해졌던 것이다. 셋째, 개간정책을 추진한 청 지방당국이 농민의 투쟁적 태도에 대해 양보적 입장을 취하였다는 점이다. 1850년대 이래 대규모의 농민투쟁의 폭발을 경험한 청조당국으로서는 반란이 진압된 시점에서 다시 농민의 저항이나 투쟁에 정면대응하기보다는 회유나 양보를 통하여 국면을 진정시키려 한 것으로 보인다. 또한 그만큼 청조의 재정 회복이나 사회 안정이 긴요하였다. 안휘 광덕주에서는 지방당국의 재정수입을 올리기 위한 주인 없는 황무지의 매각이 자작농 형성에 중요한 역할을 하였다. 넷째, 황무지 개간에 있어서 객민의 역할이 중요하였다는 점이다. 특히 인구가 격감한 절강이나 안휘 남부에서 객민이 인구의 다수를 차지하여 개간의 중심세력으로 등장하였다. 이는 태평천국 진압 이후 급격한 인구이동을 보여주고 동시에 인구이동에 따른 사회구조의 변화, 기존질서의 변화나 와해를 말해주는 것이라 하겠다. 다섯째, 농민의 토지 획득의 한 방법으로서 토지 매매가 이용되었다는 점이다. 절강에서처럼 지가(地價)의 하락에 의해 농민이 토지를 구매할 수 있었지만 농민이 토지를 구매할 수 있을 정도로 부를 축적할 수 있었으며 농민의 경제적 상태가 개선되었음을 말해주는 것이다.

본고의 분석 결과 태평천국운동은 운동 실패 이후 강소 강녕 · 진강부나, 절강, 안휘 남부에서 자작농을 형성시키는 조건을 창출하였다는 점에서 중국사회에 진보적 · 혁명적 영향을 남겼다고 할 수 있을 것이다. 물론 그 조건은 청조로 하여금 개간정책을 불가피하게 하였다는 정세만이 아니라 청조 지방당국의 양보를 이끌어낸 개간농민의 투쟁의지를 고양시켰다는 점도 포함된다.

제3부

갈등의 충돌, 억압과 저항의 변주

식민지시대 반일 의열투쟁과 사회주의

◆

임경석

1. 머리말

이 글의 과제는 식민지시대 한국 사회주의자들이 반일 의열투쟁에 대해서 어떤 태도를 취했는지를 밝히는 데에 있다. 사회주의 운동이 발생한 첫 시기부터 해방되던 때까지 사회주의자들이 의열투쟁 전술을 어떻게 대했는지를 시간적 순서에 따라 재구성하고자 한다.

이 과제는 얼핏 보면 풀기 쉬운 것처럼 느껴진다. 사회주의자들은 일반적으로 테러 정책을 부인해 왔기 때문이다. 러시아 마르크스주의가 한 시대를 풍미하던 나로드니키의 테러 전술을 비판적으로 극복하는 과정에서 발전해 왔음은 잘 알려져 있다. 레닌은 나로드니키의 전통을 잇는 사회혁명당의 테러 운동에 대해 맹렬한 반론을 폈다. 대중의 투쟁 정신과 용기를 확장시킨다는 테러리스트의 희망은 항상 좌절되었고, 테러 사건 당시에 조성된 굉장한 센세이션은 곧 시들어 버린다고 그는 지적했다.

사람들은 식민지시대 한국 사회주의자들도 의열투쟁에 대해서 냉담한 태도를 취했을 것이라고 지레 짐작하곤 한다. 그러나 역사는 이론적 도식과 선입견보다 훨씬 복잡하다. 사료를 읽다보면 우리의 선입견과 모순되는 사실들을 종종 발견한다. 한국 사회주의자들의 의열투쟁 전술에 대한 태도는 일률적이지 않았다. 시기마다 달랐고, 각 그룹마다 달랐다. 이 때문에 시간적 순서에 따라서 사회주의 각 그룹이 의열투쟁에 대해서 어떤 태도를 취했는지를 구체적으로 조사할 필요성이 제기된다.

우리는 논의의 출발을 1919년에 두고자 한다. 한국 사회주의 운동의 기원이 3·1운동과 깊이 연관되어 있기 때문이다. 3·1운동기에 어떠한 경위를 거쳐서 의열투쟁 전술이 출현했는지, 한국 최초의 사회주의자들은 그에 대해 어떤 태도를 취했는지를 살필 것이다.

2. 3·1운동기 의열투쟁 전술의 출현

3·1운동은 평화적인 대중시위운동의 형태로 시작되었다. 기미독립선언서의 공약 3장도 비폭력을 강조하고 있다. "일체의 행동은 가장 질서를 존중하여, 오인의 주장과 태도로 하여금 어디까지든지 광명정대하게 하라." 고 역설했다.[1)]

실제로 만세시위운동은 평화적으로 진행되었다. 1919년 3~4월 두 달동안 전국에서 만세 시위운동이 발발한 곳은 일본 경찰의 집계만으로도 848회에 달했다.[2)] 이중에서 시위양상이 폭력적이었는지 여부를 알 수 있는 것

---

1) 朝鮮民族代表 33人, 「宣言書」 朝鮮建國 4292年 3月 日(우남이승만문서편찬위원회 편, 『梨花莊所藏雩南李承晩文書,東文篇 (제4권)』 중앙일보사, 연세대학교 현대한국학연구소, 1998, 3쪽).

은 379회이다. 표본 숫자가 많지는 않지만 폭력 · 비폭력 추이를 살피는 데에는 부족함이 없다 하겠다. 그중 평화적으로 진행된 시위는 264회로 전체의 70%에 달한다. 폭력적으로 전개된 나머지 시위운동 30%도 자세히 들여다 보면 그 책임이 일본 군경 측에 있었다. 진압자 측의 발포로 인해 폭력화한 경우가 대다수였다. 발포가 없었는데도 관공서 습격, 방화, 구타 등의 현상이 일어난 이른바 '폭력' 시위는 43건으로서 전체의 11%에 지나지 않는다.[3] 진압하는 측에서는 총칼과 폭력을 휘둘렀지만, 시위운동은 기본적으로 비폭력 평화투쟁의 성격을 잃지 않았음을 알겠다.

만세시위운동이 이처럼 평화적인 형태로 진행된 데에는 여러 가지 이유가 있을 터이다. 그 중에서 3 · 1운동 초기 국면을 이끈 운동론이 가장 큰 이유가 되었다. 3 · 1운동 첫 시기 민족주의 세력의 주된 전술은 국제회의에 한국 대표단을 파견하는 것이었다. 재상해 신한청년당은 김규식을 베르사이유 강화회의에 파견했고, 재노령 대한국민의회는 윤해와 고창일을, 재미 대한인국민회는 이승만과 정한경을 각각 파견했다. 그 뿐만이 아니었다. 국제연맹회의에 대해서도 한국 대표단을 파견하려는 움직임이 있었고, 워싱턴회의에 대해서도 한국 대표단이 파견되었다. 이 전술은 국제질서 재편과정에서 미국 · 일본 사이의 모순의 격화가 한국의 국제적 지위를 변모시킬 가능성을 낳는다는 예견에 입각한 것이었다.

평화적인 만세시위운동 전술은 종속적인 의의밖에 갖지 못했다. 그 전술은 한국 대표단의 외교적 영향력을 강화할 목적으로 배치된 하위 전술이었다. 만세시위운동의 전술적 지위는 1918년 말 1919년 초에 북간도 장동

---

2) 朝鮮憲兵隊司令部 · 朝鮮總督府警務總監部, 「조선소요사건일람표」 大正8年4月末日作成(일본외무성 편, 『극비 한국독립운동사료총서(3 · 1운동편)』 제2권, 한국출판문화원, 1989, 1579~1678쪽).

3) 「표: 각도별 투쟁양태(폭력, 비폭력)」(『3 · 1민족해방운동연구』, 청년사, 1989, 246쪽).

에서 열린 '지사계의 비밀회의' 참석자들의 논의에서 잘 표현되었다. 회의 참석자들은 한국 독립 운동의 진행 방법을 모색했다. 베르사이유 강화회의에 한국 대표를 파견하되, "민족 전체가 떠들고 일어나 시위 운동을 격렬하게 하여, 대표의 뒤를 성원하여야 하겠다."는 것이 그들의 생각이었다.[4] 달리 말하면 만세시위운동은 베르사이유 한국 대표단의 외교적 교섭력을 강화하기 위한 압력 수단으로 간주되었던 것이다.

그러나 평화적 운동 방법은 머지않아 그 대립물로 전화했다. 3·1운동은 비폭력 투쟁으로부터 폭력투쟁으로 전환되었다. 그 계기 가운데 하나는 평화적인 만세시위운동에 대한 일본 제국주의의 폭력적인 진압책이었다. 일본 군경은 3월 3일 평남 안주(安州)와 황해도 수안(遂安)에서 처음으로 발포한 이래,[5] 실탄 사격을 통해 시위 군중을 해산하는 방침을 취했다. 3~4월 두 달 동안 시위 군중에 대해 어느 정도의 실탄 사격이 가해졌는지를 조사할 수 있다. 경무총감부와 헌병대사령부가 작성한 정보 보고를 보면, 집계 대상 760개 시위 가운데 실탄 사격이 가해진 경우는 185개였다. 24.3%에 해당한다. 시위운동이 최고조에 달한 3월 28일부터 4월 8일까지 12일간의 발포율은 더 높다. 359개 시위에 대해 118회의 발포가 있었다. 무려 33%에 달한다.[6]

사람들은 분노를 느꼈다. 『아리랑』의 주인공 김산은 이때의 체험을 통해 무저항의 공허함을 깨달았다고 한다. 그는 무저항의 평화적인 시위 군중을 향해 일본 군경이 발포하는 것을 몇 차례나 목격했고, 착검한 소총부리로 시위자들을 찌르는 모습을 보았다. 많은 부상자들이 죽어가는 것을

4) 김규찬, 「북간도 고려인 혁명운동 약사」, 『동아공산』 14, 1921.5.10., 4쪽.

5) 경무총감부 · 헌병대사령부 보고, 「自大正8年3月1日 至4月30日 騷擾事件經過概覽表」(金正明 編, 『朝鮮獨立運動1: 民族主義運動篇』, 東京, 原書房, 1967, 704~706쪽).

6) 金正明 편, 위의 책, 703~754쪽에서 작성.

지켜보아야 했다. 그는 마치 지진 속에서 살아가고 있는 것 같은 심리적인 충격을 받았다. 수동적으로 죽음을 기다리는 한국인들에 대해서는 조바심과 짜증을 느꼈고, 일본인들에 대해서는 치밀어 오르는 증오감을 느꼈다. 그는 복수심에 주먹이 근질거렸다고 한다.[7)]

평화적 시위운동 전술이 중단된 또 하나의 원인은 베르사이유 강화회의의 종결과 관련이 있다. 강화조약의 가혹한 배상 규정에 저항하던 독일 정부가 마침내 연합국 열강의 압력을 수용하기로 결정했다. 6월 23일 독일 국민의회는 강화조약에 조인할 것을 다수결로 가결했고, 그에 뒤이은 28일에는 독일 정부 대표단이 베르사이유 궁전에서 강화조약에 정식으로 조인했다.[8)] 이는 제1차 세계대전의 전후처리가 종결되었음을 뜻한다. 또한 한국의 국제적 지위가 변모될 가능성이 일단 좌절되었음을 의미한다. 이러한 사태 진전은 종래의 운동론이 파탄났음을 보여 주었다. 강화회의에 대한 대표 파견과 평화적인 만세시위운동 전술은 더 이상 유효하지 않게 되었다.

만세시위운동의 열기는 수그러들었다. 일본 경찰 · 헌병의 무자비한 진압에 눌린 탓이기도 했고, 평화적인 만세시위운동 전술의 유효성이 소멸된 탓도 있었다. 그러나 시위운동은 잦아들었지만 독립을 향한 혁명적 열기는 식지 않았다. 식기는커녕 새로운 투쟁 방법을 통해 더욱 뜨겁게 타올랐다. 사람들이 선택한 새 투쟁 방법은 폭력적인 것이었다.

시위운동이 종식된 뒤에 평화적인 시위운동 대신에 폭력적인 의열투쟁과 독립군의 무장투쟁이 그를 대신했음을 명시한 구절이 있다. 코민테른에 파견된 조선공산당 대표자 조동호가 1925년 12월에 쓴 글이 그것이다.

전반적인 불만은 1919년 3월에 일본 제국주의 퇴거와 조선 해방을 요구하

---

7) 님 웨일즈 지음 · 조우화 옮김, 『아리랑』, 동녘, 1992, 63쪽.

8) "조인가결 別報", 『매일신보』, 1919. 6. 26; "장엄한 조인식", 『매일신보』 1919. 7. 1.

> 는 전국적인 항의 시위로 나타났다. 시위가 진압되고 시위자들이 총살당한 이후, 1919년~1920년에 북부 조선과 간도에서 제국주의에 맞서 용감히 투쟁하는 빨치산 부대와 테러단체들이 만들어지기 시작했다.[9]

조동호는 3 · 1운동이 두 단계의 전개과정을 밟았다고 말한다. 시위운동이 진압된 뒤에 운동의 새로운 단계가 시작되었다는 것이다. 새로운 투쟁 형태는 두 가지였다. 하나는 빨치산 투쟁이고 다른 하나는 의열투쟁이었다. 독립군의 무장투쟁 노선과 개인 테러 전술이 동일한 시기에 나타났음을 시사한다.

조동호의 체험적 관찰은 다른 사람들의 그것과도 일치한다. 1924년 5월에 작성된 것으로 추정되는 블라디보스토크 소재 고려공산당창립대표회준비위원회(일명 오르그뷰로)의 한 문건에도 그와 같은 견해가 표명되어 있다. 국내에 소재하는 비밀 사회주의 단체의 리더들에게 밀송한 이 문서에는 의열투쟁 및 독립군 운동이 고조되던, 만세시위운동 직후의 시대 분위기가 묘사되어 있다. 그에 따르면 이 시기에는 한국인들의 전체적인 분위기가 투쟁적이었다. '고려 혁명가들의 앞길'은 '파괴'와 '의병운동'을 전개하는 데에 있다는 생각이 널리 퍼졌다고 한다.[10] 여기서 말하는 파괴란 의열

---

9) Доклад делегата Коммунистической Партии Кореи тов.Чо-Донхо (Тян-кукво): в исполнительный комитет коммунистического интернационала [조선공산당 대표 조동호(장국보)의 보고: 코민테른 집행위원회 앞] 1925. 12. 25, 3쪽. РГАСПИ ф.495 оп.135 д.110 лл.162~187. 이 글의 작성자를 두고 약간의 혼란이 있다. '조동호'와 '장국보'가 동일인인지 여부가 문제다. 문서 첫머리를 보면 둘은 같은 사람인 것처럼 적혀 있다. 그러나 문서 말미를 보면 다르다. "Делегаты ККП в Коминтерн: Чодонхо, Тянкунбо"(코민테른 주재 조선공산당 대표자들: 조동호, 장군보)라고 쓰여 있다. 두 사람은 서로 다른 사람인 것처럼 적혀 있다. 조동호와 장국보(혹은 장군보)는 동일인인가, 아닌가? 앞뒤 상충되는 기술로 인해 이를 정확히 판별하기 곤란하다. 만약 다른 사람이라면 장국보(혹은 장군보)는 조봉암을 가리킬 것이다.

10) 고려공산당창립대표회준비위원회, 「내지통신 제1호, 귀중한 동무들에게!」, 2쪽. РГАСПИ ф.495 оп.135 д.96 л.88~90об.

투쟁을 뜻하며, 의병운동이란 독립군 부대의 비정규전을 가리킨다.

조동호와 오르그뷰로의 견해는 실제에 부합하는 것으로 평가된다. '의병운동'이 본격화한 것은 1919년 하반기였다. 시위운동 진압을 가장 중요한 임무로 여기던 조선주둔 일본군은 그해 9월 12일부터 국경선 수비를 최우선의 작전 과제로 삼기 시작했다. 조선 주둔군 사령관이 예하 각 사단장에게 보낸 훈령을 보자. "조선 밖에서 무력진입을 기도하는 불령선인 단체에 대해서는 섬멸적 타격을 가할 것, 추격할 필요가 있으면 조선 밖으로 진출할 수 있음"이라는 내용이었다.[11] 아울러 국경수비대 무장을 강화할 것, 월경하는 독립군 부대의 퇴치를 위해 작전계획을 입안할 것 등의 지시가 하달되었다.

의열투쟁도 같은 시기에 활발하게 되었다. 보기를 들면, 사이토 마코토(齋藤實) 신임총독에게 폭탄을 던진 강우규의 거사는 1919년 9월 2일에 있었다. 또한 반일 의열투쟁 단체로 유명한 의열단의 결성 시점도 같은 해 11월 10일이었다. 의열투쟁론과 독립전쟁론은 동일한 시기에 운동선상에 떠올랐던 것이다.

1920년에 접어들면서 의열투쟁 전술은 독립군 무장투쟁론과 더불어 일세를 풍미했다. 의열단이 창단과 더불어 수립한 대규모 국내 거사 계획은 1920년 4~6월에 착수되었다. 이 계획은 실패로 끝났지만 그해 9월 14일의 부산경찰서장 폭살사건, 12월 27일 밀양경찰서 투탄사건 등이 뒤를 이었다.[12] 이 시기 의열투쟁의 실례는 일일이 거론하기 어려울 만큼 많다. 보기를 들어 압록강 너머 만주 관전현(寬甸縣)에 근거를 두고 있던 대한청년단연합회의 경우를 보자. 이 단체의 내부 문건을 보면, 평북 신의주역 폭탄

---

11) 조선군사령관, 「對不逞鮮人作戰ニ關スル訓令」 大正 8年(1919) 9月 12日(姜德相 編, 『現代史資料』 26, 東京, みすず書房, 1967, 280쪽).

12) 김영범, 『한국근대민족운동과 의열단』, 1997, 창작과비평사, 72~73쪽.

투척과 평북 강동경찰서 폭탄 투척 사건은 자신의 소행이었다. 또한 여러 곳에서 일본 형사와 밀정을 암살했고, 다수의 면사무소와 경찰주재소를 방화했다고 한다. 이 단체가 보유하고 있는 의열투쟁 장비로는 "단총 85자루, 5연발 28자루, 50엔 가치의 작탄(炸彈) 제조품" 등이 있었다고 한다.[13)]

1922년 초에 모스크바에서 열린 극동민족대회에서 김규식은 한국의 의열투쟁에 대해서 인상적인 보고를 했다. 1919~20년 시기에 왕성하게 이뤄진 의열투쟁은 "피스톨과 폭탄을 지닌 청년 소그룹"에 의해서 진행되었는데, 그들은 요인 암살, 우편 · 통신 · 철도 · 경찰서의 파괴 등과 같은 폭력적 투쟁 방법을 사용했다는 것이다. 하지만 자금과 설비가 부족했기 때문에, 헤아릴 수 없을 정도의 거대한 희생을 치르고도 그 결과는 너무 불충분했다고 한다. 김규식은 의열투쟁에 헌신한 희생자의 숫자를 압록강 일대에서만도 1,000명에 달한다고 집계했다.[14)]

3. 의열투쟁과 두 고려공산당

3 · 1운동과 그 직후 수년간의 시기에 의열투쟁 참가자가 양산되었다. 어떤 사람들이 의열투쟁의 투사가 되었는가? 이 문제를 논하는 초창기 사회주의자 정재달의 글이 있다. 그를 보면, "이제까지 조선 내지에서 직접 파괴운동에 종사하고 있는 자는 모두 해외로 망명한 청년들이다."고 적혀 있다.[15)] 이 언급은 당시 한국 사회 안팎에 의열투쟁 참가자를 배출하는 풍부

---

13) 대한청년단연합회대표 柳健赫 · 尹元章, 「大韓青年團聯合會報告」 1921. 12. 20, 2쪽. РГАСПИ ф.533 оп.10 д.1878.

14) 高屋定國 · 辻野功 日譯, 『極東勤勞者大會,議事錄全文』, 合同出版, 1970, 136쪽.

15) 고려공산당 내지부 대표 田友, 「報告」, 1923. 12. 12 8쪽. РГАСПИ ф.495 оп.135 д.73 л.238~279.

한 원천이 조성되어 있었음을 시사한다.

3·1운동을 거치면서 망명 청년층은 급증했다. 사소한 정치적 범죄 사실이 하나라도 있으면 2년 이상의 징역이나 심지어 죽음을 각오해야 하는 게 당시의 실정이었다. 한 번 정치적 '범죄'를 저지르면 죄의 경중에 관계없이 일평생 희생을 치러야 했다. 그래서 3·1운동에 참가했다가 경찰에게 지목된 청년들은 자연히 해외 망명을 선택했다.[16] 청년들이 선호하는 망명 근거지는 상해, 북경, 남북 만주에 걸쳐 있었으며, 그곳을 찾는 망명자들의 층은 상당히 두터웠다고 한다.

임시정부가 소재한 상해의 보기를 들자. 그곳에서 암약하던 일본측 고급 밀정의 보고를 보면, 3·1운동 이전 상해 체류 조선인은 약 100명 정도였는데, "이번 독립운동 발발 이후 조선 내지, 만주, 기타 각 방면에서 모여드는 자가 갑자기 증가하여, 현재 약 500명쯤 된다."고 한다.[17] 불과 두 달만에 상해로 건너온 망명객의 숫자가 400명에 달했던 것이다. 망명자의 증가 추세는 독립운동의 열기가 상향하는 국면에서는 지속적으로 관찰되었다.

이들의 이념적 스펙트럼은 넓었다. 정재달에 따르면, 의열투쟁 참가자들은 "혹은 사회주의적 색채를 띠고, 혹은 민족주의도 있고, 혹은 허무주의 색채를 갖고 있지만 다들 큰 차이는 없다."고 한다.[18] 세 종류의 이념에 관해서 말하고 있다. 민족주의, 사회주의, 무정부주의가 그것이다. 큰 차이가 없다는 말은 그들의 정치적 목표가 다들 한국의 독립에 있다는 점에서 공통됨을 뜻한다.

---

16) 田友, 위의 글, 8쪽.

17) 「獨立運動に關する件(國外日報第67号)」 大正 8年 5月 12日(姜德相 編, 『現代史資料』 26, 東京, みすず書房, 1967, 161쪽).

18) 田友, 앞의 글, 8~9쪽.

이 중에서 사회주의적 신념을 가진 청년들이 의열투쟁에 종사했다는 대목이 이채롭다. 왜냐하면 일반적으로 사회주의 이념은 테러 전술과는 거리가 멀다고 알려져 있기 때문이다. 사회주의자들의 전술론에 따르면, 의열투쟁 전술은 얼핏 영웅적인 것처럼 보이지만 대중운동의 조직적 발전을 방해하며 대중에게 환상을 유포하는 속성을 갖는다. 따라서 그것은 궁극적으로 반혁명의 이익에 기여한다는 게 그들의 생각이었다.[19] 그런데도 과연 3·1운동 직후 시기에 사회주의적 신념을 가진 의열투쟁 참가자가 존재할 수 있었는가?

1921년 5월 이르쿠츠크에서 열린 고려공산당 창립대회에는 국내외 각지에 소재한 사회주의 단체 대표자들이 참석했다. 그들은 자기 단체의 활동상을 보고했다. 서울에 비밀리에 존재한다고 자임한 '서울공산단체'의 대표자는 의열투쟁에 대해서 언급했다. 테러부가 조직 내부에 설립되어 있는데, 그것은 노동자 조직활동 및 선전활동과 더불어 3대 활동 영역 가운데 하나로 중시되고 있었다. 그의 보고를 보면, 테러부는 당초 50명의 결사대원을 관리하고 있었는데 당시 남아 있는 인원은 30명이었다. 인원이 줄어든 이유는 대원의 상당수가 일본 헌병에게 검거되었거나 야수적인 고문으로 사망했기 때문이라고 한다.[20]

하얼빈 고려공산단체 대표자도 비슷한 내용의 보고를 했다. 북만주 중동선(中東線) 철도 연선 지구를 활동 구역으로 삼는 하얼빈 고려공산단체는 1919년 12월에 26명의 당원, 5명의 후보당원을 구성원으로 하여 발족했다고 한다.[21] 이들도 의열투쟁에 열심이었다. 1920년 2월에 50명의 경험있

---

19) 爾友, 「상해폭탄사건은 무엇을 말하느냐?」, 『콤무니스트』 제6호, 1932년 7월, 40쪽.

20) Учредительный Съезд Коркомпартии(고려공산당 창립대회). ≪Народы Дальнего Востока(극동 제민족)≫, Иркутск, 1921, №2, с.215.

21) Протокол заседания 9 мая: 6-ое заседание(5월 9일자 회의록: 제6 회의). РГАСПИ ф.495 оп.135 д.38, л.17.

고 견결한 혁명가들로 결사대를 조직하여 한국 국내로 파견했으며, 그들은 국내에서 각종 의열투쟁에 종사해 왔다는 것이다.

두 산하 단체 대표자들이 말하는 의열투쟁이 구체적으로 어떤 사건들과 연관된 것인지를 확인하는 것은 아직 곤란하다. 하지만 우리가 주목하는 것은 이르쿠츠크파 공산당 창립대회에 참가한 산하 단체 대의원들이 거리낌없이 본 대회 석상에서 의열투쟁에 종사해 왔음을 공언한 점이다. 이르쿠츠크파 공산당 전체가 의열투쟁을 자신의 중요한 활동 분야 가운데 하나로 간주하고 있었음을 짐작케 한다.

실제로 그랬다. 창립대회가 끝난 뒤 이르쿠츠크파 공산당 중앙위원회는 의열투쟁을 사업 방향 가운데 하나로 지목했다. 그들은 일본 제국주의와의 무장투쟁을 최우선시해야 한다고 규정했다. 그를 실현하기 위한 방법으로써 빨치산 및 테러부대를 창설할 것을 결정했다.[22] 이르쿠츠크파 공산당이 말하는 무장투쟁에는 '의병운동'과 '의열투쟁' 두 가지가 다 포함되어 있었던 것이다.

이르쿠츠크파와 더불어 초창기 사회주의 운동의 향방을 다투던 상해파 고려공산당은 의열투쟁 문제에 대해서 어떤 태도를 취했는가? 상해파도 이 시기에 의열투쟁과 완전히 절연했던 것 같지는 않다. 김철수의 회상기를 보면, 상해파 요인 가운데 한 사람인 조응순(趙應順)은 '유명한 독립군 대장'이자 '시베리아 테러대장'이라고 불리고 있다.[23] 또 다른 방증이 있다. 상해파 공산당의 강력한 후원세력인 러시아공산당 극동국 한인부가 1921년 1월에 작성한 문서가 있다. 그들은 자신의 주도 하에 북간도와 러시아 소재 한인 무장부대를 통합하기 위한 전한군사대회 프로그램을 작성했다.

---

22) 고려공산당, 「코민테른 제3차 대회에 대한 보고」, 『극동 제민족』, 이르쿠츠크, 1921년 제2호(『역사비평』 1989년 가을호 번역 수록, 366쪽).

23) 한국정신문화연구원 현대사연구소 편, 『遲耘 金錣洙』, 1999, 209쪽.

19개항의 대회 프로그램 가운데 제 11항이 주목된다. 「테러부대의 조직과 그 임무」였다.[24)]

그러나 상해파 공산당의 의열투쟁 전술에 대한 태도는 이르쿠츠크파의 그것과 다른 측면이 있었다. 중앙간부 수준에서는 의열투쟁 전술이 채택된 바가 없을 뿐 아니라 그를 적극적으로 반대한 증거가 있다. 김철수의 회상기를 보면, 상해파 고려공산당 지도자 이동휘(李東輝)는 무정부주의에 심취해 있던 진독수(陳獨秀)를 설득해서 무정부주의적 테러 전술을 청산하도록 권유했다고 한다.[25)]

이동휘는 의열투쟁 전술의 폐기가 자신의 지론이었을 뿐 아니라 1921년 가을 모스크바에서 레닌과 회견한 뒤로 더욱 공고화되었다고 말한 바 있다. 그때 레닌은 고려공산당 대표단에게 ①테러정책 폐기, ②일본 무산자와의 연결, ③대중에 대한 선전, ④3 · 1운동에서 철도의 중요성, ⑤민족운동 첫 계단론 등을 역설했다고 한다.[26)] 이동휘의 기억에 따르면, 레닌의 첫 번째 당부는 의열투쟁 정책을 폐기하라는 것이었다고 한다.

다시 문제를 확인하자. 3 · 1운동 직후 시기에 사회주의적 신념을 가진 의열투쟁 참가자가 존재할 수 있었는가? 그렇다. 당대의 역사적 조건에서는 이러한 현상이 존재했음을 확인할 수 있다. 민족주의, 무정부주의, 사회주의 가운데 어느 이념을 갖고 있는지 여부는 3 · 1운동 직후 시기에 의열투쟁 참가자들에게는 그다지 중요하지 않았다. 그들에게 중요한 것은 사람들의 투쟁 의욕을 고취하는 일이었다. 그들은 대중운동의 열기를 다시 북

24) Програма Сьезда Представителей Корейских Партизанских Отрядов находящихся в Китае и на Русском Дальнем Востоке.(중국령 및 러시아 극동에 소재하는 조선인 빨치산부대 대표자대회 프로그램) РГАСПИ ф.495 оп.154 д.39.

25) 『遲耘 金錣洙』, 218쪽.

26) 誠齋 李東輝, "동아일보를 통하여 사랑하는 내지 동포에게 (5)", 『동아일보』 1925. 1. 22.

돋을 수 있는 수단으로서 의열투쟁을 중시했던 것이다.

초창기 사회주의자들이 의열투쟁 수단과 결별한 시기는 1921년 말 1922년 초였다고 판단된다. 왜냐하면 이 때부터 초창기 사회주의 운동을 이끌던 이르쿠츠크파와 상해파 공산당이 둘 다 의열투쟁 활동으로부터 손을 뗐기 때문이다. 상해파의 경우는 워낙 의열투쟁과의 관련성이 적었다. 게다가 1921년 가을 당 대표단의 레닌 회견 이후 의열투쟁 전술에 대한 사회주의적 관점을 전면적으로 수용했다. 이르쿠츠크파도 1922년 초부터 의열투쟁 전술에 관한 태도 변화를 겪었다. 극동민족대회에 자파 대의원들을 다수 파견한 이르쿠츠크파는 이때부터 의열투쟁에 관한 코민테른의 이념적 태도를 수용했던 것이다.

두 공산당의 의열투쟁 전술과의 결별은 그 이후에도 굳게 준수되었다. 그를 보여주는 증거들은 많지만, 그중에서도 1923년 5월 5일자 국제공산당 고려총국당 회의록은 좋은 보기이다. 이르쿠츠크파를 대표하는 한명세(韓明世)와 상해파를 대표하는 이동휘가 동등한 위원 자격으로 참가한 이 회의에서 의열투쟁 문제에 대한 전술이 논의되었다.

3개항의 결정이 이뤄졌다. 첫째, 의열투쟁 행동은 혁명운동의 발전에 장애가 된다고 명시했다. "조선 내지에서의 분산적인 테러행동이 객관적으로 부적합하고 유해하다."는 것이었다. 둘째, 조선인 의열투쟁 단체에 대해 사회주의자들은 주의 깊게 대응하라고 조심스럽게 당부했다. "테러리스트들로 하여금 그들이 실행하고 있는 투쟁방법을 중단케 하고, 그들로 하여금 고려총국의 권위를 인정"하게끔 권유한다는 것이다. 그들을 모욕하거나 적대시하는 것이 아니라 동지적 설득을 통해 사회주의 대열로 인입시켜야 한다고 당부하고 있다. 셋째, 대표적인 의열투쟁 단체로 지칭되던 의열단에 대해 각별히 주의를 기울였다. "이 전술을 조선 내지에서 가장 열성적으로 테러활동을 수행하는 의열단에게 맨 먼저 적용한다."고 규정했다.[27]

상해파와 이르쿠츠크파 두 공산당은 패권을 다투던 1920~21년 시기는 물론이고, 그 이후에도 여전히 반목을 계속했다. 두 세력이 동등한 자격으로 참가했던 고려총국 내에서도 마찬가지였다. 하지만 의열투쟁 문제가 양자 불화의 원인이 되지는 않았다. 두 세력은 의열투쟁 전술에 관한 한 아무런 견해차이도 갖지 않았다고 판단된다.

우리의 판단에 이의를 제기할 독자가 있을 것이다. 1923년에 설립된 반일 단체 적기단(赤旗團)은 주로 의열투쟁 활동에 종사했는데, 그것은 상해파 공산당의 영향력 하에서 조직되지 않았던가? 이렇게 의문을 품을 수 있다. 실제로 적기단은 국외자들에 의해 의열투쟁 단체로 지목되었다. 보기를 들어보자. 북풍파 공산주의 그룹의 지도자 신철(辛鐵)은 적기단을 가리켜 만주에 소재하는 상해파의 전위대라고 지목하고, 그 단체를 일러 "사회주의 명의를 띠었지만 실은 한 개의 테러리스트 단체에 불과했다."고 평가했다.[28] 그뿐만이 아니다. 국내 언론기관에서도 그를 가리켜 '철저한 공산혁명을 표방하는 모험단체'라고 규정하고, 각지의 일본 관공서와 관리를 파괴 · 암살하는 일에 주력하고 있다고 보도한 일이 있다.[29] 과연 이 문제는 난제이다. 의열투쟁 정책을 폐기한 뒤에 설립한 적기단이 의열투쟁 단체로 지목받고 있다. 앞뒤가 상충된다. 상해파가 1921년경에 의열투쟁 정책을 폐기했다는 우리의 판단이 잘못일까?

시선을 바꿔보자. 적기단과 상해파 내부의 시선으로 이 문제를 조명해보자. 상해파 요인 장도정(張道政)이 만주 소재 자파 단체인 '중령(中領)공산단체'의 대표자 자격으로 1924년 7월 2일에 작성한 문서가 있다. 거기에

---

27) Протокол No.10 заседания Корбюро(꼬르뷰로 회의록 제10호), 1923. 5. 5, 1쪽. РГАСПИ ф.495 оп.135 д.72 л.20~22.

28) 辛鐵, 「만주사정에 관한 재료」, 1926.1.15, 33쪽. РГАСПИ ф.495 оп.135 д.124 л.1~20об.

29) 『동아일보』, 1923.7.5.

는 적기단이 설립 이래로 '의병정신'에 의해 지도되어 왔다고 언급되어 있다.[30] 의병이란 비정규전을 수행하는 무장부대를 지칭한다. 당시 상해파 사회주의자들이 반일 무장투쟁을 한말 의병운동의 전통 속에서 인식했고, 적기단을 의병단체로 간주했음을 엿볼 수 있다.

적기단 밖의 제삼자들도 그처럼 본 사례가 있다. 블라디보스토크 소재 오르그뷰로가 그즈음 재만주 상해파 앞으로 보낸 문서에도 적기단이 의병단체로 지목되었다. 거기에는 적기단이 지향할 것은 의병운동이 아니라 군중운동이어야 한다는 조언이 기록되어 있다.[31]

이로부터 우리는 소결론에 도달할 수 있게 되었다. 상해파 사회주의자들은 적기단을 의열투쟁 단체로 운용한 것이 결코 아니었다. 적기단의 위상은 비정규전을 수행하는 반일 의병단체였다. 적기단의 활동상이 일부 국외자들에 의해 의열투쟁 활동으로 비치기도 했지만, 상해파 사회주의자들이 의열투쟁 정책을 목적의식적으로 추구했던 것은 아니었다.

4. 의열투쟁과 조선공산당

두 고려공산당이 의열투쟁 전술을 폐기한 뒤에 모든 사회주의자들이 그 전술과 결별했는가? 아니다. 그 뒤에도 의열투쟁 전술의 유용성을 여전히 인정하는 사회주의자들이 적지 않았다. 두 공산당의 정책 노선을 신뢰하지 않는 사회주의 세력이 있었다는 말이다. 3·1운동기의 혁명적 열풍을 겪은

---

30) 중령고려공산단체 대표 張道政, 「보고서, 고려공산당창립대표회준비위원회 앞에!」, 1924.7.2. РГАСПИ ф.495 оп.135 д.94 л.43.

31) 고려공산당창립대표회준비위원회, 「귀중한 동무들 앞에」, 1924.5.16., 2~3쪽. РГАСПИ ф.495 оп.135 д.94 л.25~26об.

뒤에 사회주의 대열에 속속 가담해 들어온 신진 청년들은 이르쿠츠크파와 상해파 두 공산당의 영향력 범위 밖에서 독자적으로 활동하기를 바랐다. 특히 국내에서 활동하는 사회주의자들이 그랬다.

국내 신흥 사회주의자들은 1921년 말~1922년 초부터 기존 양대 공산당을 배격하는 거센 캠페인을 전개했다. 그들은 두 공산당의 그늘 아래서 활동하기를 거절했다. 그들이 보기에 두 공산당은 용서할 수 없는 너무나 큰 과오를 범했기 때문이다. 이르쿠츠크파 공산당은 자유시사변을 초래한 범죄자이고 상해파는 모스크바 자금을 유용한 사기공산당이라는 게 신흥 사회주의자들의 굳은 판단이었다. 국내 신흥 세력은 단체도 독자적으로 조직했고, 정책 노선도 독자적으로 수립했다. 의열투쟁 전술에 대한 태도도 역시 그러했다.

초창기 해외 두 공산당이 그랬던 것처럼, 국내 대중운동에 기반을 둔 사회주의자들도 단일한 조직적 대열을 유지하지 못했다. 그들도 운동 가담 경로, 정책 노선의 차이 등에 따라 몇 개의 그룹으로 분열되었다. 의열투쟁에 대한 정책의 차이는 그들의 분열을 장기화한 내적 원인 가운데 하나가 되었다.

해외 양파의 분쟁에 대해서 중립적 태도를 취했다는 이유로 '중립당'이라고 불리던 국내 공산주의 그룹이 있다. 1921년 5월 이래로 비밀결사 형태로 존재해 오던 이 그룹은 뒷날 '화요파'라고도 불렸고, 1925년 4월에는 코민테른의 지부 승인을 받은 조선공산당 창립의 실질적인 모태가 되었다. 이 그룹은 국내 다른 그룹들과는 달리 의열투쟁 정책에 대해 훨씬 더 우호적이었다.

중립당은 두 가지 이유 때문에 국내 다른 사회주의자들과 대립했다. 그 중 하나는 통일 공산당 창설과정에 해외 두 공산단체를 포함시킬지 여부의 문제였고, 다른 하나는 의열투쟁 정책의 문제였다. 후자에 주목하자. 중립당은 3 · 1운동 이후 가라앉고 있는 대중의 투쟁 의욕을 북돋을 수 있는 수단이 곧 의열투쟁 정책이라고 평가했다. 그 때문에 김한(金翰)을 비롯한 중립당 지도부는 의열단과 긴밀히 연락을 취하며 그들의 대규모 반일 의열투쟁 공작을 지원했다.[32]

의열단과의 제휴는 급기야 김한을 비롯한 중립당 요인들의 대거 체포 사태를 가져왔다. 1923년 1월 12일 종로경찰서 폭탄투척 사건과 그에 뒤이은 김상옥의 총격전 사건이 그 계기가 되었다. 1월 22일 새벽, 테러 혐의자로 쫓기던 김상옥은 은신처를 포위한 수백 명의 무장 경찰대와 총격전을 벌이다가 수중에 남은 마지막 총알로 인생을 마쳤다. 뒤이어 관련자에 대한 검거 선풍이 불었다. 그로 인해 중립당의 중요 인물인 김한을 비롯한 10여 명의 당원이 투옥되었고, 몇몇 사람은 국내에 잠적하거나 해외로 망명해야만 했다.[33] 다행히 조직 자체는 노출되지 않았지만, 중립당은 큰 타격을 받았다.

1923년 시기 중립당의 의열투쟁 정책은 그 뒤에도 화요파 공산주의 그룹과 조선공산당에 의해 계승되었다. 1925년에 조선공산당 전권대표로서 코민테른에 파견된 조동호와 조봉암은 당의 투쟁 방침에 관해 긴 보고서를 작성했다. 거기에서 테러 정책은 '암살 · 파괴 운동'이라는 말로 표현되고 있다. 그에 따르면, "암살 · 파괴운동에 대하여는 과거에도 조금 있었다."거나, "현재에도 필요하다고 다수가 생각한다."는 기록이 적혀 있다.[34] 의열

32) Деятельность Корейского Коммуничтеткого Союза Молодежи и его взаимоотношения с различными группами коммунистов,(고려공산청년회의 활동 및 각파 공산주의 그룹과의 상호관계) 일자미상, 2~3쪽. РГАСПИ ф.495 оп.135 д.98 л.147~162.

33) 고려공산당 내지부 대표 田友, 「報告」, 1923.12.12, 18쪽. РГАСПИ ф.495 оп.135 д.73 л.238~279.

34) 「報告草件, 방침문제, 결정서에 대한 의견서」, 7쪽. РГАСПИ ф.495 оп.135 д.222а л.28~34об.

투쟁 전술을 시인하는 분위기가 화요파 주도의 조선공산당 내부에 널리 퍼져 있었음을 알 수 있다.

화요파 공산주의 그룹과 호흡을 함께 하던 고려공산청년회도 테러 전술에 관하여 동일한 태도를 취했다. 고려공산청년회 중앙총국 책임비서 박헌영이 1925년 1월 25일에 작성한 한 비밀 통신문을 보면, "시기를 기하여 일본 군국주의의 중추기관 급 인물의 파괴 · 암살을 계획할 일"이라는 구절이 명시되어 있다.[35] 마찬가지로 의열투쟁 전술을 시인하고 있음을 확인할 수 있다.

화요파 주도의 조선공산당이 의열투쟁 전술을 인정하고 있었음은 당 책임비서 강달영(姜達永)이 작성한 「예산안」에서 잘 드러난다. 코민테른 앞으로 청구한 1926년도 예산안에는 '붉은 테러비'라는 항목이 계상되어 있다. 그 항목 설명을 들어보자.

> 현하 조선에 있어서 회색분자의 치성(熾盛)과 반동분자의 발호 급(及) 총독부 정치의 고압(高壓)이 태심(太甚)함으로 인하여, 무산대중의 기분이 침체되는 경(傾)이 현저함으로써, 차(此)에 대하여 혁명정신의 진작과 자본벌(資本閥)의 공포화 등을 도(圖)할 목적으로, 군사부 내에 '붉은 테로'단을 조직하되 1단(團)에 5인씩 4단 혹은 5단을 편성하여, 기의(機宜)의 조치(措置)와 희생(犧牲)을 취(取)하기 위하여 현금(現今) 기(其) 조직에 착수하고, 기(其) 경비 1만 원…[36]

의열투쟁 대상이 '회색분자, 반동분자, 총독부 정치'로 규정되었다. 회색분자란 누구를 가리키는지 명시되어 있지 않지만, 앞뒤 문맥과 다른 용례를 통해 미뤄보건대 운동 대열을 교란하는 훼방꾼 정도의 뜻을 가진 것으

---

35) 고려공산청년회 중앙총국, 「조선의 현상 급 당의 계획」 1925.1.25, 2쪽. РГАСПИ Ф.533 оп.10 д.1891 л.137~138.

36) 강달영, 「조선공산당예산안설명서」, 1926.3.17, 9~10쪽. РГАСПИ ф.495 оп.135 д.124 л.39~49.

로 보인다. 반동분자란 일본의 식민통치에 협력하는 사람을 가리키며, 총독부 정치란 곧 일본의 식민지 통치기관을 의미한다. 의열투쟁 대상이 식민지 통치기관과 그 협력자에 한정되지 않고 더 확대되어 있는 점이 이채롭다.

의열투쟁 정책의 목표가 명시되어 있다. 침체된 무산대중의 혁명정신을 진작시키고 자본계급에게 공포감을 줄 목적이라고 한다. 테러 정책이 대중의 혁명열을 고양하는 수단으로 간주되고 있다. 그 정책의 필요성을 인정하는 모든 사람들에게 공통된 사고 방식이었다.

구체적으로 어디에 돈을 쓰려고 했는가? 의열투쟁 단체 운영비였다. 5인 1조의 의열투쟁 단체를 너댓개 편성하겠다는 계획을 피력하고 있다. 그 비용은 1만 원이었다. 1년간 예산총액 36만 3,800원 가운데 1만 원이 붉은 테러비로 책정되었다. 2.7%에 해당한다. 조선공산당 지도부는 의열투쟁 정책을 실행하기 위해 세부적인 수준에 이르기까지 깊이 생각했음을 알 수 있다.

의열투쟁은 군사부의 관장 사항으로 간주되고 있음이 흥미롭다. 군사부는 유사시에 비정규전을 수행하는 무장부대를 편성하기 위해 그 사전 준비를 담당하는 부서였다. 주로 군사 지식과 기술을 교육함으로써 유사시에 군사간부로 활동할 수 있는 당원을 양성하는 데에 관심을 기울였다. 군사부의 예산액은 4만 원으로 책정되었다. 군사부에서 의열투쟁이 점하는 비중은 대략 25%에 해당했음을 알 수 있다.

그러나 조선공산당이 의열투쟁 정책을 구체적으로 실행에 옮긴 것으로는 보이지 않는다. 예산안에 기재된 활동계획은 코민테른으로부터 소정의 자금을 지원받는 조건에서만 실현될 수 있는 것이었다. 강달영 책임비서 시절에 코민테른으로부터 그처럼 거액의 자금을 수령한 사실은 전혀 없었다. 그뿐만이 아니다. 조선공산당은 군중노선을 전면에 내걸고 활동하고 있었다. 그 때문에 의열투쟁 정책이 점하는 비중은 매우 미미했고, 우선순위상 한참 뒷 자리에 위치해 있었던 것이다.

강달영이 해외 망명한 동료 김찬(金燦)에게 보낸 내밀한 서한을 보면, 의열투쟁이 실행에 옮겨지지 않았음을 확인할 수 있다. 강달영은 군사부 책임자를 임명하고 그 요원들까지 모아 두었는데 자금이 부족하여 그를 실행치 못하고 있다고 말했다. '참 답답하다.'고 탄식했다. 군사부 인원들을 모아 두었는데, 자금이 오지 않는다면 "산산히 헤어지게 쉽겠소."라고 썼다.[37]

의열투쟁 단체와의 제휴 여부, 의열투쟁 정책의 채택 여부는 국내 사회주의자들 내부에서 격렬한 논쟁의 대상이 되었다. 조선공산당의 주류인 화요파와는 달리 당내 비주류 지위에 있던 북풍파 사회주의자들은 의열투쟁 정책에 부정적인 태도를 취하고 있었다.

북풍파의 리더로 꼽히는 김약수(金若水)는 1925년 1월 20일에 고려공청 책임비서 박헌영과 나눈 담화에서 의열투쟁 반대론을 명백히 했다. "조선 지금 현상에 있어 무엇보다도 선전이 급무이다. 파괴같은 국부(局部)적 행동은 당의 기초가 확립하기 전에는 오히려 방해가 된다."고 피력했다.[38] 비슷한 시기에 조선공산당의 모스크바 대표자들과 고려공산청년회 중앙총국이 의열투쟁 정책을 시인한 것과 좋은 대조를 이룬다.

북풍파만이 아니다. 화요파의 주도적 지위를 인정하지 않고 당 바깥에 잔류해 있던 서울파 사회주의자들도 의열투쟁 정책에 찬성하지 않았다. 그들은 1922년에 이미 중립당의 의열투쟁 정책을 반대했었다. 의열투쟁은 군중과 운동단체와의 괴리를 심화시킬 뿐이라는 논리였다. 그들은 그 뒤에도 조선공산당에 합류하는 대신에 '고려공산동맹'이라는 별도의 비밀 조직체

---

37) 黃山, 「동무여, 여러 가지에 … 」 1926.4.6, 9쪽. РГАСПИ ф.495 оп.135 д.124.

38) 고려공산청년회 중앙총국, 「김약수의 의견」 1925.1.25. РГАСПИ, ф.533 оп.10 д.1891 л.141.

를 유지하고 있었다. 코민테른 외교도 독자적으로 행했다. 모스크바에 파견된 대표 최창익(崔昌益)과 이정윤(李廷允)이 1926년 10월 25일에 작성한 보고서가 있다. 거기에는 의열투쟁에 관한 두 가지 정책이 기록되어 있다.

그 중 하나는 의열투쟁 부인론이었다. "본 동맹원은 테러운동에는 절대 직접 참가하지 않을 것"이라고 명시했다. 다른 하나는 반일 의열투쟁 단체에 관한 조항이었다. "만약 해외 혹은 해내(海內) 독립운동자 가운데 조직적 계획적 직접 행동의 계획이 있다면, 그 계획 내용을 십분 조사한 후 당분간 간접으로 도울 것"이라고 적었다.[39] 의열투쟁에는 직접 참가하지 않겠지만, 혹시 다른 반일 의열투쟁 단체의 원조 요청이 있으면 간접적으로 돕는다는 입장이었다. 의열투쟁 단체를 직접 운용하려고 했던 화요파나, 의열투쟁 정책을 부인했던 북풍파의 경우와 비교해 볼 때, 독특한 것임을 인정하지 않을 수 없다. 어느 것이 더 타당했는지 여부를 굳이 따질 필요는 없겠지만, 서울파의 정책이 당대의 식민지적 현실을 심사숙고한 끝에 입안된 것임에는 틀림없는 것 같다.

이처럼 식민지시대 국내 사회주의 운동을 이끌었던 각 그룹의 의열투쟁 정책에는 차이가 있었다. 중립당을 거쳐 화요파에 이르는, 조선공산당내 주류 세력은 의열투쟁 정책을 줄곧 긍정해 왔다. 그에 반하여, 당내 비주류인 북풍파와 당외 공산주의 그룹인 서울파는 그에 반대해 왔던 것이다. 이러한 정책 노선의 차이는 식민지시대 사회주의 운동의 내분을 장기화시킨 내적 원인 가운데 하나가 되었다. 물론 당시 사회주의 운동의 주된 투쟁 형태는 대중운동이었다. 따라서 의열투쟁 전술의 비중은 그다지 높지 않았다고 볼 수 있다. 그렇지만 의열투쟁 정책 이외에도 각 그룹 상호간에는 이론과 정책을 둘러싼 다양한 층위의 차이점이 존재했다. 종교단체에 대한

---

39) 고려공산동맹 莫府 연락원 崔昌益·李廷允, 「고려공산동맹사업보고」 1926.10.25, 137~138쪽. РГАСПИ ф.495 оп.135 д.125 л.125~194.

태도, 민족주의 세력에 대한 태도, 민족통일전선 정책론, 대중단체 조직론 등의 영역에서 그러했다. 의열투쟁 정책의 차이는 다른 분야의 정책적 이질성과 상승작용을 일으켜서 사회주의 분파투쟁을 장기화시키는 역할을 했던 것이다.

일제하 사회주의 운동사 속에서 의열투쟁 정책을 둘러싼 이견이 해소된 것은 1930년 전후의 일이었던 것 같다. 그즈음 채택된 코민테른의 한국문제에 관한 일련의 결정들은 전례없이 강력한 것이었다. 조선공산당의 지부 승인을 취소했을 뿐 아니라, 이전부터 존재해 오던 각파 공산주의 그룹의 존재 의의를 부인했다. 조선공산당은 해산되었고, 기왕의 각 그룹은 종파단체로 규정되었다. 코민테른은 한국 사회주의 운동의 모든 전통을 전적으로 부정했던 것이다. 공산당 재건운동은 코민테른의 전례없이 강력한 사상적, 조직적 영향력 아래에서 전개되었다.

이제 각파 공산주의 그룹 사이의 전술적 불일치는 무의미하게 되었다. 왜냐하면 공산당 재건운동은 코민테른의 직접 지도하에 단일하게 전개되는 것으로 간주되었기 때문이다. 이 직접 지도선이 곧 사회주의 역사상에 잘 알려져 있는, 이른바 '국제선'이다.

1932년 4월 29일 윤봉길의 상해 홍구(虹口)공원 폭탄 사건이 터졌다. 국제선의 이론 잡지 『콤무니스트』는 그에 관한 논평을 실었는데, 이 글은 의열투쟁을 바라보는 국제선 사회주의자들의 시각을 잘 보여준다.[40] 『콤무니스트』는 윤봉길의 행동을 높이 평가했다. 그의 폭탄 투척은 근로 대중의 반일 정서와 의식을 반영하고 있으므로, 부르주아적 법률이 말하는 살인과는 다른 것이라고 주장했다. 일본 고위층 다수가 죽거나 다쳤다는 말을 들으니 참으로 통쾌하다고 썼다. 그러나 『콤무니스트』는 개인 테러전술 자체

40) 爾友, 「상해폭탄사건은 무엇을 말하느냐?」, 『콤무니스트』 제6호, 1932.7, 38~42쪽.

에 대해서는 반대의사를 표명했다. 그것은 진정한 혁명적 투쟁방법은 아니라고 강조한다. 그에 따르면 군중적 무장폭동의 기운이 성숙한 조건하에서만 개인테러는 혁명적 역할을 담당한다는 것이다.

한편 김구를 비롯한 대한민국임시정부 요인들이 윤봉길의 폭탄투척을 바로 자신들의 소행이라고 주장한 데 대해, 『콤무니스트』는 매서운 비난을 가했다. 상해의 '늙은 민족주의 수령'들이 혁명 청년들의 숭고한 열정을 잘못된 길로 이끌고 있다는 것이다. 또한 한국 사회주의자들을 적대시할 뿐 아니라, 국공내전 정세하에서 중국국민당을 지지하고 중국공산당을 반대하는 반혁명적 태도를 취하고 있다고 맹렬히 비난했다.

국제선이 제시한 반(反) 의열투쟁 정책은 단지 『콤무니스트』 편집부의 의견에만 머물지 않았다. 그 정책은 국제선이 지니고 있던 권위에 힘입어 1930년경부터 해방에 이르기까지 거의 모든 한국인 사회주의자들에 의해 수용되었다. 조선공산당 재건운동은 십수년간 계속되었는데, 그에 참가한 사회주의자들이 의열투쟁 전술을 직접 실행에 옮긴 사례는 거의 발견되지 않는다. 이제 의열투쟁 전술을 반대하는 사회주의 교리가 식민지 한국에서도 깊이 뿌리박게 되었던 것이다.

5. 맺음말

의열투쟁은 피압박 민족의 해방을 위한 투쟁 수단 가운데 하나였다. 3·1운동기에 식민지 한국의 독립운동 선상에 등장한 의열투쟁은 그 전형적인 보기이다. 미국의 대외정책 입안에 영향력을 갖고 있는 헌팅턴에 의하면, 테러리즘의 이 속성은 오늘날에도 적용된다. 그는 21세기 군사적 분쟁의 형태를 네 가지로 제시했다. ①테러와 산발적인 게릴라전 등의 저강

도전 ②제한전 ③재래식 무기가 대대적으로 동원되는 전면전 ④핵전쟁이 그것이다. 이중에서 약자인 비서구 문명이 취할 수 있는 대항 수단은 두 가지라고 지적했다. 테러와 핵무기다. 테러는 "약자의 무기, 곧 재래식 군사력을 갖지 못한 세력의 무기"이다. 제2차 대전 이후에는 핵무기도 그러한 성격을 갖게 되었다. 그것은 "약자가 재래식 군사력의 열세를 만회할 수 있는 무기가 되었다."는 것이다. 헌팅턴에 따르면, "테러와 핵무기는 약자인 비서구 세계의 무기이다. 이 둘이 결합할 때 약자인 비서구 세계의 힘은 강해질 것이다."고 한다.[41]

의열투쟁 전술은 평화적인 투쟁 수단이 더 이상 현실적 효용을 가질 수 없게 된 조건 속에서 출현했다. 3 · 1운동과 연관지어 보자면, 그것은 평화적인 만세시위운동 전술이 벽에 부딪힌 직후인 1919년 하반기에 등장했다. 의열투쟁 전술은 무장부대의 비정규전 전술과 더불어 등장했다. 3 · 1운동 직후에 무장투쟁에 나선 운동 단체들은 비정규전 전술과 의열투쟁 전술을 동시에 추구하는 경향이 짙었다.

의열투쟁 참가자의 충원은 광범한 대중투쟁의 불길 속에서 확고한 정치의식을 갖게 된 청년층의 존재를 전제로 한다. 1919년 한국의 상황에서는 3 · 1운동이라는 거대한 대중운동에 참여했다가 핍박을 피해서 해외로 망명한 청년층이 의열투쟁에 헌신하는 의열투사의 원천이 되었다.

혁명적 분위기가 지속되던 1919~1921년 시기에는 의열투쟁과 이념 사이에는 별다른 상관관계가 존재하지 않았다. 한국인 의열투사들 속에는 민족주의, 사회주의, 무정부주의가 혼재되어 있었다.

초창기 사회주의자들은 정도의 차이는 있지만 대체로 의열투쟁 전술에 대해 관대했다. 이르쿠츠크파 공산당은 적극적으로 그를 채택했고, 상해파

---

41) 새뮤얼 헌팅턴 지음, 이희재 옮김, 『문명의 충돌』, 김영사, 1997, 249쪽.

공산당도 그보다는 덜했지만 의열투쟁 전술을 운용한 흔적이 있다. 하지만 머지않아 두 고려공산당은 의열투쟁 전술을 폐기했다. 그 경계가 되는 시기는 1921년 말 1922년 초였다.

두 고려공산당이 의열투쟁 정책과 결별했다고 해서 그 밖의 모든 사회주의자들이 그를 뒤좇은 것은 아니다. 두 공산당의 국내 영향력은 1922년부터 급감했고, 새로운 사회주의 그룹들이 거세게 부상했다. 국내에 기반을 둔 신흥 세력들도 의열투쟁 정책에 관한 한 일률적이지 않았다.

중립당 세력은 의열투쟁에 대해 가장 적극적이었다. 중립당 지도부는 의열투쟁의 의의를 높이 평가했고, 의열단과 제휴하여 대규모 반일 의열투쟁 공작을 추진했다. 이러한 정책은 그 뒤로도 계속되었다. 화요파로 불리던 시기에도 그러했고, 1925년 설립된 조선공산당의 주류적 지위를 장악한 뒤에도 그랬다. 자금난으로 인해 실현되지는 못했지만, 그들은 조선공산당 내에 4~5개의 의열투쟁 단체를 설립할 계획까지 수립했다.

화요파와는 달리 의열투쟁 정책을 부인하는 사회주의 세력이 있었다. 조선공산당에 참여했으되 비주류 지위에 있던 북풍파 사회주의자들은 의열투쟁 반대론을 명백히 했다. 당 외부에서 독자적 비밀결사를 꾸리고 있던 서울파 사회주의자들도 그랬다. 의열투쟁 반대론을 견지하는 점에서 두 그룹은 같았다. 이처럼 식민지시대 국내 사회주의 운동을 이끌었던 각 그룹의 의열투쟁 정책에는 두드러진 차이가 있었다.

1930년경 사회주의 대열 내에서 의열투쟁 정책을 둘러싼 이견이 해소되었다. 코민테른의 직접 지도 하에 조선공산당 재건운동이 전개된 때문이었다. 코민테른 방침에 저촉된 정책을 입안하고 실행할 가능성은 현저히 축소되었다. 이때부터 의열투쟁 전술을 반대하는 사회주의의 일반적 교리가 식민지 한국의 사회주의자들에게 널리 용인되기에 이르렀다.

1920년대 중반 반(反)기독교운동

◆

최보민

1. 머리말

이 글의 목적은 1920년대 중반 반기독교운동을 설명하는 것이다.[1] 1920년대 중반 반기독교운동은 사회주의세력과 민족주의세력이 관계를 맺은 대표적인 운동이다. 반기독교운동에 대해 처음 주목한 이들은 교회사 연구자들이었다. 교회사 연구자들은 기독교와 사회주의세력 간의 갈등이라는 측면에서 반기독교운동을 다루었다.[2] 교회사 연구자들의 연구는 반기독교

---

1) 지금까지 반기독교운동 연구들은 1920년대 중반의 운동과 1920년대 후반부터 진행된 운동을 혼합해서 설명하는 측면이 강했다. 물론 1920년대 중반의 운동과 1920년대 후반 이후의 운동은 사회주의세력이 주도적으로 진행한 운동이라는 점에서 유사성을 가지고 있다. 그러나 두 운동이 처했던 객관적인 조건을 따져보면 매우 큰 차이가 있었다. 1920년대 중반과 1920년대 후반은 국내외의 정세와 운동의 상황이라는 측면에서 상당히 차이를 가지고 있다. 또한 운동의 대상이라는 측면에서도 1920년대 중반의 운동이 기독교만을 대상으로 했다면, 1920년대 후반은 천도교가 중요한 대상이었다. 결국 1920년대 중반의 운동과 1920년대 후반 이후의 운동은 서로 다른 조건에서 나타난 운동이었다. 따라서 두 운동은 서로 달리 분석되어야 한다고 생각한다.

운동을 다룬 선구적인 연구로서 의미를 갖는다. 그러나 이들의 연구는 기독교 측의 입장을 대변하는 수준에 머무르며 반기독교운동을 둘러싼 시대적 맥락과 연결된 구체적인 분석을 진행하지 못했다.

교회사 연구자들과 다르게 반기독교운동을 민족운동의 맥락에서 분석한 연구도 있다. 대표적으로 이준식과 김권정의 연구가 있다. 이준식의 연구는 기독교 지식인들의 대외인식 변화를 주목하며, 그 연장선상에서 반기독교운동의 전개과정을 설명했다.[3] 김권정의 연구는 연구범위를 1920년대 후반까지 확장하여, 반기독교운동의 전체적인 양상을 설명하는데 주력했다.[4] 이들의 연구는 반기독교운동을 민족해방운동의 움직임과 연결함으로써 반기독교운동을 민족해방운동의 맥락 속에서 이해할 수 있게 했다.

이상의 연구들을 통해 반기독교운동의 많은 사실들이 해명됐다. 그러나 기존 연구들은 몇 가지 부분에서 더 해명해야 할 부분이 있다.

첫째, 반기독교운동과 다른 종교가 어떤 관계에 있었는지 충분히 설명하지 못했다. 기존 연구에서는 반기독교운동을 사회주의세력의 반종교적 입장이 나타난 운동이라고 전제한다. 만약 사회주의세력이 반종교적 입장에

---

2) 민경배, 「한국 교회의 사회인식과 그 운동」, 『한국기독교회사』, 대한기독교출판사, 1982; 강인규, 「1920년대 반기독교운동을 통해 본 기독교」, 『한국기독교사연구』 9, 1986; 한국기독교사 연구회, 『한국기독교의 역사Ⅱ』, 교문사, 1990; 강원돈, 「일제하 한국 사회주의운동과 한국기독교」, 『일제하 한국기독교와 사회주의』, 한국기독교연구소 1992; 정창진, 「일제하 민족문제논쟁과 반종교운동」, 서울대학교 대학원 종교학과 석사학위 논문 1994; 김승태, 「일제하 사회주의자들의 반기독교 운동과 기독교의 대응(상)」, 『두레사상』 2, 1995; 최경숙, 「1920년대 기독교 비판과 반기독교운동」, 『외대논총』 30, 부산외국어대학, 2005.

3) 이준식, 「일제침략기 기독교지식인의 대외인식과 반기독교운동」, 『역사와 현실』 20, 한국역사연구회, 1993.

4) 김권정, 「일제하 사회주의자들의 반기독교운동에 관한 연구」, 『숭실사학』 10, 숭실사학회, 1997.

서 반기독교운동을 일으켰다면 다른 종교들도 비판해야 했다. 특히 당시 가장 유력한 종교인 천도교는 가장 먼저 비판의 대상이 되어야 했다. 그러나 사회주의세력은 천도교가 아닌 기독교만을 반대 대상으로 삼았다. 왜 사회주의세력은 기독교만을 반대 대상으로 삼았던 것일까? 기존 연구에서는 이 부분에 대해 명확하게 설명하지 못했다.[5]

두 번째, 반기독교운동과 민족통일전선과의 관계를 정태적 시각으로만 바라보고 있다. 기존 연구에서는 민족통일전선과 반기독교운동의 관계를 상호모순적인 것으로 보았다. 반기독교 운동은 민족주의세력의 한 축인 기독교 세력을 비판했기 때문에 민족통일전선과는 양립할 수 없는 것으로 본 것이다. 이런 입장은 민족통일전선은 전면적인 통합이어야 한다는 인식이 전제된 것이다. 그러나 민족통일전선은 그것을 추진하는 주체와 코민테른 노선 등 다양한 요인에 따라 그 내용과 양상이 다양하게 변화했다. 민족통일전선이 각 국면마다 변화했듯이, 반기독교운동과의 관계도 일면적으로 이해해선 안 될 것이다. 반기독교운동과 민족통일전선의 관계를 분석하기 위해서는 민족통일전선을 추진한 주체가 누구이며, 어떤 양상으로 전개됐는지 고려해야 한다.

이 논문에서는 이와 같은 문제의식을 바탕으로 1920년대 중반 반기독교운동을 재검토할 것이다. 먼저 반기독교운동에서 다른 종교와 어떤 관계에 있었는지 살펴볼 것이다. 그 가운데서 당시 유력한 종교였던 천도교와 관계를 중심으로 분석할 것이다. 다음으로 1920년대 중반 조선공산당의 반기

[5] 최근 조경달의 연구는 이 문제에 대해 매우 주목할 만한 관점을 제시했다. 그는 천도교 역시 기독교에 대해 비판을 가하고 있었고 주장했다. 그의 연구는 기존의 반기독교운동 연구에서 검토되지 않았던 천도교와의 관계를 주목했다는 측면에서 매우 중요한 의미가 있다. 그러나 그의 연구는 천도교의 기독교 비판을 언급하는 수준에 머무르며, 구체적인 분석으로 나아가지 못해 아쉬움을 남긴다. 본 논문에서는 조경달이 제시한 관점을 수용하는 입장에서 분석을 진행할 것이다.(조경달, 『식민지시기 조선인과 민중』, 선인, 2012, 115~119쪽)

독교운동의 전개과정을 살펴보고, 그것이 민족통일전선과 어떤 관계를 맺고 있었는지 살펴볼 것이다. 이러한 작업을 통해 1920년대 중반에 나타난 반기독교운동에 대해 더 깊은 이해를 얻을 수 있을 것이다.

2. 천도교 청년세력의 반기독교 운동

1) 천도교 청년세력의 기성종교반대론

1923년 7월 『개벽』에 주목할 만한 글이 실렸다. 임주(林住)라는 필자가 직접적으로 종교를 부인하는 글을 쓴 것이다. 당시 기사는 종교에 대해 다음과 같이 언급했다.

> "종교는 파괴의 가능성이 잇는 것이며 또한 그 신체의 육적 요소를 해석하며 기타 학술제도에 비교하야 모든 방면으로 관찰한 결과 그의 가치를 부인하는 것이다. 그는 이미 파괴될 가능이 있으며 또한 그 자체가 무가치한 동시에 인류의 장래에는 파괴되리라 하노라."[6]

임주는 종교가 언젠가 파괴될 것이며, 그 가치 또한 부인해야 한다는 반종교론(反宗敎論)을 주장했다. 종교단체인 천도교가 운영했던 잡지에 반종교적 내용을 담은 기사가 등장한 것이다.[7] 왜 『개벽』에 이런 기사가 실렸던 것일까? 이글이 실린 이유에 대해 『개벽』을 주도했던 천도교 청년세력

---

[6] 임주, 「인류사상의 변천과 재래 종교의 가치」, 『개벽』 36, 1923년 6월 1일, 21쪽.

[7] 천도교 측은 1920년 6월 개벽사를 설립하고 본격적으로 잡지 『개벽』을 출판했다. 당시 개벽사에는 천도교 중앙의 유력인사들이 경영에 참여하고 있었다.(조규태, 『천도교 민족운동 연구』, 선인, 2006, 129~130쪽)

은 별도에 답변을 남겼다.[8] 그들은 "종교의 부인에 대한 시시비비는 제쳐 두고, 세간에 논의가 성행하고 있기 때문에 자유로운 토론을 위해서" 실었다는 것이다.[9] 그들이 언급한 세간의 논의란 무엇일까? 그것은 아마도 1923년 3월에 개최된 전조선청년당대회(全朝鮮靑年黨大會)(이하 청년당대회)를 말하는 것으로 보인다. 1923년 3월 개최된 청년당대회는 서울파 공산그룹의 주도로 개최된 전국 청년단체들의 모임이었다.[10] 이 대회에서는 당시 사회 전반에 대한 다양한 문제들이 논의되었다. 그 중에서 주목할 것은 반종교론이 나타난 것이다. 청년당대회에서는 종교는 무용(無用)한 것으로 부인되어야 한다는 내용의 안건이 가결되었다.[11] 국내에서 반종교론

---

8) 당시 『개벽』을 실질적으로 운영했던 이들은 편집인 이돈화를 중심으로 주간 김기전(金起田), 편집국원인 차상찬(車相讚), 박달성(朴達成), 박승철(朴勝喆), 방정환(方定煥), 이우명, 장회근 등이었다.(조규태, 위의 책, 137쪽) 이들은 천도교청년회와 천도교청년당을 이끌었던 핵심인물들로 1925년 말에는 신파로서 천도교의 주류를 형성한 인물들이었다. 또한 『개벽』에 대해서도 창간부터 폐간까지 지속적으로 주도성을 놓치지 않고 있었다. 이들에 대해 허수는 『개벽』에 관철된 천도교청년층으로서의 주도성을 인정하면서도 『개벽』이라는 매체에서는 천도교적 색채가 약화된 중립적 입장이 나타난다고 보았다. 그래서 그는 『개벽』을 주도했던 집단을 천도교청년층과 구별되는 『개벽』 주도층이라고 명명했다.(허수, 「러셀사상의 수용과 『개벽』의 사회개조론 형성」, 『역사문제연구』 21, 역사문제연구소, 2009, 79쪽) 그러나 허수의 주장대로 『개벽』을 주도하는 이들이 『개벽』이라는 매체 내에서 천도교 색채가 약화된 중립적 입장을 보였다고 해도, 그것이 천도교청년층이라는 성격에서 완전히 벗어난 것인가는 의문이 든다. 필자의 생각으로 이들은 천도교청년회 · 청년당활동 그리고 『개벽』의 지면을 통해서도 천도교라는 정체성을 꾸준히 유지하고 있었기 때문이다. 한편 다른 연구에서는 이들을 모두 천도교 신파로서 지칭하는 경우도 발견된다. 그러나 적어도 1925년 말 이전 시점까지는 이들을 천도교 신파로 구분하는 것은 실제와 맞지 않는다고 생각된다. 따라서 이 논문에서는 천도교청년회와 천도교청년당을 이끌었으며, 동시에 『개벽』을 주도했던 이돈화 김기전을 중심으로 한 집단을 잠정적으로 천도교 청년세력이라고 지칭할 것이다.

9) 임주, 앞의 글, 1923년 6월 1일, 21쪽.

10) 전조선청년당대회에 대해서는 이현주, 「전조선청년당대회 연구」, 『한국근현대사연구』 9, 한국근현대사학회, 2003을 참고.

11) 이현주, 위의 글, 191쪽.

이 처음 등장한 것이다.

이상의 상황을 통해서 볼 때 편집자들이 언급한 세간의 논의는 청년당 대회에서 나타난 반종교론을 가리키는 것으로 보인다. 『개벽』에 실린 반종교적 기사는 당시 사회주의세력에 의해 제기되고 있었던 반종교론에 대한 천도교 청년세력의 대응이었다. 천도교 청년세력이 종교에 기반을 둔 세력임에도 불구하고 반종교론을 상당히 담담하게 받아들이고 있었다. 천도교 청년세력의 이런 태도는 그들이 가지고 있었던 독특한 종교관에 따른 것이다.

1923년 6월 『개벽』에 실린 「장래할 신사회와 인습적 종교 및 도덕의 가치」라는 글에는 천도교 청년세력의 주목할 만한 인식이 나타난다. 기사에는 다음과 같은 내용이 있다.

> "과거의 종교 및 도덕이 정치적 세력과 협동하여 인위적 운명론을 파지하여 가지고 사람에게 병적 감화를 여(與)하여 스스로 사람성의 결함을 가지게 하고, 일변 자기의 기초를 공고하기 위하여 신화적 미신으로 진정한 사람성의 자연을 문란하게 한 책임 현재에 이르러서는 엄치 못할 일대 사실로 나타나게 되었다."[12]

천도교 청년세력은 '과거의 종교'가 정치적 세력과 협동해 사람을 병들게 만들고 신화적 미신으로 사람의 본성을 흐리게 만든다고 주장하며, '과거의 종교'를 신랄하게 비판했다. 여기에서 그들이 주장하는 '과거의 종교'는 무엇일까? 이돈화의 글에서 그 규정을 찾을 수 있다. 이돈화는 1910년대 종교를 구분하며, 유교·불교·선도·기독교·이슬람교·바라문교 등을 '과도시대의 종교' 혹은 '구(舊)종교'로 지칭하고 있었다.[13] 이돈화의 개

---

12) 필자미상, 「장래할 신사회와 인습적 종교 及 도덕의 가치 여하」, 『개벽』 36, 1923년 6월 1일, 6쪽.

념을 적용한다면 '과거의 종교'는 곧 천도교를 제외한 기성종교 전반을 지칭하는 것임을 알 수 있다. 즉 '과거의 종교'에 대한 비판은 천도교를 제외한 기성종교에 대한 비판인 것이다.

천도교 청년세력은 '과거의 종교' 즉 기성종교는 결국 파멸을 피하지 못할 것이며, 앞으로 신사회가 창조되고 이에 부합하는 신종교가 나타날 것이라고 주장했다.[14] 이때 새롭게 등장할 신종교는 기성종교와 다른 새로운 종교인 천도교였다. 천도교 청년세력은 '기성종교'의 사멸은 필연적인 것이며, 천도교가 새로운 사회를 주도하는 종교가 될 것으로 보았다. 이러한 천도교 청년세력의 인식은 기성종교반대론이라고 할 수 있다.

1923년 7월에 발표된 「격변 又 격변하는 최근의 조선인심」이라는 글에서는 천도교 청년세력의 기성종교반대론이 잘 나타나있다. 글에서는 현재 반미신적 사조가 현저한 경향이라고 평가하며, 이러한 흐름은 인습적 종교를 비판하는 단계까지 진행되었다고 주장했다.[15] 그런데 인습적 종교를 비판하는 흐름 속에는 두 가지 파가 있다고 구분했다. 하나는 '철저적으로 종교를 반대하는 파'와 '해석적으로 그것을 반대하는 파'이다. 전자는 사회주의적 반종교론에 영향을 받은 사람들이며, 후자는 "종교적 혁명사상으로 인습의 허위의 종교를 파괴하고 사람성 자유발달을 추진하는 신종교운동을 하는 사람들"이었다. 그 가운데 후자를 따르는 이들 중 하나로 천도교 청년파가 있다고 주장했다[16] 이돈화가 쓴 것으로 보이는 이 기사에서 천도교 청년세력은 "스스로를 종교적 혁명사상을 바탕으로 인습과 허의의 종교를 파괴하는 이들"이라고 주장했다.[17] 이것은 천도교 청년세력이 기성종

13) 허수, 『이돈화연구』, 역사비평사, 2011, 54쪽.

14) 필자미상, 앞의 글, 1923년 6월 1일, 6쪽.

15) 필자미상, 「격변 又 격변하는 최근의 조선민심」, 『개벽』 36, 1923년 7월 1일, 10쪽.

16) 필자미상, 위의 글, 10쪽.

교에 대해서는 반대하는 입장을 가지고 있음을 분명하게 드러낸 것이었다. 그러나 한편으로는 자신들의 주장이 종교를 철저하게 반대하는 이들 즉 사회주의세력의 반종교론과는 분명히 다른 것임을 명확히 했다. 자신들은 허위와 인습에 빠진 기성종교를 대체하기 위한 신종교 운동이라는 것을 분명하게 드러낸 것이다. 이러한 언급은 천도교 청년세력의 기성종교반대론이 어디까지나 종교적 사상에 근본을 두고 있음을 명확히 한 것이다. 즉 천도교 청년세력의 비판은 종교에 대한 근본적인 비판이 아닌 어디까지나 '기성종교'에 국한한 것이었다.

천도교 청년세력의 기성종교반대론은 사회주의세력의 반종교론에 대한 대응에서도 나타난다. 1923년 7월 이철(李喆)이라는 필자가 쓴 「무종교라야 유종교」라는 기사는 다음과 같은 내용이 있다.

> "이제 유물사관에 각을 입한 사회주의자들이 신을 부인하며 종교를 배척하는 것은 자기의 주의의 유물로 보아서 유심적인 종교를 부인하는 것은 당연한 일이라 하겠으나 그러나 오인의 생각으로 말하면 지금 러시아와 다른 국가가 종교를 배척한다는 말은 기실 허위를 배척한다는 말이오 진리를 배척한다는 말은 아닐 것이다. 과거의 종교가 태반이상 그 신앙이 허위인 까닭이라 하야 그를 배척한다는 말이 되겠다."[18]

이 기사에서 이철이라는 필자는 사회주의자들의 종교배척은 자연스러운 것이라고 보았다. 그러나 사회주의세력의 종교배척은 과거의 종교가 보여준 허위를 비판하는 것이지 진리 즉 종교 자체에 대한 비판은 아닐 것이라

17) 최수일은 이 글의 필자에 대해 글의 서두에 필자가 3년 전에 썼다는 글이 1922년 7월 『개벽』 13호에 실린 「혼돈으로부터 통일에」 글이고 그 글의 필자가 이돈화이기 때문에 이글의 필자가 역시 이돈화라고 주장했다.(최수일, 『개벽연구』, 소명, 2008, 464쪽) 필자 역시 그의 의견이 동의하며, 그의 의견을 따랐다.

18) 이철, 「무종교라야 유종교」, 『개벽』 37, 1923년 7월 1일, 35쪽.

고 주장했다. 그의 주장은 사회주의세력의 반종교론을 자연스럽게 기성종교반대론으로 연결시키고 있다. 그러면서 사회주의자들의 반종교론이 종교 자체에 대한 비판으로 나아가선 안 된다는 생각도 내보이고 있다. 즉 사회주의세력의 반종교론을 기성종교반대론으로 연결하면서, 사회주의세력의 주장이 종교에 대한 근본적 비판으로 나가는 것을 막고자한 것이다. 이 글은 이철이라는 필명으로 쓰였지만 사실상 천도교 청년세력의 의도가 짙게 깔린 것이라는 점을 알 수 있다. 결국 천도교 청년세력은 사회주의세력의 반종교론을 자신들의 기성종교반대론으로 전유하고자 했다. 자신들의 논리를 강화하는 동시에 사회주의세력의 반종교론이 종교에 대한 근본적인 비판으로 나아가는 것을 막고자하는 의도도 담긴 것이었다.

2) 천도교 청년세력의 반기독교 선전

천도교 청년세력의 기성종교반대론은 1924년에 들어서면서 더욱 구체적인 형태로 나타났다. 일반적인 의미로서의 기성종교에 대한 비판을 넘어서 구체적인 대상을 지목한 것이다. 비판의 대상이 된 종교는 기독교였다.

천도교 청년세력의 기독교에 대한 비판은 1924년 「기독교와 기독교회」라는 박달성의 글에서 볼 수 있다. 박달성은 돌이라는 필명을 쓴 기사를 통해 현재의 기독교에 대해 "진정한 기독교가 아니라 그 이름만을 칭하는 위교(僞教)"라고 주장했다.[19] 그러면서 "다시 예수가 재림하면 현재의 교회들을 외면할 것이며, 예수를 다시금 십자가에 못 박을 것"이라고 비판했다.[20] 그가 이처럼 강하게 기독교를 비판한 것은 현재 기독교가 예수의 가

19) 돌이, 「기독교와 기독교회」, 『개벽』 45, 1924년 3월 1일, 42쪽.(최수일, 앞의 책, 2008, 202~202쪽에서 재인용)

20) 돌이, 위의 글, 1924년 3월 1일, 42쪽.(최수일, 위의 책, 201~202쪽에서 재인용)

르침과 멀어졌다고 보기 때문이다. 그는 예수의 가르침을 매우 혁명적인 것으로 보았다. 그는 예수가 국가의 사법제도, 사법제도, 군대제도, 재산의 사유와 가족제도까지 부인한 것으로 평가했다.[21] 예수를 사회적인 억압과 허위의식을 타파한 종교 혁명가로서 평가했던 것이다. 그러나 현재의 기독교는 이러한 예수의 가르침과 멀어져가고 있다고 보았다.

여기서 주목할 것은 그가 기독교라는 종교 자체에 대해서 비판하고 있는 것이 아니라는 점이다. 오히려 그는 기독교의 근본적인 성격을 혁명적인 것으로 보았다. 문제는 기독교를 잘못 전하는 사람들 즉 기독교 교회세력에 있었다. 이러한 주장은 자신들이 이전부터 주장했던 기성종교반대론의 논리와 연결되어 있다. 즉 종교에 대한 근본적인 비판을 지향하는 대신 인습적으로 변해버린 현재 종교의 행태를 지적하는데 초점을 맞혔다.

여기서 한 가지 의문이 제기된다. 왜 천도교 청년세력은 기성종교 중에서도 기독교 교회세력을 비판의 대상으로 삼았을까? 그것은 천도교 청년세력의 변화된 인식과 관계가 있다.

1924년 3월 이돈화는『개벽』에 기고한「세계삼대종교의 차이점과 천도교 인내천주의에 대한 일별(一別)」에서 크로포트킨의 말을 인용하며, 인간이 악한 행동을 하는 원인은 사회제도에 있다고 주장했다. 그는 사회제도를 완전히 개조한다면 인간 사회의 악을 제거할 수 있다고 주장했다.[22] 현재 사회를 이루고 있는 사회제도 근본에 대한 의문을 제기하기 시작한 것이다. 그리고 이러한 의문은 자연스럽게 당시 사회를 지배하고 있었던 자본주의 제도에 대한 비판으로 연결되었다.

1924년 8월「천국행 이(二)」라는 글에서 이돈화는 자본주의 제도에 대해

---

21) 돌이, 위의 글, 1924년 3월 1일, 43쪽.(최수일, 위의 책, 203쪽에서 재인용)

22) 이돈화,「세계삼대종교의 차이점과 천도교 인내천주의에 대한 일별(一別)」,『개벽』 45, 1924년 3월 1일, 55~56쪽.

적극적으로 비판했다. 이돈화는 현대의 인간조직은 개인이 세포를 이루는 것이 아니라 자본이 세포를 이루고 있다고 비판했다. 현대의 국가는 개인의 생활을 보장하기 위해 존재하는 것이 아니라 자본의 삶을 보장하기 위해 존재한다고 주장했다.[23] 결국 자본의 삶을 보장하기 위해 나타난 사유재산제도로 인해 개인과 사회는 적대시 하게 되었고, 자본가 개인에 이익에 따라 노동자들의 생활이 결정된다고 비판한 것이다.[24]

이돈화의 강력한 자본주의 비판은 총독부에 의해 기사가 압수 · 금지되었을 정도로 강한 것이었다.[25] 이돈화의 글은 단순히 이돈화 개인의 주장을 넘어서 그가 이론적 주도성을 가지고 있었던 천도교 청년세력들도 공유했을 것이다. 천도교 청년세력의 자본주의 비판은 자본주의에 취약한 농민을 기반으로 하는 천도교가 드러낼 수 있는 자연스러운 반응으로 볼 수 있다.[26]

그러나 천도교 청년세력의 자본주의 비판은 사회주의 사상의 성장과 일정한 관계가 있었다. 1923년부터 빠르게 퍼진 사회주의 사상은 1924년 들어서면서 청년 지식층의 필수 교양이 될 정도였다.[27] 이러한 변화 속에서 천도교 청년세력들도 자유롭지 않았을 것이다. 1924년부터는 『개벽』의 지면에 사회주의적인 글이 중요한 비중을 차지하기 시작한 것이 그 예라고 할 수 있다. 천도교 청년세력들은 사회주의 사상을 비판적으로 수용하기 시작했다.[28] 앞서 언급한 이돈화의 주장은 사회주의 사상을 비판적으로

---

23) 이돈화, 「천국행 이(二)」, 『개벽』 50, 1924년 8월 1일, 7쪽.(최수일, 앞의 책, 2005, 212쪽에서 재인용)

24) 이돈화, 위의 글, 1924년 8월 1일, 7쪽~10쪽.(최수일, 위의 책, 213~126쪽에서 재인용)

25) 이돈화는 다음호에 실린 자신의 글의 서두에서 천국행의 연재가 조선총독부에 의해 지속되지 못하게 된 것에 대해 아쉬움을 표시했다.(이돈화, 「현대청년의 신수양」, 『개벽』 51, 1924년 9월 1일, 1쪽)

26) 이승렬, 「일제하 천도교 계열의 자본주의 인식의 변화와 인간관」, 『한국민족운동사연구』 48, 한국민족운동사학회, 2006, 124쪽.

27) 허수, 앞의 책, 2011, 174쪽.

수용했던 천도교 청년세력의 변화와 맥을 같이 하는 것이었다.

천도교 청년세력의 변화된 사회인식은 종교에 대한 인식에도 영향을 미쳤다. 1924년 이전까지 천도교 청년세력의 종교비판은 허위와 인습에 빠진 '기성종교'라는 일반론에 머물렀다. 그러나 1924년부터는 종교와 사회의 관계가 종교비판에 있어서 중요한 근거로 작용하기 시작했다. 특히 비판적으로 인식하고 있었던 자본주의와의 관계는 중요한 판단 근거였을 것이다. 그런 면에서 당시 기독교는 비판의 대상이 되기에 충분했다. 당시 기독교는 교내 지도자들 대다수가 지주나 병원 의사 학교 설립자 등의 중산층 이상의 계층으로 이루어졌을 만큼 자본계급과 가까운 관계를 맺고 있었다.[29] 대표적인 기독교인인 신흥우(申興雨)도 현재 기독교가 자본계급에 의해 이용당하는 것은 사실이라고 시인할 정도였다.[30] 따라서 천도교 청년세력의 기독교 교회세력에 대한 비판은 천도교 청년세력의 인식 변화에 따른 자연스러운 결과였다.

기독교 교회세력에 대한 천도교 청년세력의 비판은 매우 직접적이었다. 1924년 9월『개벽』에 기재된「조선문화조사: 평남 2부」기사에는 평양의 기독교 교회세력에 대한 비판이 잘 나타나있다. 당시 평양은 조선의 예루살렘이라고 할 정도로 기독교 교회의 영향력이 강한 곳이었다.

차상찬은 평양에는 기생집에도, 간통소송자도, 고리대금업자들 중에도 장로나 목사가 많이 있다고 주장했다.[31] 그리고 "평양의 목사 장로들은 성령수련을 잘해 그러한지 대금업, 중개업에 돈을 잘 모와 그러한지 냉면

---

28) 이돈화를 비롯한 천도교 청년세력의 사회주의 사상에 대한 비판적 수용양상은 허수, 위의 책, 174쪽~186쪽을 참고.

29) 필자미상,「일대 전환기에 선 종교계의 석금」,『개벽』57, 1925년 3월 1일.

30) 신흥우,「반기독교운동에 대하여」,『청년』5권 11호. 1925년 11월.

31) 관상자,「평향인물백태」,『개벽』51, 1924년 9월 1일, 67쪽.

과 저육을 잘 자시여 그러한지 대개는 몸이 비대하다"라며 비꼬았다.[32] 차상찬이 비판했던 평양 기독교인들의 행태는 이춘섭이라는 인물을 통해 더 극적으로 드러난다. 차상찬에 따르면 이춘섭은 "교회 장로지만 돈 모으는데 눈이 너무 빨개서 교회일이나 사회일은 별로 본 척도 안하는" 인물이었다. 그는 사람들을 이용해, 부협의원, 상업회의소 평의원, 평양전기회사취제역과 같은 여러 가지 공직을 얻었다. 그러나 이에 만족하지 못하고 기도를 할 때마다 "다른 사람이야 죽건 말건 자기와 자기 가족만 잘살게 해주시오."라고 기도하는 인물이었다.[33] 차상찬은 이춘섭을 돈과 권력에 눈이 먼 타락한 인물로 그리며 평양의 기독교 교회세력이 돈과 권력에 눈이 어두워 사회적 역할을 다하지 못했다고 비난했다. 이처럼 차상찬은 평양의 기독교 교회세력을 향해 매우 신랄하게 비판을 가했다. 차상찬의 비판은 당시 기독교 교회세력의 영향력이 가장 강하게 발휘되고 있었던 평양을 대상으로 했다는 점에서 의미심장한 것이었다.

차상찬의 신랄한 비판은 곧 평양 기독교인들의 반발을 불러왔다. 1924년 9월 15일 평양 장대현장로교회당(章臺峴長老教會堂)에서는 평양 장현청년회(章峴青年會) 회원들에 의해 개최된 『개벽』 규탄집회가 열렸다. 교회당 안은 기독교인들의 분노로 격앙되어 있었다.[34] 집회를 개최한 장현청년회는 천도교 개벽사의 악평에 대하야 최후의 항의를 제기하고, 개벽잡지에 대하여 사회와 교회에서 대응책을 실행할 것을 결의했다.[35] 이 사건은 기독교 교회세력이 천도교와 『개벽』에 대해 비판한 첫 사례라 할 수 있다. 이전까지 기독교 교회세력이 천도교와 『개벽』에 대해 별다른

32) 관상자, 위의 글, 1924년 9월 1일, 70쪽.
33) 관상자, 위의 글, 1924년 9월 1일, 69~70쪽.
34) "평양기독교인", 『동아일보』, 1924년 9월 20일, 2면.
35) "평양기독교인", 『동아일보』, 1924년 9월 20일, 2면.

언급을 한 일이 없었기 때문이었다. 그만큼 당시 평양 기독교 교회세력들의 분노는 컸다. 그 만큼 천도교 청년세력의 기독교 비판은 신랄한 것이었다.

천도교 청년세력의 기독교 비판은 1925년에도 이어졌다. 1925년 2월 『개벽』을 통해서 1923년부터 대구교회에서 벌어진 기독교 교회세력 내부의 주도권 다툼을 소개하며 천도교 청년세력은 이것이 인습적인 종교로 변해버린 기독교 교회세력의 모습이라고 주장했다.[36] 그리고 1925년 7월 「예루살렘의 조선」이란 기사에서는 현재 기독교가 사회의 정의와 평화를 투쟁 속에서 구하지 않고 현실 생활에 대한 도피만을 일삼는다고 비판했다.[37] 그리고 교회가 미신의 소굴이 되었으며, 조선총독부와 외국인 선교사들에게 복종하는 위선자들이라고 주장했다.[38] 천도교 청년세력들은 현재 기독교 교회세력이 현실과 동떨어진 지배자들을 위한 종교라는 점을 강하게 부각시킨 것이다.

천도교 청년세력의 반기독교 선전은 1924년부터 『개벽』의 지면을 통해 지속적으로 제기되었다. 이러한 천도교 청년세력의 반기독교 선전은 기독교세력에게도 강하게 인식되었던 것 같다. 1927년 기독교계 잡지 『청년』에는 묵봉(墨峯)이라는 필자가 쓴 반기독교운동에 대한 회고 기사가 실렸다. 묵봉은 당시 반기독교운동을 크게 두 가지 흐름으로 구분했다. 하나는 기독교의 조직체를 반대하는 이들이며, 다른 하나는 종교 자체를 부인하는 유물론자들이었다. 그 중에서 기독교 조직체를 반대하는 이들은 기독교 자체를 부인하는 것이 아니라 현재 기독교 교회가 형식적인 교회로서 '기도만능주의(祈禱萬能主義)'에 빠져있는 것을 비판한 것이라고 보았다.[39] 그

36) "일대 전환기에 선 종교계의 석금", 『개벽』 57, 1925년 3월 1일, 48~49쪽.

37) 견지동인, 「예루살렘의 조선」, 『개벽』 61, 1925년 7월 1일, 58쪽.

38) 견지동인, 위의 글, 1925년 7월 1일, 60~61쪽.

들은 예수는 인류의 생활상에 대해 억압된 자들에게 해방과 자유를 선언했음에도 불구하고, 현재 기독교는 외국인 선교사, 정치가, 자본가들을 추종하는 것을 비판한다고 평가했다.[40]

묵봉이라는 필자가 말한 '기독교 조직체를 반대'하는 이들의 논리는 천도교 청년세력이 기독교 교회세력을 비판한 것과 같은 것임을 알 수 있다. 즉 묵봉이 말한 반기독교운동의 한 축인 '기독교 조직체를 반대'하는 흐름은 곧 천도교 청년세력의 반기독교운동이었던 것이다. 기독교 교회 세력들은 천도교 청년세력을 반기독교운동의 한 축으로서 평가하고 있었던 것이다. 이것은 당시 천도교 청년세력이 반기독교운동의 하나의 주체로서 적극적으로 활동하고 있었음을 보여주는 지표라고 할 수 있다.

3. 조선공산당의 반기독교운동

1) 반기독교운동의 전개과정

국내에서 사회주의 세력에 의해 반기독교가 처음 선언된 것은 1925년 전조선민중운동자대회(全朝鮮民衆運動者大會)를 통해서였다. 물론 1925년 이전에도 사회주의세력에 의해 반종교론이 선언되긴 했다. 당시에 발표된 것은 종교에 대한 원론적 수준에 불과한 것이었다. 그러나 1925년 전조선민중운동자대회는 달랐다. 이때에는 기독교라는 구체적인 대상이 지목된 것이다.

1925년 2월 8월 화요회를 통해서 발기된 이 대회는 개최 전날 밤 11시경

39) 묵봉, 「반종교운동과 이에 대한 기독교회의 태도를 회고하는 나의 소견」, 『청년』 7권 1호, 1927년 2월, 56쪽~57쪽.

40) 묵봉, 위의 글, 1927년 2월, 57쪽.

일제경찰에 의해 전격적으로 금지되면서 무산되었다.[41] 비록 개최되지 못했지만 전조선민중운동자대회에서는 다양한 사회문제들을 다룰 예정이었다. 그 가운데 눈길을 끄는 것은 종교문제에 대한 내용이었다. 종교문제에 대한 의안에 따르면 기독교는 자본가를 옹호하는 데 있어서 제 1선이며, 자본가가 거느린 침략의 군대이기 때문에 반대해야 한다고 주장했다.[42] 사회주의세력이 기독교를 전면적으로 비판한 것이다.

이러한 내용은 누가 결정한 것이었을까? 전조선민중운동자대회 의안은 1925년 4월 17일 개최된 준비위원회에서 결정했다. 준비위원회에서는 의안작성위원을 따로 선정하고, 이들에게 의안작성을 전담하게 했다. 그리고 의안작성위원들이 작성한 의안은 대회가 개최된 당일 제안해서 의결하기로 결정하였다.[43] 당시 선정된 작성위원은 문태곤(文泰坤), 박헌영(朴憲永), 박길용(朴吉用), 조봉암(曺奉岩), 김경재(金璟載) 등이었다.[44] 선정된 작성위원 중에서 박헌영과 조봉암은 화요파 공산그룹으로서 1925년 조선공산당(朝鮮共産黨)과 고려공산청년회(高麗共産青年會)(이하 공청)를 결성하는데 핵심적 역할을 한 인물들이다.[45] 김경재 역시 화요파 공산그룹의

41) "민중운동자대회 금지에 대하여", 『동아일보』, 1925년 4월 21일, 2면.

42) 경성 종로경찰서장, 「京鍾警高秘제4494호의 1 全朝鮮民衆運動者大會 禁止의 件」, 『검찰사무에 관한 기록(2)』, 1925년 4월 20일, 11쪽. 본 논문에서 사용된 경찰문서는 모두 경성지방법원검사국에서 작성한 『검찰사무에 관한 기록』, 『사상문제에 관한 조사서류』에 수록된 것이다. 이후에는 따로 표기하지 않는다. 원문은 국사편찬위원회 한국사데이터베이스(http://db.history.go.kr/)에서 확인할 수 있다. 쪽수는 경찰보고와 첨부문서의 구분 없이 순서대로 매겼다.

43) 경성 종로경찰서장, 「京鍾警高秘 제2799호의 2 全朝鮮民衆運動者大會 準備委員會에 關한 件」, 1925년 4월 18일. 3쪽.

44) 경성 종로경찰서장, 「京鍾警高秘 제2799호의 2 全朝鮮民衆運動者大會 準備委員會에 關한 件」, 1925년 4월 18일. 3쪽.

45) 강만길 · 성대경 엮음, 『한국 사회주의 운동 인명사전』, 창작과비평사, 1996, 217쪽, 456쪽.

일원이자 조선공산당의 일원으로 활동했던 인물이다.[46] 이처럼 의안작성 위원들 중 과반수이상의 인물들이 화요파 공산그룹에 속해있었으며, 이후 결성되는 조선공산당과 밀접한 관계를 맺고 있었다.[47] 따라서 전조선민중운동자대회 의안 내용은 조선공산당의 주장이 강하게 반영된 것이었다.

그렇다면 조선공산당은 왜 반대대상으로 기독교를 선택했던 것일까? 그들이 표면적으로 내세운 이유는 자본주의의 옹호기관이라는 것이었다. 기독교를 자본주의적 종교로서 공격하는 것은 사회주의 진영이 가지고 있었던 오래된 논리였다.[48] 여기에 조선공산당이 가졌던 혁명론도 기독교를 비판하는데 중요한 요인이었다. 1925년 조선공산당은 매우 급진적인 프롤레타리아 혁명론을 추구하고 있었다.[49] 조선공산당은 노동자·농민을 중심으로 한 철저한 계급혁명을 주장한 것이다. 조선공산당은 당시 다른 사회주의세력에 비해 계급문제를 더 중요한 과제로 여겼다. 따라서 계급혁명을 중요하게 생각한 조선공산당이 자본계급과 가깝다고 평가되었던 기독교를 비판하는 것은 어쩌면 당연한 일이었다.

그러나 오랜 전통이나 혁명론만으로 조선공산당의 반기독교운동이 점화

---

46) 강만길·성대경 엮음, 위의 책, 42쪽.

47) 1925년 4월 17일 창립대회를 통해 결성된 조선공산당은 식민지 조선에 등장한 첫 전위정당이었다. 조선공산당은 창립 당시 각 공산그룹의 성원들을 참가시키고 있었지만, 그러나 내부적으로 주도권은 화요파 공산그룹이 가지고 있었다. 조선공산당의 창립과정은 임경석, 「조선공산당 창립대회 연구」, 『대동문화연구』 81, 대동문화연구원, 2013을 참고.

48) 이것은 조선공산당뿐 아니라 다른 나라의 사회주의 운동에서도 찾아 볼 수 있다. 가까운 예로 1922년 중국의 반종교운동이 벌어졌을 당시에도 기독교가 자본계급의 특권을 지키기 위한 것이며, 제국주의의 군대로서 피식민지를 정복하는데 이용된다는 논리가 사용되었다.(김성, 「비기독대동맹선언, 자본제국주의자가 기독교를 보류하는 그 이면」, 『개벽』 52, 1924년 10월 1일, 57쪽)

49) 「高共青創立大會 決意事項抄」, 1925년 4월, РГАСПИ ф.533, оп.10, д.1891.(이정박헌영전집편찬위원회, 『이정 박헌영 전집』 4, 역사비평사, 2004, 168쪽에서 재인용)

된 것은 아니었다. 반기독교운동의 시작에는 더 전략적인 고려가 깔려 있었다. 바로 민족통일전선 정책의 실현이었다. 1925년 창립 당시 조선공산당은 민족통일전선에 대해 타협적·개량주의적 세력을 배척해야 한다고 선언했다.[50] 공청도 타협적인 세력을 배척하고 혁명적인 세력과의 통일전선을 결성한다는 정책을 가지고 있었다.[51] 즉 조선공산당의 민족통일전선 정책은 타협적인 세력을 배척하고 혁명적인 세력과 연합한다는 것이었다.

조선공산당의 민족통일전선 정책은 종교에 대한 태도에도 영향을 미쳤다. 식민지시기 가운데 상당수가 종교와 깊은 관계를 맺고 있었다. 따라서 종교에 대한 태도는 민족통일전선정책과 연결될 수밖에 없었다. 조선공산당의 종교에 대한 입장은 분명했다. 조선공산당은 천도교는 민족통일전선의 대상으로 보았다. 그들은 천도교가 혁명적 세력으로서 민족통일전선을 함께 구성할 협력대상으로 보았다. 이러한 조선공산당의 판단은 이미 1924년 무렵부터 천도교에 대해 우호적인 분위기가 형성되었기 때문에 가능했다. 1924년 3월 코민테른 원동부에서 결정된 조선 문제에 대한 결정을 보면 천도교는 협력을 추구해야할 대상으로서 설정했다.[52] 즉 1924년 무렵부터 천도교를 협력의 대상으로 삼아야 한다는 의견이 사회주의세력에 퍼져 있었던 것이다. 여기에 앞서 살펴 본 것처럼 천도교 청년세력이 『개벽』을 통해 자본주의를 비판한 것도 천도교를 협력대상으로 판단한 중요한 근거였을 것이다. 자본주의를 가장 큰 사회문제로 보았던 조선공산당에게 자본주의를 비판한 천도교는 충분히 혁명적 세력으로 여겼을 것이다. 그러나 기독교는 달랐다. 기독교는 제국주의의 이익을 대변하기 때문에 그들의 본

50) 임경석, 앞의 논문, 2013, 372쪽.

51) 「高共靑創立大會 決意事項抄」, 1925년 4월, РГАСПИ ф.533, оп.10, д.1891.(이정박헌영전집편찬위원회, 앞의 책, 2004, 169쪽에서 재인용)

52) 전명혁, 「자료소개: 조선문제에 대한 코민테른 집행위원회 산하 원동부의 결정」, 『사림』 19, 수선사학회, 2003, 206쪽.

질을 폭로해야 한다고 보았다.[53] 기독교는 민족통일전선의 대상이 아니라 배척의 대상이었던 것이다. 조선공산당의 입장에서 기독교는 자본계급과 밀착된 반혁명적인 세력이었다.

민족통일전선의 수립에 따른 종교 인식 변화는 조선공산당 창립 전후로 분명하게 나타났다. 조선공산당 창립 이전의 종교에 대한 입장은 신흥청년동맹(新興青年同盟)과 혁청단(革淸團)을 통해서 확인할 수 있다. 신흥청년동맹과 혁청단은 조선공산당의 주도했던 화요파 공산그룹이 활발하게 활동한 단체였다.[54] 화요파 공산그룹은 1925년 창당된 조선공산당의 주도권을 가지고 있었던 세력이었다. 따라서 1925년 이전 화요파 공산그룹의 종교에 대한 입장을 살펴보는 것은 조선공산당 창립 전후의 종교에 대한 입장변화를 살펴볼 수 있는 중요한 부분이다.

1924년 10월 14일 신흥청년동맹에서는 "종교는 자본계급의 옹호기관이며, 민중 마취제임으로 이를 철저히 배척한다"고 결의했다.[55] 신흥청년동맹의 주장은 당시 사회주의세력이 가지고 있었던 종교에 대한 원론적인 입장에 머물러 있었다. 이러한 입장은 조선공산당 창립 직전까지도 이어졌다. 1925년 4월 12일 혁청단에서는 "현재 종교는 자본국의 옹호기관으로 민중에게 마취제가 됨으로 이것을 극단적으로 배척해야한다"고 선언했

53) 임경석, 앞의 논문, 2013, 372쪽.

54) 신흥청년동맹은 꼬르뷰로 국내부와 함께 결성된 공청뷰로의 지도아래 1924년 2월 11일 조직된 사회주의 청년단체이다. 이 단체는 화요파 공산그룹의 성원들이 다수 참가했던 단체로 1925년 4월 조선공산당 창립 이후에는 공청의 합법단체로서 지위를 갖게 되었다.(박철하, 「1920년대 전반기 사회주의 청년운동과 고려공산청년회」, 『역사와 현실』 9, 한국역사연구회, 1993, 257~261쪽) 혁청단은 1923년 12월 15일 결성되었다, 처음 결성되었을 당시에는 사회주의 계열의 단체는 아니었다. 그러나 1924년 조봉암을 비롯한 화요파 공산그룹이 대거 혁청단에 가담하면서, 화요파 공산그룹의 사상단체로서 역할을 담당했다.(김준엽 · 김창순, 『한국공산주의운동사』 2, 청계연구소, 1986, 46~47쪽.)

55) "극동청년대회제창, 신흥청년제1회총회의 결의", 『조선일보』, 1924년 9월 16일, 3면.

다.[56] 당시 혁청단이 밝혔던 입장은 1924년 신흥청년동맹이 밝혔던 입장과 크게 다르지 않았다. 신흥청년동맹과 혁청단 모두 1925년 당 창립 이전까지 원론적 입장에서 종교를 비판하고 있었던 것이다. 조선공산당 창립이전까지 화요파 공산그룹의 종교에 대한 입장은 원론적인 입장에 머물러 있었다.

그러나 조선공산당이 창립되고 민족통일전선정책이 결정되면서 태도가 달라졌다. 이전과 같이 종교 일반을 비판하는 입장을 고수 할 경우 통일전선의 대상으로 평가했던 천도교를 비판하는 모순에 빠질 수 있었다. 따라서 모든 종교에 대한 비판은 통일전선에서 배제된 기독교로 집중됐다. 이러한 양상을 잘 나타난 것이 바로 1925년 전조선민중운동자대회 의안에 등장한 반기독교론인 것이다. 당 창립 이후 조선공산당의 반기독교 노선은 1925년 10월 8월 조동호가 코민테른에 보낸 보고서를 통해서도 확인 할 수 있다.[57]

조선공산당의 종교인식 변화는 천도교 청년세력의 반기독교 선전도 중요한 요인으로 작용했을 것으로 보인다. 앞서 살펴본 것처럼 천도교 청년세력은 1924년부터 『개벽』을 통해 반기독교선전을 진행했다. 천도교 청년세력의 반기독교선전은 그들과 민족통일전선을 결성하고자 했던 조선공산당에게도 주목할 만한 것이었다. 조선공산당이 기독교를 비판할 경우 자연스럽게 천도교 청년세력과 공동전선을 만드는 것이기 때문이다. 즉 간접적인 형태로나마 천도교 측과 통일전선을 형성하는 것이었다.

따라서 조선공산당의 반기독교운동은 민족통일전선 정책을 반영한 결과였다. 다시 말하면, 1925년 조선공산당의 반기독교운동은 조선공산당의 민족통일전선 정책의 실현이었다. 이렇게 볼 때 조선공산당의 민족통일전선

56) 경기도, 「京高秘 제1762호 혁청단 제2회 정기총회에 관한 건」, 1925년 4월 15일, 2~3쪽.

57) 전명혁, 『1920년대 한국사회주의 운동 연구』, 선인, 2006, 220쪽.

과 반기독교운동의 관계는 양립 불가능한 것이 아니었다. 오히려 조선공산당의 민족통일전선의 이행으로 나타난 것이 반기독교운동이었다. 한편으로 조선공산당의 반기독교운동은 단순히 반종교적인 입장에서 나타난 운동이 아니었다. 반종교적 입장보다 민족통일전선이 더 큰 영향을 미쳤다고 볼 수 있다.

민중운동자대회를 통해 반기독교 노선을 선언 하려던 계획은 무산되었지만, 조선공산당의 반기독교운동은 지속적으로 추진되었다. 반기독교운동은 공청의 주도로 진행되었다.[58] 공청의 합법단체였던 신흥청년동맹은 1925년 5월 17일 신흥청년회관에서 제3회 정기총회를 개최했다. 이 대회에서 신흥청년동맹은 종교는 자본계급의 옹호기관이라고 비판하며, 그 제 일착으로 기독교를 반대한다고 선언했다. 그리고 반기독교운동의 구체적인 실행 방법은 집행위원회에 일임했다.[59] 이어서 1925년 9월 28일 제4회 정기총회에서는 반기독교운동의 구체적인 운동방침이 정해졌다. 반기독교운동에 관한 리플렛을 만들어서 발행하고, 크고 작은 집회를 수시로 개최해 반기독교운동을 진행하는 것으로 결정했다.[60] 선전과 집회라는 방식을 통해 사람들에게 반기독교운동에 관한 내용을 수시로 전파함으로서, 반기독교운동을 확대시켜 나가려는 방침인 것이다.

신흥청년동맹의 주도한 반기독교운동은 『개벽』의 지면을 통해서도 소개되었다. 유아독존생이란 필자는 신흥청년동맹의 반기독교운동 결의가 조선에서 처음 일어나는 것이라고 지적했다. 그리고 봉건시대에는 성주에게,

---

58) 「Дорогой тов.григорий(친애하는 그리고리 동무에게)」, 1926년 3월 11일. РГАСПИ Ф.495 ОП.135 Д.117. Л.13.

59) 경성 종로경찰서장, 「京鍾警高秘 제5486호 신흥청년동맹 제3회 정기총회에 관한 건」, 1925년 5월 18일, 4쪽.

60) 경성 종로경찰서장, 「京鍾警高秘 제10989호의 1 신흥청년동맹 제사회 정기총회 개최에 관한 건」, 1925년 9월 28일, 5쪽.

자본시대에는 자본 세력에게 이용되는 교회를 다른 계급으로서 반대하는 것은 당연한 일이라고 강조했다.[61] 매우 짧은 언급이지만 『개벽』에서 조선공산당의 반기독교운동을 소개한 것을 통해 볼 때 천도교 청년세력들 역시 조선공산당의 반기독교운동을 주목했음을 알 수 있다.

그러나 공청의 반기독교운동은 제대로 진행되지 못했다. 그 원인은 일제의 심한 압박 때문이었다. 1925년 10월 5일 한양청년연맹 임시대회에서 신흥청년동맹 대표 염창렬은 반기독교운동을 비롯한 각종 사업들이 일제에 의해 금지되어 더 이상의 진행을 할 수 없게 되었었다고 보고했다.[62] 일제가 가했던 압박은 실제 운동에 있어서도 지장을 주었던 것이다. 자칫 아무런 성과 없이 반기독교운동이 종료될 위기에 놓여 있었다.

그러던 1925년 10월 7일 신문지상을 통해 제2회 전조선주일학교대회가 개최될 것이라는 소식이 전해졌다.[63] 조선공산당은 전조선주일학교대회에 대응해서 대대적인 반기독교운동을 기획했다. 강연회는 총 이틀간의 일정이었다. 그 중에서 기독교에 대한 강연회가 가장 큰 비중을 차지고 있었다. 강연자로는 박헌영, 김단야(金丹冶), 홍순준(洪淳俊), 김평주(金平主) 박래원(朴來源), 권오설(權五卨), 김장현(金章鉉), 이적효(李赤曉), 허정숙(許貞琡), 박해성(朴海聖) 등으로 결정되어 있었다.[64] 대부분의 연사들은 조선공산당과 직·간접적으로 관련이 있는 인물들이었다. 이것은 당시 반기독교강연이 조선공산당의 주도로 진행된 운동이라는 것을 보여준다.

1925년 10월 21일 전조선주일학교대회가 개최되었다. 전국적으로 수 천

---

61) 유아독존생, 「육호설법」, 『개벽』 60, 1925년 6월 1일.

62) 경성 종로경찰서장, 「京鍾警高秘 제11197호-1 한양청년연맹 임시대회에 관한 건」, 1925년 10월 5일, 4쪽.

63) "전도주일교대회", 『동아일보』, 1925년 10월 7일, 2면.

64) "반기독운동", 『동아일보』, 1925년 10월 25일, 5면.

명의 기독교인들이 경성에 모였다. 당시 각 지방에서 참가해 경성에 모인 인원은 약 3천 명 정도였다.[65] 주일학교대회측은 많은 인원이 몰릴 것을 고려해 인사동과 종로 두 군대로 나누어 진행했다. 그만큼 대회는 대성황이었다. 그러나 조선공산당의 반기독교 강연은 경찰에 의해 금지되면서 실제로 개최되지 못했다. 경찰의 금지에 의해 강연회가 무산되자 이에 대한 반발이 나타났다. 경찰이 기독교를 옹호하고 있다는 것이었다. 실제로 민창식(閔昌植)은 대회가 금지된 당일 경찰이 기독교를 돕고 있다는 취지의 발언을 했다가 경찰의 조사를 받았다.[66] 김경재도 문창식과 유사한 의견을 개벽에 개재했다.[67]

물론 경찰의 행동이 기독교 측과의 철저한 협의에서 진행된 것은 아니었다. 그러나 경찰당국은 이전부터 조선공산당의 반기독교운동에 대해 민감하게 반응했다. 신흥청년동맹 제3회 정기총회 결의에서 반기독교운동에 관한 내용은 대외에 발표를 하지 못하도록 금지했다.[68] 그러한 조치는 제4회 정기총회에서도 마찬가지였다.[69] 경찰당국은 조선공산당의 반기독교운동을 철저하게 단속하고 있었다. 그만큼 경찰 당국은 조선공산당의 반기독교운동이 가져올 사회적 여파를 우려했다.

조선공산당이 기획했던 대대적인 반기독교강연회는 실현되지 못했다. 그러나 오히려 반기독교운동은 점차 확산되고 있었다. 경성 이외의 지역으로 반기독교운동이 확산된 것이다. 함경남도 단천은 대표적인 곳이었다.

---

65) 김경재, 「주일학교대회 한청의 반기독교운동」, 『개벽』 63, 39쪽.

66) 『동아일보』, 1925년 10월 27일, 5면.

67) 김경재, 앞의 글, 40쪽.

68) 경성 종로경찰서장, 「京鍾警高秘 제5486호 신흥청년동맹 제3회 정기총회에 관한 건」, 1925년 5월 18일, 1쪽.

69) 경성 종로경찰서장, 「京鍾警高秘 제10989호의 1 신흥청년동맹 제사회 정기총회 개최에 관한 건」, 1925년 9월 28일, 6쪽.

1925년 11월 5일 함경남도 단천의 사상단체 하자회에서는 종교문제에 대한 강연회를 개최했다. 이 자리에서 연사들이 기독교의 문제점에 대해 지적했다. 이에 분노한 기독교 군중들로 인해 연설회가 취소되는 일이 있었다.[70] 함남 영무에서는 반기독교 강연회에 기독교신도들이 다수 많이 참가해 살기등등한 분위기를 연출하기도 했다.[71]

이처럼 1925년 말 전조선주일학교대회에 대응하기 위해 기획했던, 반기독교강연회는 실패했지만 그러나 오히려 반기독교 열기는 더욱 퍼져나갔다. 이러한 열기에 힘입어 한양청년연맹은 그해 12월 25일을 '반기독교데이'로 선포하고 수시로 크고 작은 운동을 일으키고, 삐라를 만들어 철저한 반기독교 선전을 결의했다.[72] 한양청년연맹의 이러한 결의는 당시 반기독교운동의 열기가 상당히 뜨거웠다는 것을 보여준다. 이러한 열기로 인해 훗날 1925년은 반기독교운동의 신기원이라고 평가받기도 했다.[73]

2) 기독교 측의 반응과 반기독교운동의 소강

반기독교운동이 전국적으로 확산되자, 이러한 상황을 반영하듯 『개벽』에는 반기독교운동에 관한 특집 기사들이 실렸다. 이때 『개벽』의 특집에서는 기독교인들의 반응을 확인할 수 있다. 당시 주일학교연합회 한석원(韓錫源)은 반기독교 운동을 할 바에는 차라리 10전어치 노동을 하는 것이 더 나은 일이라고 냉소했다.[74] 진남포교회 목사 안경록(安慶祿)은 조선이 지

---

70) "종교문제로 단천 하자회 강연", 『조선일보』, 1925년 11월 13일, 1면.

71) "공전대성황 반기독교 대강연, 장내는 살기비등", 『시대일보』, 1925년 11월 30일, 3면.

72) 경성 종로경찰서장, 「京鍾警高秘 제15호의 1 한양청년연맹 제이회 임시대회의 건」, 1926년 1월 5일, 2쪽.

73) 성산학인, "조선사회운동개관을축일년총수학 칠", 『동아일보』, 1926년 1월 7일.

74) 한석원, 「반기독교운동에 관하여」, 『개벽』 63, 1925년 11월 1일, 72쪽.

난 30년간 기독교에 의해 나라가 발전했음에도 왜 기독교를 반대하는 것인지 이해할 수 없다고 말했다.[75] 한석원과 안경록 등은 당시 조선공산당의 반기독교운동의 필요성이나 이유에 대해 전혀 공감하지 못하고 있었다. 두 사람의 이러한 반응은 단지 개인들의 반응이 아니라 당시 주류 기독교 교회세력이 가지고 있었던 일반적인 인식을 대변하는 것이었다.

그러나 신흥우는 앞서 언급한 사람들과 달랐다. 그는 반기독교운동에 대해 긍정적으로 인식했다. 그는 반기독교운동이 기독교에 대한 근본적인 반대가 아니라 기독교 교회를 반대하는 운동으로 파악했다.[76] 그리고 그는 현재의 교회가 자본계급의 교회가 아니라 무산계급을 위한 진정한 민중의 교회가 되어야 한다고 주장했다. 반기독교운동은 기독교 교회세력의 변화를 위한 하나의 자극제가 될 것이라고 판단했다.[77] 신흥우는 다른 기독교 교회 인사들과 달리 반기독교운동에 대해 일정부분 긍정적으로 평가했던 것이다. 신흥우의 이러한 입장은 그가 일반적인 기독교 교회세력과는 다른 영역을 구축하고 있었기 때문에 가능한 것이었다. 우선 신흥우가 주로 활동했던 단체가 YMCA라는 점에 주목해야 한다. 당시 YMCA는 일반 교회와 다른 기독교 단체였다. YMCA는 특정 교단에 속해있지 않았으며, 예배와 전도와 같은 종교적 활동이 일반 교단에 비해 많지 않았다. 이로 인해 폭 넓은 사회 활동이 가능했다. 또한 YMCA는 국제 YMCA와 조직적으로 연결되어 일제의 압박에도 상대적으로 안정적이었다.[78] YMCA가 가졌던 이러한 특성은 신흥우로 하여금 일반적인 기독교 교회세력들 보다 정

---

75) 안경록, 「반기독교운동에 관하여」, 『개벽』 63, 1925년 11월 1일, 73쪽.

76) 신흥우, 「반기독교운동에 관하여」, 『개벽』 63, 1925년 11월 1일, 70쪽.

77) 신흥우, 위의 글, 1925년 11월 1일, 70~71쪽.

78) 김상태, 「일제하 申興雨의 社會福音主義와 民族運動論」, 『역사문제연구』 창간호, 1996, 172쪽.

치적이고 사회문제에 적극적으로 대응할 수 있게 했다.

YMCA라는 활동 배경과 함께 신흥우가 가졌던 사상도 반기독교운동을 긍정적으로 평가하게 만든 요인이었다. 신흥우는 YMCA를 위주로 활동하면서, 국제YMCA의 신학적 사조에 영향을 받았다. 당시 국제YMCA는 '사회복음주의'가 강하게 영향을 미치고 있었다. 특히 신흥우가 영향을 받았던 것은 '사회복음'과 '사회주의'를 강조했던 흐름이었다.[79] 즉 개인의 구원을 강조하기 보단 사회문제를 해결해야 한다는 생각을 갖게 된 것이다. 신흥우의 반기독교운동에 대한 평가는 자신이 가지고 있었던 생각에 비춰봤을 때 자연스러운 결과물이었다.

반기독교운동에 대한 반응은 국내뿐 아니라 해외에서도 나타났다. 1926년 재미유학생들이 발행한 잡지인 『우라키』에는 반기독교운동에 대한 입장이 나타나있다. 반기독교운동에 대해 글을 썼던 인물은 염광섭(廉光燮)이었다. 그는 소위 과학가라는 이들이 말하는 반기독교운동이라는 것은 배우지 못한 이들의 운동이며, 특히 과학가들이 말하는 사유재산 폐지는 있을 수 없는 일이라고 주장했다.[80] 그리고 그는 소위 사회주의자에 대해 허영심이 많은 사람들이라고 평가절하 하며, 사회주의에 대해 비판적으로 평가했다. 염광섭이 보였던 반응은 신흥우나 조선 내의 기독교 교회세력의 반응과는 약간 결을 달리하는 것이었다. 기독교 세력 내부에서도 각자 처한 위치마다 반기독교운동을 바라보는 입장이 엇갈리고 있었다.

1925년에 들어서면서 활발하게 진행된 반기독교운동은 그해 연말부터 국·내외적으로 새로운 변화와 직면했다. 우선 신의주 사건으로 인해 시작된 검거선풍으로 조선공산당과 공청의 주요 간부들이 체포된 것이다.[81]

---

79) 김상태, 위의 글, 1996, 172쪽.

80) 염광섭, 「종교와 인생과의 관계」, 『우라키』 2, 1926년 8월 28쪽.

간신히 검거를 피한 일부 인원들에 의해 새로운 중앙이 만들어졌다. 당시 선정된 간부들은 책임비서에 강달영(姜達永)을 선임하고, 중앙위원에 이준태(李準泰), 홍남균(洪南杓), 이봉수(李鳳洙), 김철수(金綴洙) 등을 선정했다.[82]

새롭게 구성된 조선공산당의 중앙집행위원회는 화요파 공산그룹과 상해파 공산그룹의 연합 형태를 취하고 있었다. 여기서 특히 주목할 것은 김철수의 합류이다. 김철수는 1921년 5월 상해에서 개최된 고려공산당 창립대회에 국내 대표로 참가했던 인물로 오랫동안 상해파 공산그룹의 일원으로 활동했던 인물이었다.[83] 김철수의 중앙집행위원 임명은 조선공산당 내부에 상해파 공산그룹의 힘이 커졌다는 것을 의미했다. 물론 이전 중앙집행위원회에도 상해파 공산그룹의 일부가 참여하고 있었다.[84] 그러나 김철수는 상해파 공산그룹에서 주도적 그룹을 대표하는 인물 중 하나라는 점에서 중요한 의미를 지닌 것이었다.[85] 실제로 1926년 3월 조선공산당이 코민테른의 정식지부로 승인받은 것은 이동휘의 도움이 있었기 때문에 가능했다는 증언도 존재한다.[86] 그만큼 상해파 공산그룹은 김철수의 중앙집행위회

---

81) 신의주 사건의 전개과정에 대해서는 김준엽 · 김창순, 「제4절 신의주사건」, 『한국공산주의운동사』 2, 청계연구소, 1986을 참고.

82) 임경석, 『잊을 수 없는 혁명가들에 대한 기록』, 역사비평사, 2008, 84쪽.

83) 강만길 · 성대경 엮음, 『한국사회주의운동인명사전』, 창작과비평사, 1996, 134쪽.

84) 그동안 1925년 창립 당시 조선공산당에 참가한 상해파 공산그룹은 이봉수, 주종건, 유진희 등으로 알려져 있었다. 그러나 최근 임경석의 연구에 따르면 실제로 1925년 창립대회에 참가한 상해파 공산그룹은 주종건과 유진희 두 명뿐이었다. 이전까지 상해파로 알려졌던 이봉수는 동명이인 것으로 밝혀졌다.(임경석, 앞의 글, 2013, 366쪽)

85) 앞서 조선공산당에 참가한 주종건과 유진희는 상해파 주류라고 볼 수 없었다. 실제로 그 두 사람은 같은 상해파 동지들로 부터도 배신자로 지탄받고 있었다.(김철수, 「구술자료: 김소중 소장본」, 『지운 김철수』, 한국정신문화연구원 현대사연구소, 1999, 122쪽)

86) 김철수, 위의 글, 230~231쪽.

참가를 계기로 조선공산당에서 깊숙이 관여하기 시작했다.

상해파 공산그룹의 적극적인 참여는 조선공산당의 정책에도 일정부분 변화를 불러왔다. 특히 민족통일전선정책은 크게 변화를 겪을 수밖에 없었다. 상해파 공산그룹의 민족통일전선정책은 이전까지 조선공산당의 정책과 달랐기 때문이다. 상해파 공산그룹은 조선혁명을 위해 광범위한 민족통일전선을 구성해야 한다는 정책을 가지고 있었다.[87] 조선공산당의 민족통일전선정책과 달리 그들은 광범위한 연합을 구성하는데 더 큰 비중을 두었던 것이다. 상해파 공산그룹의 참여는 조선공산당의 민족통일전선정책의 변화를 불가피하게 만들었을 것이다.

이와 함께 서울파 공산그룹과의 합동이 진행되고 있었다는 것도 중요한 변화였다. 신의주 사건으로 인해 큰 타격을 입은 조선공산당은 이를 회복하기 위해 서울파 공산그룹과 당 통합이 필요해졌다. 또한 서울파 공산그룹과의 통합은 코민테른이 통일된 공산당 건설을 강조하고 있었다는 측면에서도 중요한 과제였다. 조선공산당과 서울파 공산그룹의 당 통합논의는 1925년 11월 28일부터 1926년 5월 6일까지 진행된 세 차례에 걸쳐 통합이 논의되었다.[88] 비록 이때의 논의들은 좋은 결실을 거두진 못했다. 그러나 서울파와의 합동논의들 역시 조선공산당에게 일정한 영향을 미쳤을 것이다.

한편 1925년 말 무렵부터 대외적인 정세 역시 점차 변화하고 있었다. 그 중에서 가장 큰 변화는 코민테른의 통일전선노선이 변화이다. 코민테른에서 식민지 민족통일전선정책이 처음 발표 된 것은 1920년 코민테른 2차대회에서 발표된 「민족 · 식민지 문제에 대한 테제」에서였다. 그리고 2년 뒤인 1922년 코민테른 4차대회에서 발표된 「동방문제에 대한 테제」를 통해 식민지에서 민족통일전선에 대한 원칙은 어느 정도 구체화 되었다. 이 두

---

87) 임경석, 『한국 사회주의의 기원』, 역사비평사, 2003, 449쪽.

88) 세 번의 당 통합 논의과정에 대해서는 전명혁, 앞의 책, 2006, 303~307쪽을 참고.

대회를 통해 드러난 코민테른의 식민지 민족통일전선 원칙은 식민지 해방 운동에 있어서 부르주아 민족주의세력과 일시적 협정이나 동맹은 필요하지만, 어디까지나 프롤레타리아 운동으로서의 독자성이 지켜지는 한도 내에서만 가능하다는 것이었다.[89] 당시 코민테른이 발표한 원칙들은 민족통일전선을 구성할 필요성을 인정하면서도, 그것이 무원칙한 통합으로 귀결되어선 안 된다는 점을 강조했다.

1920년 2차대회를 기점으로 시작된 코민테른의 민족통일전선 노선은 1925년을 기점으로 변화하기 시작했다. 앞서 살펴본 것처럼 초기 코민테른이 견지했던 민족통일전선 원칙은 프롤레타리아 운동으로서의 독자성이 지켜지는 한도 내에서의 통일전선이었다. 그러나 1925년 들어서면서 코민테른의 민족통일전선 노선은 점차 광범위한 협력이라는 측면에 맞춰지기 시작했다. 이러한 코민테른의 노선이 극명하게 드러난 것이 중국공산당과 국민당 간의 국공합작 과정이었다. 코민테른은 중국혁명이 부르주아 민주주의 혁명의 단계에 있다고 선언하고, 국민당과 같은 부르주아 민족주의세력과 혁명적 블록을 건설해야 한다고 주장했다.[90] 이제 민족통일전선정책은 민족주의세력과의 일시적인 동맹이 아니라 더 견고한 전략적 동맹으로서 하나의 '진영'을 만드는 것이 중요해졌다.

이러한 코민테른의 변화된 정책은 조선의 사회주의세력들에게도 영향을 미쳤다. 코민테른은 1925년 9월 조선공산당을 정식지부로서 임시 승인한 결정서를 통해 빠른 시일 안에 광범위한 민족통일전선을 구축해야 한다는 것을 강조했다. 특히 1925년 11월 동방부 부장 페트로프는 조선공산당 앞으로 보낸 서신을 통해 민족통일전선을 더욱 대중적인 노선으로 나가야 한

---

89) 최규진, 「통일전선의 개념과 운용방식」, 『史學論叢: 阜村申延澈教授 停年退任紀念』, 일월서각, 1995, 795~797쪽.

90) 최규진, 위의 글, 798~799쪽.

다고 말했다.[91] 조선공산당의 민족통일전선이 더욱 확대된 형태여야 한다는 점을 강조한 것이다. 이러한 코민테른의 방침은 다른 공산그룹들과 코민테른의 지부승인을 두고 다툼을 벌이고 있던 조선공산당의 상황에서는 큰 압박으로 작용했을 것이다.

이처럼 당 내부적으로나 대내외적 정세의 변화는 한 가지 방향을 가고 있었다. 그것은 민족통일전선정책의 범위를 넓게 가져가는 것이었다. 이러한 상황에서 조선공산당의 민족통일전선정책 변화는 불가피한 것이었다. 1926년 들어서면서 조선공산당의 변화가 조금씩 나타났다. 1926년 3월 조선공산당 책임비서 강달영이 코민테른에 보낸 「사상운동의 상황과 당의 영향」에는 조선공산당의 변화된 인식이 나타나있다. 이 문건에서 강달영은 민족주의세력에 대해 "단체로는 천도교, 대종교가 민족해방관념을 지니고 있고, 기독교 불교에는 개인적으로 민족해방관념을 가진 이들이 있으나, 단체로서는 그러한 관념이 없다"고 평가했다.[92] 천도교에 대한 언급은 이전과 같은 것이었지만, 기독교에 입장은 미묘하게 변화했다. 1925년까지 기독교를 철저하게 반대했던 조선공산당이 1926년 들어서면서 일부나마 기독교 내부에도 민족해방운동의 관념을 가진 이들이 있음을 인정한 것이다. 비록 일부 개인에 한정된 것일 지라도 기독교 내부에도 민족해방관념이 있음을 인정한 것은 중요한 변화였다. 이것은 민족해방관념을 가진 개인에 한해서는 민족통일전선의 구성원으로 받아드릴 수 있음을 의미했기 때문이다.

조선공산당의 이러한 변화는 실제 행동으로도 이어졌다. 1926년 초부터 조선공산당은 독자적인 민족통일전선조직인 국민당을 결성하기 위해 준비

91) 임경석, 『모스크바 밀사』, 푸른역사, 2013, 90~91쪽.

92) 강달영, 「사상운동의 상황과 당의 영향」, 1926년 3월 17일, 12쪽. РГАСПИ Ф.495 ОП.135 Д. 124. Л.32.

중이었다. 그 본격적인 움직임으로 1926년 3월 다양한 사회 인사들이 참석한 회의를 주최했다. 당시 모임에는 안재홍, 박동완, 유억겸, 오상준, 권동진, 신석우 등이 참석했다.[93] 이때 참석한 이들 중 박동완, 유억겸에 주목해야 한다. 유억겸은 YMCA와 기독교 민족주의세력의 단체인 흥업구락부에 참여하고 있었으며, 박동완은 기독신보 주필로 활동했으며, 유억겸과 같이 흥업구락부의 멤버였다. 두 사람 모두 기독교를 기반으로 가지고 있었던 인물이었다. 여기에 안재홍도 YMCA와 흥업구락부 등에 참가한 경력을 가지고 있었다. 결국 1926년 3월에 개최된 회의에는 기독교와 접점을 가지고 있었던 인물들이 상당수 참여하고 있었던 것이다. 이것은 단체로서는 아니지만 개인적으로는 민족해방관념을 가진 자들이 있다는 조선공산당의 변화된 대 기독교인식이 드러난 것이었다. 조선공산당을 둘러싼 대내외적 변화는 그들의 민족통일전선정책을 변화시켜가고 있었던 것이다.

조선공산당을 둘러싼 상황의 변화는 자연스럽게 반기독교운동을 소강시켰다. 그러나 이것이 반기독교운동의 완전한 소멸을 의미하는 것은 아니었다. 수면 아래로 잠시 잠복한 것일 뿐이었다. 새로운 상황의 변화 특히 민족통일전선정책의 변화에 따라서 언제든지 수면위로 올라 올 수 있었다.

4. 맺음말

이상에서 1920년대 반기독교운동에 대해 살펴보았다. 특히 반기독교운동과 천도교 그리고 민족통일전선과의 관계를 중심적으로 살펴보았다. 이상의 결과를 통해 다음과 같은 결론을 얻을 수 있었다.

---

93) 김준엽 · 김창순, 「제2차조선공산당사건검거보고철」, 『한국공산주의운동사 자료Ⅱ』, 아세아문제연구소, 1980, 120쪽.

첫째, 천도교 청년세력은 천도교를 제외한 기성종교들을 비판적으로 보았다. 여기에 1924년부터 자본주의에 대한 비판의식이 더 강화되면서 자연스럽게 자본계급과 연결되어있었던 기독교를 비판하기 시작했다. 그러나 천도교 청년세력의 기독교 비판은 기독교라는 종교를 근본적으로 비판한 것은 아니었다. 비판의 초점은 기독교 교회세력으로 맞추어져 있었다. 천도교 청년세력은 기성종교의 부정적인 모습을 강조하고 비판하는데 힘썼지만, 종교에 대한 근본적 비판으로 나아가는 것은 원치 않았기 때문이다. 이러한 천도교 청년세력의 모습은 그들이 반기독교운동에 대해 수동적이지 않았음을 보여준다. 오히려 매우 적극적인 형태로 반기독교운동에 있어서 하나의 주체로서 역할을 담당했다.

둘째, 반기독교운동과 민족통일전선의 관계는 양립 불가능한 것은 아니었다. 오히려 1925년의 반기독교운동은 조선공산당의 민족통일전선정책을 구현한 것이었다. 이것은 곧 민족통일전선이 반드시 통합이라는 성격만을 가진 것이 아니란 점을 보여준다. 그 속에는 분명 배제라는 성격이 존재하는 것이다. 즉 민족통일전선은 통합이라는 성격과 함께 배제란 성격을 함께 가지고 있었던 것이다.

이러한 점을 통해서 볼 때 민족통일전선과 반기독교운동의 관계 역시 고정적인 것으로 볼 수 없다. 민족통일전선을 추진하는 주체의 성격에 따라 그리고 코민테른의 노선의 변화에 따라 그 내용은 변화했다. 1926년 들어서면서 변화된 상황에 의해 소강되어가는 모습은 민족통일전선과 반기독교운동과의 관계를 잘 보여주는 한 사례라고 할 수 있다. 이처럼 1920년대 중반 반기독교운동은 단순하게 종교를 반대한 운동이 아니라 민족통일전선을 실현하기 위한 운동이었다.

1950년대 이승만 대통령의 '불교 정화' 유시와 불교계의 정치 개입

◆

김진흠

1. 머리말

1954년 5월 20일 이승만(李承晩) 대통령은 '불교 정화' 유시(諭示)를 발표했다. 그 내용은 가정을 가진 대처승(帶妻僧)은 승려로 볼 수 없기 때문에 사찰 밖으로 나가라는 것이었다. 이 유시를 계기로 불교계에서는 승려 자격을 놓고 논쟁이 심화되었는데, 결과적으로 대처승이 불교계에서 배제되었다. 이 과정을 긍정적으로 보는 입장에서는 불교 정화, 정화 운동, 정화 불사 등으로 부르고, 반대로 부정적으로 보는 입장에서는 분규, 분쟁, 법란 등으로 지칭한다.[1] 국회에서 이 문제가 다뤄졌을 때에는 불교 분쟁, 불교 불상 사태라는 용어로 표현되었다.

당시 불교계는 일제에 순응했다고 할 수 있는 총무원(總務院) 체제가 해방 이후에도 이어지던 상황이었고, 이에 대응하는 세력으로 비구승(比丘

1) 김광식, 『한국 현대불교사 연구』, 서울, 불교시대사, 2006, 151쪽.

僧)을 중심으로 한 선학원(禪學院) 계열이 존재하고 있었다. 해방 이후 친일잔재 청산과 불교의 자주적 발전을 내걸고 '조선불교청년동맹단'이 결성되기도 했으나 형식적인 범주를 벗어나지 못했다. 이후에는 선학원을 중심으로 '불교혁신총동맹'이 결성되어 교단의 혁신을 주창하며 총무원과 대립했다. 1952년 11월에는 불국사에서 승려대회를 개최하고 비구승들의 수행도량으로 사찰 48개소가 지정되었다. 선학원을 주축으로 한 '정화 운동'은 차츰 구체화되어 갔으나 기득권을 가진 대처승 측 주지들의 비협조로 비구승들의 수행도량 지정은 사실상 백지화되었다. 수적으로 대처승 측은 7,000여 명의 승려들이 1,300여 사찰을 장악하고 있었고, 비구승 측은 300~500명 정도에 불과했다. 또 교단의 재산이었던 각 도의 여객회사와 목포의 대광유지(油脂)회사, 부평의 베어링공장, 대전과 대구 시내의 백화점과 극장, 전북의 도정공장, 기타 기업체 등을 모두 대처승들이 점유하고 있었다. 대처승이 절대적인 기득권을 가진 반면 비구승들은 수도할 사찰도 제대로 없는 형편이었다.[2]

이와 같은 상황에서 이승만은 1954년 5월 20일과 1955년 12월 8일 사이에 7차례의 '불교 정화' 유시를 발표하여 비구승 측에 절대적으로 유리한 국면을 조성했다.[3] 유시 발표의 이유에 대해서는 다양한 요인들을 공통적으로 지적하고 있는데, 강조하는 부분에 약간의 차이가 있다. 노치준과 강인철은 대처승 측 정치인사 다수가 이승만과 마찰을 겪었던 점, 그리고 이

---

2) 조명제, 「1950년대 비구와 대처승의 갈등」, 역사비평 편집위원회 편, 『논쟁으로 본 한국사회 100년』, 역사비평사, 2000, 238~239쪽; 동국대학교 석림동문회 편, 『한국불교현대사』, 시공사, 1997, 18~23쪽.

3) 이승만의 '불교 정화' 유시가 8차에 걸쳐 있었다는 것이 통설이지만, 이재헌의 연구에 의하면 총 7차례의 유시가 있었다. 8차설은 1955년 7월 13일부터 15일 사이에 있었던 사찰정화대책위원회의 회의 내용 발표를 담화의 한 형태로 포함시킨 것인데, 이는 엄밀히 말해서 대통령의 유시가 아니기 때문에 제외하는 것이 타당하다.(이재헌, 「이승만 대통령의 유시와 불교정화 운동의 전개」, 『大覺思想』 22, 2014, 281쪽)

승만이 개헌 논란으로 인한 정치적 위기를 타개하기 위해 여론의 관심을 다른 곳으로 돌리려고 한 것이 유시 발표의 중요한 이유라고 분석했다.[4] 이재헌은 친일 기독교 세력을 보호하기 위한 여론 무마용 희생양으로 불교를 이용한 측면이 있다고 보았다. 또 해방 이후부터 친일파를 처단하지 못하고 지지 기반으로 삼아 정권의 정통성이 취약하다는 여론을 환기시킬 목적도 있다고 보았다.[5] 이승만 정권의 기독교 우선 정책은 대부분의 연구자들이 언급하는 부분이다. 박희승은 이승만이 불교계의 내분을 부추겨 사회적 갈등을 일으킨 것과 함께 기독교의 급성장을 주목해서 서술했다.[6] '불교 정화 운동'과 관련해서 방대한 연구를 한 김광식은 이승만의 불교 개입에는 불교 문화재에 대한 관심이 작용한 것으로 보았다. 사찰농지 반환으로 나타나는 이승만의 사찰문화재 보호정책이 '불교 정화' 지지로 이르게 한 단초였다고 지적했다.[7]

이 글의 2장에서는 선행 연구를 참고하여 이승만의 불교 정화 유시의 배경을 간략히 살펴볼 것이다. 이어서 이승만의 유시에 나타나는 특징을 찾아보고, 이를 통해서 이승만이 대처승을 '친일자'로 규명한 시대적 배경을 조명해보고자 한다. 그간의 연구에서는 이승만의 '불교 정화' 유시 이후에

---

4) 노치준 · 강인철, 「해방 후 한국사회 변동과 종교」, 『광복50주년 기념논문집』 4 사회, 한국학술진흥재단, 1995.

5) 이재헌, 「이승만 정권의 종교정책과 불교정화」, 『불교와 국가 권력, 갈등과 상생』, 조계종 출판사, 2010.

6) 박희승, 「한국 사회의 변화와 불교」, 『현상과 인식』 18-4, 1994.
이승만이 기독교 우위정책을 위해 불교계의 분규를 조장했다는 주장은 대처승인 金法麟에게서 나온 것이라고 한다. 김법린은 대세가 비구승 측으로 기울자 '정부통령이 모두 기독교인'임을 들어 이 같은 발언을 했다는 것이다.(금오선수행 연구원 편, 『金烏 스님과 佛教淨化運動』 1, 휴먼앤북스, 2008, 369쪽)

7) 김광식, 『새불교운동의 전개』, 도피안사, 2002; 김광식, 「이승만은 왜 불교계를 정비하였나?」, 『내일을 여는 역사』 17, 2004; 김광식, 「1945~1980년간의 불교와 국가권력」, 『불교학보』 58, 2011.

나타나는 불교계의 운동 양상과 갈등을 주로 서술했는데, 이 글에서는 이승만의 유시 내용 분석에 집중해서 살펴볼 것이다.

한편 이승만의 유시로 인해 대처승과 비구승은 자체적인 교섭보다는 국가 권력에 의지해서 사태를 해결하려는 모습을 보였다. 그 과정에서 정권과 유착되는 현상이 나타나는데 대표적으로 선거 개입을 들 수 있다. 불교계의 선거 운동에 대해서는 비구승 측이 1956년과 1960년의 대통령 선거에서 이승만을 조직적으로 지지했던 것이 기존 연구에서 언급된 바 있다.[8]

반면 대처승 측의 선거 개입에 대해서는 알려진 바가 없었다. 그런데 최근 『법보신문』에서 1958년 5월 2일의 민의원 선거를 앞두고 대처승 측인 불교조계종총무원에서 선거에 개입했다는 문건이 발견되었다고 보도했다. 불교서지학자인 이철교가 『법보신문』에 전해 온 이 문건은 불교조계종총무원의 '특별법회(特別法會) 관계서류(關係書類)'였다.[9] 이 글의 3장에서는 '특별법회 관계서류'를 활용하여 대처승 측의 정치 개입을 분석할 것이다. 이를 통해 이승만의 '불교 정화' 유시 발표가 불교계의 갈등을 폭발시키고, 불교계의 정치 개입으로까지 이어지는 양상을 살펴보고자 한다.

---

8) 배재민, 「불교정화운동의 현재적 조명: 50년대 정화운동을 통해 본 불교혁신운동의 방향」, 『불교와 한국사회』 3, 1989; 노치준 · 강인철, 앞의 글, 1995.
비구승 측의 선거 개입 활동이 가장 구체적으로 드러나는 자료는 상대 진영인 대처승 측에서 발간한 것이다. 불교조계종총무원에서는 4 · 19혁명 직후 발간한 책자에서 비구승 측의 이승만 지지 활동을 폭로하고 맹렬히 비난했다.(大韓佛教曹溪宗總務院, 『李承晩의 不法諭示와 佛教波動의 眞相』, 1960, 28~30쪽) 자료의 성격상 전적으로 신뢰하기에는 무리가 있지만 참고할 수 있다.

9) "불교도는 자유당 후보자를 지지하라", 『법보신문』, 2014. 7. 23. 기사에는 이 문건이 이번에 처음 공개되었다고 쓰여 있으나, 실제로는 1996년 민족사에서 발행한 『韓國近現代佛教資料全集』의 제68권 『佛教淨化紛爭資料』에 이 문건이 수록되어 있다. 『佛教淨化紛爭資料』에 수록된 문건 역시 이철교가 수집한 것이다.

2. 1954~1955년 이승만 대통령의 '불교 정화' 유시

1) '불교 정화' 유시의 내용과 특징

일제시기부터 제기되었던 사찰의 '정화' 문제는 해방 이후에도 나타났다. 신문에서는 1947년에 '사찰 경내의 신성'과 '불교의 존엄'을 지킬 것을 당부하는 특집 기사를 보도했다.[10] 이후의 사찰 관리와 관련된 기사에서는 '사찰의 요리점화'가 특별하게 지적되었다. 1948년 10월 12일에는 윤치영(尹致暎) 내무부장관이 무허가 음식점에 대한 취체 단속을 단행한다는 내용의 담화를 발표했다. 이 담화에서는 사찰을 기루(妓樓)화하여 부정 영업을 감행하는 것에도 문제를 제기했다.[11] 1949년 11월 30일에는 이승만 대통령이 궁실과 사찰 등의 고적을 보존하자는 담화를 발표하였다.[12] 해방 이후 유물과 고적(古蹟)의 보존에 많은 관심이 집중되었는데, 그 일환으로 볼 수 있다. 다만 사찰에 대한 구체적인 조치는 아직 나타나지 않는다.

1952년 4월 1일 국무회의에서는 '사찰보호에 관한 대책안' 마련이 지시되었다. 이승만은 특히 사찰이 부동산을 처분하여 문화재가 손실되는 일이 없도록 하고, 사찰이 자경지를 매입하여 확보할 수 있게 정부에서 "적절한 조치"를 하도록 했다.[13] 이어서 좀 더 구체적인 조치가 취해졌다. 1952년 12월 15일 국무회의에서 이승만은 "사찰에 대하여는 자작할 수 있는 정도

---

10) "지켜라 寺刹 境內의 神聖, 反省하자 · 遊興에 料亭 繁昌이 웬말", 『京鄉新聞』, 1947. 4. 20.

11) "貪官謀利輩의 巢窟, 不正遊興業 處斷, 內務長官談", 『東亞日報』, 1948. 10. 13.

12) 公報處 編, "古蹟 保存에 對하여", 『大統領李承晩博士談話集』 1, 1953, 273쪽; "古蹟保存하자, 李大統領談話發表", 『東亞日報』, 1949. 12. 1.

13) 文教部, "國務會議附議案", 『국무회의상정안건철』; 『第二十五回 國務會議錄』, 1952. 4. 1.

의 일정한 농토를 반환하는 등의 방식으로 사찰 보호를 기하라."는 유시를 했다.[14] 결국 1953년 5월 2일 국무회의에서는 농지개혁법을 개정하여 사찰 부근의 토지는 사찰에 환원하여 자작시키도록 결정했다.[15]

이승만은 1953년 5월 5일 담화에서 농지개혁법이 실시되면서 사찰 소속 전답이 농민에게 분배되어, 사찰이 궁핍해져서 사찰의 관리가 제대로 안되고 있음을 지적했다. 그리고 사찰들을 전적으로 수리해서 세계의 유람객들이 구경할 곳으로 만들고, 사찰 근처에 호텔과 음식점, 다방을 아름답게 만들면 유람객들로부터 많은 돈을 벌어들일 수 있을 것이라고 말했다. 사찰을 구호하기 위해서는 먼저 절 근처에 있는 땅들은 승려들이 농사를 지을 수 있도록 정부에서 다시 돌려주도록 할 것을 지시했다.[16] 사찰의 관리를 위한 목적의 담화였고, 여기에서 승려들에 대한 특별한 지적은 없었다. 이미 시행중이던 농지개혁법에 예외적인 경우를 만드는 것이 주목된다. 사찰을 보호하기 위해서 사찰의 자경농지 반환은 당연하다는 것이다. 이승만은 사찰을 문화이자 문화재로 보고 있었다.[17] 그리고 사찰을 보수하고 근처에 호텔과 음식점, 다방을 만들자는 발언이 특이하다. 사찰을 관광 자원으로 생각하고 있음을 알 수 있다.

1953년 6월 3일에는 이승만의 특명이 있었다. 경남 합천 해인사에서 소장하고 있던 팔만대장경의 보관을 위한 보수비로 문교부 예산 1백만 환이 지원되었다.[18] 그 후 10월 8일 이승만은 브릭스(Ellis O. Briggs) 주한미국대사와 미8군 사령관 테일러(Maxwell D. Taylor), 전 주소미국대사 불리트

---

14) 『第109回 國務會議錄(臨時會議)』, 1952. 12. 15.

15) 『第三十九回 國務會議錄』, 1953. 5. 2.

16) 公報處 編, "寺刹을 保護維持하자", 앞의 책, 1953, 276~277쪽.

17) 김광식, 앞의 글, 2011, 223~224쪽.

18) "藏經閣 補修 着手, 國庫 豫算 中 百萬圜을 于先 割當", 『京鄕新聞』, 1953. 6. 18; "八萬大藏經 保全, 全國佛敎徒 慶讚會 組織", 『東亞日報』, 1953. 7. 23.

(William C. Bullitt), 국제연합한국재건단장 쿨터(John B. Coulter) 등과 함께 해인사를 시찰했다.[19] 그리고 다음 날 국무회의에서는 "해인사 승려 중 6·25사변 시 사찰수호에 유공한 승려와 정릉 청암사 주지를 표창하라."는 유시를 문교부장관에게 내렸다.[20] 1953년 11월 13일에는 이승만이 미국에서 내한한 닉슨(Richard M. Nixon) 부통령과 함께 서울 정릉의 경국사를 방문하여 함께 사찰을 구경하기도 했다.[21]

이상에서 본 바와 같이 이승만은 1953년까지 대처승과 비구승, 혹은 불교 내부의 문제 등에 대해 명확한 언급을 하지 않았다. 다만 사찰을 관광자원이자 문화재로서 잘 유지하고 보존하는 것에 관심이 있어 보인다. 당시의 정황 상 사찰에 대한 관리와 조치는 필요해 보인다. 그런데 이승만은 갑작스럽게 대처승은 물러가라는 과격한 '불교 정화' 유시를 발표했다.

이승만의 '불교 정화' 유시는 1954년 5월 20일 처음으로 발표되었다. '불교 정화' 유시는 이 날을 시작으로 1955년 12월 8일까지 총 7차례 있었다. 대부분의 연구에서 유시의 요지는 교단과 사찰을 독신 비구승이 담당하여 운영하고, 대처승은 사찰 밖으로 나가라는 것으로 분석하고 있다. 유시의 효과와 그로 인한 결과를 불교계의 움직임 중심으로 분석한 것이다. 그러다보니 유시의 구체적인 내용에는 크게 주목하지 않았던 것 같다. 유시의 내용에 주목해보면 유시의 특징을 발견할 수 있다.

먼저 1차 유시를[22] 보면, 이승만의 유시는 분명히 비구승의 손을 들어주기 위한 것이었지만, 유시 내용에는 일단 비구승이라는 단어도, 대처승이

19) "李大統領 一行 海印寺 視察", 『東亞日報』, 1953. 10. 10.

20) 『第七十九回 國務會議錄』, 1953. 10. 9. 청암사는 1549년에 경국사로 이름을 바꾸었는데, 정황상 '청암사 주지'는 경국사의 주지인 김보현을 의미하는 것으로 보인다.

21) "닉슨氏 寺刹視察", 『京鄕新聞』, 1953. 11. 15.

22) 公報室 編, "사찰을 보존하자, 김대사(大師)를 찬양", 『大統領李承晩博士談話集』 2, 1956, 240~242쪽.

라는 단어도 보이지 않는다. 유시 첫머리에서는 정릉의 경국사 주지 김보현(金普現)을 칭찬하는데, 사찰을 잘 돌본 것과 신사 참배를 거부한 것을 강조했다. 이어서 일본인들이 그들의 불교를 한국에 전파한 결과 한국의 고상한 불도를 다 말살시켰고, 지금의 승도(僧徒)들은 중인지 속인인지 혼돈되고 있다고 지적했다. 그리고 농지개혁으로 인하여 몰수된 사찰의 불량답(佛糧畓)과 토지는 자작할 만한 것은 빨리 반환시켜 사찰을 보호하고 유지하는 데 도움이 되도록 했다. 마지막 부분은 유시의 핵심이라고 할 수 있는데, 인용하면 다음과 같다.

> "… 그 중에 긴요한 조건은 일인(日人) 중의 생활을 모범해서 우리나라 불도에 위반되게 행하는 자는 이후부터는 친일자로 인정받을 수밖에 없으니 가정 가지고 사는 중들은 다 사찰에서 나가서 살 것이며, 우리 불도를 숭상하는 중들만을 정부에서 도로 내주는 전답을 개척하며 지지해 가도록 할 것이니, 이 의도를 다시 깨닫고 시행하기를 지시하는 바이다."

1차 유시의 내용에서 특이한 점은 반복해서 일본인 승려들이 우리나라의 불도를 어지럽혔음을 강조한다는 것이다. 일본의 풍습, 일본식 제도와 친일을 의식적으로 유시 전체에서 언급하고 있다. 이 유시로 인하여 가정을 가진 승려들은 "친일자로 인정받을 수밖에 없"게 되었다. 대처승들은 '친일자'가 되지 않으려면 가정을 버리든지 아니면 사찰을 버려야 하는 상황이었다.

일본과 친일에 대한 강조는 이후의 유시에서도 나타난다. 같은 해인 1954년 11월 4일에 있었던 2차 유시에서는[23] 사찰을 수리하고 고적을 유지할 수 있도록 사찰 소속 농지를 돌려주는 것이 급무라고 말했다. 또 우리 불도의 고상함과 사찰의 귀중함을 이야기하면서 사찰이 세계 유람객들에

23) "倭式 宗教觀 버리라", 『서울신문』, 1954. 11. 6.(이재헌, 앞의 글, 2014, 288~291쪽 재인용)

게 보여주고 자랑할 만한 것임을 강조했다. 그리고 승려가 고기를 먹고 처첩을 두는 것이 일본 풍속임을 언급하고, '왜(倭)중'이 많이 생겨 중인지 속(俗)인지를 모르고 지내게 되었다고 지적했다. 현재 일본의 위협을 경계하면서는 "친일하는 사상을 가지고 국권의 위험을 염려치 않는 사람이 있다면 이것은 한인 전체가 포용할 수 없"다고 했다. 2차 유시에서 특이한 점은 승려들이 "일제히 대궐기"할 것을 요구하는 점이다. "모든 승니들은 먼저 애국정신을 발휘해서 일제히 대궐기하여 일본의 정신이나 습관을 흡수한 것은 일체 내버리고 완전한 한인의 태도와 결심을" 가지도록 힘쓰라고 했다. 또 이승만은 "내가 바라는 역사적인 대한불교를 숭배해서 그 제도대로 행하여 그 제도를 회복하고자 하는 중은 다 일대 궐기해서 애국심을 표명할 것"을 지시했다. 여기에서 대처승은 친일자, 비구승은 애국자로 규정되었고, 양측의 폭력 · 유혈 갈등을 조장하고 있었다. 이어서 "일본 풍속으로 중노릇을 하던 승려들은" 사찰 밖에 나가서 속인과 섞여 살라고 했다.

1 · 2차 유시를 보면 '대처승'을 "가정 가지고 사는 중", "일본 풍속으로 중노릇을 하던 승니"라고 표현했는데, 3차 유시에서는[24] '일본 불교가', '일본식 중'이라고 표현했다. 3차 유시는 2차 유시가 있은 지 보름 후인 11월 19일에 발표되었다. 구체적인 지시 사항은 정부 관리들이 '한국 불교가'와 '일본 불교가'를 나누고, '일본식 중'들은 차차 "충돌없이 자발적으로" 사찰을 떠나게 권면하도록 했다. 2차 유시에서 승려들이 "일제히 대궐기"하여 애국심을 표명하도록 한 것과는 차이가 있다. 유시 마지막에는 '일본식 중'들이 반항한다면 원칙대로 집행할 것이라고 했다.

1954년 12월 14일의 제4차 유시에는[25] 새로운 내용이 추가되었다. 주지

---

24) 公報室 編, "불교계 정화를 희망, 순리 해결을 종용", 앞의 책, 1956, 252~253쪽.

25) "帶妻僧 물러가라, 李大統領 4次諭示 佛敎淨化에 訓令", 『서울신문』, 1954. 12. 20(大韓佛敎曹溪宗總務院, 앞의 책, 1960, 7~8쪽에서 재인용).

직에 대해서는 문교부의 인허장을 받고, 그 절을 지배하게 될 것이라는 내용이었다. 이는 정권이 불교를 통제하고자 하는 의도가 표출된 것이라고도 볼 수 있다.[26]

1955년 6월 16일에 있었던 제5차 유시에서도[27] 이승만은 비구승과 대처승의 분쟁을 정지하고, "해결책은 당국과 의논"하라고 말했다. 이 유시에서 특이한 점은 대처승에 대해서 개인적으로는 조금도 다른 생각이 없다고 밝히고, 자신이 만나왔던 대처승들이 친일사상이나 불충한 뜻이 있다고 단언한 것이 아니며 그렇게 생각하지 않는다고 부언하는 내용이다. 6월 13일 국회에서는 문교위원장이던 김법린이 대처승이기 때문에 불교 분쟁을 문교위원회에 넘길 수 없다는 소동이 있었다.[28] 또한 15일 국회의사당 주변에서는 '불교도 일동'의 이름으로 "대처승 김법린 · 최갑환(崔甲煥)을 배척하라!"는 호소가 있었다.[29] 이와 같은 정황이 유시에 반영된 것일 수 있다. 유시에는 이어서 대처승들이 물러가지 않은 채 친공 · 친일 분자를 선동해서 활동하고 있음을 지적하고, 대처승을 '선동자'라고 했다.

같은 해 8월 4일에 있었던 제6차 유시에서는[30] "친일하던 중들"이 물러나야 함은 누구나 이론을 붙일 수 없는 것이라고 했다. 시국에 대해서는 "일본이 부당한 요구조건을 내걸고 한편으로는 공산당으로 하여금 한국정부 번복을 의도하게 하고, 한편으로는 친일하는 한인을 모아 당을 만들려고 기도하고 있는" 때라고 했다. 일본의 '용공성'에 대한 부분은 그 이전부

---

26) 이재헌, 앞의 글, 2014, 299~300쪽.

27) 公報室 編, "불교문제에 관하여", 앞의 책, 1956, 259~261쪽.

28) 國會事務處, "國務委員 出席要請에 關한 件(緊急動議)", 『第二十回 第五十九號 國會定期會議速記錄』, 1955. 6. 15, 8~9쪽.

29) "(記者席) 『帶妻僧議員을 排斥』", 『京鄉新聞』, 1955. 6. 16.

30) "倭色僧侶는 물러가라, 李大統領 佛教問題에 言明", 『東亞日報』, 1955. 8. 5; 이재헌, 앞의 글, 2014, 314쪽.

터 반일운동에서 이용되었고, 이승만은 반공운동과 결합된 반일운동을 진행시켜 왔었다.[31] 그런데 친일하는 한인들을 모아서 당을 만들려 한다는 발언은 당시 민주당이 창당을 앞두고 준비 중인 상황을 고려해서 나온 것으로 보인다. 이승만은 이미 1954년 4월 6일 담화에서도 일본인들이 친일하는 자들을 국회에 앉히고 있다는 말을 한 적이 있었다.[32] 유시에는 이어서 다시 한 번 특이한 발언이 나온다. "과거 일본식 중노릇하던 사람들이 지금에 와서 아무리 애국, 애족의 성심이 있다할지라도 그분들은 나라의 형편을 생각하고 조용히 물러가서 일본 황제 숭상하는 사상을 버리고 외국인 간섭을 있게 하는 일 등 없이" 하라는 것이다. 대처승들이 일본 황제를 숭상한다는 것도 근거가 없지만, 지금 애국·애족하더라도 물러가라는 것은 모순된 발언이었다. 이승만은 1954년 4월 7일 담화에서 일제시대에 무엇을 했든, 친일로 지목된 사람이라도 지금부터 무엇을 할 것인가에 따라 친일이다 아니다를 판단하는 것이라고 말했었다.[33]

마지막으로 1955년 12월 8일에 있었던 제7차 유시는[34] 비구승 측의 승리로 일단락 되어가는 상황에서 그동안의 경과에 대한 소회를 정리하고, 불교계에 대한 당부를 재차 강조하고자 하는 의도가 드러난다.[35] 먼저 일본의 야심을 막을 도리가 없고, 평화롭게 조처할 수 없기 때문에 친일분자와 애국민을 분간해야 하고, 따라서 비구승과 대처승을 구별해 놓은 것이라고 밝혔다. 그리고 이제부터는 "애당초에는 어떻게 해서 대처승과 비구승이 갈리었든지 그것은 더 문제를 삼지 말고 전사(前事)는 다 삭제해서"

---

31) 서중석, 「이승만대통령의 반일운동과 한국민족주의」, 『人文科學』 30, 2000, 304, 314쪽.

32) 公報室 編, "개헌조건부로 입후보케 하라", 앞의 책, 1956, 16쪽.

33) 公報室 編, "명철한 관찰로 흑백 가려라, 친일파 문제에 대하여", 위의 책, 17쪽.

34) 종단사간행위원회 편, 『太古宗史: 한국불교 정통 종단의 역사』, 한국불교출판부, 2006, 352~354쪽.

35) 이재헌, 앞의 글, 2014, 321쪽.

'화동'하며 지내고, 사찰에 소속된 토지는 돌려주어 사찰을 보수하고 개량해 나가도록 했다. 이는 고대문명과 건물 · 재산을 보호하고, 사찰 근처를 녹화해서 더욱 아름답고 자랑할 만하게 만들기 위한 것이며, 이것이 첫번째 목적이라고 말했다.

이상에서 살펴 본 바와 같이 이승만의 7차에 걸친 '불교 정화' 유시는 종교적 이해나 불교 내부의 갈등을 고려하는 형태가 아니었다. 단지 사찰과 같은 고적과 유물을 보존하여 아름답게 만드는 것이 목적이었던 것으로 보인다. 1차 유시가 있었던 다음 날의 국무회의에서 이승만은 문교부장관에게 "사찰의 임목(林木) 또는 시설 등은 적극 보호하도록 하라"고 지시했는데,[36] 여기에서도 비슷한 의도가 보인다. 7월 9일 국무회의에서는 사찰 주위에 민가의 신축을 금지하고 수목을 보호하도록 했다.[37] 이승만은 사찰을 유지하고 보호하여 관광 자원으로 만들고자 했다. 그런데 이승만의 유시에 의하면 사찰이 잘 유지되지 않고 있었던 이유는 대처승들 때문이었다. 그러므로 대처승들은 당장 사찰에서 떠나야 했다. 이를 실행하기 위해 설명된 논리는 대처승들이 '친일'하는 자들이라는 것이었다. 이 논리는 일곱 차례의 유시 전체에 반복되어 등장하고 있다.

대처승인 최갑환 의원도 이승만의 '사찰 정화' 유시가 사찰을 깨끗이 하라는 의도에서 나온 것으로 파악했다.[38] 사찰을 깨끗이 하는 것이 목적이

---

36) 『第二十八回 國務會議錄』, 1954. 5. 21.
제1차 유시가 있었던 날, 이승만은 내무부장관에게 경북 경주를 관광지로 발전시키기 위해 '公園地'와 '人家'를 구분하도록 계획하고 예산을 책정할 것을 지시했다. 이를 통해 도시를 보기 좋게 만들어 유람객을 유치하여 이익을 만들도록 했다. 경주를 국립공원으로 만들려는 계획은 1949년경부터 추진되었지만, 이 시점에 다시 강조된다는 것에서 '불교 정화'와 유사한 의도를 찾을 수 있다.("大秘指內 第9號", 『대통령문서』(AA0000567-0001), 1954. 5. 20) 그 다음 달에는 고적을 보존하는 단체를 조직해서 민간이 자발적으로 고적을 보전하도록 지시했다.(『第三十二回 國務會議錄』, 1954. 6. 25)

37) 『第三十四回 國務會議錄』, 1954. 7. 9.

었다면 이를 위해서 대처승이 절을 떠날 필요까지는 없었다. 비슷한 맥락에서 한희석(韓熙錫) 의원은 '불교 분쟁'이라는 파란을 일으키지 않고도 얼마든지 풍기를 바로 잡고 강기를 바로 세울 수 있을 것이라고 지적하고 있었다.[39]

이승만은 '불교 정화'의 실행 방법에서는 승려들에게 "일제히 궐기"하도록 하는 등 무력 투쟁을 직접 지시하는 모습을 보였다. 불교계의 갈등은 이승만의 유시로 시작되었고, 그것의 격화도 이승만의 유시에 의한 것이었다. 불교 내부의 갈등을 전혀 고려하지 않은 이승만의 유시는 대처승과 비구승 간의 갈등을 본격적으로 유발했고, 유혈 갈등으로까지 번지게 만들었다. 그 과정에서 대처승은 '친일자'들로 규명되어 철저하게 불리한 입장이 되었다. 대처승에는 이종욱(李鍾郁)이나 임석진(林錫珍) 등과 같이 분명한 친일파도 있지만, 기존의 연구에서 지적하는 것처럼 대처승의 친일 문제와 대처육식(帶妻肉食) 문제는 단순하지 않았다.[40] 그럼에도 이승만은 일방적인 유시를 발표하여 대처승을 친일한 자들로 규정했다.

불교 정화의 필요성에 대해서는 세간에서도 일반적으로 인식하고 있는 것이었다. 또 수도승이 사찰의 주도권을 잡아야 한다는 것도 많은 사람들이 인정하고 있었다. 이것은 '청정 수행 종단의 건설'이라는 대의명분에 대

---

38) 國會事務處, "佛敎不祥事態에 關한 質問", 『第二十回 第六十一號 國會定期會議速記錄』, 1955. 6. 16, 3쪽.

39) 國會事務處, 위의 글, 16쪽.

40) 강인철, 「해방 후 불교와 국가: 1945~1960: 비구 · 대처 갈등을 중심으로」, 『사회와 역사』 57, 2000, 82~91쪽; 김순석, 「이승만 정권의 불교정책」, 대한불교조계종 교육원 불학연구소 편, 『불교정화운동의 재조명』, 조계종출판사, 2008, 70~71쪽; 김광식, 「한용운의 불교 근대화 기획과 승려 결혼 자유론」, 『大覺思想』 11, 2008; 마이카 아워백(Micah Auerback), 「'친일불교' 역사학의 재고: 조선불교단과 1920년대 조선에서의 승려결혼에 대한 논쟁」, 『아세아연구』 51-3, 2008, 36~50쪽; 김용태, 「한국 근대불교의 대중화 모색과 정치적 세속화: 대처식육 문제를 중심으로」, 『佛敎研究』 35, 2011, 127~128쪽 등을 참조.

체적으로 공감하였기 때문이라고 볼 수 있다. 그러나 대처승에게 승려의 자격조차 인정하지 않고, 모두 사찰에서 나가도록 하는 것은 정당한 조치가 아니었다. 불교 정화 문제는 단지 불교의 문제로 한정되는 것이 아니라 사회문제로 연결되는 것이었다. 때문에 점진적이고 단계적인 해결 방안이 필요했다.[41] 유시 당시 천여 개가 넘는 사찰이 있었지만 비구승은 500여 명도 되지 않았다는 것을 고려하면 이승만의 지시는 현실적인 방법이 아니었다. 때문에 유시 이후 급조승 유입과 승려의 자질 하락, 불교 전통의 단절 등 부정적 요인들이 초래되었다.[42] 그리고 불교계 내부에서 해방 이후부터 자체적인 타협의 시도가 있었던 것도 고려되어야 할 것이다.[43] 그러나 이승만은 '대처승=친일'이라는 논리를 반복해서 강조하여 대처승을 일방적으로 배제시켰고, 폭력 갈등까지 조장하여 사태를 악화시켰다.

2) '불교 정화' 유시에 나타나는 반일주의의 배경

이승만 대통령의 '불교 정화' 유시 발표의 배경에 대해서는 다양한 해석이 있다. 우선 1차 유시를 보면 정릉 경국사 주지 김보현 대사를 언급하면서 지조를 지킨 승려를 찬양하고, 그렇지 않은 대처승들은 절에서 물러날 것을 지시하고 있다.[44] 불교도에 맞게 수행하고 사찰을 잘 보존해 온 김보현 대사 같은 승려들에 의해서 사찰이 유지되어야 한다는 것이 유시를 발표한 배경으로 볼 수 있다. 비슷한 맥락에서 '이승만이 충남 관촉사를 방문

---

41) "(社說) 佛敎紛爭에 一言", 『東亞日報』, 1955. 6. 16; 이재헌, 앞의 글, 2014, 324쪽.

42) 김용태, 앞의 글, 2011, 133쪽.

43) 대한불교조계종 교육원 편, 『曹溪宗史: 근현대편』, 조계종출판사, 2015, 195~196쪽; 종단사간행위원회 편, 앞의 책, 2006, 252~257쪽.

44) 公報室 編, '사찰을 보존하자, 김대사(大師)를 찬양', 앞의 책, 1956, 240~242쪽.

했을 때 머리를 기른 주지가 당황하여 긴 머리를 감추기 위해 모자를 쓰고 양복 위에 장삼을 걸치고 맞이하는 모습을 보고 불쾌해했다.', '이승만이 남한산성 장경사에 들러 절 주위를 둘러보다가 기저귀를 빠는 여인을 보고 의아해 하자 수행원이 요즘 절에는 대개 살림을 하고 있다고 말하여 실망했다.'는 등의 일화가 불교 정화 유시 발표의 배경으로 이야기된다.

유시 발표의 배경에 대한 좀 더 직접적인 증언도 있다. 비구승인 이청담(李靑潭)은 회고에서 이승만을 찾아가 '불교 정화'의 동기와 의의를 설명하였더니, 이후 대통령이 담화문을 발표하여 '정화' 추진의 일대 계기가 마련되었다고 말했다.[45] 비구승들이 이승만에게 직접 탄원을 한 것이 유시의 배경이 되었다는 것이다.

정치적인 상황을 고려한 해석도 있다. 이승만 정권 초기에 대처승 측인 중앙총무원 세력은 정치권력과 밀착되어 있었고, 정치화되어 있었다. 초기의 총무원 간부 대부분이 한민당과 관계를 가지고 있었을 뿐 아니라, 해방 후 초대 총무원장을 지낸 김법린을 비롯하여 제헌국회의원으로 당선된 유성갑(柳聖甲)과 최범술(崔凡述), 1950년의 제2대 총선에서 당선된 이종욱, 허영호(許永鎬), 박성하(朴性夏) 등 총무원 지도자 다수가 정계에 진출했다. 불교계는 한국전쟁이 발발하자 불교구국총연맹을 결성하여 이승만 대통령을 지원하는가 하면, 1953년 6월에는 승려방공단이 중심이 되어 '통일 없는 휴전'을 반대하고 북진통일을 절규하는 데모를 벌이기도 했었다. 그런데도 이승만이 대처승 중심의 총무원세력을 배제하고 소수파인 비구승 측을 지지하게 된 배경은 대처승 측 정치인사 다수가 반 이승만 진영으로 합류하였기 때문으로 보는 의견이 있다. 그리고 2차 개헌을 준비하면서 야기된 정치적 위기를 타개하기 위해 여론의 관심을 다른 곳으로 돌릴 필요

---

45) 靑潭, "나의 遍歷 (119): 宗團과 袂別 (完)", 『每日經濟新聞』, 1969. 9. 2.

도 있었기 때문이라는 것이다.[46)]

이승만의 기독교 우선 중심의 정책에서 '불교 정화' 의도를 찾기도 한다. 이승만은 전략적으로 기독교를 우선으로 하고 기독교 세력을 정치적 기반으로 육성했다. 반면 다른 종교들에게는 많은 제재를 가하고 분열을 유도하는 등 종교집단을 적절히 활용했다.[47)] 여러 가지 이유가 있겠지만 결과적으로 타종교에 비해서 기독교의 성장세는 압도적이었다.[48)]

이상과 같은 요인들이 '불교 정화' 유시의 배경으로 지적될 수 있지만, 확실한 근거 자료는 없기 때문에 정황과 결과를 바탕으로 추론할 수밖에 없다. 앞에서 살펴본 바를 통해 이승만의 발언을 종합해보면 이승만은 사찰을 문화재이자 관광 자원 정도로 생각하고, 이를 보존·발전시키려는 의도에서 사찰의 '정화'를 추진했다. 사찰을 잘 보존하고 발전시키기 위해서 한국의 '고상한 불도'를 잘 지켜온 비구승에게 사찰을 맡기겠다는 것이었다.

한편 분명한 것은 이승만의 유시 내용을 통해 알 수 있듯이 대처승들은 '친일자'로 규정되었고, 일본 불교의 도를 숭상했기 때문에 쫓겨났다는 것이다. '불교 정화' 유시가 발표된 데에는 여러 가지 요인이 작동한 것으로 보이지만, '정화'의 실행을 위한 근거가 된 것은 '친일'이냐 아니냐의 논리였다. 반일주의를 통해서 유시에 저항하기 힘든 분위기를 만들어 낼 수 있었고, 법적 근거가 없다는 약점도 무시하고 '정화'를 진행할 수 있었다.

이승만은 '불교 정화' 유시를 발표했던 시기에 사회 전반에 걸쳐 '반일'을

---

46) 노치준·강인철, 앞의 글, 1995, 190쪽; "統一없는 休戰은 限死 反對, 全愛國政黨社會團體서 共同聲明", 『東亞日報』, 1953. 4. 18; "僧侶들까지 끼어, 서울의 統一 絕叫 示威 繼續", 『東亞日報』, 1953. 6. 19.

47) 이재헌, 앞의 글, 2014, 264쪽; 이재헌, 앞의 글, 2010, 248~255쪽; 김순석, 앞의 글, 2008, 63~65쪽; 박희승, 앞의 글, 1994, 51~52쪽.

48) "百77個를 新築, 一年間의 敎會·寺刹 等 建築 統計", 『京鄕新聞』, 1957. 12. 25.

강조하고 있었다. '반일주의'는 반공주의와 함께 1950년대의 부차적인 지배 이데올로기였다.[49] 이는 친일파 청산에 반대했고, 오히려 이들을 대폭 기용한 제1공화국의 성격과 모순되는 것이었다. 그러나 '감정적 반일주의'로서 반일주의는 일제식민지 지배에 대한 일반대중들의 처참한 기억을 동원하는 지배정치이데올로기 역할을 했다. 이승만의 반일주의는 체제 정당화와 대중동원을 위한 목적을 갖고 있었고, 이외에 정치적 반대세력을 무력화시키려는 목적도 내포되어 있었다.[50]

제1차 '불교 정화' 유시가 있었던 1954년 5월 20일은 제3대 민의원 선거가 있던 날이었다. 이승만은 이 선거를 앞두고 중요한 담화를 발표했다. 4월 7일 담화에서 이승만은 친일파에 대해서 규정했는데, 일제시대에 무엇을 했느냐로 친일을 결정하는 것이 아니라, "그때 뭘 했든지간에 그때 친일로 지목된 사람이 지금부터 무엇을 할 것인가를 그 사람의 의사와 행동으로 표시되고 안되고에 친일이다 아니다 하는 것을 판단하는 것"이라고 말했다.[51] 해방 이후 친일파 처단은 가장 중요한 문제 가운데 하나였다. 그런 와중에 과거의 친일 행위를 덮어 두자는 발언은 사회적 물의를 일으킬 수밖에 없었다. 때문에 4월 26일의 국무회의에서 이승만은 법무부장관과 내무부장관에게 "금반 시행하는 민의원의원선거에 있어 친일분자의 입후보를 금지 작정인바 친일분자의 규정(정의 범위)을 연구하라."는 지시를 했다.[52]

약 한 달 후인 5월 13일의 담화에 '친일분자의 규정'이 다시 나타난다. 이승만은 일본이 여전히 한국을 병합할 목적으로 행동하고 선전하고 있으

---

49) 서중석, 앞의 글, 2000; 손호철, 「1950년대 한국사회의 이데올로기: 한국전쟁 이후시기를 중심으로」, 『한국정치연구』 5-1, 1996.

50) 손호철, 앞의 글, 1996, 45~57쪽; 서중석, 『한국근현대의 민족문제연구』, 지식산업사, 1989, 270~271쪽.

51) 公報室 編, "명철한 관찰로 흑백 가려라, 친일파 문제에 대하여", 앞의 책, 1956, 17~19쪽.

52) 『第二十四回 國務會議錄』, 1954. 4. 26.

며, 한국을 무시하고 한인들을 모욕하는 것이 예전 못지않다고 주장했다. 담화의 마지막에는 “누가 친일하는 자이냐.”에 대해서 여섯 가지를 새롭게 정하고 있다. 그 중 첫 번째는 “기왕에 친일하던 자들로, 지금 일본인의 야심을 알고도 친선을 주장하는 자들”이라고 했다.[53]

이승만의 친일 관련 담화는 두 가지로 해석할 수 있다. 4월 7일의 담화는 친일파의 등용을 위한 것으로 볼 수 있다. 이승만 정권은 성립기부터 경찰은 물론이고 관리들도 친일파가 다수를 차지했다. 그러나 장관 등에는 독립운동자도 임명되었고, 친일파가 적은 편이었다. 그런데 1954년경부터 장차관에 친일파의 임용이 두드러졌다. 자유당의 경우 초기에는 친일파가 주요 간부직을 맡은 경우가 적었으나, 1954년 5 · 20총선 이후로는 달라졌다. 이재학(李在鶴), 한희석, 장경근(張暻根), 임철호(任哲鎬), 김의준(金意俊) 등은 친일파였다.[54] 이승만의 담화는 이들 친일파를 중용하기 위한 장치적인 역할을 했다고 볼 수 있다.

두 번째로 5월 13일의 담화는 손호철이 지적한 바와 같이 정치적 반대세력을 무력화시키려는 목적이 내포되어 있었다. 야당인 민국당과 민주당 세력은 지주부르주아지 출신으로 친일성을 띠거나, 친일행위를 한 자들이 많았다.[55] 또한 이들은 미국과의 관계를 고려하여 한일국교 정상화를 주장하기도 했다. 이는 위에서 본 이승만의 “친일하는 자” 규정 첫 번째에 부합하는 것이다. 이승만은 담화를 통해 은근히 민국당 지지를 친일행위로 매도했었다.[56]

---

53) 公報室 編, “친일 친공분자를 엄계하라, 일의 침략적 근성은 가증”, 앞의 책, 1956, 29~31쪽.

54) 서중석, 앞의 글, 2000, 315쪽.

55) 한민당과 민국당, 민주당 간부들의 친일 전력에 대해서는 서중석, 「한국 야당의 두 얼굴: 민주당(1955~1961)을 중심으로」, 『이승만의 정치이데올로기』, 역사비평사, 2005, 215~223쪽을 참조.

이상과 같이 이 시기의 반일주의는 다양한 용도와 목적으로 사용되었다. 같은 시기에 있었던 '불교 정화' 유시에서 대처승들은 친일한 자들로 규정되었다. 대처승들은 반복되는 유시에서 철저하게 친일파로 낙인찍혔다. 이승만에 의해 자의적으로 정해지는 친일–반일의 논리는 저항하기 힘든 상황을 조성했다. 이는 이승만이 강조한 반일주의가 가졌던 동력과 더불어 당시의 시대적 분위기와도 연관이 있다.

서중석은 이승만이 1954~1955년경 어느 시점에서부터 한일회담 타결보다는 반일운동에 역점을 두게 된다고 지적했다.[57] 이는 한일 간의 독도, 평화선, 재산청구권, 문화재 반환, 원조물자 조달지역 문제 등에서 잘 나타난다. 이승만은 1954년 5월 13일 담화에서 일본에 대한 불만을 직접 표출했다. 불만의 내용은 일본이 한국에 있는 모든 재산 중 85%를 일본의 소유라고 하면서 배상하라고 하는 것, 약탈한 문화재를 돌려주지 않는 것, 일본 어업자들이 어장을 독점하고 '평화선'을 지키지 않는 것, 밀수를 통해 친일자들의 총선거 비용을 지원하는 것, 친일자들을 보호해주며 선동시키는 것, 침략의 야욕을 보이며 미국을 선동하고 있는 것 등이었다.[58]

한일 간의 갈등은 '불교 정화' 유시가 있었던 시기에 특히 고조되어 있었다. 일본은 한국 측의 대일(對日) 청구권 주장에 대응하여 재한일본인 사유재산 청구권을 주장해 왔는데, 이는 한일 관계를 악화시켰다.[59] 이어서 1953년 10월에는 제3차 한일회담이 '구보타(久保田) 발언'으로 결렬되어 한

---

56) 손호철, 앞의 글, 1996, 53쪽.
이승만은 1956년 정부통령선거에서 민주당의 신익희(申翼熙) 후보를 친일분자로 몰아세운 바 있다.(서중석, 앞의 글, 2000, 316쪽)

57) 서중석, 앞의 글, 2000, 313쪽.

58) 公報室 編, "친일 친공분자를 엄계하라, 일의 침략적 근성은 가증", 앞의 책, 1956, 30~31쪽.

59) 오오타 오사무 저, 송병권·박상현·오미정 역, 『한일교섭 -청구권문제 연구』, 선인, 2008, 130~131쪽.

국 측의 일본에 대한 불신은 한층 강화되어 있었다. 이와 같은 상황에서 원조물자의 대일 조달문제가 1954년을 전후한 시기에 문제가 되었다.[60] 관련해서 한국 정부에서는 일본제 상품 수입 및 매매를 철저히 단속하겠다고 경고하고 나섰다.[61] 독도 문제도 1953~1954년 사이에 본격적인 대립과 충돌이 격화되고 있었다.[62] 그리고 평화선을 둘러싼 갈등 역시 이 시기에 가장 심각하게 나타났다. 1952년 평화선이 선포된 이후부터 1955년까지 일본 어선의 평화선 침범과 나포를 둘러싼 평화선 분쟁은 무력 충돌 직전까지 이르렀다.[63]

이승만은 1954년을 전후해서 일본의 재무장과 미국의 일본 지원을 경계하는 모습을 계속해서 나타냈다. 극동의 반공방위기구 구상에서 일본을 제외하려는 움직임도 같은 맥락에서 볼 수 있다. 이승만은 미국의 아시아 정책, 특히 대일정책에 대해서 불만을 표시하고 있었다. 1954년 들어 이승만은 일본이 또 다시 침략적 행위를 하지 못하도록 미국이 경고하고 중개해야 한다고 성명했다[64] 또한 일본은 1954년 하반기에 중국과 소련에 대

---

60) 李鍾元, 『東アジア冷戰と韓米日關係』, 東京, 東京大學出版會, 1996, 187~188쪽.
1954년 2월 4일 이승만은 미국의 일본 중시 정책을 격렬히 비난하는 서한을 아이젠하워에게 발송했다. 서한에서 부흥원조의 대일 조달이 비판의 표적이 되었다.

61) "日製品 嚴重 團束, 白內務長官, 一般의 協助 要望", 『京鄕新聞』, 1954. 2. 24.

62) 정병준, 「1953~1954년 독도에서의 한일충돌과 한국의 독도수호정책」, 『한국독립운동사연구』 41, 2012, 390~391쪽.
1953년 5월 이후 일본은 독도상륙, 독도의 한국령 표지 제거 · 일본령 표지 설치, 조업 중인 한국어부 협박 등의 물리적 강압을 동원하기 시작했다.

63) 오제연, 「평화선과 한일협정」, 『역사문제연구』 14, 2005, 26쪽; 박진희, 「제1공화국 시기 '平和線'과 韓日會談」, 『한국민족운동사연구』 47, 2006, 310쪽.

64) "李大統領 對美 重大警告, 太盟結成을 促求, 美對日援助는 不賢明策", 『東亞日報』, 1954. 1. 31. 이승만은 4월 30일 국무회의에서 "일본에 대하여 최소한도 배상요구 20억불을 요청할 방침이라는 것을 미국 측에 통지하는 동시에 이에 대한 적극적인 교섭을 하라."는 유시를 내렸다. 그리고 밴플리트(James A. Van Fleet) 장군이 내한하면 "일본의 야욕을 갈파 선전하라."고 지시했다.(『第二十五回 國務會議錄』, 1954. 4. 30)

한 접근을 강화했는데, 1955년 초에는 북한에도 접근하게 되었다. 이는 이승만 정권이 대규모 반일시위를 일으키게 한 직접적인 계기가 되었다.[65] 일본이 공산국가와 접근하는 것에 대해 이승만은 계속해서 우려를 표시했었다.[66]

이승만의 반일주의는 그의 측근들에 의해서도 선전되었다. 이승만의 측근들은 일본의 침략근성과 문화적인 후진성 등을 주장했고, 일본의 팽창주의를 경계하고, 재침략 계획에 대해 비판했다. 이와 같은 선전은 정부간행물, 신문, 잡지, 기념식전과 집회 연설 등에서 되풀이 되었다. 어용단체들도 도민대회나 시민대회를 열고 이를 지지했다.[67]

교육에서도 반공과 함께 '방일(防日)'의 교육방침이 만들어졌다. 1954년 6월 12일자로 문교부는 국민학교와 중학교, 고등학교에서 매 학년, 매주 한 시간 이상 반공과 방일 교육을 실시하도록 지시했다. 또 6월 19일에는 각 기관장에게 "반공방일주의로써 학생 지도 이념을 확립"하라는 훈령을 내렸다.[68]

1954년 5월 23일에는 1941년 미국에서 출판되었던 이승만의 책『*Japan Inside Out*』이 번역된다는 소식이 신문에 보도되었다.[69] 이 책은 일본제국주의의 침략 계획과 과정을 다룬 책이었다. 이와 같은 성격의 책이 이

---

65) 서중석,「이승만의 반일운동과 한·일 양국인의 연대」, 앞의 책, 2005, 428~429쪽.

66) 오오타 오사무 저, 송병권·박상현·오미정 역, 앞의 책, 2008, 161~164쪽.

67) 오오타 오사무 저, 송병권·박상현·오미정 역, 위의 책, 164~167쪽.

68) 후지이 다케시,「1950년대 반공 교재의 정치학」,『역사문제연구』30, 2013, 59~61쪽. 같은 글에 의하면 1954년 4월 22일 문교부 장관에 취임한 李瑄根은 반공과 동시에 반일을 내세울 수 있는 인물을 필요로 했던 이승만의 의도로 인해 기용되었다. 문교부는 종교계의 문제를 관할하고 있었고, '불교 정화'와도 직접적인 관련이 있었다.

69) "李博士 著書 "日本暴露記" 15年 만에 우리말로 飜譯",『京鄕新聞』, 1954. 5. 23. 이 책은『日本內幕記』라는 제목으로 1954년 9월 15일에 발행되었다.(李承晩 저, 朴마리아 역,『日本內幕記』, 自由黨宣傳部, 1954).

시점에서 번역되어 발간된 것 역시 반일주의 선전의 일환으로 볼 수 있을 것이다.

실제로 이승만은 정부 차원에서 반일사상 혹은 배일사상을 고취하도록 지시했다. 1953년 12월 31일 국무회의에서는 "일본국 또는 일본인의 불법적 행동에 대하여 국민을 계몽 선전하여 배일사상을 □養함이 좋겠다."라는 유시를 내렸다.[70] 1954년 4월 2일 국무회의에서는 "일본에 대한 적개심을 함양하라."는 지시를 국무위원 전원에게 내렸고, 공보처장 갈홍기(葛弘基)에게는 "일본상품의 밀수출로 인하여 경제계 혼란이 생기였다고 언론기관을 통하여 선전하도록 하라."는 지시를 했다.[71] 5월 14일에는 다시 "일본에 대한 적개심과 배일사상을 함양 고취하라."는 직접적인 유시를 내렸다.[72]

이상과 같이 이승만 정권의 반일주의는 이승만에 의해 직접 지시되었고, 사회 전반에 걸쳐 영향을 미치고 있었다. 반일주의는 미국과 일본에 대한 정치·외교적인 무기로써 기능했고, 동시에 내적으로는 국민 동원과 통합의 수단으로써 기능했다.[73] 그 과정의 한 가운데에 놓인 시기에 이승만의 '불교 정화' 유시가 있었고, 그 유시에는 반일주의가 이승만의 의도를 실행하는 수단으로 이용되었다. 또한 '일본식 승려'로 규정된 대처승의 배척을 통해 이승만은 반일주의를 종교와 사회면에서 선전하는 효과를 얻을 수 있었다. 대처승을 배척하는 반일이라는 명목은 이승만의 유시가 헌법을 무시한 것임에도 불구하고, 그대로 밀어 붙이는 동력을 제공하는 역할도 했다.

---

70) 『第九十一回 國務會議錄』, 1953. 12. 31.

71) 『第十九回 國務會議錄』, 1954. 4. 2.

72) 『第二十七回 國務會議錄』, 1954. 5. 14.

73) 오오타 오사무, 『韓日 請求權交涉 硏究』, 고려대 사학과 박사학위논문, 2000, 103~104쪽.

3. '불교 정화'의 양상과 불교계의 정치 개입

1) '불교 정화' 유시 이후 불교계의 갈등과 소송 대결

이승만 대통령의 '불교 정화' 유시는 불교계 내부에 존재하고 있던 갈등을 폭발하게 만들었고, 양측이 타협보다는 권력에 의지하도록 분위기를 조성했다. 이승만의 유시로 인해 대처승과 비구승의 대립은 표면화되기 시작했다. 양측은 여러 차례 타협점을 모색하기도 했다. 비구승 측의 경우 동산(東山)·청담 등이 강경한 입장이었던 데 비해 효봉(曉峰)·금오(金烏) 등은 온건한 입장이었다. 전자의 경우 한꺼번에 대처승이 소유한 절을 장악하지 않으면 후일 화근이 된다는 주장이었고, 후자의 경우 비구승은 아직 숫자도 적고 사찰 업무에 서툴기 때문에 서서히 정화를 추진하자는 입장이었다. 대처승 측에서도 나름대로 수행·교화 양 체제를 모색하는 등 부분적인 변화가 나타나고 있었다.[74]

그러나 정부의 거듭된 개입으로 인해 사태는 비구승 측에 유리하게 진행되었고, 이로 인해 비구승 측은 타협적인 자세를 가지기 힘들었다. 특히 수적으로 절대 열세였던 비구승들에게 대통령의 유시는 큰 힘이 되었다. 물론 대통령의 불교 내부 문제를 다루는 담화에 대하여 "외부의 힘을 빌린 정화는 진정한 정화가 아니다."라는 비구승 측 성철(性徹)의 원칙적인 문제제기가 있었고, 정치권력까지 끌어들이는 것에 대한 신중론도 일부 있었다. 그러나 분위기는 수단 방법을 구분하지 말고 정화하자는 강경론이 대세였다.[75] 비구승들은 '전국비구승대회'를 개최하여 '불교 정화'의 강경한 입장을 분명히 했다. 대처승을 몰아내기 위해 승려들이 "일제히 대궐기"할

---

74) 조명제, 앞의 글, 2000, 239~240쪽.

75) 박희승, 앞의 글, 1994, 49쪽.

것을 요구했던 제2차 유시 이후에는 '사찰점유 쟁탈전'이 일어나면서 유혈 사태도 빈번하게 발생했다.

주지직에 대해서 문교부의 허가를 받도록 지시한 이승만의 제4차 유시 이후에는 대처승과 비구승 간의 갈등에 정부가 직접 개입하게 되었다. 보름 후의 1954년 12월 31일 국무회의에서 이승만은 내무부장관과 문교부장관에게 "불교 교파간의 분쟁을 종결케 하고 정화에 노력하라."는 유시를 추가로 내렸다.[76] 다음 달인 1955년 1월 26일 문교부는 양측을 소집해 '불교정화수습대책위원회' 구성을 시도했으나 성과 없이 결렬됐다. 2월 4일에는 이선근 문교부장관 주재하에 양측이 연석회의를 통해 승려자격에 대해 합의하였으나,[77] 다시 대처승 측의 반발로 분쟁이 재연되었다. 5월 18일에는 문교부장관과 치안국장 등이 참석한 가운데 대처승과 비구승 양측이 회동하였다. 여기에서는 '불교정화특별대책위원회'를 구성하도록 했는데, 양측이 각각 5명의 대표자를 선출하게 하였고, 이들이 다수결제로 제반 규정을 결정하고 양측이 가부 동수(同數)일 경우에는 문교부장관이 결정권을 가지도록 했다. 그리고 전국의 주지 선거를 일제히 조속한 시일 내에 시행하도록 결정했다. 대처승에 대해서는 6월 30일까지 사찰 경내에서 퇴거할 것을 결정했다.[78] 정부에서는 이승만의 유시를 따라 비구승 측을 지원하고 있었기 때문에 가부 동수의 경우 문교부장관이 결정권을 가진다면 결과는 비구승 측에 유리해 질 수밖에 없었다.

그러나 1955년 6월 9일 비구승 측에서는 그들이 주장하는 불교 정화가 이루어지지 않는다면 죽음을 택하겠다고 천명하며 단식투쟁에 돌입했다.[79] 비구승들은 일방적으로 유리한 결과를 요구했던 것으로 보인다. 10

---

76) 『第六十七回 國務會議錄』, 1954. 12. 31.

77) "難題는 財團歸屬, 우선 僧侶資格에만 合意", 『東亞日報』, 1955. 2. 6.

78) "淨化對策委를 構成, 全寺刹住持選擧 6月末까지 實施 合意", 『東亞日報』, 1955. 5. 19.

일 새벽에는 대처승 약 3백 명이 조계사에 몰려와 조계사 간판을 내리고 태고사 간판을 붙이는 등 난투극이 벌어졌다. 싸움 중에 비구승 김지효(金智曉)는 할복자살을 기도했고, 대처승 약 백 명은 경찰서로 연행되었다.[80]

불교 분쟁은 국회에서도 논의되었다. 1955년 6월 10일과 11일 문교분과위원회에서는 정부가 철저한 대책을 강구하도록 요청하고 본격적으로 진상을 조사하기로 했다. 15일부터는 문교부장관과 내무부장관이 국회에 참석한 가운데 정부측 답변이 있었다. 여기에서 여러 의원들은 종교 문제에 행정부가 간섭한 것과 사태수습을 도모하지 않고 편파적인 권력행사를 집행한 것에 문제를 제기했다. 이영희(李泳熙) 의원은 비구승 중에서도 대처승 이상으로 '정화'에 반대되는 행위를 하는 자들이 있음을 말하고, 대처승에게만 일방적으로 탄압이 이루어지고 있다고 지적했다.[81] 김영삼(金泳三) 의원은 헌법 12조 "모든 국민은 신앙과 양심의 자유를 가진다. 국교는 존재하지 아니하며 종교는 정치로부터 분리된다."는 조항을 들어 정부를 공박했다. 대처승인 최갑환 의원은 종교와 고적을 어떻게 혼동하고 있는지를 장관들에게 질문했다.[82] 이는 이승만이 사찰을 단순히 문화재의 하나로 보고 보호해서 관광 자원으로 개발시키려는 의도를 비판한 것이라 할 수 있다.

불교 분쟁에 대한 조사 보고를 맡은 문교위원회에서는 모든 사태를 일단 비구승 측이 태고사를 폭력으로 집단 점거한 1954년 11월 5일 이전의 상황으로 회복시키고, 사찰 정화문제는 정부가 관여하지 않고 불교계가 자

79) "또「斷食」鬪爭, 比丘僧侶",『東亞日報』, 1955. 6. 10.

80) "그치지 않는 僧房 悲劇, 曹溪寺서 大衝突",『京鄕新聞』, 1955. 6. 11.

81) 國會事務處, "佛教不祥事態에 關한 質問",『第二十回 第六十號 國會定期會議速記錄』, 1955. 6. 15, 14~15쪽.

82) 國會事務處, '佛教不祥事態에 關한 質問',『第二十回 第六十一號 國會定期會議速記錄』, 1955. 6. 16, 1~4쪽.

율적으로 하도록 하는 건의안을 작성했다. 그리고 정부가 분쟁을 용인·야기하고 있다는 것과 종교 문제에 간섭하고 있는 것을 지적했다. 그러나 국회본회의에서 불교 분쟁 문제를 더 이상 토론하지 말자는 박영종(朴永鍾) 의원의 동의(動議)가 재석 의원 111인 중에 가 57표, 부 1표로 가결되었다.[83] 결국 국회는 불교 사태에 관한 해결책을 마련하지 못한 채 성과 없이 끝나고 말았다. 같은 날 이승만은 제5차 유시를 통해 비구승에게 힘을 실어주었다.

대처승 측과 비구승 측은 1955년 7월부터 다시 문교부의 주선으로 수차례 회합을 가졌으나 비구승 측에서는 새로운 종회의원을 선출하자고 했고, 대처승 측에서는 현 총무원 체제를 인정할 것을 주장하여 의견이 대립되었다. 결국 비구승 측의 주장대로 8월 2일부터 5일까지 '전국승려대회'가 개최되어 대처승이 구성한 과거의 종정 및 총무원 간부 해임과 조직 해체가 결의되었고, 새로운 간부의 선출, 종헌 선포, 종회의원 선출, 주지 임명 등이 결정되었다.[84] 문교부와 내무부 당국에서는 '전국승려대회'의 결의 사항을 인정했다. 여기에는 5일 이승만이 문교부장관과 내무부장관을 불러 "조속히 해결을 못 지을 바에는 물러가도록 하라."는 강경한 의사를 표시하였던 것이 영향을 미쳤다고 풀이된다.[85] 그러나 승려대회 자체를 인정하지 않는 대처승 측이 소송을 제기함으로서 불교계의 분규는 법적 분쟁으로

83) 國會事務處, "太古寺 不法侵入에 關한 請願 및 佛敎紛爭에 關한 請願書 處理의 件", 『第二十回 第六十一號 國會定期會議速記錄』, 1955. 6. 16, 17~18쪽, 20쪽.
박영출 의원 동의안의 정확한 내용은 다음과 같다. "한국불교분규문제에 있어서는 안녕질서보호와 재산생명의 보호에 관계되는 법적인 한계 내에서만 앞으로 사직당국은 그 법적 일은 모르지만 그 한도 외에 문교부나 혹은 내무부나 더욱이 우리 국회는 이 이상 이 문제를 취급하지 않도록 동의합니다."

84) "總務院 幹部解任, 全國僧侶大會서 決議", 『京鄉新聞』, 1955. 8. 4; "僧侶大會 五日閉幕", 『京鄉新聞』, 1955. 8. 6.

85) "佛敎界 紛爭 終幕, 全國僧侶大會를 合法으로 認定", 『東亞日報』, 1955. 8. 13.

전환되었다.[86]

1956년 이후 대처승과 비구승 양측이 제기한 소송은 80여 건에 달했다. 이로 인해 사찰 재산이 소송비용으로 남용되는 등, 사찰 관리권 보호 및 쟁취에 막대한 재정이 투입되면서 사찰 환경은 극도로 황폐화되어 갔다. 또한 사찰에 보관되어 있던 귀중한 문화재에 대한 관리 소홀로 인해 상당수의 국보, 보물, 전적 등이 유실되었다. 사찰의 관리권 확보를 위한 과정에서는 폭력 사태가 빈번하게 발생하여 불교의 위상을 손상시키는 일도 많았다.[87]

대처승 측은 전국승려대회의 결의 및 불교정화대책위원회의 결의가 무효라는 것을 확인해 달라는 소송을 제기하여 1956년 6월 15일 법원으로부터 승소 판결을 받았다. 법원은 헌법에 어긋나는 감독관청의 간섭을 규탄하였다. 비구승 측은 이에 불복하고 서울 고등법원에 항고하였다. 1957년 9월 17일 서울 고등법원은 대한불교의 정통이 비구승 측에 있느냐 대처승 측에 있느냐는 문제를 놓고 비구승 측의 손을 들어주었다. 결국 이 문제는 대법원까지 갔고, 대법원은 1960년 11월 24일 대처승 측에 승소판결을 내렸다. 사태가 이렇게 되자 비구승들은 법정에 난입했고, 이 가운데 333명이 구속되었다. 이 때 법정에 진입한 비구승 가운데 6명은 대법원장 비서

---

86) 조명제, 앞의 글, 2000, 241~242쪽.
비구승 측에서는 전국승려대회를 '정화운동' 추진의 최대 난관을 넘게 한 역사적인 사건이자, '청정 승단'이 설립될 단초를 마련한 정화운동의 분수령으로 보고 있다. 미진한 점이 적지 않았지만 대의명분에서는 성공한 운동이라는 것이다. 특히 '사회'에서 공인받았다는 점에서 한국 불교의 전통을 회복, 계승하였음을 의미한다고 주장한다. 승려대회를 통하여 추진된 정화운동 과정에서 일부 대처승들이 비협조적이었지만 대체로 수긍하는 입장이어서 큰 불상사는 없었다고 서술했다.(대한불교조계종 교육원 편, 앞의 책, 2015, 205~207쪽) 이 전국승려대회를 기점으로 비구승 측이 종권, 재산권, 사찰 관리권 등 대부분의 권한을 가질 수 있었다고 한다.(김광식, 「대한불교조계종의 성립과 성격: 1941~1962년의 조계종」, 『韓國禪學』 34, 2013, 212~213쪽).

87) 대한불교조계종 교육원 편, 위의 책, 207~208쪽.

실에서 대법관의 면담을 요청하면서 할복을 했다. 비구승들은 재판의 결과로 정화운동의 정당성을 보장받는다고 생각하였기 때문에 그만큼 과격한 행동을 했던 것이다.[88]

2) 불교계의 정치화와 선거 운동

불교계의 '정화'라는 것이 내부적으로 이루어질 수 없는 상황에서 분쟁은 소송전으로 이어졌다. 그 과정에서 대처승과 비구승 양측은 국가 권력에 더 유착될 수밖에 없었다. 특히 비구승 측은 '불교 정화' 유시를 통해 이승만 정권과 공고한 지지와 후원 관계를 형성했다. 이승만 대통령의 유시에 의지했던 비구승 측은 1954년 8월 선학원에서 개최된 전국비구승대표자대회에서 이승만의 유시에 대한 감사문과 건의서를 작성하기도 했다. 이는 비구승 측의 정금오와 이청담을 통해 공보처장에게 전달되었다.[89] 또한 비구승 측은 경무대 앞에서 북진통일 지지 시위를 하는 등 이승만 정권의 정책을 무분별하게 찬양하는 모습을 보이기도 했다.[90]

비구승 측은 선거에 직접 개입하기도 했는데, 1956년 5 · 15정부통령선거를 앞두고는 비구승 측 대표들이 경무대를 방문하여 이승만의 대통령 선거 재출마를 호소했다.[91] 4월 15일에는 이승만의 '3차 출마 간청 데모'에서

88) 김순석, 앞의 글, 2008, 72~73쪽.

89) 김광식, 『근현대불교의 재조명』, 民族社, 2000, 392쪽.

90) 박희승, 「民族統一과 佛教: 現段階 民族統一 論議와 佛教의 課題」, 『석림』 27, 1993, 110쪽.

91) 대처승 측의 주장에 따르면 비구승들은 이승만의 3선 출마를 간원하기 위해 '牛意', '馬意'와 함께 소위 '僧意'를 발동하였고, 조계사에서는 출마 단식기도를 1개월 동안 진행했었다고 한다. 또 각 사찰 포교당을 동원하여 '이승만 당선기도회'를 개최하고 직접 지도위원을 전국에 파견하여 각지 신도들에게 강제 투표를 강요하였다고 한다. (大韓佛教曹溪宗總務院, 앞의 책, 1960, 29쪽)

단식기도를 했다. 4월 24일에 이청담, 문현구(文玄球) 등은 이승만과 이기붕(李起鵬)을 지지하기 위해 대한불교조계종 선거대책위원회를 구성하였다는 공고문을 발표했다. 이들은 선거대책위원회의 간판을 종단 중앙총무원 사무실에 내걸고 선거 운동을 벌였다.[92)]

1960년의 3 · 15부정선거에도 비구승 측은 체계적으로 동원되었다. 4 · 19혁명 이후 이청담은 자유당에 정치 자금을 헌납한 혐의로 조사를 받아야 했다.[93)] 1961년 2월 초 특별검찰부는 비구승들의 부정 선거 관련 혐의 사건을 수사하기 시작하여, 이청담을 비롯한 비구승 4명을 정식 입건했다.[94)]

이승만의 하야 이후 대한불교조계종총무원에서는 『李承晩의 不法諭示와 佛敎波動의 眞相』이라는 책자를 통해 비구승의 정치 개입과 선거 활동을 '악질적 범과'라고 맹비난했다. 그러나 정권에 종속되는 모습은 대처승 측도 마찬가지였다. 불교조계종총무원의 '특별법회 관계서류' 문건에는 대처승 측이 1958년 5 · 2총선에 개입한 모습이 분명하게 나타나 있다.

위의 '특별법회 관계서류'에 따르면 1958년 2월 13일 불교조계종총무원에서 종무원장 회의가 열렸다. 이 회의에는 각 도의 종무원장 등이 모여 "종단 운영에 필요한 지시 사항과 긴급하고도 중요한 당면 문제" 등이 토

---

92) "選擧對委 公告, 佛陀精神 冒瀆", 『東亞日報』, 1956. 4. 28; "曹溪宗 選擧對委는 虛名", 『京鄕新聞』, 1956. 4. 28.
대한불교조계종 전국신도회 대표중앙상임최고위원 玄悟는 대한불교조계종의 선거대책위원회 구성 공고문은 사이비승 문현구와 이청담이 허명무실한 기구를 허락 없이 발표한 것이라고 성명했다. 이와 별개로 '이대통령 재출마 간청 데모'에 참가한 것은 국민의 입장에서 발현된 것이고 종교를 위한 신앙심의 발로는 아니었다고 말했다. 비구승들 사이에서도 온건 · 강경의 차이가 있었지만, 주로 정권에 순응하는 모습을 보였다.

93) 배재민, 앞의 글, 1989, 70~71쪽; 불교사학연구소 편, 『韓國 現代 佛敎史 日誌』, 중앙승가대학학생회, 1995, 76쪽.(강인철, 앞의 글, 2000, 107쪽 재인용).

94) 韓國佛敎近現代史硏究會 編, 『(新聞으로 본) 韓國佛敎 近現代史』 下, 선우도량 출판부, 1995, 69~70쪽.(강인철, 앞의 글, 2000, 107~108쪽에서 재인용)

의 · 결정되었다. 총무원장 임석진은 "민의원 총선거를 앞두고 7천 승려와 400만 교도에 대한 지도방안을 수립"하여 종무원장들이 이들을 지도하도록 했다. 그리고 조직적이며 통일된 운동을 전개하기 위해 지방교도회 조직의 강화가 지시되었다. 이 '지방교도회 조직 강화의 건'에 이어서 '민의원 총선거에 임하야 전국 교도의 지도방안 수립의 건'이라는 항목이 연결된다. 여기에서는 이승만 대통령의 뜻을 받들어 솔선 단결하여 선거에 최대한의 역량을 경주할 것을 지시했다.[95]

2월 17일에는 조계종 총무원장 임석진과 불교분규수습대책위원장 이종욱의 이름으로 각도 종무원장 및 중앙에서 지명한 지도책임자에게 특비 문서가 보내졌다. 이 특비 문서는 총선에서 대처승 및 교도에 대한 지도요령과 기타 필요한 사항을 규정하여 수시로 발송할 것을 요구하는 내용이었다. 그리고 선거 관련 문서는 '특비 제○호'라는 표기가 있으므로 일반 공문서와 구별하여 별도 취급하고, 이후 중앙의 지령에 따라 소각 처분할 것을 지시하고 있다.[96]

같은 날 '특비 제2호' 문서도 전달되었다. 제목은 '교도 지도 및 법회 개최의 건'이었고, 총무원장 임석진과 불교분규수습대책위원회위원장 이종욱의 이름으로 발신되었다. 이 문서에서는 2월 13일의 각도 종무원장 회의의 내용과 결의사항을 알리고, 추가적인 지시를 내렸다. 지시 사항은 다음과 같다.[97]

---

95) 佛教曹溪宗總務院, "總務院長 人事", 「特別法會 關係書類」, 1958. 2. 13.
대처승 측에서 발간한 『太古宗史: 한국불교 정통 종단의 역사』에도 이 날의 회의가 기록되어 있지만, 회의 개최 사실만 한 문장으로 서술하고 넘어갔다.(종단사간행위원회 편, 앞의 책, 2006, 389쪽)

96) 佛教曹溪宗總務院, "(特秘 第1號) 特秘 文書 取扱에 關한 件", 「特別法會 關係書類」, 1958. 2. 17.

97) 佛教曹溪宗總務院, "(佛總 特秘 第2號) 教徒 指導 및 法會 開催의 件", 「特別法會 關係書類」, 1958. 2. 17.

1. 금반 시행할 민의원 총선거에 있어서 우리 불교도는 자유당 공천 입후보자를 절대 지지하도록 추진할 것.
2. 구정을 이용하야 각 지방별로 항례법회 혹은 특별법회를 개연하고 동시에 교도회 조직 강화에 적극 노력할 것.
3. 종교단체로서는 선거운동을 할 수 없으므로 본건 시행 상 세심한 주의를 하며 주로 승려와 교도에게 혹은 그의 가족에게 내밀히 지도하야 선거법에 저촉 없기를 기할 것.

13일의 각도 종무원장 회의에서도 "이대통령의 뜻을 받들어" 솔선 단결하여 선거에 임할 것을 요구했고,[98] "우리 겨레의 위대한 영도자이며 세계 반공자유진영의 최전선에서 진두지휘하신 이승만 대통령 각하의 정신에 입각하여" "정부의 현명한 시책에 충심으로 협조"할 것을 호소한 바 있었다.[99] '특비 제2호' 문서의 지시 사항을 보면 더 직접적으로 자유당 공천 입후보자를 "절대 지지하도록 추진"하고 있다. 그리고 두 번째 지시 사항에서는 2월 19일인 구정을 이용하여 지방교도회 조직 강화에 적극 노력하라고 했는데, 정황상 이 지방교도회 조직이 선거 운동에 이용될 것임을 추정할 수 있다. 13일 회의의 지방교도회 조직 강화 역시 선거 운동의 일환이었음을 알 수 있다. 항례법회와 특별법회도 자유당 후보를 지지하는 역할을 했던 것으로 보인다. 당시 개정된 선거법은 많은 논란을 낳고 세간의 주목을 받고 있었는데, 때문에 선거법에 세심히 주의하여 승려와 교도, 그들의 가족에게까지 선거 운동을 하도록 지시했다. 7천 승려와 400만 교도, 그리고 그들의 가족까지 선거 운동의 대상이 되고 있는 것인데, 5·2총선의 총 유권자 수가 약 1,016만 명이었음을 고려하면 유권자 절반 이상이 선거 운동의 대상이 되는 것이다.

---

98) 佛教曹溪宗總務院, "民議院 總選擧에 臨하야 全國 教徒의 指導方案 樹立의 件", 「特別法會 關係書類」, 1958. 2. 13.

99) 佛教曹溪宗總務院, "全國教徒에게 보내는 呼訴文", 「特別法會 關係書類」, 1958. 2. 13.

'특비 제3호'는 2월 22일 '자유당 중앙당부 의장 이기붕'에게 보낸 문건이다. 앞의 특비 문서들과 마찬가지로 총무원장 임석진과 불교분규수습대책위원장 이종욱의 명의로 발송되었다. 문서의 제목은 '민의원 총선거에 임하야 불교도 지도방침에 대한 협조 요망에 관한 건'이다. 여기에서는 총선거를 위한 체제와 방침, 즉 "우리 민족의 위대한 지도자 이승만 대통령 각하를 중심으로" 하는 노선을 2월 13일 종무원장 회의에서 확립하였고, 이를 종단이 "자율적으로" 수행하고자 하니 검토 후에 아래 사항을 협조하여 달라고 부탁하고 있다.[100)]

1. 지방당부와 내무부에 연락하시와 본건 추진 상 최대한의 효과와 능률을 올리도록 종횡으로 유기적 연락을 원활하게 보장하게 할 것.
2. 대도시(서울 · 부산 · 대구 · 대전 · 전주 · 광주)에서 3월 5일부터 순차적으로 불식대법회를 개최할 예정이오니 내적 지도를 요망함.
3. 사업진행 중 기밀 유지상 당원(當院)에서는 좌기자(左記者)를 본건 추진사무 담당자로 지명하오니 신임하시와 본 사업 수행에 만전을 기하도록 할 것.
4. 첨부서류
   ① 각도 종무원장 회의록 초
   ② 전국 교도에게 보내는 호소문
   ③ 교도지도 및 법회 개최의 건 특비 공문서

대처승 측은 자유당 선거 운동을 원활하게 하기 위해서 이기붕에게 자유당 지방당부와 내무부의 도움을 요청했다. 종횡으로 '유기적 연락'이 원활하게 보장되도록 하고, 불식대법회의 '내적 지도'를 부탁하고 있다. '내적 지도'라는 것이 무엇인지 불확실하지만, 선거 운동의 일환이라는 것은 분명했다. 그리고 2월 13일의 종무원장 회의록과 호소문, '자유당 공천 입후보자 절대

---

100) 佛敎曹溪宗總務院, "(佛總 特秘 第3號) 民議院 總選擧에 臨하야 佛敎徒 指導方針에 對한 協調 要望에 關한 件", 「特別法會 關係書類」, 1958. 2. 22.

지지' 방침을 밝혔던 17일자 '특비 제2호' 문서가 첨부되어 보내졌다.

'특비 제4호' 문건에서는 앞에서 나온 법회 개최에 대해 총무원장 임석진이 각도 종무원장에게 지시를 내리고 있다. 3월 5일에 발송된 이 문건에서는 침체 상태에 있는 교세의 안정을 위해 이 법회가 극히 중대하다고 거듭 강조하고 실행에 완벽을 기하도록 하고 있다. 방법으로는 법회의 내용과 절차를 통일하고, "관계 당국과 종횡으로 부단한 연락이 절대적으로 필요함"을 강조했다. '시행 상 주의사항' 항목에서는 이 법회가 유례없는 대성황을 이루어 지방의 관민 간 인식이 새로워지도록 하게 했다. 현지 경찰국 또는 경찰서 사찰계에 미리 연락해서 집회계 수속을 하도록 했고, 자유당에도 동시에 연락하도록 지시했다. 그리고 이 법회가 언론에 보도되도록 하고, 권위있는 법사를 초청할 것과 법회의 전말을 상세히 기록하여 중앙에 보고하도록 했다.[101] 살펴본 것처럼 법회는 선거와 관련된 역할을 했기 때문에 성황을 이루어 그 영향력을 자유당과 정부에 과시할 수 있어야 했다.

'특비 제5호' 문건 역시 법회의 일정과 규모 등을 결정하고, 그 계획을 즉시 중앙에 보고하도록 지시하는 내용이다. 3월 8일에 발송되었고, 총무원장 임석진이 각도 종무원장에게 보냈다. 부기된 내용의 첫 번째는 "정부시책에 충심으로 협조하도록 하는 정신지도가 병행되"도록 할 것이었다. 두 번째는 내무부에서 무전으로 전국 각 지방 경찰관서에 지시하여 법회 진행에 선학원 등의 방해를 받지 않도록 잘 협조하라는 시달이 내려졌다는 내용이다. 이에 따라 내무부의 "취지와 기대에 위배됨이 없도록 유의할 것"이 지시되었다.[102] 두 번째 항목이 중요한데, 내무부에서 경찰을 통해 대

---

101) 佛教曹溪宗總務院, "(佛總 特秘 第4號) 法會 開筵에 關한 件", 「特別法會 關係書類」, 1958. 3. 5.

102) 佛教曹溪宗總務院, "(佛總 特秘 第5號) 法會 開催 促進에 關한 件", 「特別法會 關係書類」, 1958. 3. 8.

처승 측의 자유당 지지 운동을 도와주고 있었다는 것이다. 이는 이기붕에게 보냈던 '특비 제3호' 문건의 첫 번째 항목에 따르는 결과였다.

이승만이 노골적으로 비구승 측을 지지하는 모습을 보였는데도 불구하고, 1958년 총선에서 대처승 측이 맹목적으로 이승만과 자유당을 지지했던 이유는 무엇일까. 위의 문건들이 배포된 시기는 자유당이 공천신청서를 접수한 직후였다. 대처승인 김법린, 최갑환 의원 등이 자유당 입후보를 위해 공천신청을 했었다. 당시 자유당 경남도당의 분규로 인해 이용범(李龍範) 자유당 경남도당 위원장 측에서는 김법린, 최갑환 등 8의원을 공천하지 않으려는 움직임을 보이고 있었다.[103] 실제로 최갑환은 자유당 당무회를 거쳐 공천이 결정되었지만, 자유당 총재인 이승만의 반대로 공천을 얻지 못했다.[104] 이와 같은 결과를 고려하면 시기적으로 대처승 측의 자유당 지원 활동은 대처승 의원들의 공천을 위한 행동으로 볼 수 있다. 한편으로는 불교계의 분쟁이 소송전으로 이어진 상황에서 집권 정당을 지지하여 소송에서 유리한 결과를 기대한 것이었을 수도 있다. 또 여당인 자유당의 선거 운동을 통해 국회에서 대처승들에게 지지를 보내줄 것을 요망한 것일지도 모른다.

대처승 측에서는 1950년대의 상황을 '이승만 정권의 절대 권력 아래 종단이 살아남기 위한 몸부림'이라고 표현했다.[105] 이승만은 유시를 통해 노골적으로 비구승 측을 지지하면서 종교 문제에 개입했다. 이러한 국면에도 불구하고 대처승 측에서는 이승만과 자유당을 맹목적으로 또 조직적으로

103) "8議員에 公薦 除去 運動? 自由黨 慶南道黨 紛糾 더욱 深刻", 『京鄕新聞』, 1957. 12. 7.

104) "[壇上壇下] 落薦選良들엔 恨 많으나, 與黨公薦運動도 이로써 閉幕", 『東亞日報』, 1958. 3. 16.
최갑환이 낙천한 이유가 이승만의 '불교 정화'에 반기를 들었기 때문이라는 소문도 있었다.("[壇上壇下] 洛花對하니 더욱 쓸쓸, 佛敎淨化 때 反旗들어 落薦", 『東亞日報』, 1958. 4. 25)

105) 종단사간행위원회 편, 앞의 책, 2006, 332쪽.

'절대 지지'해야 했다. 불교계의 갈등은 공권력의 도움을 기대할 수밖에 없는 상황이었다.

4. 맺음말

이상으로 1950년대의 '불교 정화' 과정을 불교 내부의 갈등 관계보다는 외부의 개입, 특히 이승만 대통령의 '불교 정화' 유시를 중심으로 살펴보았다. 1954년 5월 20일부터 1955년 12월 8일 사이에 7차례 있었던 이승만의 '불교 정화' 유시는 대처승과 비구승의 갈등을 폭발시켰다. 이승만은 사찰을 문화재이자 관광 자원 정도로 생각했고, 종교적 이해나 불교 내부의 갈등을 고려하는 모습은 전혀 보이지 않았다. '불교 정화'의 실행을 위해서는 승려들에게 "일제히 궐기"하도록 하는 등 폭력 사태를 직접 지시하는 모습도 보였다. 이승만의 유시는 대처승과 비구승 간의 갈등을 일으켰고, 유혈 사태까지 이어지도록 만들었다. 그 과정에서 대처승은 '친일자'로 규명되어 철저하게 불리한 입장이 되었다. 이승만은 대처승이 '친일'을 했다는 논리를 반복해서 강조하여 법적 근거도 없는 '불교 정화'를 강행할 수 있었다.

이승만의 '불교 정화' 유시에 이용된 반일주의는 시대적 특징이었다고 볼 수 있다. 이승만은 '불교 정화' 유시를 발표했던 시기에 사회 전반에 걸쳐서 '반일'을 강조하고 있었다. 이승만의 반일주의의 배경은 한일 간의 독도, 평화선, 재산청구권, 문화재 반환, 원조물자 조달지역 문제 등 여러 가지에서 찾을 수 있다. 반일주의는 체제 정당화와 대중 동원, 외교적 전략, 정치적 반대세력을 무력화시키려는 목적으로 이용되고 있었다. '불교 정화' 유시에도 반일주의가 그대로 적용되어 이승만의 의도대로 이용되고 있음을 확인할 수 있다. 그리고 '불교 정화' 유시를 통해 반일주의를 종교와 사회 분야에도 선전하는 효과를 기대할 수 있었다. 여기에서 '친일자'로 호명된 대처승들은 일방적인 상황에 내몰렸다.

이승만의 유시 이후 불교계의 '정화 운동'은 정부의 거듭된 개입으로 인해 타협이 이루어질 수 없었다. 대처승과 비구승 양측은 이권만을 추구했고, 타협보다는 권력에 의지하려는 모습을 보였다. 이들의 갈등은 결국 소송전으로 이어졌고, 그 과정에서 많은 인적 · 물적 손실이 있었다.

불교계는 '정화 운동' 과정에서 공권력의 도움을 받기 위해 정권과 유착했다. 그 과정에서 선거 운동에도 뛰어들게 된다. 그간 비구승 측의 불법 선거 운동은 일부 알려진 바 있으나, 대처승 측의 선거 운동은 밝혀지지 않았다. 정권에 종속되는 모습은 대처승측도 마찬가지였다. 대처승 측은 1958년 5 · 2총선에서 조직적으로 치밀하게 자유당 공천 입후보자를 지지했다. 법회와 지방교도회 등을 통해 승려와 교도, 그들의 가족들에게 선거 운동을 했다. 그 과정은 자유당 중앙위원회 의장인 이기붕에게 보고되었고, 자유당과 내무부의 협조하에 진행되었다.

이승만은 유시를 통해 비구승을 지지하고, 대처승을 친일자로 규정하며 배척했다. 그럼에도 불구하고 대처승 측은 절대 권력 아래에서 살아남기 위해 이승만 정부와 자유당을 지지할 수밖에 없었다. 이승만의 유시 자체는 사찰을 보호하고 개발하기 위한 것이었고, 정치적인 목적은 직접적으로 나타나지 않았다. 그러나 대처승 측과 비구승 측은 이익을 위해 정권에 충성 경쟁을 펼쳤고, 이는 불교계의 '정화'라는 의미를 퇴색시키는 것이었다. 결국 불교계는 폭력 사태를 일삼으며 정권과 유착되었다는 오명을 얻었고, 많은 법정 송사로 인해 피해를 입었다. 종권을 둘러싼 양측의 갈등은 이후에도 계속되었고, 그 과정에서 불교계는 타종교에 비해 위상이 점차 낮아졌다.

(포스트)식민주의와 문화 혼종

◆

김택현

1. 제국주의의 문화 지배 전략

19세기에 서구 국가들의 식민지 쟁탈전이 본격화되고 빅토르 위고(Victor Hugo)라든가 라마르틴느(A. M. L. de Lamartine)와 같은 프랑스의 낭만적 민족주의자들과 공화파 이상주의자들이 아프리카와 인도차이나 정복을 지지했을 때, 프랑스 식민주의자들은 계몽사상의 보편주의적 휴머니즘을 끌어 와 식민지민들이 법적 · 행정적으로 프랑스인과 동등한 '시민'이지만, 그들의 문화는 전근대적이고 후진적이고 비합리적이므로 그들에게 프랑스의 우수한 문화 · 언어 · 종교를 전파하여 프랑스인과 동등한 문명인으로 만드는 것이 프랑스의 사명이라는 이른바 '문명화 사명' 담론으로 자신들의 '동화주의적' 제국주의 정책을 정당화했다. 프랑스의 제국주의는 식민지민들에게 프랑스의 '선진적' 교육제도와 문화시설을 똑같이 제공해 주려했다는 점에서는 외견상 '공평한' 것이었지만, 식민지민들에게 그들의 고유한 문화와 언어와 종교를 포기할 것을 요구했기 때문에, 다시 말해 식민지 문화와 프랑스 문화의 차이를 강제적으로 동일화시키려 했기 때문에 가장 폭압적인 식민 지배 방식 중의 하나였다.[1)]

프랑스가 발명한 문명화 사명 담론은 영국의 식민 담론에서 '백인의 의무'라는 버전(version)으로 옷을 갈아입는다. 18세기 말 영국의 보수주의자 에드먼드 버크(Edmund Burke)가 당시 인도에서 벌어지고 있던 동인도회사의 권력 남용을 공격하고 인도인들의 문화에 대한 관용과 최소한의 간섭을 다시 한 번 주장한 데에서 알 수 있듯이, 18세기까지 영국의 식민주의는 프랑스의 그것과 비교해 볼 때 식민지민들의 문화에 간섭하는 일이 상대적으로 적었고, 식민지 경영도 주로 사기업이 맡았기 때문에 영국의 선진 문화의 전파보다는 상업적 이익의 최대화에 주로 관심을 쏟았다.[2)] 그러나 자본주의 열강간의 식민지 경쟁이 고조되어 간 19세기 후반에 들어와 영국의 식민주의도 제국의 중앙정부가 직접 식민지를 관리하고 통제하는 방향으로 전환되었다. 이 과정에서 세계 도처에 산재하는 앵글로-색슨인들을 응집력 있게 포괄하는 정치적 연합체로서 '대영 연방(Great Britain)'이 구상되었고, 처음으로 인종과 문화를 기준으로 한 앵글로-색슨인들의 정착 식민지와 유색 인종의 열대 식민지가 구분되어 인종적으로 열등한 비백인 식민지민들에 대한 영국의 온정주의적 통치가 백인의 도덕적 · 역사적 의무라는 주장,[3)] 또는 영국이 인도를 획득한 것은 우연의 소산이지만 우연히 얻게 된 인도에 대해 영국의 선진 문명과 문화를 전파하는 자애로운 통치는 영국의 책임이라는 주장이 제기되었다.[4)] 혹은 영국은 열대 식민지의 풍부

---

1) Robert J. C. Young, *Postcolonialism: An Historical Introduction*, Oxford: Blackwell, 2001, pp.88-89.

2) *Ibid.*, pp.78-80.

3) R. Jenkins, *Dilke: A Victorian Tragedy*, London, 1965, pp.397-399.

한 자원이 인류의 보편적 이익을 위해 사용될 수 있게 하는 의무와 아울러 식민지 원주민들을 보호하면서 그들의 도덕적 · 문화적 진보를 이루어 내게 하는 의무를 '이중적으로' 수임 받고 있다는 논리도 개발되었다.[5)]

프랑스와 영국에서의 이러한 식민 담론들이 자국의 대학에 설치된 경제학, 정치학, 사회학, 인류학, 역사학, 동양학 등 여러 학문분과들에서 보다 정교한 체계를 갖는 학설이나 지식으로 재생산되어 오늘의 오리엔탈리즘 담론을 정초했다는 것은 이미 사이드(Edward Said)에 의해 자세히 분석되고 폭로된 바 있다.[6)] 이 담론/지식들을 가로 지르고 있는 공통점은, 서구와 비서구의 문화를 서구와 비서구 식민지 모두에게 보편적으로 적용되는 단일하고 선형적(線型的)인 역사적 시간 위에 올려놓고, 서구의 문화적 시간은 근대에 진입해 있지만 식민지민들의 문화적 시간은 전근대에 머물러 있는 것으로 위계화 했다는 점이다.

이렇듯 역사주의적인 시간 위에서 근대적 시간성과의 '차이'에 의해 규정되는 식민지 문화가 후진성, 야만성, 비합리성, 정체성 등등의 '본질적' 특징을 갖는 전근대적 문화라는 식민 담론의 논리는 서구인과 비서구인의 인종적 차이에서 유래하는 것으로 간주되었고, 그에 따라 식민지민들은 일관되게 인종적으로 열등한 타자의 위치에 배정되었다. 그러므로 식민지 문화는 인종 자체의 개조 없이는, 말하자면 식민지민들의 피부색을 희게 만들지 않고서는, 결코 근대적 시간성으로 진입하지 못하게 되어 있었다. 서구 문화와 비서구 문화의 그 격차를 인종적 차이(혹은 때로는 젠더화된 인종적 차이)와 결합시키는 그 식민 담론 논리의 극단에서 히틀러는 순수하고 우수한 서구(게르만) 문화의 보존을 위해 열등한 인종을 말살시키려 한

---

4) J. R. Seeley and J Gross ed., *The Expansion of England,* Chicago, 1971, pp.140-146.

5) F. J. Lugard, *The Dual Mandate in British Tropical Africa,* Oxford, 1922.

6) Edward Said, *Orientalism: Western Representations of the Orient,* New York, 1979.

근대성의 야만적 폭력으로 나아갔던 것이다.

서구 제국주의의 문화 전략은 서구와는 다른 역사적 · 사회적 공간에서 형성되어 온 식민지의 문화를 서구의 역사적 시간 안에 밀어 넣고, 식민지 문화와 메트로폴리스 문화의 역사성 · 사회성의 차이를 시간적 차이로 전환시키는 것이었다. 이 '문화적 차이의 시간적 차이화' 전략은[7] 서구와는 다른 역사성을 지닌 사회 안에서 형성되어 온 식민지 문화의 낯선 타자성을 삭제하여 자본의 (문화) 권력관계 안에 통합시키려는 것, 그렇게 함으로써 자본 권력의 보편적 실현을 성취하려는 것이었다.[8] 형식적으로 본국과 식민지의 문화적 차이를 인정했던 영국식의 '연합주의적' 제국주의 정책이건, 그 차이를 인정하지 않은 프랑스식의 '동화주의적' 제국주의 정책이건, 서구 제국주의에 의한 식민지 문화의 타자성의 삭제는 푸코가 말한 것처럼, 그것이 열등하고 낯선 것이므로 식민적 권력관계의 내부에서 배제되지만, 이와 동시에 그 권력관계를 유지하기 위해선 아주 없앨 수는 없기에 식민 권력이 그어 놓은 경계선 밖에 격리되는 방식으로 배제되는 그런 삭제였다.[9]

---

7) 이 구절은 역사주의적인 시간성에 입각하여 지역 간의 역사적, 문화적 차이를 단순히 시간적 차이로 환원하는 역사 연구의 방법을 '공간의 시간화(temporalization of space)' 기술이라고 부른 콘라트(J. Conrad)의 용어에서 차용한 것이다. J. Conrad, "What Time is Japan? Problems of Comparative(International) Historiography", *History and Theory*, vol.38, no.1, 1999 참조

8) 이러한 타자성의 삭제는 이미 헤겔에게서 보여 진다. 릴라 간디(Leela Gandhi)에 따르면, 헤겔은 역사적으로 이성의 자기실현을 성취하여 '세계사'의 단계에 도달한 서구는 자신들과 유사하지 않은 '낯선(foreign)' 외부 세계를 소멸시킬 수 있는 자격을 갖게 되었다고 주장함으로써 낯선 것을 삭제시키는 권력의 이름으로서의 식민주의를 철학적으로 정당화했다. Leela Gandhi, *Affective Communities: Anti Colonial Thought, Fin-de-Siecle Radicalism and the Politics of Friendship,* Durham and London: Duke Univ. Press, 2006, pp.159-160을 볼 것.

9) Michel Foucault, *The Order of Things: An Archaeology of the Human Sciences*, trans. anon, New York: Random House, Inc., 1994, p.xxiv.

2. 대항 전략/담론으로서의 문화 혼종

제국주의/식민주의의 문화 지배 전략에 대한 대항(적 인식)으로서 메트로폴리스 문화든 식민지 문화든 모든 문화들은 동등한 가치와 위상을 지니고 있고 모두 종별성을 갖고 있다는 식으로 주장하는 것, 즉 문화들의 다양성과 상대적 가치를 인정하는 절충주의적 다원주의를 내세우는 것은 외견상 모든 문화들의 차이를 인정하고 그 문화들을 동일한 역사적 시간 위에 공존하는 것으로 간주함으로써 문화적 평등권을 주장하는 것처럼 보이지만, 그 역사적 시간을 구성해 온 권력관계의 작동에 대해 맹목이며, 그런 의미에서 문화의 정치를 문화의 장막 안에 감추는 주장이다. 또한, 비서구의 민족주의자들이 흔히 그러하듯이, 서구의 근대 문화와 차이가 있다고 여겨지는 비서구의 전통 문화를 서구 문화에 대립시키는 것은 비서구의 전통 문화를 서구가 생산한 역사적 시간성을 차용하여 근대성의 외부에 혹은 전근대성의 자리에 배치시키는 것이다.

권력관계의 지배 효과에 포획되지 않는 문화의 순수성을 상정하면서 문화적 정체성주의/본질주의의 틀에서 벗어나 있지 못하는 이러한 주장들과 달리, 최근 포스트식민 이론에서는 식민주의가 낳은 불가피한 접촉 효과로서의 인종과 언어와 문화의 섞임을 의미하는 혼종(hybrid 혹은 hybridity)을 (포스트)식민 권력의 문화적 기획에 대항할 수 있는 유효한 개념/전략으로 주목한다.

혼종은, 라틴어에서는 길들여진 암퇘지(tame sow)와 야생 수퇘지(wild boar)의 새끼를 가리키는 용어였고,[10] 근대 원예학에서는 두 식물의 접붙이기나 이화수분(異花受粉, cross-pollination)으로 생겨난 제3의 잡종을 가

10) Robert J. C. Young, *Colonial Desire: Hybridity in Theory, Culture and Race,* London and New York: Routledge, 1995, p.6.

리키는 말이었다. 이렇듯 혼종은 생물학적으로 서로 다른 두 종 사이의 혼혈로 생산된 잡종을 의미하는 용어인데,11) 이 생물학적 개념인 혼종은 19세기 서구에서 백인과 비백인 간의 혼혈 문제와 관련하여 부정적으로 사용되면서 인종주의적인 식민 담론의 일부가 되었다.12)

인종 간 혼혈과 관련하여 부정적으로 사용된 이 생물학적 혼종 개념을 언어학적 의미로 사용한 이는 바흐찐(M. M. Bakhtin)이다. 바흐찐은 "혼종이란 단일한 언술(a single utterance)의 한계 내에서 두 가지 사회 언어의 혼합(mixture), 하나의 언술 영역 내에서 시대와 사회적 차이와 그 외의 다른 요인들로 인해 서로 분리되어 있는 두 가지 다른 언어 의식(linguistic consciousness)의 조우"13)라고 말한다. 그러나 이 언어의 혼종에 관한 정

---

11) Bill Ashcroft, Garath Griffiths, Helen Tiffin, *Key Concepts in Postcolonial Studies*, London and New York: Routledge, 1998, p.118.

12) 이 시기에 제기된 다양한 인종론(자)들의 계보를 추적한 로버트 영에 따르면, 그 다양한 인종론(자)들의 입장은 인종 간 혼종 문제와 관련하여 다음과 같이 분류된다.
(1) 다종론(polygenist species argument): 서로 다른 종의 인간들이 섞일 수 있는 가능성을 부정하는 입장. 혹은 그들 간의 결합의 산물은 생식불능(infertile)이 되며, 따라서 결합이 되더라도 차이는 유지된다는 입장.[롱(Long), 노트(Nott), 히틀러]
(2) 합성 테제(amalgamation thesis): 인류는 교접하여 생식할 수 있고, 인간들 간의 혼합은 새로운 육체적, 정신적 특징을 지닌 혼합 인종을 낳는다는 입장.[프리차드(Prichard), 고비노(Gobineau)]
(3) 분해테제(decomposition thesis): 인간들 간의 어느 정도의 합성은 인정하지만, 혼합의 씨앗들은 곧 사멸하거나 부모 '타입' 중 어느 하나로 귀환한다는 입장.[에드워즈(Edwards), 티에리(Thierry), 아널드(Arnold), 후일의 노트(Nott), 글리든(Gliddon)]
(4) 인접 종(proximate species)간의 혼종과 원거리 종(distant species)간의 혼종은 다르다는 주장: 인접한 인종 간의 결합은 생식 가능하지만, 원거리 인종 간의 결합은 생식 불능이 되거나 퇴화(degeneration)한다는 주장.[노트, 글리든, 브로카(Broca), 다윈(Darwin), 스펜서(Spencer), 갈튼(Galton)] (이 주장은 1850년대부터 1930년대까지 지배적이었다.)
(5) 합성 테제의 부정적 버전: 이종 혼합(miscegenation)이 낳은 잡종(mongrel)은 '인종 없는 혼란(raceless chaos)'과 원래 종의 부패를 가져오고, 순수한 인종의 활력과 미덕을 위협하게 된다는 주장.[고비노, 애거시(Agassiz) 포그트(Vogt)] Robert J. C. Young, *Colonial Desire*, p.18.

의 자체보다 더 중요한 것은 바흐찐이 혼종을 '무의식적인 유기적 혼종(unconscious organic hybridity)'과 '의도적 혼종(intentional hybridity)'으로 구분하면서, 특히 후자와 관련하여 '혼종의 정치화' 문제를 제기했다는 점이다.

바흐찐에 의하면, 무의식적인 유기적 혼종은 모든 언어들의 역사적 삶과 진화에서 가장 중요한 양식 중의 하나로서, 언어들은 이 혼종에 의해, 즉 "단일한 지방어, 단일한 국어, 단일한 어족(語族), 여러 어족들로 구성된 단일한 어군(語群)의 경계 안에 공존하고 있는 다양한 '언어들'이 혼합되는 것"에 의해 역사적으로 변한다. 다시 말해, 두 개 이상의 언어들이 알지 못하는 사이에 새로운 형식의 '합성(amalgamation)'을 만들어내는 '혼합'과 '융해(fusion)'의 과정, 혹은 두 개 이상의 언어/문화들이 감지되지 못하는 사이에 하나의 새로운 양식으로 통합되는 과정이 무의식적인 유기적 혼종인 것이다. 그러나 이 무의식적인 혼종에서 언어가 담고 있는 세계관들의 혼합은, 비록 그 안에 새로운 세계관을 혹은 세계를 말로 인식하는 새로운 형식을 배태하지만, 결코 그 세계관들을 의식적으로 대조시키거나 대립시키지 않는다. 그런 의미에서 무의식적 혼종에서 언어들의 혼합은 침묵하거나 불투명한 상태에 있을 뿐이다.[14] 로버트 영(Robert J. C. Young)은 이 점에서 무의식적인 유기적 혼종은 언어/문화의 '크리올화(creolization)'로 부를 수 있다고 말한다.[15]

---

[13] M. M. Bakhtin, *The Dialogic Imagination: Four Essays*, trans. Cary Emerson and Michael Holquist, Austin: Univ. of Texas Press, 1981, p.358.

[14] *Ibid.*, pp.358-360.

[15] Robert J. C. Young, *Colonial Desire*, p.21. 이 개념을 만들어 낸 에드워드 브래스웨이트에 따르면, 크리올화는 한 문화에 의한 다른 문화의 흡수를 가리키는 문화변용(acculturation)의 측면과 문화들 간의 혼합을 통해 서로를 풍성하게 만드는 상호작용을 가리키는 문화혼융(interculturation)의 측면, 이 두 가지를 통합하는 하나의 과정이다(Edward K. Brathwaite, *The Development of Creloe Society in Jamaica, 1770-1820,* Oxford: Oxford Unv. Press, 1971, p.11).

이에 반해 의도적 혼종은 어떤 언어가 하나의 문장 안에서 이중의 목소리를 내게 하는 것, 한 사람의 화자의 언술 안에 두 개의 언술, 발화 방식, 스타일, 의미체계, 가치체계를 섞는 것을 말한다. 다시 말해 의도적 혼종에는, 후설(Husserl)이 말한 바와 같이, 항상 지시된 것이 있고, 수신인을 향한 모든 발화 행위에 단어의 의도적 지향이 담겨져 있는 것이다. 그러므로 의도적 혼종은 언어의 세계관들을 단지 혼합하는 것이 아니라 그것들을 서로 대화하게 하면서 대립시키는 것, 사회의 갈등 구조 안에 서로 다른 두 개의 언어/문화를 의도적으로 충돌하게 만들고 경합하게 하면서 협상과 적대의 변증법적 운동 과정에 들어가게 하는 것을 말한다.[16] 따라서 두 언어/문화를 혼합하지만 서로 간의 적대적 분리를 유지함으로써 통합적 단일성을 훼손시키는 의도적 혼종은 '정치적인' 성격을 갖는다. 왜냐하면 대개 그러한 단일성을 강제하는 것이, 그리고 그 같은 강제의 집행에서 이중의 목소리를 낼 수 없(게 하)는 것이 지배 담론/권력의 속성이므로, 의도적 혼종은 지배적 권위의 손상을 가져오게 될 것이기 때문이다.[17]

로버트 영은 바흐찐이 말하고 있는 언어학적 혼종의 이중적 형식들(유기적 혼종과 의도적 혼종)은 문화적 상호작용의 변증법적 모델로 특히 의미가 있다고 평가한다. 그의 혼종 모델은 합체(coalescence)와 적대(antagonism)의 반정립적(反正立的, antithetical) 운동, 즉 무의식적인 것과 의도적인 것, 유기적인 것과 분열적인 것, 발생하는 것과 침식하는 것이 서로 대립하는 운동을 내포하고 있다는 것이다.[18] 이러한 바흐찐의 혼종 모델은, 그리고 언어는 "같지만 다른 것(the same but different)"이 동시에 될 수 있는 근본적 능력을 지니며 혼종은 바로 그러한 언어의 조건을 가리킨

---

16) M. M. Bakhtin, *The Dialogic Imagination*, pp.360-361.

17) *Ibid.*, p.344.

18) Robert J. C. Young, *Colonial Desire*, p.22.

다는 바흐찐의 통찰은 대표적인 포스트식민 이론가 호미 바바(Homi K. Bhabha)에게로 이어진다.

호비 바바는 특히 바흐찐의 '의도적 혼종'을 식민주의의 장으로 이동시켜 지배적인 식민 문화 권력에 대항하는 도전과 저항의 능동적 계기로 변형시킨다. 바바는 식민 지배자와 피식민지민의 관계를 상호 대립적인 이분법으로 보는 것을 비판하면서 그 둘의 상호 의존, 그 둘의 주체성의 상호적 구성을 강조한다. 같은 맥락에서 메트로폴리스 문화와 식민지 문화의 계서제적 순수성을 거부한다. 따라서 그에 따르면, 식민 담론이 아무리 단일한 목소리로 타자를 재현하고 타자에 대한 권위를 수립하고자 하지만, 타자와 조우하게 되는 그 담론에는 식민 권력에 의해 거부된 타자의 흔적과 지식이 기입되어 있다. 그런 의미에서 식민 담론은 양가적인 목소리로 자신을 드러내며, 식민 담론/권력의 효과는 혼종의 생산이라고 할 수 있는데, 바로 그 혼종이라는 지배의 담론적 조건은 그것에 대한 개입과 전복의 계기로 전환될 수 있다고 바바는 말하면서 이 전환의 계기를 "혼종적인 전위의 공간(a hybrid displacing space)"으로 부른다.[19]

예컨대 그는 식민적 권력관계 안에서 식민지민들이 식민 지배자들의 문화를 흉내 내려 하는 것은 식민주의의 문화적 지배 효과를 보여주는 것, 식민지민들이 식민 권력에 종속되어 가고 있음을 보여주는 것이지만, 저 '흉내 내기'에 의한 문화의 혼종을 식민 문화의 지배의 조건이 아니라 식민 문화에 대한 개입의 근거로 전환시킬 수 있다고 보는 것이다. 다시 말해 동화나 통합이 아닌 '의도적인' 흉내 내기는 식민 지배 담론과 문화의 단일성과 순수성을 더럽히고 훼손하는 것, 지배 문화에 타자성의 흔적을 기입하는 것, 지배 문화가 정해 준 식민지민들의 문화적 위치에서 이탈하는 것,

19) Homi Bhabha, "The Postcolonial Critic", *Arena*, no.96, 1991, pp.57-58, 61.

그렇게 함으로써 식민 문화의 권위와 우월성을 훼손시키고 문화적 차이를 선형적인 시간적 차이로 환원시켜 식민지민들의 문화를 지배하려는 제국주의와 식민 권력의 전략적 기초를 위협하는 것이 될 수 있다는 것이다.[20)]

바바에게 혼종은 지배 담론/권력에 대항하는 형식으로서의 일종의 "제3의 공간(a Third Space)"이 된다. 바바는 "정치적 변화의 혼종적 계기를 낳기 위해 끼어 있는" 이 제3의 공간에서 "변화의 변혁적 가치는 어느 하나(the One)도 다른 하나(the Other)도 아닌, 그 둘 이외의 다른 어떤 것의 요소들을 재접합(re-articulation)하거나 번역(translation)하는 데에 있다."고 말한다.[21)] 그러므로 그가 제시한 '제3의 공간'은 그저 두 개의 문화들이 모여 하나의 문화로 혼합되거나 융해되는 의미에서의 혼종의 공간이 아니다. 제3의 공간에서 "그 원본들의 기괴한 전도, 기이한 도착(倒錯)(a monstrous inversion, a miscreated perversion of its progenitors)으로서의 혼종은 원본들 사이의 차이를 고갈시키기 때문에 사실상 결코 제3의 것이 될 수 없는 제3의 항(項)"이 되는 것이다.[22)] 지배 문화에 대항하는 전략적 공간으로서의 '제3의 공간'은 경합하는 두 개 혹은 그 이상의 문화들이 서로의 경계를 넘나들고, 서로에게 접속해 있으나 동시에 분리되어 있는 공간이다. 이 혼종의 공간에서 발생하는 것들은 고정된 것을 불안정하게 만들고 익숙한 것을 동요시키는 당혹스러움이며, 지배 담론 안에 다른 문화의 역사적 시간성을 재기입하는 것을 통해 역사주의적인 시간적 동질성을 해체시키는 것이 된다. 이 이접적인, 경계선상(liminal)의 공간에서 발생하는 불안정성과 당혹스러움, 그리고 역사주의적인 시간성의 소멸이야말로 식민 권력의 문

---

20) Homi Bhabha, *The Location of Culture,* London and New York: Routledge, 1994, pp.85-92.

21) *Ibid.*, pp.28. 36-39.

22) Robert J. C. Young, *Colonial Desire*, p.23.

화적 지배에 위협이 될 수 있다. 그러므로 정치적으로 '제3의 공간'은 식민적 지배 문화(와 그것의 작동)에 의도적으로 개입하여 문화들의 위치를 전위시키고, 흔히 폭력을 통해 오랫동안 정치적으로 강제된 서구 제국주의 문화의 권위를 박탈하고 그 문화담론의 진정성을 내세우는 주장을 조롱하거나 기각할 수 있는 전략적 근거지가 되는 것이다.

3. 문화 혼종의 정치적 실천

로버트 영에 따르면, 식민 담론/권력에 대항하는 전략으로서의 문화 혼종은 이미 20세기의 반식민 운동에서 다양하게 실행되어 왔다. 그는 이 문화 혼종적인 정치적 실천들의 몇 가지 사례들을 다음과 같이 소개하고 해석한다.

1) 언어

프랑스령 아프리카 식민지 출신의 디아스포라(diaspora) 지식인들인 에메 세제르(Aimé Césaire)와 레오폴 셍고르(Leopold Senghor) 등이 1920년대에 제국주의의 심장부인 파리에서 전개한 네그리튀드(négritude) 운동은 프랑스의 식민 지배 과정을 통해 불가피하게 유입되거나 강제된 프랑스 문화와의 혼종을 통해 식민 권력에 대항하는 새로운 아프리카 문화를 만들어 내고자 한 운동이었다. 그들은 이 운동을 통해 프랑스 문화에 동화될 수 없는 다른 역사성 · 사회성을 갖고 있는 아프리카의 문화를 원본(原本)으로 하고 프랑스 문화를 부본(副本)으로 하면서 토착적인 아프리카 문화와도 다르고 근대적인 프랑스 문화와도 다른, 새로운 구성 원리를 갖는 아프리카 문화, 즉 프랑스 문화의 작동 원리처럼 타자를 대상화하고 통합하는 것이 아니라 자아에 타자를 기입하여 상호 간의 공감과 침투가 이루어지는 새로운 공동체 문화를 창조함으로써 프랑스 식민 권력의 문화적 지배 전략에 맞서고자 한 것이다.

특히 이 운동을 주도한 생고르는 프랑스 제국주의가 프랑스 문화에 동화되는 정도에 따라 '유색인, 흑인(noirs), 깜둥이(nègre)'의 순으로 인종적 차별을 담은 용어/담론을 생산하면서 아프리카 흑인들의 분열을 의도한 데에 저항하여, 가장 저급한 인종을 지칭하는 '깜둥이'라는 말을 디아스포라의 역사적 경험을 공유하고 있는 모든 아프리카인들이 자신들의 문화적 정체성을 새롭게 확인하고 옹호하는, 또한 스스로를 존중하고 자랑스럽게 여길 수 있는 용어로 의도적으로 내세움으로써 그 용어를 정치적 저항의 상징으로 재전유했다. 다시 말해 그는 프랑스 제국주의의 '부정적인' 지배 언어를 다시 '부정'하고 반식민 운동의 맥락에서 재전유함으로써, 식민 권력에 의해 호명된 아프리카인 '깜둥이'들을 저항적 주체로 다시 명명하는 전략을 펼친 것이다.[23]

2) 의상－베일 1

식민주의 시기 서구인들은 옷을 벗은 것은 야만적인 것이고 옷을 입는 것은 문명화된 것이라고 생각했다. 그런 서구인들이 무슬림 여성의 베일을 벗기려 한 것은 그것이 동양의 에로틱한 신비를 상징하는 것이었기 때문이다. 그러므로 서구인들에게 식민지 여성의 베일은 식민 지배자의 남근적 욕망의 대상이었다. 또 한편으로 서구인들에게 무슬림 여성의 베일은 여성

---

23) Robert J. C. Young, *Postcolonialism: An Historical Introduction,* Oxford: Blackwell, 2001, pp.259-262.

들을 억압하고 비가시화하는 가부장적 이슬람 사회의 상징물로 대상화되기도 했다. 이러한 서구의 시선 아래에서 무슬림 여성들이 베일을 벗지 않는 것은 서구 문화에 동화되는 것을 거부하는 문화적, 종교적 정체성의 상징이었다.

하지만, 무슬림 여성의 베일은 고정된 것이 아니라 상이한 필요와 새로운 상황에 적응하여 변하거나 수정될 수 있는 옷이었다.

프랑스 식민지였던 알제리의 여성들은 1954년부터 알제리 민족 해방 전쟁이 시작되었을 때, 베일 안에 무기와 식량을 감추고 반식민 해방 전쟁을 지원했다. 그러나 베일을 쓰는 것을 프랑스의 동화정책에 대한 거부로 해석한 프랑스 식민 정부가 베일을 벗기려 했을 때, 알제리 여성들은 기꺼이 베일을 벗고 서구의 근대 여성과 같은 옷차림을 함으로써 프랑스 문화에 동화되었음을 보여 주었다. 그러나 베일을 벗었기 때문에 식민 정부의 감시에서 벗어난 알제리 여성들은 계속해서 해방 전사들에게 무기를 실어 날랐고 주요한 군사적 요충지에 남성들을 대신해서 폭탄을 설치하기도 했다. 알제리 여성들에게 베일은 자신들의 문화적 정체성을 상징하는 것을 넘어서 정치적 저항의 수단이었고, 그녀들의 혼종적인 옷 입기는 언제든지 전략적으로 바뀌어 질 수 있는 문화적 무기였다. 이것이 파농(F. Fanon)이 말한 '베일의 역사적 역동성(historic dynamism of veil)'이었다.[24]

3) 의상－베일 2

멕시코 치아파스주 인디오들의 사파티스타 봉기는 1994년 1월 미국이 주도하는 북미자유무역협정(NAFTA)이 출범한 바로 그 날 일어났다. 그것

---

24) Robert J. C. Young, *Postcolonialism: A Very Short Introduction,* Oxford, New York: Oxford Univ. Press, 2003, pp.80-86.

은 자본 권력의 세계화에 대한 즉각적인 거부이자, 자본주의적 근대성의 공간과는 다른 공간이 존재한다는 것을 알리는 선언이었다. 이 봉기를 이끈 사파티스타 민족해방군 부사령관 마르코스(Marcos)는 알제리 여성처럼 얼굴에 검은 '베일'을 쓰고 있다. 남성이 얼굴을 검은 마스크로 가리는 것은 낭만적인 의적, 법 위반자의 이미지를 떠올리게 한다. 그의 베일은 그의 정체성을 확인하려는 권력에 맞서 자신을 감추고 보호하려는 의지를 표현하며 얼굴 없음과 이름 없음을 상징한다. 그러므로 얼굴 없고 이름 없는 인디오들은 "우리들 모두는 마르코스"라고 말한다. 팔레스타인의 이름 없는 전사들도 얼굴을 검은 스키 두건으로 덮어 쓰고 있고, 사파티스타에 공감하는 전 세계 민중들은 연대의 표시로 검은 두건을 깊게 눌러 쓴다. 그러나 그의 검은 베일에서 두 눈과 입 부분은 뚫려 있다. 그것은 그저 사물을 분간하기 위해서 뚫은 것도 아니고, 숨을 쉬기 위해서 뚫은 것도 아니다. 그것은 권력의 시선이 아니라 인디오 민중의 시선으로 세계를 똑바로 바라보겠다는 것을 의미하며, 권력에 의해 침묵을 강요당한 인디오들의 목소리를 들려주겠다는 것을 의미한다.

인디오들은 말한다. "너희들을 믿지 않는다!(no les creo) 참지 않겠다.(no me dejo) 말하겠다.(órale)" 마르코스도 권력이 두려워하는 것은 우리의 무기가 아니라 우리의 '말'이라고 말한다. 서구의 식민주의와 근대성이 거부했던 인디오의 언어와 문화의 근원들을 유지한 채 가장 비근대적인 삶을 살아가고 있는 이 인디오들의 목소리는 가장 현대적인 기술인 이메일이나 인터넷을 통해 전 세계로 전해진다. 이들은 문화와 정치의 근대적 형식들과 비근대적 형식들의 양립 가능성을 실천하고 있는 것이다.[25]

---

25) *Ibid.*, pp.86-90.

4) 음악

라이(raï)는 알제리 독립전쟁 이후인 1970년대에 등장한 음악이다. 알제리 여성 가수들인 쉬카(shīkha)들의 '불경스런' 노래에서 직접 유래하는 라이는 전통적인 아랍 음악과 서구의 근대적인 음악들(록, 레게, 재즈 등), 더 나아가 라틴 아메리카와 서아프리카 음악, 인도 음악 등이 섞인 것이다. 하지만 기본적으로 아랍 음악의 음조와 리듬을 유지함으로써 서구 음악을 거부한다. 흔히 서구인들에게 거칠고 다듬어지지 않은 도발적인 음악으로 간주되고 있는 라이는 알제리 사회의 주변부 민중, 근대화로 인해 도시로 이주해 빈민들의 사회적 조건들을 표현함으로써 이내 '민중의 말(the word of the people)'이 되었다. 라이를 부르는 쳅(cheb, 남성 가수) 혹은 차바(chaba, 여성 가수)들은 결혼식을 비롯한 각종 모임에서 즉흥적으로, 때로는 청중의 요구에 따라, 당대 알제리의 정치적, 사회적, 문화적 상황을 서정적인 가사에 담아 솔직하게 노래했고, 알제리를 비롯한 마그렙 지역 민중들의 일상적 경험과 낯익은 이야기들도 노래의 소재가 되었다. 이 즉흥적 창조성, 가변성, 유동성을 특징으로 하는 라이의 노랫말은 현지어로 되어 있으나, 라이 가수들은 때때로 아랍어는 물론 프랑스어와 스페인어 등을 가사에 삽입했다. 전통적인 무슬림 가치들에 대한 근대적 해석, 포스트식민 사회의 역사적 변화에 대한 알제리 인들의 적응과 저항 등이 경합하고 있는 공간에서 사회적으로 붕괴 지점에 있는 민중의 정서를 재현하는 라이는 문화 혼종의 대중적 형식이라고 할 수 있다. 그것은 특수한 상황의 문화적, 경제적, 정치적 요구들에 따라 다양한 방식으로 동시에 작동하며, 알제리 민중들로 하여금 근대성에 의해 찢겨진 포스트식민 사회에서의 변화의 경험들을 상호 접합할 수 있게 하며, 자신들의 사회변혁 요구들을 촉진시키는 문화 혼종의 정치학을 실현한다.[26)]

4. 문화 혼종: 과거의 반복 혹은 현재를 바꾸기

로버트 영은 혼종이란 두 개의 다른 것들에서 하나를 만들어 내는 것일 수 있고, 단일한 총체를 두 개 이상의 부분으로 만드는 것일 수 있다고 말한다. 그러나 그는 차이를 동일성으로, 동일성을 차이로 만드는 것이 혼종이지만, 동일한 것이 더 이상 동일한 것이 되지 않고, 다른 것이 더 이상 단순하게 다른 것이 되지 않게 하는 방식으로 그렇게 한다고 덧붙인다. 그런 의미에서 혼종은 같은 장소에서 같은 시간에 이루어지는 절단(breaking)과 연결(joining)이며, 외견상 불가능한 동시성 안에서의 동일성과 차이인 것이다.[27]

하지만 로버트 영은 오늘날 문화 담론에서의 혼종 개념이 과거의 인종주의적 범주와 무의식적으로 연계되어 있는 것이 아닌지, 이미 넘어섰다고 여겨지는 과거 문화의 인종주의 이데올로기 그물망에 오늘의 문화 담론이 여전히 갇혀 있지 않은지 성찰할 필요가 있다고 지적한다. 지금의 문화 담론에서 혼종은 고정되고 안정적인 문화적 정체성이라는 본질주의적 범주들을 해체하는 것이지만, 과거의 인종 담론에서도 혼종 개념이 핵심적이었다는 사실은 그 인종 담론 역시 본질주의의 불가능성을 시사하고 있었음을 보여 준다. 그렇다면 혼종이 오늘의 문화 담론에서 (비록 불연속적이지만) 반복되고 있는 것은, (사실상 서로 겹칠 수밖에 없고 함께 전개될 수밖에 없는) 인종과 문화 영역에서의 낡은 본질주의적 범주들을—이미 과거의 담론에서 그 범주들의 불가능성이 시사되었는데도— 오히려 사후적으로 더 견고하게 구축하고 있는 것은 아닌지 하는 문제를 로버트 영은 제기하고 있는 것이다.[28]

---

26) *Ibid.*, pp.69-79.

27) Robert J. C. Young, *Colonial Desire*, p.26.

그럼에도 불구하고 담론적/정치적 실천으로서의 문화 혼종은 오늘의 포스트식민 세계에서 때로는 보편주의를, 때로는 차이를 인정하는 다원주의를, 때로는 문화 교류와 등가적인 문화적 상호작용을 내세우는 자본 권력의 문화적 지배에 맞서—마르코스가 사파티스타 운동은 권력을 잡기 위한 것이 아니라 세계의 질서를 바꾸기 위한 것, 그것도 아래로부터 그리고 왼쪽으로부터 바꾸는 것이라고 말했듯이— 문화를 통해 자본 권력이 (재)생산하고 있는 지배의 질서와 배치도를 바꾸는 것, 그렇게 함으로써 자본 권력의 문화적 작동의 가능성을 불가능성으로 바꾸는 것이 되어야 한다.

---

28) *Ibid.*, pp.27-28; Bill Ashcroft, Garath Griffiths, Helen Tiffin, Key Concepts in Postcolonial Studies, p.121.

출 처

이 책에 실린 글들은 저자들의 선행 연구를 일부 수정 · 보완하여 작성된 것이다. 출처는 다음과 같다.

제1부 통제의 방식, 권력과 이념의 변주

■ 한영화 | 고대사회의 성별 분업과 여성노동

출처: 「고대사회의 성별 분업과 여성노동」, 『역사연구』 15, 2005

■ 권순홍 | 고구려 초기 왕실교체와 개도(改都)

출처: 「고구려 초기의 都城과 改都: 태조왕대의 왕실교체를 중심으로」, 『한국고대사연구』 78, 2015

■ 이상동 | 스코틀랜드 로버트 브루스의 무덤 조성과 장례

출처: 「스코틀랜드의 영웅 로버트 브루스의 무덤에 대하여」, 『서양사론』 124, 2015

제2부 세력의 형성, 개인과 집단의 변주

■ 박재우 | 고려 전기 강감찬의 관료진출과 정치활동의 성격

출처: 「고려전기 姜邯贊의 관료진출과 정치활동의 성격」, 『역사학보』 228, 2015

■ 조성산 | 18세기 후반 석실서원(石室書院)과 지식 · 지식인의 재생산

출처: 「18세기 후반 石室書院과 지식 · 지식인의 재생산」, 『역사와 담론』 66, 2013

■ 하원수 | 당대(唐代) 소영사(蕭穎士)와 사인(士人)들의 교유

출처: 「蕭穎士와 士人들의 交遊–唐代 古文運動의 性格과 관련하여」, 『중국고중세사연구』 9, 2002

■ 박기수 | 태평천국운동 이후 강절환(江浙皖)지역에서의 자작농의 형성

출처: 「太平天國運動 실패이후 江浙皖지역에서의 자작농의 형성」, 『성대사림』 12 · 13, 1997

제3부 갈등의 충돌, 억압과 저항의 변주

■ 임경석 | 식민지시대 반일 의열투쟁과 사회주의

출처: 「식민지시대 반일 테러운동과 사회주의」, 『역사와현실』 54, 2004

■ 최보민 | 1920년대 중반 반(反)기독교운동

출처: 「1920년대 중반 반 기독교운동 연구」, 『인문과학』 53, 2014

■ 김진흠 | 1950년대 이승만 대통령의 '불교 정화' 유시와 불교계의 정치 개입

출처: 「1950년대 이승만 대통령의 '불교 정화' 유시와 불교계의 정치 개입」, 『사림』 53, 2015

■ 김택현 | (포스트)식민주의와 문화 혼종

출처: 「디아스포라와 문화혼종」, 『문학 · 판』 18, 2006

찾아보기

【ㄱ】

강감찬 115, 116, 117, 118, 121, 122, 126, 127, 137, 138, 139, 140, 147, 148, 149, 150, 151, 152, 153, 154, 155
강궁진 118, 122, 124, 125, 126, 127, 137, 138, 153
강달영(姜達永) 292, 293, 294, 327, 330
강소(江蘇) 245, 246, 247, 249, 253, 255, 267, 269, 270
강소성(江蘇省) 247, 248, 252
강학회 189, 190, 193
개간정책 246, 247, 251, 252, 255, 256, 261, 267, 269, 270, 271
개도(改都) 49, 50, 66, 74, 79, 82, 84
『개벽』 304, 306, 310, 311, 312, 313, 314, 318, 321, 322, 324
객민 250, 251, 252, 258, 259, 261, 263, 264, 265, 266, 267, 268, 269, 270
갱작신국(更作新國) 46, 67, 68, 70, 71, 74, 83
경국사 339, 340, 346
경보(慶甫) 134
경성 323
경자유기전(耕者有其田) 244
계급문제 317
계급혁명 317
고려공산당 282, 284, 285, 286, 289, 299, 327

고려공산동맹 294
고려공산청년회(高麗共産青年會, 공청) 292, 294, 316, 318, 321, 322, 326
고문가(古文家) 195
고문운동(古文運動) 196, 197, 234, 235, 238, 239, 240, 241
고분벽화 34, 37
고창일 277
공직(龔直) 131, 132, 133
과거 117, 126, 127, 129, 135, 137, 138, 139, 140, 148, 153, 154
과거의 종교 306, 307, 308
곽원(郭元) 116, 147, 148, 152
관반(官班) 127, 130, 131, 138, 154
구(舊)종교 306
국공합작 329
국내(國內) 46, 47, 48, 49, 58, 59, 60, 61, 63, 64, 65, 66, 67, 76, 81, 83
국민당 329, 330
국제선 296, 297
국학(國學) 128, 132, 137, 153
궁예 122, 123, 124, 153
권동진 331
권상하(權尙夏) 164
권오설(權五卨) 322
권철신(權哲身) 189
극동민족대회 282, 287
금오(金烏) 355
금주(衿州) 117, 118, 121, 122, 124, 126, 127, 153
금천강씨(衿川姜氏) 121, 126, 153
긍양(兢讓) 134
기도만능주의(祈禱萬能主義) 314
기독교 301, 302, 303, 306, 309, 310, 312, 313, 314, 315, 316, 317, 318, 319, 320, 321, 323, 324, 325, 326, 330, 331, 332, 335, 348
기독교 교회세력 310, 312, 313, 314, 315, 325, 326, 332
기미독립선언서 276
기성종교 307, 308, 309, 310, 312, 332
기성종교반대론 307, 308, 309, 310
기훤(箕萱) 123
김경보(金景輔) 118
김경재(金璟載) 316, 323
김권정 302
김규식 277, 282
김단야(金丹冶) 322
김매순(金邁淳) 183
김맹(金猛) 146, 149, 154
김법린 342, 347, 366
김보현(金普現) 340, 346
김상옥 291
김상용(金尙容) 164
김상헌(金尙憲) 157, 164
김석문(金錫文) 186

김수항(金壽恒) 157, 164
김시탁(金時鐸) 174
김약수(金若水) 294
김영삼(金泳三) 357
김용겸(金用謙) 186, 187
김원행(金元行) 157, 164, 165, 166, 167, 168, 169, 170, 171, 172, 173, 174, 175, 177, 178, 180, 181, 182, 183, 184, 185, 187, 188, 190, 191, 192
김은부(金殷傅) 142
김의원(金義元) 119
김이안(金履安) 164, 185, 187
김인위(金因渭) 141, 142
김장현(金章鉉) 322
김조순(金祖淳) 157, 164
김지효(金智曉) 357
김찬(金燦) 294
김창협(金昌協) 157, 164, 165, 176, 177, 187, 191
김창흡(金昌翕) 157, 164, 187
김철수(金綴洙) 285, 286, 327
김평주(金平主) 322
김한(金翰) 291
김훈(金訓) 117, 143, 145, 146, 150, 154

【ㄴ】

나로드니키 275
나성(羅城) 152, 155
네그리튀드(négritude) 379
노동자 311, 317
노획(虜獲) 29, 30, 31, 32, 37, 43
농민 311, 317
농지개혁법 338

【ㄷ】

단천 323, 324
대력십재자(大曆十才子) 237
대종교 330
대처승(帶妻僧) 333, 334, 335, 336, 339, 340, 341, 342, 343, 344, 345, 346, 347, 348, 351, 354, 355, 356, 357, 358, 359, 360, 361, 362, 364, 365, 366, 367, 368
대한국민의회 277
대한민국임시정부 297
대한청년단연합회 281
던펌린 수도원(Dunfermline Abbey) 85, 86, 87, 88, 92, 95, 96, 101
독고급(獨孤及) 232, 233, 234, 236
독립전쟁론 281
동년(同年) 196, 212, 220, 222, 226
동방부 329

동산(東山) 355

【ㄹ】

라이(raï) 115, 383
레닌 275, 286, 287
로버트 브루스 85, 88, 96

【ㅁ】

마르크스주의 275
마신이(馬新貽) 251, 252, 257, 267
모스크바 자금 290
무산계급 325
무슬림 380, 381, 383
무정부주의 283, 286, 298
묵봉(墨峯) 314, 315
문명화 사명 369, 370
문벌 140, 141, 142, 143, 152, 154
문태곤(文泰坤) 316
문현구(文玄球) 361
민정중(閔鼎重) 164
민족운동 286, 302
민족주의 277, 283, 286, 296, 297
민족통일전선 303, 318, 319, 320, 321, 328, 329, 330, 331, 332
민족해방관념 330, 331
민족해방운동 302, 330
민창식(閔昌植) 323

【ㅂ】

바라문교 306
박경산(朴景山) 119
박길용(朴吉用) 316
박달성 309
박동완 331
박래원(朴來源) 322
박성하(朴性夏) 347
박영규(朴英規) 132, 133
박영종(朴永鍾) 358
박온기(朴溫其) 142
박윤원(朴胤源) 175, 181, 183
박전지(朴全之) 119
박제가(朴齊家) 186, 189
박지원(朴趾源) 181, 186, 189
박해성(朴海聖) 322
박헌영(朴憲永) 292, 294, 316, 322
반기독교강연회 323, 324
반기독교데이 324
반기독교운동 301, 302, 303, 304, 314, 315, 317, 318, 320, 321, 322, 323, 324, 325, 326, 331, 332
반일주의 346, 348, 349, 351, 353, 354, 367
반종교론(反宗敎論) 304, 305, 306, 309, 315
백인의 의무 370
백탑시사(白塔詩社) 189, 190

베르사이유 강화회의 277, 278, 279
북풍파 288, 294, 295, 299
분업형태 37
불교 306, 330
불식대법회 364
브루스의 무덤 88, 93, 96, 97, 99, 100, 103, 104, 105, 106, 108, 109, 110, 111
블라디보스토크 280, 289
비구승(比丘僧) 333, 334, 336, 339, 341, 342, 343, 345, 346, 347, 348, 355, 356, 357, 358, 359, 360, 361, 366, 367, 368

【ㅅ】

사기공산당 290
사숙(私塾) 163, 188, 193
사유재산 326
사유재산제도 311
사이토 마코토(齋藤實) 281
사제관계(師弟關係) 224, 225, 226, 227, 235, 240
사체의 방부 처리 91
사파티스타 381, 382, 385
사회복음 326
사회복음주의 326
사회제도 310
사회주의 275, 276, 280, 283, 284, 285, 286, 287, 288, 289, 290, 295, 296, 297, 298, 299
사회주의세력 301, 302, 303, 306, 308, 309, 315, 316, 317, 318, 319, 329
사회주의자 308, 309, 326
삼한공신 125
삼한벽상공신(三韓壁上功臣) 118, 125, 126, 137, 153
삼호정시사(三湖亭詩社) 190
상해파 공산그룹 327, 328
상해파 공산당 285, 286, 287, 288, 298
생구(生口) 30, 31
서눌(徐訥) 116, 141, 147, 148
서울파 294, 295, 299, 305, 328
서울파 공산그룹 305, 328
석실서원(石室書院) 158, 159, 163, 164, 165, 166, 167, 168, 169, 170, 171, 172, 173, 176, 179, 183, 185, 186, 187, 188, 190, 191, 192, 193
선도 306
선전 314, 320, 321, 324
선학원(禪學院) 334, 360, 365
성(sex) 22
성별 분업 20
성별(gender) 22
성철(性徹) 355
소문(蕭門) 223, 225, 227

소영사(蕭穎士) 196, 197, 198, 199, 200, 202, 203, 204, 205, 206, 207, 208, 209, 210, 212, 213, 215, 216, 219, 220, 221, 222, 223, 224, 225, 226, 227, 228, 229, 230, 231, 232, 233, 234, 235, 236, 237, 238, 239, 240, 241
소자작농 245, 259, 260
송석원시사(松石園詩社) 190
송시열(宋時烈) 164, 171
시회(詩會) 158, 187, 189, 190, 193
식민주의 370, 373, 377, 380, 382
식민지 해방운동 329
신석우 331
신의주 사건 326, 328
신종교 307, 308
신종교운동 307
신한청년당 277
신흥우(申興雨) 312, 325, 326
신흥청년동맹(新興青年同盟) 319, 320, 321, 322, 323
실학(實學) 160, 179, 180, 182, 183, 192
심장 분리 매장 90, 102
『씨족원류(氏族源流)』 126

【ㅇ】

『아리랑』 278
안경록(安慶祿) 324, 325
안재홍 331
안휘(安徽) 246, 261, 262, 263, 266, 267, 268, 269, 270
안휘성(安徽省) 261, 263, 265
양길(梁吉) 123, 124
양숙(梁肅) 233, 234, 238
어유봉(魚有鳳) 177
여성과 남성 21, 37, 39, 41, 42, 43
여성노동 19, 28, 33
역사주의 371, 378
염광섭(廉光燮) 326
영전제(永佃制) 245
「예루살렘의 조선」 314
예수 309, 310, 315
오르그뷰로 280, 281, 289
오리엔탈리즘 371
오상준 331
왕가도(王可道) 116, 142, 146, 149, 152, 154
왕건 118, 122, 123, 124, 125, 126, 131, 132, 143, 153
왕실교체 47, 48, 49, 74, 75, 76, 78, 79, 82, 84
왕융 123, 138, 149
외국인 선교사 314, 315
『우라키』 326
워싱턴회의 277

유검필(庾黔弼) 131
유교 306
유록(裕祿) 264, 266, 269
유방헌(柳邦憲) 135, 149
유성갑(柳聖甲) 347
유아독존생 321
유억겸 331
육교시사(六橋詩社) 190
윤봉길 296, 297
윤치영(尹致暎) 337
윤해 277
의병운동 280, 281, 285, 289
의안작성위원 316, 317
의열단 281, 287, 291, 299
의열투쟁 275, 276, 279, 280, 281, 282, 283, 284, 285, 286, 287, 288, 289, 290, 291, 292, 293, 294, 295, 296, 297, 298, 299
의열투쟁론 281
이규위(李奎緯) 175
이기붕(李起鵬) 361, 364, 366, 368
이단상(李端相) 164
이덕무(李德懋) 186
이돈화 306, 307, 310, 311
이동휘(李東輝) 286, 327
이르쿠츠크 284
이르쿠츠크파 공산당 285, 290, 298
이몽유(李夢游) 138, 139
이봉수(李鳳洙) 327
이슬람교 306
이승만(李承晚) 333, 334, 335, 336, 337, 338, 339, 341, 342, 343, 344, 345, 346, 347, 348, 349, 350, 351, 352, 353, 354, 355, 356, 358, 360, 361, 363, 364, 366, 367, 368
이승만 277
이언술(李彦述) 142
이영희(李泳熙) 357
이용범(李龍範) 366
이이(李珥) 168, 171, 175, 176
이재(李縡) 165, 167, 168, 171, 177, 184
이적효(李赤曉) 322
이정윤(李廷允) 295
이종욱(李鍾郁) 345, 347, 362, 364
이준식 302
이준태(李準泰) 327
이철(李喆) 308, 309
이청담(李青潭) 347, 360, 361
이춘섭 313
이하곤(李夏坤) 165
이화(李華) 196, 219, 222, 223, 230, 231, 232, 234, 235, 236
인내천주의 310
인종 370, 371, 373, 374, 380, 384
임석진(林錫珍) 345, 362, 364, 365
임주(林住) 304

【ㅈ】

자본가 311, 315, 316
자본계급 312, 317, 319, 321, 325, 332
자본주의 310, 311, 312, 317, 318, 332, 370
자유당 350, 361, 363, 364, 365, 366, 368
자작농 245, 246, 247, 248, 249, 250, 251, 252, 254, 255, 256, 257, 258, 259, 260, 261, 262, 266, 267, 268, 269, 270
장대현장로교회당(章臺峴長老敎會堂) 313
장도정(張道政) 288
장례식 88, 90, 91, 92, 93
장연우(張延祐) 116, 144, 145, 150, 154, 155
장열(張說) 233, 237
장현청년회(章峴靑年會) 313
적기단(赤旗團) 288, 289
전공지(田拱之) 147
전국승려대회 358, 359
전조선민중운동자대회(全朝鮮民衆運動者大會) 315, 316, 317, 320
전조선주일학교대회 322, 324
전조선청년당대회(全朝鮮靑年黨大會, 청년당대회) 305, 306
절강성(浙江省) 245, 255, 257, 268
정약용(丁若鏞) 189, 190
정우현(鄭又玄) 137
정재달 282, 283
정통성 94, 96, 335
제3의 공간 378, 379
제국주의 369, 372, 373, 378, 379, 380
조계사 357
조계종 362
조광조(趙光祖) 171
조구교량납세(照舊交糧納稅) 244
조동호 279, 280, 281, 291, 320
조봉암(曺奉岩) 291, 316
조선공산당 279, 289, 290, 291, 292, 293, 294, 296, 297, 299, 303, 316, 317, 318, 319, 320, 321, 322, 323, 326, 327, 328, 329, 330, 331, 332
「조선문화조사: 평남 2부」 312
조선총독부 314
조응순(趙應順) 285
조헌(趙憲) 171
졸본(卒本) 48, 49, 50, 51, 52, 53, 54, 55, 57, 58, 65, 83
종교 302, 303, 304, 305, 306, 307, 308, 309, 310, 312, 314, 315, 317, 318, 319, 320, 321, 332
종교문제 316, 324
종교배척 308
종교비판 312

좌주문생(座主門生) 196
주일학교연합회 324
주제단(high altar) 85, 87, 94, 97, 99, 101, 103, 104, 105, 106, 107, 109, 110, 111
주희(朱熹) 166
죽난시사(竹欄詩社) 190
중국공산당 329
중립당 290, 291, 294, 295, 299
중앙집행위원회 327
지모신(地母神) 26, 28
지방교도회 362, 363, 368
지주제 245, 246, 248, 254, 255, 261, 262, 263, 268, 269
진남포교회 324
진독수(陳獨秀) 286
진사과(進士科) 196, 197, 198, 202, 205, 206, 208, 212, 216, 220, 222, 225, 226, 227, 236, 238, 239, 240, 241
진자앙(陳子昂) 233
집회 313, 321, 353

【ㅊ】

차상찬 312, 313
채충순(蔡忠順) 116, 144, 146, 149, 154
천경(天京) 247, 248, 252
「천국행」 310
천도교 303, 304, 306, 307, 308, 309, 310, 311, 312, 313, 314, 315, 318, 320, 322, 330, 331, 332
천도교 개벽사 313
천도교 청년세력 304, 306, 307, 308, 309, 310, 311, 312, 314, 315, 318, 320, 322, 332
천조전무제도(天朝田畝制度) 243
『청년』 314
청년단체 305
총독부 311
총무원(總務院) 333, 334, 347, 358
최갑환(崔甲煥) 342, 344, 357, 366
최계방(崔繼芳) 118
최범술(崔凡述) 347
최사위(崔士威) 116, 144, 145, 149, 151
최승로(崔承老) 138, 139, 141
최언휘(崔彦撝) 136, 141
최용(崔湧) 119
최응(崔凝) 134
최제안(崔齊顔) 141
최지몽(崔知夢) 136
최질(崔質) 117, 143, 145, 146, 150, 154
최창익(崔昌益) 295
최항(崔沆) 116, 141, 144, 149
최효사(崔孝思) 119

【ㅋ】

코민테른 279, 287, 290, 291, 292, 293, 295, 296, 299, 303, 318, 320, 327, 328, 329, 332
코민테른 2차대회 328
콰이어(choir) 85, 87, 97, 98, 99, 100, 101, 102, 103, 104, 105, 106, 107, 108, 109, 110, 111
크로포트킨 310
크리올화(creolization) 375

【ㅌ】

태고사 357
태평(泰評) 133
태평천국 243, 244, 245, 246, 247, 248, 250, 253, 254, 255, 256, 257, 258, 261, 262, 263, 266, 267, 268, 270
태평천국운동 243, 244, 245, 247, 257, 267, 268, 269, 270
테러 275, 280, 284, 286, 291, 292, 293, 297, 298
토지소유제 245, 246
토착민 251, 258, 263, 264, 265, 268, 269
특별법회 관계서류 336, 361
특별법회 336, 361, 363

【ㅍ】

페트로프 329
평양 312, 313, 314
(포스트)식민주의 369
프롤레타리아 운동 329
프롤레타리아 혁명론 317

【ㅎ】

한당(漢黨) 162, 190
한명세(韓明世) 287
한민당 347
한석원(韓錫源) 324, 325
한양청년연맹 322, 324
한유(韓愈) 196, 235, 238, 239
한인경(韓藺卿) 142
한일회담 351
한천정사(寒泉精舍) 165
한희석(韓熙錫) 345, 350
함남 영무 324
항조(抗租) 264
항조운동 245, 253
해동(海東) 119
해인사 338, 339
행적(行寂) 134
향관(鄕官) 244, 253, 267
허영호(許永鎬) 347
허정숙(許貞琡) 322

혁명론 317
혁청단(革淸團) 319, 320
현종 116, 117, 122, 130, 131, 141, 142, 143, 144, 145, 146, 147, 148, 149, 150, 151, 152, 153
혼종 369, 373, 374, 375, 376, 377, 378, 379, 383, 384, 385
혼천의(渾天儀) 185, 187
홍낙순(洪樂舜) 180
홍남균(洪南杓) 327
홍대용(洪大容) 158, 179, 180, 182, 185, 186, 187, 188
홍순준(洪淳俊) 322
화서학파(華西學派) 189
화양서원(華陽書院) 170
화요파 290, 291, 292, 294, 295, 299
화요파 공산그룹 316, 317, 319, 320, 327
화요회 315
황무지 246, 251, 252, 255, 256, 257, 258, 259, 261, 263, 266, 267, 268, 269, 270
황보유의(皇甫俞義) 116, 144, 145, 146, 149, 150, 152, 154, 155
황윤석(黃胤錫) 166, 174, 178, 180, 186, 187
회군(淮軍) 261, 262, 268
회덕당(懷德堂) 189
효봉(曉峰) 355
후진(後進) 225, 227, 240
흥업구락부 331

【기타】

3·1운동 276, 277, 278, 280, 282, 283, 284, 286, 291, 298
3성 6부제 143, 145
5·2총선 361, 363, 368
6두품 118, 119, 120, 121, 128, 129, 136, 153
YMCA 325, 326, 331

필자소개(논문게재순)

한영화 | 성균관대학교 사학과 연구교수
성균관대학교 사학과 박사(한국고대사 전공)

- 주요 저서 및 논문

■『전통과 근대의 역사적 횡단』(공저, 선인, 2015), 『고대 동아시아 재편과 한일관계』(공저, 경인문화사, 2010) 등

■「고대사회의 혼인과 간음에 대한 처벌」(『여성과 역사』 27, 2017), 「신라의 '녹수'와 재이관」(『사림』 57, 2016), 「신라와 고려의 형률 운용과 계승성」(『한국고대사연구』 80, 2015), 「신라의 오역과 통치이념」(『사림』 53, 2015) 등

권순홍 | 성균관대학교 사학과 대학원 박사과정(한국고대사 전공)

- 주요 저서 및 논문

■『한국고대사와 사이비 역사학』(공저, 역사비평사, 2017)

■「도성 관련 용어 검토; '도', '곽', '경'을 중심으로」(『사림』 62, 2017), 「고구려 '도성제'론의 궤적과 함의」(『역사와 현실』 102, 2016), 「민족주의 역사학의 표상, 신채호 다시 생각하기」(『역사비평』 117, 2016), 「조선 전기의 고구려 초기 도성 위치 비정과 그 실상」(『사림』 53, 2015) 등

이상동 | 성균관대학교 사학과 연구교수
스코틀랜드 스털링대학교(University of Stirling) 박사(서양중세사 전공)
- 주요 저서 및 논문
- "Recreating the Devotional space of Dunfermline Abbey Between Ca. 1124-1180", (*COMITATUS-A JOURNAL OF MEDIEVAL AND RENAISSANCE STUDIES*, 2015), 「로버트 브루스의 심장 (분리)매장에 담긴 메타포와 정치성」(『동국사학』 58, 2015), 「성 마가렛 숭배 공간 변화의 의미: 1250년 성 마가렛의 유골 이장(translation)」(『서양중세사연구』 35, 2015), 「스코틀랜드 왕가의 '신성한' 혈통 만들기: 알렉산더2세와 성 마가렛 숭배」(『영국연구』 32, 2014) 등

박재우 | 성균관대학교 사학과 교수
서울대학교 국사학과 박사(한국중세사, 고려사 전공)
- 주요 저서 및 논문
- 『횡단적 역사 담론의 형성』(공저, 선인, 2015), 『전통과 근대의 역사적 횡단』(공저, 선인, 2015), 『고려전기 대간제도 연구』(새문사, 2014), 『고려 중앙정치제도사의 신연구』(공저, 혜안, 2009), 『고려 국정운영의 체계와 왕권』(신구문화사, 2005) 등
- 「고려전기 재추의 출신과 국정회의에서의 위상」(『동방학지』 172, 2015), 「고려 최씨정권의 정방 운영과 성격」(『한국중세사연구』 40, 2014), 「고려 후기 인사행정과 인사문서에 대한 비판적 검토」(『한국사연구』 162, 2013), 「고려시대 김방경의 선대기록과 계보관계」(『한국중세사연구』 37, 2013), 「고려전기 영토관념과 邊境」(『한국중세사연구』 35, 2013) 등

▪ **조성산** | 성균관대학교 사학과 교수
고려대학교 한국사학과 박사(한국근세사, 조선사 전공)

- 주요 저서 및 논문

■『횡단적 역사 담론의 형성』(공저, 선인, 2015),『전통과 근대의 역사적 횡단』(공저, 선인, 2015),『19세기 조선의 문화구조와 동역학』(공저, 소명출판, 2013),『조선후기 탕평정치의 재조명(하)』(공저, 태학사, 2011),『조선후기 낙론계 학풍의 형성과 전개』(지식산업사, 2007) 등

■「19세기 조선의 福善禍淫 논의와 沈大允의『福利全書』」(『한국사학보』 69, 2017),「18세기 노론 지식인 楊應秀의 花潭學 인식」(『민족문화연구』 77, 2017),「李鈺의 觀物論的 사유와 花潭學」(『동방학지』 180, 2017),「연암그룹의 夷狄 논의와『春秋』」(『한국사연구』 172, 2016),「19세기 조선의 지식인 지형」(『역사비평』 117, 2016),「洪大容의 理氣心性論과 域外春秋 논의」(『역사와 담론』 78, 2016) 등

▪ **하원수** | 성균관대학교 사학과 교수
서울대학교 동양사학과 박사(중국고 · 중세사 전공)

- 주요 저서 및 논문

■『횡단적 역사 담론의 형성』(공저, 선인, 2015),『전통과 근대의 역사적 횡단』(공저, 선인, 2015),『사료로 보는 아시아사』(공저, 위더스북, 2014),『천성령 역주』(공저, 혜안, 2013),『역주 중국정사 외국전』(공저, 동북아역사재단, 2009) 등

■「隋唐史 學界의 近況: 세대별 동향을 중심으로」(『동양사학연구』 133, 2015),「魏晉南北朝 時期의 "士"에 관한 一試論: 日本學界에서의 "貴族"論에 대한 再檢討를 중심으로」(『대동문화연구』 80, 2012),「科擧制度의 多重性:傳統의 近代的 解釋과 관련한 一試論」(『사림』 39, 2011),「唐代 進士科의 登場과 그 變遷: 科擧制度의 歷史的 意義 再考」(『사림』 36, 2010) 등

▪ 박기수 | 성균관대학교 사학과 교수
성균관대학교 사학과 박사(중국근대사 전공)

- 주요 저서 및 논문

■『중국 전통 상업관행과 상인의식의 근현대적 변용』(공저, 한국학술정보, 2016), 『횡단적 역사 담론의 형성』(공저, 선인, 2015), 『전통과 근대의 역사적 횡단』(공저, 선인, 2015), 『중국 전통 상업관행과 기업』(공저, 한국학술정보, 2014), 『중국 전통 상업관행과 금융의 발전』(공저, 한국학술정보, 2013), 『전근대 동아시아 역사상의 사(士)』(공저, 성균관대학교출판부, 2013) 등

■「18世紀 廣州에서의 公行의 設立과 解散」(『동양사학연구』 제141, 2017), 「紳商으로서의 廣東行商 怡和行 伍秉鑒(1769~1843)」(『명청사연구』 44, 2015), 「최근의 한중관계사 · 한일관계사 연구의 쇄도와 새로운 동양사 연구 방향의 탐색」(『歷史學報』 223, 2014), 「淸代 行商의 紳商的 성격」(『대동문화연구』 80, 2012) 등

▪ 임경석 | 성균관대학교 사학과 교수
성균관대학교 사학과 박사(한국근대사 전공)

- 주요 저서 및 논문

■『횡단적 역사 담론의 형성』(공저, 선인, 2015), 『전통과 근대의 역사적 횡단』(공저, 선인, 2015), 『시대를 앞서 간 사람들』(공저, 선인, 2014), 『모스크바 밀사: 조선 공산당의 코민테른 가입 외교, 1925-1926년』(푸른역사, 2012), 『한국근대외교사전』(공편, 성균관대학교출판부, 2012) 등

■「1927년 조선공산당의 분열과 그 성격」(『사림』 61, 2017), 「반식민주의 역사인식과 마르크스주의: 박진순의 개벽 기고문을 중심으로」(『사림』 56, 2016), 「코민테른의 1924년 2월 결정서 연구」(『한국사학보』 58, 2015), 「고려공산당 창립대표회 준비위원회의 성립」(『역사학보』 225, 2015) 등

▪ **최보민** | 성균관대학교 사학과 대학원 박사과정(한국근대사 전공)
- 주요 저서 및 논문
■「1925년 예천사건에 나타난 반형평운동의 함의」(『사림』 58, 2016) 등

▪ **김진흠** | 성균관대학교 사학과 대학원 박사과정(한국현대사 전공)
- 주요 저서 및 논문
■「제1공화국 시기 지방자치법 개정의 배경과 목적: 1956년 제2차 지방자치법 개정을 중심으로」(『이화사학연구』 48, 2014), 「1958년 5 · 2총선 연구: 부정선거를 중심으로」(『사림』 44, 2013) 등

▪ **김택현** | 성균관대학교 사학과 교수
성균관대학교 사학과 박사(서양근대사, 역사이론 전공)
- 주요 저서 및 논문
■『횡단적 역사 담론의 형성』(공저, 선인, 2015), 『전통과 근대의 역사적 횡단』(공저, 선인, 2015), 『트리컨티넨탈리즘과 역사』(울력, 2012), 『서발턴과 역사학 비판』(박종철출판사, 2003) 등
■「역사학 비판으로서의 서발턴 역사: 라나지트 구하의 역사작업에 대하여」(『사림』 49, 2014), 「홉스봄의 시선: 제국주의와 '제3세계'」(『영국연구』 30, 2013), 「왜곡과 오용으로 헤겔 구하기」(『서양사론』 118, 2013) 등
■[역서] 『역사란 무엇인가』(까치, 2015), 『유럽을 지방화하기: 포스트식민 사상과 역사적 차이』(그린비, 2014) 등